ZU DIESEM BUCH

Schon seit Jahren wollen wir ein Buch über Rap machen, konnten das aber aus verschiedenen Gründen nie mit unseren Kontakten und Bekannten aus der Szene durchziehen. Da auch international keine aktuelle Veröffentlichung verfügbar war – es gab nur Rap Attack I aus dem Jahr 1986 – die man in Lizenz hätte übernehmen können, waren unsere Hände gebunden.

Als wir dann von Stascha Bader – an dieser Stelle geht unser Dank nach Zürich: Du hast wieder einmal Deine Brückenfunktion erfüllt – Mitte 1991 von dem französischen Buch Yo! Rap Revolution! erfuhren, verhandelten wir schnell die deutschen Ausgabe.

Günther Jacob, dem wir leider die Übersetzung aus Zeitgründen nur teilweise bekannt machen konnten, gewannen wir für ein Nachwort, das up-date.

Dieses berichtet nicht nur über die Ereignisse und Trends bis Anfang 1992, sondern diskutiert den Rap auch in seinem gesellschaftspolitischen Zusammenhang aus unserer deutschen Situation heraus. Damit ist das up-date Ergänzung und Kontrapunkt zu der Arbeit von David Dufresne. Wo David populär bleibt, ist Günther wissenschaftlich, David vermittelt Fakten, Günther Hintergründe, wo der eine berichtet, analysiert der andere.

Dies meinen wir, ist eine Bereicherung des Buches.

Ebenso haben wir einige Passagen, die sich mit der französischen Szene beschäftigten, bewußt übernommen, weil sie irgendwie typisch sind für Erfahrungen, Probleme und Positionen und so auch dem deutschen Leser etwas vermitteln.

Uns hat es Spaß gemacht, nach 2 Jahren wieder ein Buch zu machen and we want more. YO!

Der Herausgeber
im Frühling 1992

Personen, die aktiv am Buch mitgewirkt haben: Isabelle Bezard (Queen Isa First: Übersetzungen), Texaco & Sear (Dokumentation, Notizen, Ratschläge, Freundschaft und Ausarbeitung des französischen Teils). Cool-T (Graffitis). Yannick Bourg ("Rap & Video und Index), Corinne Schmitt.

Dieses Buch ist folgenden Personen gewidmet: Meiner Mutter & Féfé, meinen Schwestern Marie-Eve und Margaux, meinen Großeltern, El Poupa, Mona-La-Marcheuse, Corinne "Pretty Baby" Schmitt, Bertrand Toty, Jean Claude Bertrand (der Unschätzbare), Bjorn Cornaz. Shakin Louie Louie (The One & Lonely), Texaco & Sear (die bringens immer), Ava Spac, und alle die Rockgruppen, die meine Kindheit süß, meine Jugend mit Gewalt versehen haben und die ich feige zurückließ, als ich unglaublicherweise in das "Erwachsenenalter" eintrat und all denen, die dafür sorgen, daß die Rap Revolution in Bewegung bleibt.

Ganz besonders ist dieses Buch gewidmet: Yannick Bourg, (mein zweites ich, ein junger Hund, der verrückt nach psycho music ist)

Mein Dank gilt: Bruno Gastn (und seinen nächtlichen Erleuchtungen), Pascal Rapido, Geneviève Fabre (Korrekturen der Geschichte der schwarzen Amerikaner), Christophe Taverne, Olivier Comillac, Nicolas Richard, Mino (das Genie), Radio Poitiers Ouest, MCL Poitiers 84-86, Olivier Cachin (MC Of Media), Ronan O., Alain Garanier (Grandmaster Flash), Roberto Gagliardi (Italienische Nachrichten), Philippe Bernard (berühmter Filmemacher), Marco Lasermann, Jean-Marie (IZB), Sear & Texaco (Get Busy), Candy (Zulu Nation), Madj (Radio Beur), Georges Lapasade (der wütende), Stéphane Leroy & Frank Spengler (wenn man diesem Buch glaubt), die drei Regolutionäre des Rock: Kid Bravo (Mega Reefer Scratch), Marsu (der Große), Phil Baia (Jesus); KK, Cathy & Eric Débris (le Rennais), die Shifters (weil sie meine Kappe und mein "Yo" bei ca. 40 Konzerten ertragen haben, allen Journalisten, Biographen, Redakteuren und alle Dichter, deren ich entliehen habe...

Dank an alle Firmen und Produzenten, die uns unterstützt haben (Photos, Dokumente, Schallplatten etc.) Allain Castagnola (IAM), Philippe Joyeux & Bruno (20th Century Fox), Hervé Deplasse (CBS und EMI), Elios Sanchez & Catherine Meadeb (Wotre Music, Justine, Fnac Musique), Maya (BMG), Antione Garnier, Marie-Jeanne Baquet & Sandrinc (Virgin), Beni & Cathy (Labelle Noire), Oliver Bas & Sandrinc (Virgin), Beni & Cathy (Labelle Noire), Oliver Bas & Isidore (Island), Rose-Hélène Deplasse & Patricia (Epic), Nathalie Delvigne (CBS), Isabelle Mauvais & Gaelle & Miriam & Serge (Musidisc), WEA dafür, dass Sie nichts gemacht haben.

Mein ewiger Dank gilt:
Above The Law, Afrika Bambaataa, Asher D & Daddy Freddy, Beastie Boys, Bomb Squad, Boogie Down Productions, B.R.O.T.H.E.R. Davy D., Digital Underground, Divine Styler, Donald-D, Doctor DRE, Dust Bros, Eric B & Rakim, Kid Frost, Geto Boys, Grand Masterflash & Furious 5, Gunshot, Hijack, Iam, Ice Cube, Ice-T, Intelligent Hoodlum, Jungle Bros, K9 Posse, Kool DJ Herc, Kool Moe Dee, Last Poets, LL Cool J, DJ Mark 45 King, Marley Marl, Mega Reefer Scratch, N.W.A., Public Enemy, Queen Latifah, DJ Red Alert, Run DMC, Slick Rick, Rick Rubin, Scott La Rock, Russel Simmons, Stereo MC's, Sugarhill Band, Supreme NTM, Stetsasonic, Third Bass, Tuff Crew, Two Live Crew, etc.

AN ALLE!

"Stop the Violence", denn "wir sind alle in derselben Gang." **PEACE.**

INHALTSVERZEICHNIS

1. Fuck S. 5

2. Die Wurzeln S. 7
Historischer Überblick über die Schwarzen in den USA

3. Old School (Pioniere) S. 20

4. Transition S. 25
Rap & Gesellschaft S. 35

5. Def Jam S. 38
Interview Hervé Deplasse CBS/Def Jam Frankreich S. 44
Rap & Musik S. 63

6. New York und seine Szenen S. 65
Rap & Humanitäre Aktionen S. 72
Rap & Kino S. 84 – Interview Get Busy S. 81

7. Next School S. 88
Rap & Afrozentrismus S. 97

8. Philadelphia, Florida und Texas S. 99
Rap & Zensur S. 109

9. Kalifornien S. 114
Rap & Gewalt S. 112 – Rap & Sexismus S. 125
Rap & Medien S. 133

10. England S. 142
Rap & Video S. 146

11. Frankreich S. 148
Interview Labelle Noire S. 152 – Interview Madj S. 154

12. Graffitis S. 158

13. up-date S. 164
von
Günther Jacob

Anhang S. 211
(Glossar, Adressen, Bibliographie, Index)

DAVID DUFRESNE

YO!
RAP REVOLUTION

Geschichte

●

Gruppen

●

Bewegung

mit up-date von Günther Jacob

© Editions Ramsay, Paris

Zuerst veröffentlicht 1991 von Editions Ramsay, Paris,
YO! REVOLUTION RAP von David Dufresne unter
ISBN 2-85956-914-6

Buchgestaltung: V. -P. Angouillant

Deutsche Rechte beim
Buchverlag Michael Schwinn
Schlesierstr. 25
3057 Neustadt 1
Tel. 05032-2213

ISBN-Nr. für die deutsche Ausgabe: 3-925077-14-6

Übersetzung: Jutta Schornstein, München

up-date zur deutschen Ausgabe:
Günther Jacob, Hamburg

1. Auflage: Mai 1992

Produziert in Indonesien.

1. FUCK

"Wie in den ersten Tagen des Rap, hat jeder Junge sein Tonbandgerät. Heute hat jedes Kind aus dem Block seine Demo."

(Run DMC, 1990)

"Laut muß es sein! Die Klarheit ist unnötig, es muß einfach wahnsinnig laut sein. Achtzig Prozent der Rapanhänger hören diese Musik in voller Lautstärke."

(Chuck-D, Public Enemy)

"Da die Medien immer das Gegenteil von dem behaupten werden, was man sagt, muß man den Mut haben, das Gegenteil von dem zu sagen, was man denkt."

(Jean Baudrillard in Cool Memories, Galilée, 1990, U.S.A/France).

Quincy Jones hat recht: "Wenn es Leute gibt, die den Rap umbringen wollen, dann müssen Sie mich umbringen. Ich weiß nicht, ob sich das viele Leute erlauben können" (218). Der Rap erfährt heute einen Aufschwung, eine wahre Renaissance. Seit seinen Anfängen (78/80), behielt er seine rhythmische Kraft und seine rhythmische "Geschwätzigkeit" (to rap = schwätzen). Manche sehen darin den Zusammenschluß von "schnell" und "schnell erwidern" (21). (Die Nummern in Klammern verweisen auf den Index der Zitate). Aber es sind Töne hinzugekommen, neue Ideen, Arrangements (sowohl Dank der neuen technischen Mittel der 80er als auch Dank der Kreativität der Rapper und der Toningenieure): von Run DMC bis Public Enemy und De La Soul, Hijack, N.W.A. und KRS One,

hat der Rap seine Gleichförmigkeit verloren. Er benutzt fast alle Musikstile. Ja, in der Bewegung tut sich etwas. Es wäre im übrigen ein Hohn, die verschiedenen Gruppen zu sehr zu katalogisieren: Selbst wenn die Rapper in einem Konkurrenzverhältnis zueinander stehen, sind sie doch untereinander solidarisch.

"Als mein Sohn 1985 Geburtstag hatte, habe ich Russel Simmons von Def Jam angerufen, um ihn zu fragen, ob es ihm möglich wäre, alle Rapper, die er kenne, einzuladen. Whodini, Kurtis Blow, LL Coll J, die Beastie Boys, Run DMC, na, alle halt. Das hat mich an meine eigenen Anfänge in New York erinnert, als ich Charlie Parker, Dizzy Gillepsie, Mingus, Bud Powell und Thelonious Monk entdeckte, die alle zusammen dieselbe Gesinnung hatten. Die Parallele war perfekt: die Radiostationen wollten sie nicht ausstrahlen, die Bourgeois waren entsetzt" (219)...

Die amerikanischen Marktführer brauchten lange, um sich für den Rap zu interessieren (und an ihn zu glauben) und haben in den vergangenen Monaten eine regelrechte Razzia auf unabhängige Firmen gestartet, der eine Welle von oft mittelmäßigen Platten gefolgt ist. Auch bei uns hat inzwischen die Stunde der Anerkennung geschlagen und alle in klusive den Plattenhaien, wollen alle am Rap-Boom teilnehmen. Wenn das so weitergeht, wird Benny B (belgischer-Rapper-der-keine-Angst-hat-sich-lächerlich-zu-machen-und-auch-noch-anti-septische-Musik-macht) eines Tages als Garant des wahren Rap gelten. Gefahr! Don't believe the Hype.

Dieses Buch möchte die Geschichte des HipHop zurückverfolgen von seinen Anfängen bis heute, um den

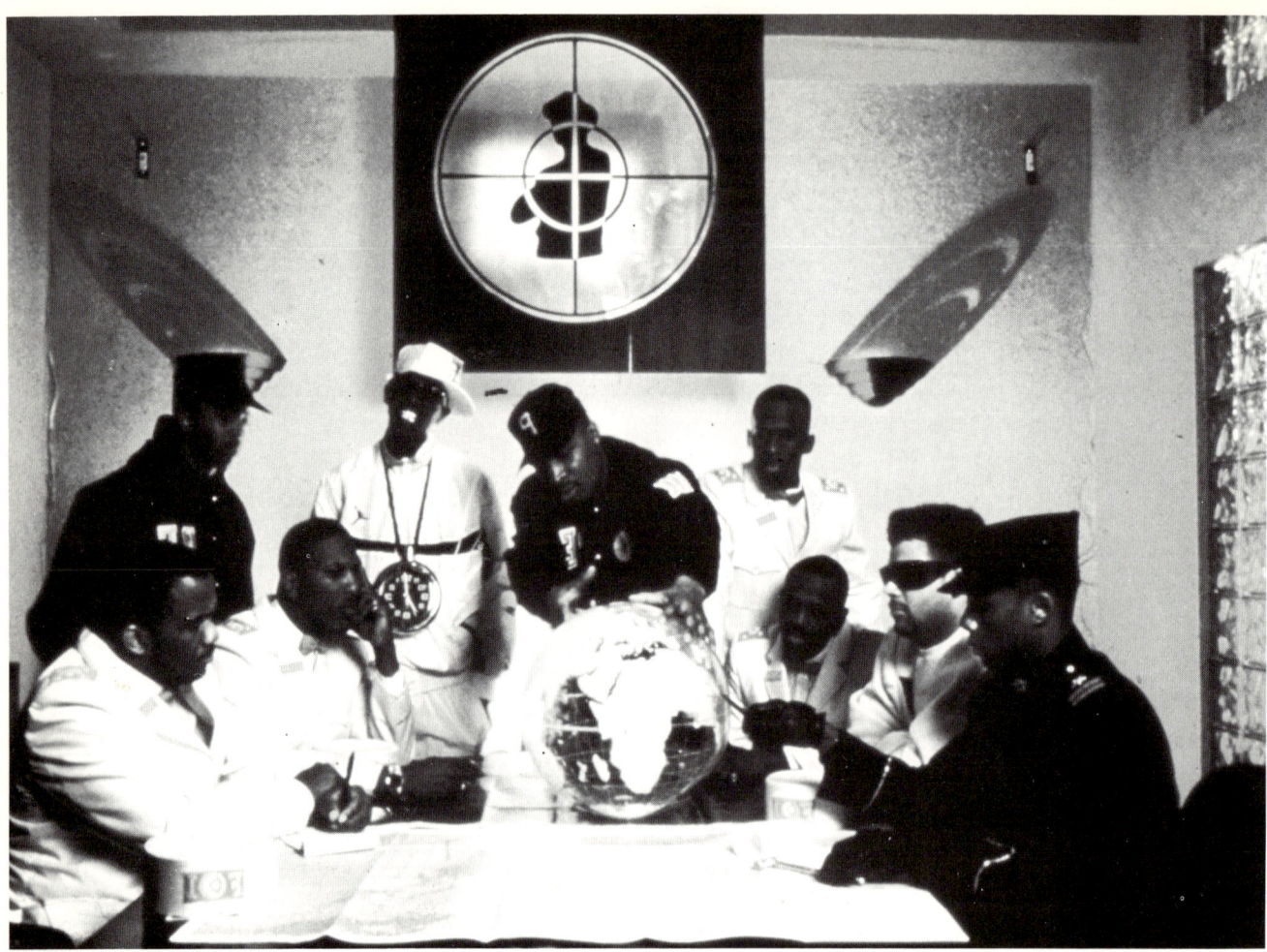

Public Enemy in full effect!

phänomenalen Erfolg von Rap besser verstehen und erklären zu können. Und dies ausgehend sowohl vom musikalischen als auch soziologischen Gesichtspunkt, denn eines darf man nicht vergessen, nämlich daß Rap spricht, etwas aussagt, ausdrückt, sich ausdrückt, denunziert, attackiert und auch liebt. Wenn lebendige (und lebende) Musik etwas ausdrückt, dann ist dafür der Rap das ideale Beispiel. Dieses Buch wurde im Geiste des Respektes und der Liebe für diese Musik geschrieben und versucht trotzdem, kritisch zu bleiben (denn die Kritik schließt die Liebe nicht aus). Yo! Revolution Rap ist eine Momentaufnahme. Der Rap ist auf dem Vormarsch und überrascht uns jede Woche aufs Neue. Es ist nicht möglich, alles zu erfahren und noch weniger, die Zukunft dieser Musikrichtung vorherzusagen. Der Rap lebt. Nur wenige Musikstile können das von sich behaupten. Was die vielen Zitate angeht, so soll man sie als Samples betrachten (dies ging soweit, daß wir sie wie echte Samples behandelt und den Ton und Rhythmus nach unserem Gusto verändert haben). Uns schien es wichtiger, die Aussagen der Rapper wiederzugeben als unsere Meinung. Have Fun!

2. Die Wurzeln

Religiöser Gesang, Beleidigung und Poesie

Kaum daß die ersten Schwarzen den amerikanischen Boden berührten, verbot man ihnen, auf ihren Trommeln zu spielen, weshalb der Gesang in der schwarzen US-Musik (z.B. der Jazz, der Blues etc.) so wichtig ist. Und noch früher gab es schon die Gospels, die religiösen Gesänge oder den Sermon mancher schwarzer Priester wie der der Preachers oder der Baptisten zu Beginn des 20. Jahrhunderts. Diese Gesänge waren ganz direkt von den Sitten ihrer direkten Vorfahren abgeleitet, wie z.B. auch der Vodoo-Kult (aus Westafrika). James Brown hat den Einfluß des religiösen Gesangs auf die schwarzamerikanische Musik perfekt in seinem Film "The Blues Brothers" illustriert.

Die Ursprünge des Rap beginnen mit den Dirty Dozens. Dabei handelt es sich um ein Spiel mit Beleidigungen, schnell und in Versform, das aus den ersten schwarzen Ghettos Amerikas stammt. "Die Sprache, die durch diese Tradition entwickelt wurde, wurde von den Black Panther als eigene Sprache der Schwarzen beansprucht. Für sie ist das Wort ein Ausdruck der Verweigerung und der Provokation. Wenn das Wort für den Weißen dreckig ist, ist es für den Schwarzen sauber" (21). Dieses Prinzip der Dozens findet man in Form von "boasting songs" (Loblieder) bei einigen Bluessängern der 50er Jahre (und sogar noch früher) wieder, wie bei Willie Dixon oder bei Rockern wie Bo Diddley (Hey Bo Diddley, Story of Bo Diddley), die den Wunsch haben, sich auszudrücken und auch sich durchzusetzen (eine Art, die man auch bei den "Taggers" (s. Glossar) wiederfindet). Auch die R&B Sänger wie Luther Ingram oder Spekled Red gehören dieser Richtung an. Diese Art von Selbstbeweihräucherung kann man auch bei Mohammed Ali beobachten ("I'm the King, I'm the greatest"). Dies bewog Nelson George (schwarzer Journalist und Verteidiger der "Stop The Violence"-Bewegung) zu der Bemerkung: "Vielleicht ist Eigenlob bei den Brüdern im Blut" (22).

Die Komiker der 50er und 60er Jahre wie Pigmeat Markham, der Jive Talk (schwarze Umgangssprache), der Mitte der 60er zur Soul Music dazukam, die Einschübe des Barry White in seinen Liedern, die Beatniks-Poeten der endenden 50er/beginnenden 60er, die ihren Text zu Jazzmusik lasen und in den 70er Jahren von den schwarzen Dichtern Gil Scott Heron oder Nikkie Giovanni mit Jazz/Funk kopiert wurden, haben alle einen Grundstein zum Gebilde des Rap gelegt.

Jamaika

Es sind aber vor allem die DJs, die dem Rap durch die Behandlung der Stimme und musikalischen Technik sein wahres Gesicht geben werden. Die schwarzen DJs aus den Südstaaten sind in den 50ern die ersten, die im Rhythmus der Musik sprechen, die sie ausstrahlen. Diese Praktik wird - wenn auch selten - von einem berühmten weißen DJ der 50er, Alan Freed (und von seiner Rock & Roll Moondog Show, New York), übernommen. Sehr schnell wird dieser Stil von den Radiostationen Floridas nach Jamaika exportiert, wo er die Radiomoderatoren zur Entwicklung des Toasting inspiriert: "Dieser neue Stil der DJs ist aus Erfahrungen der Straße und der Märkte entstanden, auf denen schwarze fliegende Händler neue

Reggaeplatten anpriesen und sich der Tonart dieser Musik bedienten, um ihre Waren anzupreisen. Dies machte sie ganz allmählich zu Erzählern, die ihre Reden immer mehr in eine rhythmische und gereimte Form brachten, die immer volkstümlicher wurde und mehrere Namen erhielt, so den des Toasting" (23). Diese Erzähler stellen ein ganzes System auf die Beine, mit dem Platten verlangsamt gespielt werden können, mit Echo etc.. Es scheint, als wäre in den USA der Selector zum ersten Mal aufgetaucht (eine Art vereinfachtes Mischpult, das das Wechseln von einer Platte zur nächsten ermöglicht). Wenn dazu noch gesprochen wird, heißt das Talk-Over (darüber sprechen...!), dann gibt es noch Toasting, den DJ Style und seit neuestem das Raggamuffin' (eine Mischung aus Rap und Reggae).

Da der Rap vom Toasting herrührt, ist es normal, daß es Ähnlichkeiten mit dem Reggae gibt. Beide sprechen die Sprache der Straße, wo sie herkommen und verwurzelt sind. Dennoch ist Kool Herc, der das Toasting in den 60ern nach New York bringen wird, kategorisch: "Es gibt keine Beziehung zwischen dem Rap und dem Reggae. Man kann keine Musik aus Jamaika in der Bronx ansiedeln, niemand hätte dies akzeptiert. Die Ursprünge des Rap sind James Brown und die Platte "Hustler's Convention der Last Poets" (24).

Soul Musik, Funk und Disco

Sicher ist, daß es ohne Soul, Rhythm & Blues und den Funk (den wahren Funk, möchte ich präzisieren) auch den Rap nicht geben würde. Die Verbindung ist auffällig eng. Die Meister dieser Künste sind bekannt, als da sind: James Brown, Marvin Gaye, Wilson Pickett, Otis Redding, Aretha Franklin, George Clinton und seine Parliament/Funkadelic, von denen einige der Lieder vom Soul Bruder in Person, James Brown, geprägt sind), Isaac Hayes (Ike's Rap stammt sage und schreibe aus dem Jahre 1970!!), Sly & The Family Stone etc.. Seine Schwärze ("Der Funk wird direkt aus den innersten Beweggründen von James Brown geboren, d.h. es handelt sich um die Suche der Besonderheiten der schwarzen Musik"), (25), sein Beat, seine tänzerische Kraft, sein Humor, sein Stolz auf seine Hautfarbe (im Großen und Ganzen ist der Soul aus dem Kampf der Schwarzen um Gleichberechtigung entstanden und verschwindet langsam nach dem Tode von Luther King), all das hat der Rap übernommen. Auch die Diskomusik hat zugegebenermaßen dem Rap in seinen Anfängen

geholfen. Z.B. ist der erste große Hit des Rap, "Rapper's Delight", aus dem Jahre 1979 eine Kopie des Hits "Good Times" von Chic. Aber am Ende der 70er wurde durch Disco und das "Lionel Ritchie Syndrom" (so nennt es Daddy-O, Mitglied von Stetsasonic und bekannter Produzent) der schwarzen Musik ihre soziale Substanz entzogen. Indem er das "Lionel Ritchie Syndrom" beschreibt, benennt Daddy-O die "populäre" Musik für "Erwachsene" (Funk war den Teenagern vorbehalten), deren Texte nur von der Liebe handeln und die nur ein Ziel hat, nämlich von den Popradiostationen ausgestrahlt zu werden. Er sagt wortwörtlich: "Sie haben die Kraft verloren und also den Kampf aufgegeben. Ich will damit sagen, daß dies der Unterschied zwischen Soul Power und Gravity für James Brown ist oder der Unterschied zwischen Rock Steady und Freeway of Love für Aretha Franklin" (30). Dem Rap wird es ein diebisches Vergnügen bereiten, all dies zu verändern.

The Last Poets

Man weiß recht wenig über das Quartett aus Harlem (drei Dichter-Sänger-Sprecher: Abiodun Oyewole, Alafia Pudim, Omar Ben Hassen und ein Percussionist Nilaja). Ihr erstes Album (The Last Poets) erscheint 1970 bei Douglas Rds. Auf dem Plattencover sieht man die Last Poets, die auf der Straße spielen; dies scheint ein Vorgeschmack der "street parties" des Rap zu sein. Auf dieser Platte forden sie den schwarzen Stolz heraus ("Run Nigger", "Wake Up Niggers"), indem sie die Parolen des Black Power mit Musik untermalen ("When the Revolution comes"). Der Slang und die Flüche sitzen sehr locker; die Themen sind bewußt gewählt und der Afrozentrismus und der Islam nehmen eine wichtige

Stellung in den Texten ein. Sogar das Drogenproblem ist Thema bei den Last Poets: "Niggers Are Scared of Revolution" (Neger spritzen sich Stoff, anstatt zu den Waffen zu greifen). Der Rap nimmt also langsam Konturen an, und obwohl sie weiterhin den Sprechgesang pflegen, setzten die Last Poets auch Rhythmen des Jazz und des Funk ein. Zu der Art des Sprechgesangs meinte Bill Stephney, Entdecker der Gruppe Public Enemy: "Was Rapper machen, ist sehr musikalisch, die Art und Weise, wie sie Worte auf bestimmte Rhythmen abstimmen. Wenn Du bei einem Song die Musik wegläßt, dann kannst Du immer noch zu den Worten tanzen. Das geht nicht bei den Last Poets" (165).

Die im Ganzen sieben Alben der Last Poets (The Last Poets, This Is Madness, Chastisement, Right on, The Revolution Will Not Be Televised, Jazzoetry und Delight Of The Garden) sind noch bis heute bestimmend für den Rap geblieben.

Rock & Rap

Während die B-Boys und die Rocker sich noch streiten, ob denn wohl zwischen Rap und dem Rock ein Zusammenhang besteht, kann ich diese Frage nur bejahen. Beide Musikarten - wenn sie es verstehen, radikal zu bleiben - sind hart, aggressiv, laut und erschüttern die althergebrachte "Ordnung": "Der Rap erfüllt dieselbe Funktion wie auch der Rock. Public Enemy ist in einem gewissen Maß eine reine Rock & Roll Gruppe, da es Neuerungen in der Musik gibt, die Worte provozierend gewählt sind...Heute ist Public Enemy vergleichbar mit dem, was die Clash oder die Sex Pistols 1977 hätten sein können. Sie machen Musik, wie man sie vorher nicht kannte, und wenn heute ein fünfzehnjähriger Jugendlicher Rap hört und sein Vater erst 35 oder 40 Jahre alt ist, wird dieser den Rap trotzdem sehr gewagt finden! Auch in diesem Sinne erfüllt der Rap die Funktion, die ehemals der Rock innehatte." (26).

Beide haben die selbe Zensur und den selben Rassismus erfahren: "Der Rock & Roll setzt den Weißen auf die Ebene des Negers herab...", dies befand der Rat der weißen Bevölkerung von Alabama im Jahre 1955. Eine Gruppe wie Run DMC hat nie versucht, den Einfluß des Rock zu vertuschen, Cold Crush Brothers hat schließlich "Punk Rock Rap" (Anfang der 80er) geschrieben. Hat nicht auch MC Shan die Garagenhymne "Born to be wild" wieder aufgenommen, so wie

Mantronix "Sex, Drugs & Rock & Roll"? Der Rap wird heute zu einem großen Teil von Rock und Hard Rock beeinflusst, und z.B. Jello Biafra (Ex-Leader der kalifornischen Hardcore Band Dead Kennedys) ist auf dem letzten LP-Cover von Ice-T und auf der dritten LP von Public Enemy wird ihm sogar Dank ausgesprochen. Aber auch der Rock hat dem Rap viel zu verdanken, einige Gruppen und Sänger haben ihre letzten Songs bei Bomb Squad produziert, der Produktionsfirma von Public Enemy. Hier einige Beispiele: Blondie ("Rapture", 1980), Clash mit Future 2000 ("Escapades Of.....", 1982), Malcolm McLaren (Ex-Manager der Sex Pistol mit "Buffalo Gals", 1982), und auch heute noch sind es viele Gruppen wie z.B. Urban Dance Squad, Mano Negra, Red Hot Chili Peppers oder B.A.D.

Aber damit wir uns richtig verstehen: Rap ist keine neue Form des Rock (auch wenn er ihn ebenso alt aussehen läßt wie der Rock 1955 Doo Wop und Sinatra hat alt aussehen lassen), im Gegenteil, die Rapper distanzieren sich gerne vom Rock (so spottet Public Enemy über Presley in "Fight the Power" oder auch Schooly-D mit ihrem "I Don't Like R&R, No More R&R"). Dennoch ist die durch die Musik erzeugte Emotion ähnlich wie die des Rock, da die Gewalt und die Frustration vergleichbar sind. Dies hat Hank Shocklee, einer der Produzenten von Public Enemy, sehr gut ausgedrückt: "Der Rock & Roll ist keine Gitarre, die dir ins Ohr dröhnt, sondern eine Haltung, eine Art zu denken" (27).

Das Fernsehen

Der Journalist Jon Pareles, der für die New York Times schreibt, hat eine interessante Theorie über den modernen Rap entwickelt: "Diese Musik wurde von dem überzeugendsten Instrument der amerikanischen Kultur geprägt: dem privaten Fernsehen. Der Rap ist in seiner Struktur und von seinem Inhalt her in der Ära des Fernsehens entstanden und auch der erste Musikstil, der sich den schnellen und abgehackten Rhythmen und auch der Selbstvermarktung angepaßt hat, der man auch im Fernsehen immer wieder begegnet" (32). Er setzt das Sampling mit den Werbespots, den Serienzusammenfassungen, den unterbrochenen Nachrichten, die sich den ganzen Tag im US Fernsehen wiederholen, gleich. Die zusammenhanglose Aneinanderreihung von Fakten und Themen, die den ganzen Tag lang gesendet werden, erinnert ihn an Zapping, und alle Markennamen, die in den Liedern vorkommen, stammen aus der Fernsehwerbung. Diese Meinung vertritt auch Chuck D (Bandleader von Public Enemy), wenn er sagt, daß Rap das musikalische Kabelfernsehen der amerikanischen (und weltweiten) Jugend sei. De La Soul oder MC Lyte, die in ihren Songs Fernsehshows imitieren oder D.O.C, die getrickste Werbespots in ihre Songs einbauen, bestätigen nur die Theorie des Journalisten. Sie gehen sogar noch weiter, weil sie behaupten, der Rap spiegele die geläufigsten Fernsehbilder wider, nämlich die Anti-Homosexualität, die Frauenfeindlichkeit, die Komik, die Obszönität, die Gewalt und die Politik. "Dies will jedoch nicht heißen, daß der Rap nicht tief mit der schwarzen Kultur verwachsen ist, nicht die Fernsehstationen haben den Rap erfunden, sondern das haben die DJs aus den Ghettos bereits getan" (32).

Historischer Überblick über die Schwarzen in den USA: Die Forderungen, die Führer.

Von der Entdeckung Amerikas bis Marcus Garvey

Wahrscheinlich war Pedro Alonzo Nino, einer der Kapitäne von Christoph Kolumbus, der erste Schwarze, der je den Boden der USA betrat, und zwar im Jahre 1492. Also ist es falsch, daß der erste Schwarze in den USA ein Sklave war, selbst wenn manche Rapper diese These in ihren Liedern besonders betonen. Die ersten indentured servants, sprich "Diener, die durch einen Vertrag gebunden sind", waren außerdem keine Schwarzen, sondern Indianer, die vor Ort ausgebeutet wurden sowie europäische Gefangene. Erst zu Beginn des 17. Jahrhunderts kamen die ersten Negersklaven in die USA. Sobald sie an Land kamen, gaben sich die Sklavenhändler während des Sklavenmarktes alle Mühe, sofort die Angehörigen eines Stammes oder einer Familie zu trennen, um so Aufstände von vorneherein zu verhindern. Der Kampf gegen Skavenhaltung sollte einer der Gründe des Nord-Süd Konfliktes werden, der seinen Höhepunkt im Sezessionskrieg (1861-1865) fand.

Zu Beginn des 20. Jahrhunderst wurden durch die Jim Crown Gesetze die Segregation und Ungleichheit eingeführt. Im Jahre 1909 wird die National Association for the Advancement of Coloured People gegründet (N.A.A.C.P). Heute ist diese Vereinigung eine der mächtigsten Gruppen in den USA. Ein Jahr später, 1910, wird die National Urban League gegründet, die auch heute noch weiterbesteht und als Betreiber der "Stop The Violence"-Bewegung gilt.

Marcus Garvey, im Jahre 1887 auf Jamaika geboren, wird einer der ersten Führer der Farbigen. Er steht unter dem Einfluß des schwarzen Ägypters Duse Mohammed Ali und glorifiziert Negertum und preist die Rückkehr nach Afrika mit Hilfe seiner Organisation U.N.I.A, die er 1914 gründet. Die Idee der Rückkehr nach Afrika = Heimat ist nicht neu, diese Stimmen gibt es seit 1800. Garvey jedoch wird zum ersten öffentlichen Befürworter dieses Gedankens. Seine Beliebtheit wächst, obwohl ihm seine Kompromißlosigkeit oft vorgeworfen wird. Jedoch endet seine Laufbahn abrupt, als er 1922 wegen "betrügerischer Nutzung der Dienste der Post"(!) verhaftet wird. Er wird zu fünf Jahren Gefängnis verurteilt und nach Jamaika ausgewiesen.

Während der Depression macht sich die Kommunistische Partei der USA zum Verteidiger der Menschen, die es "wagen, Farbe zu bekennen": Rot oder Schwarz. Sie bekämpfen Vorurteile gegen Schwarze in den Fabriken und Gewerkschaften, verhindern die fristlose Kündigung von schwarzen Mietern und fordern die Schwarzen zu mehr politischer Aktivität auf. Sicher liegt da die Basis des späteren marxistischen Programmes der Black Panthers. Da sich die kommunistische Partei der USA jedoch bald mit anderen Gruppen verbrüdern wird, währt die Beziehung Kommunisten/Schwarze nur kurz.

Einige Farbige sind Mitglieder der demokratischen Regierung, die den "New Deal" beschließt, dessen Maßnahmen zum Teil vorteilhaft für die Schwarzen sind. Und Joe Lewis, der schwarze Boxer, besiegt die "Nazihoffnung" des 3. Reiches, Max Schmeling. Bei der Berliner Olympiade 1936 sammeln Jesse Owens und andere schwarze Sportler Medaillen und werden zu nationalen Helden. Dies ist der Sieg der Schwarzen über die arische Dummheit. Das Buch "Native Son" des engagierten schwarzen Schriftstellers Richard Wright erscheint 1940 und wird sowohl bei den Kritikern als auch beim Publikum ein Erfolg. Die Jazz- und Bluesmusiker sind nicht länger die einzigen erfolgreichen Schwarzen. Nicht viel später erscheinen weitere sozialkritische und humanistische Werke von Chester Himes, James Baldwin etc.. Durch das Ausbrechen des 2. Weltkriegs entstehen neue Arbeitsplätze in der Rüstungsindustrie, und immer mehr Industrielle aus den

Nordstaaten sehen sich gezwungen, Schwarze, die aus dem Süden flüchten, einzustellen. Die US Army zwingt der Mangel an Soldaten 1942 dazu, auch Schwarze in die Armee zu verpflichten und diese als gleichberechtigte Soldaten zu behandeln. Dennoch gab es Ungerechtigkeiten, so z.B. die strikte Trennung von Blutkonserven in den Spitälern des Roten Kreuzes. Dies ist der Anfang der Integration der Schwarzen, die sich in den 50er Jahren weiter durchsetzen wird. Auch die Schulpflicht für schwarze Kinder rückt dank vieler Demonstrationen und Parolen endlich in greifbare Nähe.

Martin Luther King

Von diesem Moment an wird Martin Luther King eine große Rolle spielen. Er wurde am 15. Januar 1929 als Sohn und Enkelsohn von Priestern in Atlanta, Georgia geboren. Seine Mutter lehrt ihn von Kind an, stolz auf seine Hautfarbe zu sein. Er kommt bald auf die High School und will von Anfang an Anwalt werden, um die Segregationsgesetze zu bekämpfen, oder Arzt, weil die Ärmsten selten einen Arzt haben. Jedoch zwingt ihn der Priester an seinem College zum Theologiestudium. Nachdem er sein Diplom in Soziologie gemacht hat, wird Martin Luther King 1955 Priester in der Stadt Montgomery in Alabama. Dort, im Winter 55/56, ereignet sich das folgenschwere Zusammentreffen mit der berühmten Rosa Park, die sich auf der Rückfahrt von ihrer Arbeit weigert, im hinteren Teil des Busses auf einem der für die Schwarzen reservierten Sitze Platz zu nehmen. Der daraufhin von Dr. King ausgerufene Boykott der Busse in Montgomery ist der Anfang des Kampfes für die "Civil Rights" in den USA. In vielen Städten kommt es zu ähnlichen Boykotten. James Brown nimmt seine Platte "Say It Loud, I'm Black & I'm Proud" ("Sagt es laut, ich bin schwarz und stolz, es zu sein") auf. Der oberste Gerichtshof sieht sich noch im selben Jahr gezwungen, die Trennung der Plätze in Bussen zu verurteilen und mit sofortiger Wirkung zu verbieten. Martin Luther King wird zum Präsidenten der Vereinigung Christlicher Führer des Südens gewählt und reist nach Indien. Seine Theorien und seine Kampfstrategie werden sehr stark durch die Doktrin Gandhis beeinflußt. Nach seiner Rückkehr in die USA wird King Sprecher einer riesigen Bewegung für die Rechte der Schwarzen, als da wären: Aufhebung der Segregation, das Wahlrecht und das Recht auf Arbeit, ein besseres Schulsystem etc. Diese Bewegung erreicht am 28. August 1963 ihren Höhepunk, als 500.000

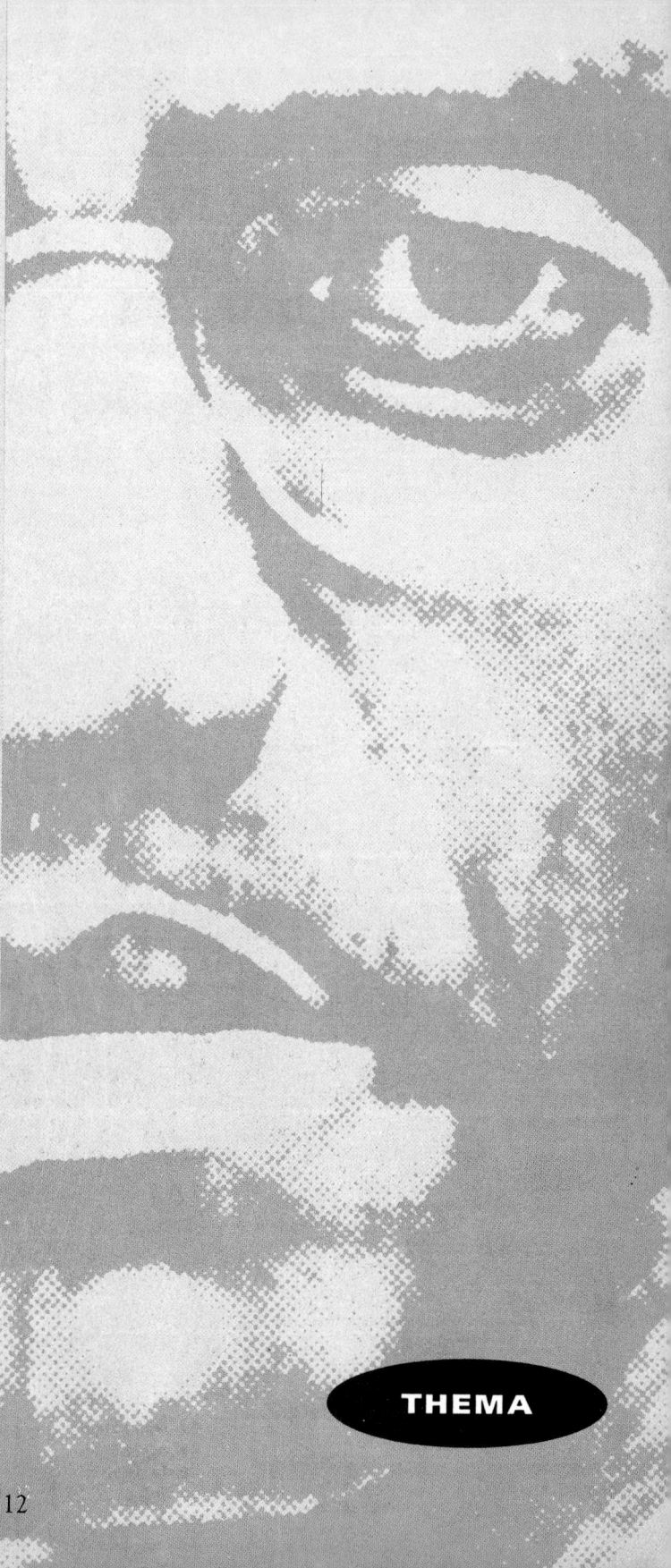

THEMA

Personen nach Washington ziehen. Anläßlich dieser Demonstration sprach Dr. King seine berühmten Worte: "I had a dream". Ein Jahr später wird die "Civil Rights Bill" vom amerikanischen Präsidenten unterzeichnet und Martin Luther King erhält den Friedensnobelpreis. Im Jahr 1965 wird dann der "Voting Rights" Vertrag unterzeichnet. Nach zwei Anschlägen auf sein eigenes Haus, mehreren Verhaftungen und Verletzungen wird Martin Luther King am 4. April 1968 Opfer eines Attentats und erliegt seinen schweren Verletzungen. Sein Geburtsdatum wurde zum Nationalfeiertag erklärt (sein Todestag wird allerdings als Gedenktag für all das gefeiert, was in den USA noch nicht für die Schwarzen erreicht wurde). So wurde zum ersten Mal in der Geschichte der USA ein Feiertag einem
Afro-Amerikaner gewidmet.

Nation of Islam
Malcolm X

Im selben Zeitraum entstehen noch andere politische schwarze Bewegungen in den USA, die weit weniger gewaltfrei sind. In den 20er Jahren gründet WD Fard die Sekte der Black Muslim nach dem Vorbild des Garveyismus. Fard behauptet, in Mekka geboren zu sein. Er läßt einen islamischen Tempel bauen, in dem seine Anhänger noch einmal getauft werden. Sie behalten ihren Namen, nur hinten wird ein X angehängt. Wie er es bereits angekündigt hatte, zieht sich Fard 1935 zurück und überläßt seinen Platz seinem Nachfolger, Robert Poole, wiedergetauft auf den Namen Elijah Muhammad, Zeichen der Ablehnung gegen die amerikanischen, weißen Namen. Bald finden die Black Muslim/Nation of Islam ihr Ziel, sie proklamieren den Separatismus, damit die Schwarzen der Verdammnis Amerikas durch Allah entgehen. Muhammad gründet wie Garvey vor ihm Restaurants, Lebensmittelgeschäfte und Bekleidungshäuser. Die wirtschaftliche Vitalität und Unabhängigkeit ist für das Überleben der Bewegung unerläßlich.
Zu diesem Zeitpunkt tritt Malcolm X in die Geschichte ein. Er wurde 1925 in Omaha (Nebraska) als Malcolm Little geboren. Sein Vater, Priester und Anhänger des Garveyismus wird Opfer eines Brandanschlags des Ku Klux Klan. Seine Mutter wird wahnsinnig. Malcolm wird sich sehr schnell seiner Hautfarbe bewußt, als ihm einer seiner Lehrer auf dem Gymnasium abrät, Anwalt zu werden und ihm "die handwerklichen, für die Schwarzen bestimmten" Berufe vorschlägt. Er zieht nach Boston,

gibt die Schule auf und landet schnell beim Drogenhandel und kleineren Delikten, bis er 1945 verhaftet und zu sieben Jahren Gefängnis verurteilt wird. Dort tritt er durch den Einfluß der Mitgefangenen oder dem seines Bruders (genau weiß man es nicht) zum Islam über, um sein Mißtrauen gegen das Christentum auszudrücken, das die Sklavenhaltung geduldet und zum Teil sogar unterstützt hat. Sofort nach seiner Entlassung stößt er zu den Black Muslims. Nachdem er zum Kulturminister und Verantwortlichen der offiziellen Zeitung aufgestiegen ist, wird er schnell einer der Führer. Aber er erhält auch viele Drohbriefe. 1957 organisiert er die Einkreisung eines Polizeireviers in Harlem, um einen Kameraden zu befreien, der von der Polizei geschlagen wurde. Sein Schlagwort ("By all means necessary" - "Mit allen notwendigen Mitteln") ist noch heute, dreißig Jahre später, bei der schwarzen Bevölkerung, darunter auch bei einigen Rappern (Public Enemy, KRS One), zu hören. Er war Kritiker der schwarzen Bourgeoisie, die seiner Meinung nach die weiße Bougeoisie kopierte und letztere zu der Äußerung veranlaßte, daß "es das schwarze Problem nicht gäbe, da ja doch einige von ihnen es zu etwas brächten". Auch war er der erste, der die These vertrat, daß der Schwarze dem Weißen in keiner Weise unterlegen ist.
Dennoch wird Malcolm X von den Black Muslims 1963 ausgeschlossen und offiziell verbannt - er ist es bis heute - weil er im Gegensatz zu Elijah Muhammad nicht den rein schwarzen, sondern den vielrassigen Islam wollte. Als weiterer Grund wurde seine Bemerkung anläßlich des Todes von John F. Kennedy angeführt ("ausgleichende Gerechtigkeit"). Diese soll Muhammad mißfallen haben. (Inoffiziell heißt es, daß er etwas zu laut den Glauben Elijahs angezweifelt und dessen lockeres Sexualleben aufgedeckt habe, was nicht mit der Philosophie der Nation of Islam zu vereinbaren ist.)
1964 gründet er die Muselmanische Moschee und die Organisation for Afro-American Unity (O.A.A.U.), die sich auf die Staaten der 3. Welt stützt. (Dazu muß man anmerken, daß das Aufbäumen der afrikanischen Staaten in den 60er Jahren die schwarzen Amerikaner darin bestärkt hat, für ihre Rechte massiver einzutreten. Die Botschaften und die Delegationen bei den Vereinten Nationen aus diesen ganz neuen, dekolonialisierten Ländern beeinflußten daher die amerikanische Innenpolitik). Nach seiner zweiten Reise in den Mittleren Osten ändert Malcolm X seinen Namen in El Hadji Malik El Shabbaz. Anfang Februar '65 läßt er verlauten, daß die O.A.A.U. eine autodefensivere Entwicklung nehmen

könnte, sich aber gleichzeitig den weißen Gegnern des Rassismus annähern wird (Zu diesem Zeitpunkt gibt es einige weiße Organisationen, die für die Schwarzen eintreten, so z.B. die American Civil Liberties Union oder die Anti-Defamation League, eine Unterorganisation der jüdischen B'nai B'rith). Man versucht, ihn zu vergiften (der CIA wird ins Spiel gebracht), einige Tage später fängt sein Haus aus ungeklärter Ursache Feuer und schließlich wird er am 21. Februar 1965 ermordet.

Michel Fabre erinnert sich an ihn: "Er war ein wahrer Revolutionär, der, obwohl er den umgekehrten Rassismus verurteilte (von Schwarzen gegen Weiße) trotzdem die Gewalt als letztes Mittel gegen ein ungerechtes Regime sah. Dies erklärt auch seinen großen Einfluß nach seinem Tode. Viele Schwarze, die ihn seinerzeit ablehnten, verstehen sich heute als die Verwalter seines Nachlasses: Die Integrationsfalle vermeiden und das schwarze Problem in seinem ökonomischen und weltweiten Zusammenhang sehen, schlußendlich die schwarze Bevölkerung zu ihrem eigenen Schutz organisieren und eventuell auch für Gegenschläge vorbereiten" (1).

Spike Lee gibt zu, daß auch für ihn "die Technik von Malcolm X heute wirksamer ist als die von Martin Luther King. Deshalb habe ich ihn als letzten zitiert." (im Nachspann von "Do The Right Thing" (43). Für KRS One ist Malcolm X ein "Ideengenerator". "Weder ein Mentor, noch ein Guru. Wie könnte ich jemandem folgen, der selber noch lernt? Ich kann nur versuchen, sein Leben als schwarzer Mann zu verstehen. Man muß sich einfach darüber klar werden, daß die Welt von Minoritäten bestimmt und gemacht wird: Bush, Thatcher, die schwedische Regierung, die französiche, die deutsche etc., sie wollen mehr, immer mehr. Wegen solcher Leuten gibt es die Sklaverei und den Rassismus. Die meisten Menschen wollen nur essen und einen Platz zum Schlafen. Die Weißen sind von ihrer eigenen "Rasse" verraten worden; die Schwarzen, die Inder, die Asisten von den Weißen. Malcolm X hat das schließlich verstanden, und deshalb wurde er umgebracht" (82). Für all die, die über das Ende von Malcolm X ein bißchen schnell hinweggehen, noch einmal einer seiner letzten Aussprüche: "Die schlimmste Form des Unrechts ist das Unrecht, das einem Menschen auf Grund seiner Hautfarbe zugefügt wird."

Black Panthers, Yippies und andere...

Mit der Gründung der Black Panthers Party im Herbst '66 in Oakland/Kalifornien ist ein weiterer Schritt zum "bewaffneten Kampf" getan. Die Gründer Huey Newton und Bobby Seale (zwei Leser von Frantz Fanon und begeisterte Anhänger von Mao) wollten anfänglich nur ihr Ghetto vor Polizeieinsätzen schützen. Aber schon im Mai '67 bei einem Angriff auf das Capitol von Sacramento, sehen ihre Paraden in schwarzen Lederjacken und schwarzen Kappen, mit der Waffe in der Hand, ganz anders aus. Sie schließen sich mit radikalen, weißen Organisationen zusammen (wie z.B. der Yippie-Bewegung von Jerry Rubin, einer bewaffneten Variante der Hippies). Ihr Ziel ist es, das "dekadente, reaktionäre und rassistische System der USA zu verändern". Es werden "Schulen der Befreiung" gegründet, die in den 70er Jahren als öffentliche Einrichtung anerkannt werden, Pflegezentren eingerichtet und gratis Lebensmittel in den Ghettos verteilt. Aber schon bald werden sie von der Polizei und dem FBI verfolgt (30 Black Panthers werden von Polizeikugeln niedergestreckt) und im Herbst '67 wird Huey Newton verhaftet. Sein Nachfolger an der Spitze der Black Panthers Partei, Eldridge Cleaver, präsentiert sich zusammen mit Jerry Rubin als Kandidat der Peace & Freedom Party bei den Präsidentschaftswahlen. Zuvor schließt er sich enger mit Rap Brown und Stokely Carmichael (Carmichael wird 1967 das Manifest "Black Power" mit Charles Hamilton veröffentlichen) zusammen. Alle beide kommen von der einflußreichen und verkannten S.N.C.C.-Bewegung. Doch schnell trennen sich Carmichael (von dem Cleaver behauptet, er sei ein FBI-Spitzel) und Brown (das sogenannte "Anti-Aufruhr-Gesetz" wurde auch "Brown-Gesetz" genannt) von Cleaver mit der Begründung, daß er zu viele weiße Verbündete habe. Im September 1968 beginnt die Verhandlung gegen Newton (ein Medienprozeß, der in der ganzen Welt ausgestrahlt wird und die Black Panthers auf dem ganzen Planeten bekannt macht). Er wird vorübergehend ab 1970 freigelassen. Auch Cleaver wird bald beschuldigt, und ein internationales Komitee wird zu seiner Verteidigung gegründet. Er zieht es jedoch vor, 1969 über Kuba nach Algerien ins Exil zu gehen. Dort schreibt er die Einleitung zum Manifest "Do It" seines weißen Freundes und Waffenbruders Jerry Rubin. Bobby Seale wandert nach der Prozeß-Farce der Black Panthers

Party vom November 1969 ins Gefängnis. Später wird er Schriftsteller. Für die "Black Revolution" ist der Beginn der 70er Jahre fatal. Glaubt man der Zeitschrift "Actuel" (2), ist der "Nach-60er"-Werdegang mancher ihrer Führer alles andere als ruhmreich. Huey Newton z.B soll sich in den siebziger Jahren der Squad (eine Ultragruppe der Black Panthers) als Schlägertrupp bedient haben, die nicht zögerten, jeden zu vergewaltigen oder zu töten, der sich ihnen widersetzte. Sicher ist, daß er im August '89 von einem jungen Dealer namens Tyrone Robinson getötet wurde. Der Anwalt der Black Panthers brachte sofort das FBI ins Spiel. Laut "Actuel" begann Eldrige Cleaver 1978 nach einem Aufenthalt in Nord Korea mit der Herstellung von fantasievollen Kleidern. Seitdem soll er im Dienst von ein oder zwei religiösen Sekten sein. Jerry Rubin ist heute das Gegenteil von dem, was er damals war: Er reist von Universität zu Universität, von College zu College und hält gegen harte Dollar Vorträge über die guten Taten des Liberalismus...

Auch die Kunst, so z.B. die Soul Music und mancher Jazzmusiker (John Coltrane, die Pharoah Sanders) spielten eine Rolle in dem neuen Bewußtsein der Schwarzen. Der Dichter Gil Scott Heron und noch mehr die Last Poets, wahre Vorläufer des Rap, gehen Anfang der 70er Jahre noch weiter: Sie provozieren den Stolz der Schwarzen (Beispiele: "Wake Up Niggers", "White Man's Got A God Complex", "Run Niggers", "When The Revolution Comes").

Nation of Islam
Louis Farrakhan

Als Elijah Muhammad 1975 stirbt, versucht sein Sohn Wallace die Zügel von der Nation of Islam in die Hand zu nehmen. Aber erst Anfang der 80er Jahre gewinnt das N.O.I. seine Stärke mit Louis Farrakhan zurück (er schafft es 1985, 40.000 Menschen im Madison Square Garden zu versammeln). "Die Nation of Islam ist nicht eine dieser Sekten, die den Islam praktizieren.", erklärt Professor Griff. "Mit uns muß man aufhören zu trinken, Drogen zu nehmen und Blödsinn zu machen. Es ist vor allem die Religion der Disziplin und die muß man dem schwarzen Mann in Amerika beibringen" (45).

In Frankreich weiß man letztendlich sehr wenig über Farrakhan. Laut "Sub-Rock" (3) soll er mit dem Tod von Malcolm X zu tun haben. Die Frau von Malcolm X selbst hat diesen Vorwurf ausgesprochen (dies unterstreicht die Widersprüchlichkeit mancher heutiger Schwarzer in den USA - von denen einige, und nicht die unbekanntesten - Rapper sind und die sich auf Malcolm X und Farrakhan beziehen, obwohl ersterer, wie gesehen, aus der Nation of Islam ausgeschlossen wurde, die mittlerweile vom letzteren geleitet wird). Manche behaupten, der Minister Farrakhan habe sich der englischen National Front angeschlossen, wieder andere, er werde offiziell von Ghaddafi unterstützt. Bestätigt jedoch sind die schwerwiegenden Worte, die David Holland im Juli 1988 aussprach (D.H. ist niemand geringerer als der Große Drachen der weißen Ritter des Südens, des Ku Klux Klans): "Ich respektiere einige schwarze Führer die, wie z.B. Louis Farrakhan, die Integrität ihrer Rasse verteidigen. Wir kämpfen gemeinsam für eine wahre Segregation" (4). Man weiß daß manche Truppen der Nation of Islam gemeinsam mit denen des Ku Klux Klan trainieren. Mehrmals hat Louis Farrakhan gezeigt und veröffentlicht, daß er unleugbarer Antisemit ist. Hat er nicht im New Statesman am 13. Mai 1985 behauptet daß "Hitler ein großer Mann" gewesen sei? Ich kann mir nicht erklären, warum Leute, die normalerweise über jeden Zweifel erhaben sind, ihn unterstützen, so KRS One (die Ende der 90er eine Single mit Farrakhan am Mikro produziert haben) oder Afrika Bambaataa (Gründer der pazifistischen Zulu Nation 1975). "Die Leute sagen, er sei Antisemit, weil sie davor Angst haben. Aber wenn Du zu ihm gehst und ihm zuhörst, dann sind die Dinge klar und einfach. Er spricht direkt zu Dir, egal was er über die Weißen sagt, sagt er auch über die Schwarzen, und wenn er wegen etwas an den Juden Kritik übt, wird er auch über die Irrtümer der Moslems sprechen". (6)

Auf jeden Fall aber hebt die ernstzunehmendere französische Presse hervor, daß er ein Programm für die Ärmsten gemacht hat und daß seine Äußerungen oft falsch und verändert wiedergegeben werden. Unglücklicherweise ist der Zweifel (ein schwaches Wort) auf Grund eines Informationsmankos (nicht, daß man nicht gesucht hätte) geweckt. Nicole Berheim (7) erinnert daran, daß es am Ende des zweiten Weltkrieges noch an vielen Orten Schilder mit der Aufschrift "Für Juden und Neger verboten" gab und daß bis zu den 70er Jahren die Urban League und die National Association For The Advancement of Colored People jüdische Präsidenten hatten und daß man über den ersten schwarzen Bürgermeister von Los Angeles, Tom Bradley, sagt, er sei dreimal hintereinander dank der Hilfe jüdischer Finanziers der demokratisch gebliebenen Stadt wiedergewählt worden" (7). Aber laut Nicole Berheim sind die Beziehungen zwischen den beiden Glaubensgemeinschaften angespannt: "Wahr ist, daß die Schwarzen den Juden in die armen Immigrantenviertel gefolgt sind und die Beziehungen zwischen den Juden, die auf der wirtschaftlichen Leiter Amerikas zu klettern begannen, Besitzer von Wohnungen und Geschäften wurden, die die ärmeren Neger mieteten und wo sie einkauften, sich spürbar verschlechterten. Dennoch gab es eine gewisse Solidarität zwischen den beiden Randgruppen. Die Juden, Opfer desselben Rassismus in einem protestantischen, weißen Amerika, dessen Karikatur, der Ku Klux Klan, immer noch existiert, waren in den 60er Jahren an der Spitze der Weißen, die an der Seite der Schwarzen für die Rechte der schwarzen Bürger Amerikas kämpften. Aber das steigende Interesse der schwarzen Intellektuellen für die Dritte Welt und damit verbunden für Palästina, die wachsende Feindschaft gegenüber Israel, hat sich in wachsendes Mißtrauen und Antisemitismus entwickelt (7)". Das erklärt einiges, aber rechtfertigt es nicht.

Die Fünf Prozent Nation

Die Fünf Prozent Nation ist eine andere islamische Bewegung, die einen mystischen Hintergrund hat (Sonnenereignisse, Zahlensymbolik und geheimes Alphabet). Sie wurde 1964 in New York von Clarence Jowars 13 X Smith nach seinem Ausschluß vom Tempel Nr. 7 durch Malcolm X mit dem Wahlspruch gegründet: "Die Schwarzen sind die Reinkarnation Allahs durch die Sonne". Big Daddy Kane, ein berühmter Rapper, ist Mitglied und enthüllt uns die großen Prinzipien dieser Bewegung: "Fünf %, das heißt islamisch, rigoros, die Nation der 5%. 85% werden im Hintergrund gehalten, weil sie dumm sind, taub und blind, sie respektieren nicht, was sie sind, weil man ihnen ihren Namen und ihre Kultur geraubt hat. Dann kommen die 10%, die man glauben läßt, daß sie geboren sind, um den Namen John oder Dennis zu tragen. Sie werden sich nicht darüber klar, daß ihre Namen eigentlich Elijah und Kamau lauten. Die 5% sind die, die über sich Bescheid wissen, die alles über die Existenz wissen. Wenn Du ein Five Percenter bist, dann weißt Du, daß Du Gott bist. Gott ist das Zentrum des Universums, der asiatische Mensch, das höhere Wesen (...) Die Nation of Islam wertet die Weisheit höher als das Wissen. In der Five Percent Nation sind wir der Meinung, daß wir nicht die Weisheit erreichen können, ohne das Wissen gesucht zu haben" (8).

Rakim (der von Eric B, der sich schlicht Rakim Allah nennt, d.h. Rakim Gott) ist ebenfalls Mitglied der 5% Nation, auch wenn er sich nicht sehr gut mit Big Daddy Kane versteht (islamische Symbole wie die 7 oder der Stern tauchen in ihren Videos auf) wie auch einige Mitglieder der Flavor Unit, z.B. der tolerante und offene Lakim Shabazz.

Jesse Jackson

Jesse Jackson, den im Moment populärsten schwarzen Politiker und berühmten demokratischen Pastor darf man natürlich nicht unerwähnt lassen. Hat er nicht bei der Präsidentschaftskampagne 1988 beinahe die Sensation ausgelöst? Sein "Wer bin ich? Ich bin wer! Ich bin wer!" steht in direkter Verbindung zu den Schlachtrufen der schwarzen Amerikaner in den 50er und 60er Jahren. Von der Mehrheit der Schwarzen wird er respektiert (auch wenn ihm vorgeworfen wurde, sich mehr um sich als um seine Gemeinde zu kümmern). Dies geht so weit, daß sich einige Rapper mehrfach für ihn ausgesprochen haben (Melle Mel hat sogar eine Single zu seinen Ehren herausgebracht: "Jesse"; Run DMC haben für ihn gespielt, Stetsasonic haben eine Single mit ihm aufgenommen etc.). Um sich 1984 bei den Vorwahlen für die demokratische Präsidentschaftskandidatur von dem Antisemitismus Farrakhans und dessen Anhängern zu distanzieren, reiste er 1985 nach Genf, um dort Gorbatschow zu treffen und ihm eine Petition für den Frieden und für die Ausreise der sowjetischen Juden zu überreichen. Er ist ebenfalls der erste, der die Geiseln aus dem Konflikt zwischen dem Irak und Kuweit empfängt. Den radikalen Reverend Al Sharpton unterstützt er beim Aufbau einer politischen Karriere (Gründer der National Youth Movement und des United African Movement. Er geht für die Leitung einer gewaltfreien Demonstration ins Gefängnis. Er ist einer der Aufsteiger der schwarzen Bewegung, unterstützt von Spike Lee, dem Regisseur von "Do The Right Thing").

Für die ehemaligen Aktiven, wie John A. Williams (heute Schriftsteller) gibt es eine gewisse Nostalgie: Weder Farrakhan noch Jesse Jackson besitzen die Aura oder die Macht eines Malcolm X, den die Schwarzen heute als weitaus radikaler und revolutionärer ansehen als man früher gedacht hätte: "Die Weißen hatten Martin Luther King ausgewählt, weil er ihnen weniger Angst machte als Malcolm X, Rap Brown oder die Black Panthers. Jesse

Jackson und Louis Farrahkan sprechen zu denselben Menschen, aber Jackson hat die intelligenteren Mitstreiter auf seiner Seite (...). Beide wissen aber, daß sie umgebracht werden, bevor sie es schaffen, an die Macht zu kommen, und sie wollen nicht sterben. Aber im Moment entsprechen sie einem Gefühl, das in den schwarzen Gemeinden wächst, nämlich der Solidarität mit der Dritten Welt" (9).

Schwarze Bourgeoisie und Afrozentrismus

In den 80er und 90er Jahren, die in mancher Hinsicht den 60ern ähneln, (militante Demonstrationen für den Frieden, gegen die Umweltverschmutzung und gegen Nuklearwaffen, gegen den Rassismus) tritt der Rap auf. Und mit ihm der Afrozentrismus. Ein Konzept, das sicher Lichtjahre vom Erfolg eines Bill Cosby entfernt ist (wenn man genau hinschaut, stellt seine "Show" nichts anderes als das Leben einer schwarzen Familie - er ist Arzt - dar, die in Frieden in einer Gesellschaft lebt, die immer noch 13% ihrer Bevölkerung ignoriert) oder vom Erfolg Eddie Murphies (aber beide bringen die Säle zum Toben, oft mehr als so mancher weiße Star, sodaß sie von der Mehrheit der Schwarzen in Amerika bewundert werden) oder auch der Zeitung Ebony (Pendant zum französischen Paris Match). Für John A. Williams ist der Rap die Fortsetzung von dem, was die schwarze Gemeinschaft immer gewesen ist, nämlich gespalten: "Zuerst gab es die freien Schwarzen und die Sklaven, die etwas hellhäutigeren und die dunklen, die aus dem Norden und die aus dem Süden. Heute gibt es die Mittelschicht und die Ghettos" (9). Noch weiter geht Nelson George, Mitbegründer der Stop the Violence-Bewegung: "Ein Phänomen bezeichnet diese Epoche, nämlich die Kritik am weißen Establishment, die ebenso groß ist wie die am schwarzen Establishment (...) Wir tun uns selber Unrecht, wenn wir Ebony oder den Bürgermeister von Washington nicht kritisieren" (10). So begründet sich auch die Hinwendung zum Afrozentrismus, eine Philosophie (ererbt und erlernt aus den Kämpfen von Garvey, Malcolm X, King und anderen), die sich Afrika zu seiner politischen, kulturellen und wirtschaftlichen Referenz erkoren hat (s. später "Rap & Afrozentrismus").

Zahlen

Kriminalität:
* Mord ist heute Ursache Nr. 1 bei Todesfällen von schwarzen Männern zwischen 18 und 34 Jahren; (15).
* 121 Morde von der extremen Rechten von 1980 - 1986 (6).

Gefängnisse
* 23% der jungen Schwarzen von 20 - 30 Jahren sind im Gefängnis oder auf Bewährung (16). 46% der Gefängnisinsassen sind schwarz.
* 2000 zum Tode Verurteilte warten z.Zt. in den amerikanischen Gefängnissen auf die Vollstreckung ihres Urteils, 40% von ihnen sind Schwarze.
* Didier Daeninckx sagt: "Kürzlich hat der höchste Gerichtshof zugegeben, daß eine Person, die einen Mord an einem Weißen verübt hat, vier mal mehr die Todesstrafe riskiert als der Mörder eines Schwarzen" (17).

Drogen
* Ihr "Umsatz" lag 1986 bei 60 Millionen Dollar allein in New York, d.h. eben so hoch wie der Etat der Stadt und des Staates New York. Also liegt die Zahl der "Beschäftigten" bei 300.000 (18).

Wohnorte/Armut
* Die großen, von vielen Schwarzen bewohnten Städte waren 1985: Washinton (70%), Detroit (63,1%), Chicago (39,8%), Philadelphia (33,6%), Houston (27,6%) und New York (25,2%) (20).
* 33,8% der schwarzen Bevölkerung wurde '85 als arm eingestuft gegenüber 41,8% 1966, aber 30,3% im Jahr 1974 (20).
* Seit 1980 gibt es keine offiziellen Arbeitslosenzahlen mehr für die Schwarzen.

Gesundheit
* Von 24.600 Fällen von Aids in New York seit 1981 waren 15.000 Schwarze oder Puertoricaner betroffen.
* Ein Schwarzer, der in New York lebt, hat geringere Chancen, das Alter von 65 Jahren zu erreichen als ein Mensch in Bangladesh.

Blut
* In Louisiana gilt noch heute, daß 1/32 schwarzen Blutes Sie zum Schwarzen macht; viele Dokumente haben noch den Zusatz: "kaukasische Rasse", "schwarz", "asiatisch", "amero-indianisch".

* Dieses Gesetz ist so absurd, daß viele Leute der Meinung sind, daß 28 Millionen weiße Amerikaner schwarzes Blut haben und daß 3/4 der Schwarzen in den USA weiße Vorfahren haben. Nicole Berheim unterstreicht dies: "Spitze Zungen behaupten, daß bei 20% der schwarzen Bevölkerung wirklich schwarzes Blut in den Adern fließt. Die Pflanzer hatten zwei Jahrhunderte lang das Recht, Sklavinnen zu vergewaltigen" (7).

Die Medien (1986)

* 99% der Fernsehstationen sind in weißer Hand.
* 1,5% der 9000 privaten Radiosender sind in schwarzer Hand.
* Nur eine der 1700 Tageszeitungen gehört einem Schwarzen.
* 97% der Verantwortlichen der Presse sind Weiße. Time oder Newsweek haben nur 5% schwarze Redakteure (18).

Grandmaster Flash

3. Old School (Pioniere)

KOOL DJ HERC

Im Jahre 1967 verläßt Clive Campbell (alias Kool DJ Herc) sein Geburtsland Jamaika, wo er in Kingston als DJ arbeitete und kommt nach New York, wo er weiter toastet. Aber Anfang der 70er Jahre gibt er den Reggae zugunsten des Funk auf, der damals gerade anfing, großen Erfolg zu haben. Kool DJ Hear ist 1975 einer der Initiatoren der ersten "Block Partys" in der Bronx, mehr oder weniger wilde DJ-Feste, bei denen der Strom öfters von öffentlichen Stromrechnungen stammte (oder von einem fahrradangetriebenen Generator wie bei DJ Flowers!). Er ist einer der ersten, der zwei Schallplatten mischt, um einen neuen Rhythmus zu schaffen, während DJ Grand Wizard Theodore den scratch und cut erfindet - zumindest soll er ihn zusammen mit Lil Rodney Cee erfunden haben (21). Die beiden Rapper von Kool DJ Herc heißen Coke La Rock und Clark Kent und sind heute in Vergessenheit geraten. Als er 1982 erklärt, daß "wir nie die Besten des Rap kennenlernen werden, damals war Rap wirklich schwer, ein Spiegelbild seines Pu-

blikums", läßt Grandmaster Flash durchblicken, daß diese beiden nie eine Platte aufgenommen haben... Doch die Gärung ist auf ihrem Höhepunkt. Einige Klubs beginnen, sich dem Rap zu öffnen (Roxy, Disco Fever, Morehouse, Black Door, Dixie etc.), es gibt immer mehr Street Partys, die Graffiti-Sprayer liefern sich erbitterte Wettkämpfe, die Musik bringt neue Tänze hervor, Gruppen drängen auf den Musikmarkt. Es ist die Geburtsstunde des Hip Hop (die Erfindung dieses Namens wird abwechselnd Lovebug Starski, Kool DJ Herc oder auch DJ Holly-wood zugeschrieben). Als er durch einen Messerschnitt an der Hand im Klub Executive Playhouse verletzt wird, muß sich Kool vom Plattenteller zurückziehen und verschwindet mehr oder weniger spurlos von der Szene, hat aber noch die Zeit, der ersten großen Rap-Welle mit der Sugarhill Gang beizuwohnen.

SUGARHILL GANG

Am 16. September 1979 erscheint die Single "Rapper's Delight". In nur wenigen Wochen erobert der Refrain

"I say the hip hop/The hip beat to the hip hip hop/You don't stop rocking to the bam bam boogie/Ah just the boogie to the rhythm of the boogie to be/Now what you hear is not a test/I'm rapping to the beat" sämtliche Tanzflächen. Drei MCs Wonder Mike, Big Bang Hank and Master G reichen sich das Mikro weiter, mit der Untermalung durch Bässe, Händeklatschen, ohne jede Aussage aber mit viel Spaß und "Groove". Man kann nichts neueres, "fresh" sagte man damals, machen, und es ist der weltweite Boom (die Verkäufe erreichen zwei Millionen Platten). Das Label gehört Sylvia Robinson (Ex-Sängerin des R&B in den 60ern, bekannt geworder durch "Pillow Talk", Autorin von "Love's Strange" für Bo Diddley). Man wird nie wissen, ob die Gruppe (Sugarhill Gang) ihren Namen dem Label (Sugarhill Rds) gegeben hat oder umgekehrt. Aber es scheint, als habe Sylvia Robinson das große Geschäft dank des Enthusiasmus ihrer Kinder gerochen. Man kann auf alle Fälle sagen, daß sie die erste war, die an den Rap glaubte (wenn auch "King Tim III" von der Fatback Band einige Wochen vor "Rappers Delight" erschien). Nach dem Erscheinen von "Rappers Delight" wird der Rap das Ziel vieler Plattenfirmen, die in ihm einen Ersatz für Disco sehen. Die Rap-Bewegung jedoch war beständiger und hatte einiges zu sagen. Das genaue Gegenteil der Disco Musik.

KURTIS BLOW & EINIGE ANDERE

Viele New Yorker Gruppen (der Rap ist anderswo noch nicht vertreten) können endlich Platten machen. Kurtis Blow (aus der Bronx via Harlem), der 1977 mit Run und DMC angefangen hat, (die spätere Gruppe Run DMC!) wird 1979 von Mercury entdeckt (was aus ihm den ersten Rapper macht, der von einem Großen unter Vertrag genommen wird) und nimmt sehr schnell "Xmas Rappin" (400.000 verkaufte Platten) und "The Breaks" (200.000 mehr) auf. Von Anfang an setzt er den Akzent auf Soziales, die Technik in den Studios macht Fortschritte und er hat sogar Bob Dylan eingeladen, mit ihm das Lied "Kingdom Blow" (1986) zu machen. Bis heute nimmt er für Mercury auf und hat bereits 8 Alben produziert. Gleichzeitig wartet er auf seine Kinokarriere in Hollywood, seine neueste Herausforderung.
Davy-D genannt DJ Davey DMX (David Reeves), DJ von

Kurtis Blow ist angeblich derjenige, der Russel Simmons (Mitbegründer des Labels Def Jam und Manager von Run DMC) zum Rap gebracht hat. Allein deshalb verdient es Davy-D, hier genannt zu werden. Außerdem stellt er seine vielfältigen Talente als Produzent, Autor/Komponist, Musiker und Rapper recht vielen Leuten zur Verfügung (Fat Boys, Run DMC, etc.). Im Frühjahr '84 nimmt er die Maxisingle "One for the Treble" auf und '87 bringt er ein sehr gutes, wenn auch kritisiertes Album auf den Markt: "Davy's Ride" (mit dem bemerkenswerten Lied "Have You Seen Davy D?").

Melle Mel (Zulu Nation-Party, N.Y., 1990)

Spoonie G (Neffe von Bobby Robinson und Geschäftsführer von den Enjoy Rds), LA Sunshine und Kool Moe Dee lernen sich 1979 in der Schule kennen (sie sind alle erst 17 Jahre alt). Sie gründen die Treacherous Three und nehmen ein Jahr später bei Enjoy "Feel The Hearbeat" auf, dann später den klassischen "New Rap Language/Love Rap". Doch Spoonie G entscheidet sich für eine Solokarriere, die mit seinen beiden ersten Maxis (eine bei Sugarhill, die andere bei Tuff City) und seinen beiden LPs "New & Old Jams" und "The Godfather" durchaus als gelungen bezeichnet werden kann

(87). Die Treacherous 3 machen mit Special K auch ohne ihn weiter, können sich aber nicht lange halten. Noch zu erwähnen wären noch The Sequence (weibliches Trio, welches von der Ex Sugarhill Gang begleitet wird), Grandmixer DST (Riesenhit 1982 mit Grandmixer - Cuts It Up), Grandmaster Flower, Blowfly (Miami, der erste Porno-Rapper, man kommt zu dem Schluß, daß Florida der Nährboden für diese Art Übung ist, s. später Live Crew), Fearless 4, Cold Crush Brothers ("Fresh, Wild, Fly & Bold" mit Ez AD, Almighy KG, JDL and Grandmaster Caz, der Karriere mit dem Titelsong des Films "Wild Style" im Jahr 1983 macht und Casanova's "Fly" für Tuff City Rds. aufnehmen wird), Crash Crew, Fab 5 Freddy. Phase II, Funky 4 + 1 "(Rappin' & Rockin' The House" 1979 mit DJ Breakout, Jazzy Jeff, Lil Rodney Cee, Keith and Sha Rock, eine der wenigen weiblichen MCs), Busy Bee, Fantastic Freaks, Undefeated 3 (mit Funkmaster Wizard Wiz & Kool Supreme), Choice MCs (mit Fresh Gordon), Freddy B & The Mighty Mike Masters oder die Jazzy 5 MCs, mit denen DJ Red Alert herauskommt.

Dieser Name wird in diesem Buch noch so oft vorkommen, daß man präzisieren sollte, daß er mit 14 Jahren bereits als DJ anfängt. Als er 1978 Afrika Bambaataa kennenlernt, hat Red Alert soeben die Jazzy 5 zusammen mit seinem Cousin Jazzy Jay gegründet (s. später), bevor er den Zulu Beat auf WHBI, einer New Yorker Radiostation, ins Leben ruft. Außerdem arbeitet er '82 für Kiss FM und hat dort jeden Freitag und Samstag abend seine Sendung (von der Raubkopien bis nach London verkauft werden, und von der es 3 LPs mit dem Titel Live Radio Show bei Next Plateau Rds., eine wahre Lektion im DJing, gibt!). Vor kurzem arbeitete er mit BDP (A Tribe called Quest), Jungle Brothers und der Engländerin Monie Love. Sein Urteil wird überall geschätzt, von seiner Geschicklichkeit gar nicht zu reden. Jazzy Jay hingegen ist der DJ auf "Def Jam/Cold Chillin' in The Spot" mit einem unerwarteten MC: Russel Rush (d.h. Russel Simmons) auf Seite B. Auch Jazzy Jay wird in diesem Buch noch oft erwähnt werden.

GRANDMASTER FLASH & THE FURIOUS FIVE

Die fünf Wütenden

Und hier also DER Name der Old School (die noch nicht so heißt): Joseph Saddler, alias Grandmaster Flash. Er stammt von den Antillen, hat ein Elektronikdiplom (das ist wichtig als DJ...) und startet seine Karriere mit MC Cowboy in der Bronx. Bald lernen sie Melle Mel (trotz seines Vornamens ein Mann) und seinen Bruder Kid Creole (hat nichts mit dem anderen zu tun) kennen, der bald durch Scorpio ersetzt wird. Sie beginnen, sich

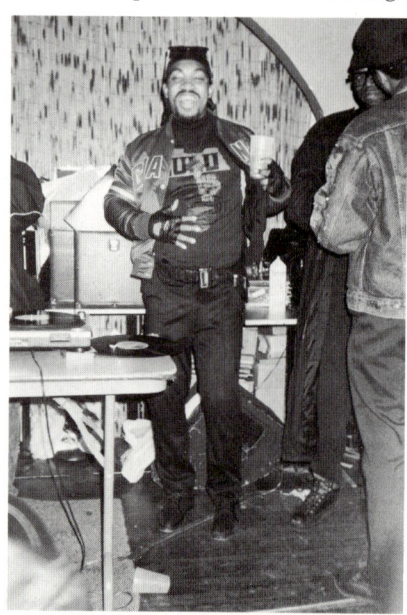

DJ Jazzy Jay, immer in Action, 1990

einen Namen zu machen. MR Ness stößt 1977 dazu, wenig später Raheim (der fünfte MC). Die Furious Lovers, die sich bald Furious Five nennen, sind geboren (ihres Erfolges sind sie sich dank ihres Spitznamens "die Schlimmsten der Stadt" sicher (28). Der Erfolg von "Rappers Delight" bringt sie 1979 dazu, eine Platte aufnehmen zu wollen. Sie machen zwei Singles, "We Rap More Mellow" mit dem Namen Younger Generation bei Brass Rds. und "Superrappin" bei Enjoy Rds. 1980 wechseln sie zu Sugarhill und nehmen "Freedom" auf, ein großer Erfolg. Sie machen eine Tournee durch die USA und bringen '81 "The Birthday Party" heraus. Von da an sind Studiomusiker (darunter Mitglieder der Sugarhill Gang) bei den Aufnahmen dabei. Die Furious Five rappen schnell und gut. Der Beat ist das simpelste und doch effizienteste Mittel. Entgegen der Erwartung, die man vielleicht haben könnte, sind ihre ersten Lieder nicht politisch sondern eher im Stil "Let's-party-and-tell-our-zodiac-signs". Russel Simmons erklärt uns, warum: "Die erste Rap-Generation kam aus Harlem, der Bronx oder von der Straße. Deshalb mußten Grandmaster Flash und die anderen nicht "Street" oder "Gangster" inszenieren, sie waren es. Sie suchten nach etwas lustigerem, aufregenderem. Die, die danach kamen, hatten andere Ausgangspositionen. Sie hatten eine andere Vision von dem, was der Rap werden könnte, ganz einfach, weil die Straße nicht ihr ganzes Leben war" (117).

The Message

Anfang '82 erscheint die Single "Showdown" gefolgt von "The Message" (in zwei Stunden geschrieben) und löst den selben Schock wie Rappers Delight aus: "Ich hab die Erziehung eines Penners/Eine zweistellige Inflation/Ich kann nicht den Zug nehmen, um arbeiten zu gehn/Die Transportunternehmen streiken (...) Ratten in der Wohnung/Kakerlaken in der Küche/Junkies im Garten mit Baseballschlägern (...) Stoß mich nicht/Weil ich am Rande des Abgrundes stehe/Das ist wie ein Dschungel/Manchmal frage ich mich wie ich es mache, nicht verrückt zu werden".
Es gibt eine Vielfalt an Themen: das Fernsehen, die verlorenen Mädchen, die Schule, den leichten Gewinn und das schnelle Geld, die Drogen, Gott, das Gefängnis etc.. Das Leben im Ghetto zieht an uns vorbei." Mit "The Message" findet der Rap seine Bestimmung, er redet nicht mehr, er sagt. Er erhält eine Mission, die ihn von nun an an ein halbes Jahrhundert afro-amerikanische Ideologie bindet" (21).
An diesem Tag macht der Rap einen großen Schritt. Wenn er keine Mode, sondern eine Bewegung ist, hat er dies "The Message" zu verdanken. Berufungen werden geboren, und Silvia Robinson zieht zum zweiten Mal das große Los. Wenig später macht Sugarhill Rds aus allen seinen Singeln das Album "The Message". Im Gegensatz zu den Rappern von heute machten damals

alle eine Single oder Maxi nach der anderen, da der Rap noch nicht völlig als ein eigenes Genre anerkannt war. Aber dies ist nurmehr eine Frage der Zeit, denn der Rap wird sich mit Produzenten wie dem berühmten Marley Marl (Marlon Williams ist sein richtiger Name und er arbeitet bei WBLD in New York) bereichern. Er wird einer der begehrtesten Produzenten und bringt sogar selber 1987 eine Single als MC & DJ bei MCA heraus: "He Cuts So Fresh". Es folgt eine LP, "In Control, Vol. 1".

The Message II und die Trennung

1983 enthält das Album "Greatest Messages" die Titel "Freedom", "Flash to the Beat" (mit einer Human Beat Box, der ersten, die aufgenommen wurde?), "Survival Message II", "New York, New York". Gleichzeitig nehmen Grandmaster Flash & The Furious Five das Lied "White Lines Don't Don't Do It" auf, welches die Besonderheit hat, Anti-Coke zu sein und das Intro "Bass" einzuwerfen. Dieser Scherz ist bis heute bei der Mehrheit der Rapper erhalten geblieben, zur Freude unserer empfindlichen Ohren.
1983 ist ein Jahr, das reich an Rap-Ereignissen ist. Double Dee & Steinski führen das Sampling mit "Lessons 1, 2 & 3" ein, Keith Leblanc (bei der ersten LP von Grandmaster Flash war er der Schlagzeuger) würdigt Malcolm X in seinem Song "No Sell Out" und Run DMC erfinden den Hardcore Rap ("It's like That").
Nach ihrer LP "The Greatest Messages" spaltet sich die Gruppe nach einem Anwaltsstreit um die Namensrechte in zwei Teile. Die Mehrheit der Furious Five bleibt bei Grandmaster Flash und unterschreibt bei Elektra. Melle Mel, der Beste der fünf MCs, macht bei Sugarhill unter dem Namen Grandmaster Melle Mel & The Furious Five weiter (2 LPs in den Jahren 1984 und 1985).

Heute

Die anderen nehmen 1985 das Album "They Said It Couldn't Be Done" mit einer Version von "The Joint Is Jumping" (Fat Waller), "Rock The House" (eine Imitation von Run DMC) und zwei Titeln "Soul" und "Sign Of The Times" auf, die an "White Lines" erinnern. Die 1986 entstandene LP "The Source" beweist, daß Grandmaster Flash nach wie vor ein guter DJ ist. "Fatest Man Alive", "Street Scene", "Style" (Version von Peter Gunn),

"Freelance" (quasi live), "Ba-Dop-Boom-Bang (1987)" sind die Stücke auf dieser LP und sie sind sehr klangreich und funky (man hört u.a. darauf Variationen von "We Will Rock You" von Queen) und haben die verschiedensten Themen: "Big Black Caddy" (Autos), "House That Rocked" (Partys), "Get Yours" (Selbstvertrauen)...

Im Jahr 1988 tun sich die beiden Grandmaster (Flash und Melle Mel) noch einmal zusammen und bringen "On The Strength" bei Elektra heraus. Ein Remake von "Magic Carpet Ride" von John Kay (Ex- Steppenwolf) ist auf dieser Platte, aber sie wird wenig beachtet. Zuletzt hat Grandmaster Flash das Album "Masterpiece" von Just Ice produziert (1990, Fresh Rds.) und die Maxisingle "On We Go" von Doom. Zehn Jahre nach seinem Debut gibt es Grandmaster Flash immer noch. Um so besser.

4. TRANSITION

AFRIKA BAMBAATAA

Zwischen Ende der 60er und Mitte der 70er Jahre ist Afrika Bambaataa (er ist gerade 10-12 Jahre alt) Mitglied der Black Spades (einer New Yorker Gang mit 20.000 Mitgliedern, Rivalen der Black Assassins, Seven Immortals, Savage Nomads) und treibt sich in den Räumen der Black Panthers in der Boston Road herum: "Sie ziehen sich wie die Hell's Angles an", erklärt uns die französische Zulu Nation, "klauen den Busfahrern ihre Einnahmen und legen gerne irgendwo Feuer" (176). Aber am 10. Januar 1975 stirbt sein bester Freund an den Folgen dieser Gewalt. Es gibt einige Versionen; die wahrscheinliche ist die, daß es sich um einen Kampf zwischen rivalisierenden Gangs am Pelham Parkway handelt, bei der sein Freund Soulski vor seinen Augen zusammenbrach, nachdem man ihm neun Kugeln in den Rücken, den Magen und ins Gesicht geschossen hatte (man hat nie erfahren, ob es die Kugeln eines Gangsters oder eines Polizisten waren). "Bam tritt bei dem Prozeß als Zeuge auf", erzählt die französische Zulu Nation." Er hängt eine Kopie der Sterbeurkunde in seinem Zimmer auf und verläßt die Gang, die durch Drogen und Gefängnisstrafen sehr dezimiert wurde" (176).

Black Spades und Zulu Nation (oder Krieg und Frieden)

Seine Mutter schenkt ihm zum Abitur ein Tonbandgerät. Der Wettkampf und die Aggressivität werden von nun

25

King Bam

an nicht mehr durch Kämpfe, sondern durch Tanzwettbewerbe und DJing ausgelebt.

Nach der Auflösung der Black Spades gründer er 1976 mit Afrika Islam (der aus ähnlichen Gründen gerade einen Freund verloren hat) The Organization, die bald in Zulu Nation umbenannt wird. Afrika Bambaataa war der Name eines Zuluhäuptlings im Krieg gegen die Engländer Ende des 19. Jahrhunderts. Zwei Filme, Zulu aus dem Jahr 1963 von Michael Caine und Zulu Dawn, beeinflussen sie bei ihrer Namensfindung Der Slogan der Zulu Nation war damals: "Die negative Energie der Kämpfe in positive und konstruktive Energie durch diese neue Straßenkultur umwandeln: den Hip Hop" (29). Die Zulu Nation wird durch den Islam inspiriert (niemand muß jedoch zum Islam konvertieren, darf kein Schweinefleisch essen oder muß den Ramadan einhalten). Zwanzig Regeln werden niedergeschrieben: Pazifismus, Liebe, Hilfe, Suche nach der Erkenntnis etc.

DJ Bambaataa

1976 beginnt Afrika Bambaataa als DJ in der Bronx, er ist einer der Pioniere. Am 12. November 1976 tritt er zum ersten Mal in der Halle des Bronx River Community Center auf. Die Leute, die bei ihm sind, heißen Mr Briggs Mitglieder vom Bronx River Project. Bei den Tänzen ernennt er die besten Tänzer zu Shaka Zulu Kings & Queens. Das Wort wird bleiben, um die Verantwortlichen der Zulu Nation zu bezeichnen. 1976/

26

77 tritt Afrika Bambaataa immer öfter gemeinsam mit Grandmaster Flash auf. Sein Lieblingsort ist die Junior High School 123. 1978 lernt er Kool DJ Red Alert kennen, der ebenfalls Mitglied der Zulu Nation wird und gerade die Jazzy Three gegründet hat, die sehr schnell zu den Jazzy Five werden (s. später). Sie produzieren gemeinsam, und ihre ersten Stücke werden auf K7 aufgenommen. Es scheint, daß von Afrika Bambaataa ein Bootleg ("Death Party Throwdown") bereits vor seiner ersten Platte erschienen ist. 1980 macht Afrika Bambaataa den ersten Teil von Bow Wow Wow (er wird damals von McLaren gemanagt, der eine Beziehung zu John Lydon, dem Ex-Sänger der Sex Pistols und Afrika Bambaataa für die Aufnahme von "World Destruction" im Jahr 1984 herstellen wird).

Planet Rock

Afrika Bambaataa unterschreibt bei Tommy Boy und nimmt mit den Jazzy Five "Jazzy Sensations" auf, aber erst die nachfolgende Platte "Planet Rock" wird die große Sensation im Jahr 1982: Kraftwerk, eine deutsche Gruppe, die techno-industrielle Musik macht, und die Stimmen von Bambaataa & Soul Sonic Force werden verwendet. Die Single wird eine goldene Schallplatte. Sie ist von Afrika Bambaataa, John Robie und dem allzeit präsenten Produzenten Arthur Baker produziert. Sie ist eine Flut von Scratches, von elektronischen Tönen und gequälten Stimmen.

Afrika Islam in Paris

Die Auswirkungen von Planet Rock sind es wert, sich näher damit zu beschäftigen. Die Platte gibt den Startschuß zu dem, was man später "Electro Years" nennen wird, erfunden von Newcleus, Planet Patrol und Jonzun Crew. Sie wird hauptsächlich den Miami Bass (Space Funky DJs, We Down Express, MC Shy-D, Gucci Boys, Chilla Frauste, Beatmaster Clay-D, Maggotron ("Welcome to The Bass Planet" im Jahr '81), Young & Restless, Danny D ("Boom", "I Got Your Girlfriend") oder L 'Trimm ("Cars That Go Boom") beeinflussen.
Unter diesem Einfluß tauchen die ersten Rapper der Westküste auf. Unter ihnen World Class Wreckin' Crew (von denen Dr DRE, späterer Produzent der Niggers With Attitute, ein DJ ist), Knights of the Turntable, Unknown DJ ("808 Beats", "Let's Jam", "Beatronic"), Egyptian Lover (die später die Firma Egyptia Empire Rds. gründen) oder LA Dream Team. Aber die Kalifornier müssen noch einige Jahre auf ihren Erfolg warten, da die Kids den Rap für ein New Yorker Phänomen halten und nicht an den West Coast Sound glauben. Die Samples von Planet Rock kann man schon nicht mehr zählen, vor allem sein Intro ("Party People" von Todd Terry).
Vom Erfolg gestärkt macht Afrika Bambaataa - im selben Stil, nur noch lauter - die Songs "Looking For The Perfect Beat" und "Renegades of Funk" (1983, sozialer und politischer als vorher). Alle Songs erscheinen als Maxi Single, auch "Funk You" (Bambaataa bedient sich bei James Brown und bei Queen). Erst 1986 werden alle Stücke auf dem Album "Planet Rock - The Album" (Tommy Boy) zusammengefasst.

Culture Mix

Bambaataa ist führend in der Welt des Hip Hop. 1984 zählt die Zulu Nation allein in New York 40.000 Mitglieder! Tourneen in Amerika und Europa werden mal mit den Jazzy Five und mal mit Time Zone gemacht, einmal auch mit Soul Sonic Force. In diesem Jahr nimmt er mit James Brown auf, der seiner Philosphie des Culture Mix nach wie vor die Treue hält. Die Platte bietet sechs Versionen des Stückes "Unity" an, ein postives politisches Zeichen. Eine Mischung aus Classic Soul und Rap. Im selben Geist der musikalischen Mischung entsteht auch "World Destruction", von Bambaataa geschrieben und mit John Lydon/Rotten aufgenommen. Eine unglaubliche Platte: Der Punk der Punks trifft auf den Zulu King. Er arbeitet auch mit einem Gesangstrio, Shango, und gemeinsam bringen sie eine Tanzplatte heraus ("Shango Funk Theology", auch im Jahre '84!) mit einer Version von "Thank You" (Sly Stone).

Seine erste wirkliche LP erscheint 1985 mit dem Titel "Funk You". Um sie aufzunehmen, hat sich Bambaataa mit The Universal Zulu Nation Funk Family zusammengetan, die die Funk Queens, Dynamic Force, Jazzy Jay, Whiz Kid, G.L.O.B.E. und Pow Wow umfaßt. Dieses Album beweist, daß es Bambaataa keine Mühe macht, mehr als 4 Titel auf eine Platte zu bringen, er eröffnet dem Electro Beat sogar neue Horizonte. Immer noch erscheint eine Single nach der anderen: "Frantic Situation", "Tension", eine Wiederauflage von "Kick Out The James" der MC5, "Funk You". Die LP "Beware" ("The Funk Is Everywhere") kommt '86 mit all seinen Titeln raus.

Danach erfährt Bam eine kleinere "Dürreperiode" (Ich sage kleine, da er immer der am meisten respektierte war und die Zulu Nation nie anfhörte zu existieren. Seine alljährlichen Feste in New York sind immer große Augenblicke). Seine Stellung als großer Förderer verliert damals an Gewicht. Der Rap gibt sich immer mehr mit Klischees ab und "My Adidas" drängt "The Message" in den Hintergrund. Crack kommt auf den Markt und stürzt die unter 25jährigen ins Chaos und mit ihnen viele Rap-Anhänger. Die Reagan- Ära verbessert die Situation der Schwarzen keineswegs, und der Frieden scheint nicht allen eine Lösung. zu sein. Erst vier Jahre später, als die Zulu Nation wieder breiteres Interesse gewinnt, tritt Bambaata wieder in Erscheinung.

1988 unterschreibt er bei Capitol und nimmt "The Light" auf, zu der er niemand geringeres als UB 40, Boy George, George Clinton, Yellowman und einige andere einlädt. Aber tatsächlich macht der König der Zulus nicht allzuviel selbst auf dieser Platte, und sie erinnert eher an ein Sammelalbum all der vertretenen Künstler als an Bambaataa. Das letzte, was man von ihm hört, ist, daß er bei York Rds unterschrieben haben soll und "Return To The Planet Rock" aufnehmen will.

Heute

Eine Anekdote: Bambaataa hat kürzlich Nostradamus zitiert (französischer Astrologe des 16. Jahrhundert), der angeblich einen Dritten Weltkrieg für 1994 zwischen den Moslems einerseits und den Russen sowie den Amerikanern andererseits vorausgesagt hat. Bam schließt daraus, daß die heutigen Ereignisse ihrer Zeit doch ein bißchen voraus sind... Abschließend eine kleine Lektion

von Afrika Bambaataa über den Rap: "Alles fing mit den Banden und der Gewalt an. Die Rapper erzählten, wie gut sie sind und wie sie sich an Mädchen ranmachen. Erst 'The Message' von Grandmaster Flash brachte den Rap in die Realität zurück. Planet Rock brachte den Electro Funk auf. Die nächste Stufe waren dann Run DMC und ihr Hardcore Beat, ihr Scratchen und ihre normale Kleidung. Sie haben auch den Heavy Metal in den Rap eingebracht, auch wenn ich das schon mit 'Time Zone' getan hatte. Dann haben die Rapper angefangen, von sich selbst zu sprechen. 'It's like that' und 'Suckers MCs' von Run DMC waren sehr wichtig, weil sie es auf Vinyl gebracht haben'. 'The Show' von Doug E. Fresh kam sehr früh, sie war der Beginn des Sampling. Public Enemy führte uns wieder zurück zur Message. Die kalifornischen Musiker haben wieder den Egozentrismus gepflegt und die Bandengeschichten mit NWA und Ice-T. Und über allem steht 'Planet Rock', selbst die größten Erfolge wie 'Wild Thing' von Tone Loc hören sich wie 'Planet Rock' an. Gruppen wie die Jungle Bros oder Public Enemy haben den Leuten ein religiöses Bewußtsein vermittelt. Hiphouse kam mit 'I'll House You' von den Jungle Bros auf. Der europäische Rap ist dem R & B näher und es hat ihn immer in Frankreich und in Deutschland gegeben"(31).

RUN DMC

Als Run und DMC DJs waren

1977 ist Joseph Simmons (Run) ein 12jähriger DJ und interessiert sich für MC Kurtis Blow, der seinen Bruder Russel managt. Ab und zu nimmt Run das Mikro und spielt seinem Freund Darryl Mc Danields (DMC: Devastating Mike Control) Bänder vor. Alle beide stammen aus Hollis in Queens. Run bringt DMC die Technik bei, und sie beginnen, unter dem Namen Orange Krush Musik zu machen, obwohl sie gleichzeitig noch für Kurtis Blow scratchen. Als der sie dann verläßt, tun sie sich mit einem besseren DJ zusammen als sie es selbst sind: 13 Jahre alt, ehemaliger Bassist und Gitarrist: Jason Mizell (Jam Master Jay), der in der Nachbarschaft aufwächst. (Run spielte mit ihm in der Basketballmannschaft der katholischen St. Patricks Schule). Run und DMC lassen endgültig die Mischpulte hinter sich und stürzen sich auf ihre Mikros. Russel Simmons wird ihr Manager,

Produzent und manchmal auch Autor. Er macht sich auf die Suche nach einer Produktionsfirma und unterschreibt schließlich einen Vertrag bei Profile (die Firma existiert seit Mitte der 70er. Sie wurde von Cory Robbins als Dance Label gegründet, fängt aber Anfang der 80er Jahre an, Rapplatten zu produzieren, so z.B "Martin Luther King" von Hurt 'Em Bad oder "Street Justice" von Rake). Im März 1983 bringt Profile die erste Single von Run DMC heraus (das ist der offizielle Name der Gruppe, Jam Master Jay erscheint erst bei dem vierten Album auf dem Cover!). Das Stück heißt "It's Like That", eine Single, die wie eine Bombe einschlägt. Die Rhythmen sind eindringlich und laut, die Stimmen rauh, so wie die

Worte. Sie gelangt sofort in die Hitliste und neun Monate später stürmt "Hard Times" erneut die Tops. Der Song gleicht aufs Haar seinem Vorgänger, was die Musik und die Aussage angeht, nämlich die Bedetung von Geld ("I need that dollar everyday of the week"). Larry Smith, der einige Zeit Mitglied von Orange Krush war, trägt viel zum Sound des Trios bei. Im Mai '84 bringt Profile das Album "Run DMC" heraus.
Auf dem Cover sind Run, Jam Master Jay und DMC mit weichen Filzhüten (die sie nie absetzten), Zöpfchen und Adidasturnschuhen zu sehen (sie haben sie immer

Run DMC, ohne sie...

begleitet!) Außer ihren drei zu Klassikern gewordenen Platten bietet Run DMC noch "Jay's Game", eine Extravorstellung von Jam Master Jay und "Wake up" mit dem Thema: weltweiter Friede, Einheit und Gleichheit der Völker: "Es war ein Traum, nur ein Traum/Wach auf, steh auf, wach auf, steh auf". Zitat von Jam Master Jay: "Also, wenn man Euch fragt, wer die besten sind, werdet Ihr sagen: Run DMC und Jam Master Jay" vor allem "Rock Box", eine Liveaufnahme mit dem Gitarristen Eddie Martinez (Ex-Blondie) und die Hard Rock Solos (das erste, aber nicht das letzte Mal, daß der Hard Rock mit Run DMC flirtet). Die Auswirkungen dieser Platte sind Egozentrismus, Geld und Ruhm und zwei erfolgreiche Jahre für Run DMC.

King of Rock

Ein Jahr zieht ins Land und die Plattenfirma Profile bringt das zweite Album der Gruppe mit dem provozierenden Titel "King of Rock" heraus. Auch wenn das Produktionsteam das gleiche wie beim ersten Album ist, gewinnt diese Platte an Musikqualität, und dies dank einiger Musiker und acht Mischern (einer davon ist Rick Rubin, der gerade das Label Def Jam mit ... Russel Simmons! gegründet hat). Die Echos der Stimmen von Run und DMC sind sehr effektvoll auf "Rock the House" gestaltet. Der Song "King of Rock" ist ein Meisterwerk. Die Gitarre von Eddie Martinez spielt sich wütend in den Vordergrund (sie tritt auch bei "Can You Rock It Like That?" auf). Bevor sie sich auf Michael Jackson und die Beatles werfen, warnen sie uns vor: "We Rock Hardcore/Roll To The Rock/Rock To The Roll!". Davy-D, eine alte Bekanntschaft, spielt einige Gitarrenakkorde bei "Jay Master Jammin'". "Roots, Rap, Reggae" ist das einzige Stück, das uns eine andere Seite der Gruppe entdecken läßt. Der Titel sagt bereits alles und Yellowman leiht seine Stimme dem wahrscheinlich ersten Stück im Stil des Raggamuffin (Run DMC sind große Reggaefans, haben sie nicht mit Smiley Culture gearbeitet und sind verrückt nach seinem "Police Officer"?). Ebenfalls erwähnenswert sind die Antidrogen-und Anti- alkoholparolen in "You're Blind", bei dem nicht weniger als drei Gitarristen (darunter Rick Rubin) vertreten sind. Falls die "Ego-Songs" weiter dominieren und falls die Musik das hält, was das erste Album verspricht, dann wird "King Of Rock" in die Geschichte des Rap als das eingehen, was "Vom Winde verweht" unter den Filmen war. Chuck D erklärt: "Wenn Run DMC nicht die

Vorläufer gewesen wären, Public Enemy hätte nie existiert. Run DMC sind das Phänomen der 80er, und das schon vor Steve Tyler (Aerosmith & Run DMC). Ich meine die Art, mit der sie sich dem Rap näherten, die die Kraft und den Rhythmus ihres Raps durchscheinen läßt, während doch vorher alles nur eine Sache von Reimen war. Run DMC hatten die Kraft, den Schrei und die Wut, die Stille, auslöste und, der wir uns hilflos gegenübersahen. 'Suckers MC's' und 'Rock Box' haben uns begeistert, weil sie selbst ohne die Gitarre ein starkes Maß und einen starken Rhythmus hatten und dadurch ein Bild in unseren Köpfen geschaffen wurde, welches schwarz und hart war" (115).

Zu dieser Zeit...

Neue Gruppen schießen 1985 aus dem Boden, wie z.B. die Fat Boys: Prince Markie Dee, Buff und Kool Rock (die zu dritt schlappe 500 kg wiegen) haben ihr Debüt in Brooklyn als Disco 3 (nicht zu verwechseln mit Disco 4 and ihrem "Get Busy"). Die Fat Boys schaffen von '84- '85 fünf Plattenalben (die meisten von Kurtis Blow produziert). Sie spezialisieren sich auf Humoristisches und machen andere Gruppen nach: "Baby You're A Rich Man" (Beatles), und "Sex Machine" (James Brown) für den Film "Disorderlies" und "The Twist" (Charlie Checker) oder "Wipe Out" (Classic Surf).

Run DMC, It's Like That!

Kangol Kid & Doctor Ice beginnen als Breaker in East Flatbush, gründen UTFO und gewinnen 1983 den ersten Preis beim WBLS Break Dancing. Bei dieser Gelegenheit treffen sie Emd, Mixmaster, Jalil und Ecstasy, die vorher mit Whodini gearbeitet hatten und sich Ende '83 mit

ihnen zusammentun werden. Die Untouchable Force
Organization ist geboren und eine Europatournee mit
zwanzig Konzertterminen wird auf die Beine gestellt. Im
Herbst '84 treten sie zum ersten Mal im U.S. Fernsehen
auf und kehren Anfang '85 nach Europa zurück. Als ihr
Ruf als Tänzer und Komiker schon recht solide ist,
unterschreiben sie im Sommer '85 einen Vertrag bei
Select. Ihr Hit und zweite Single "Roxanne, Roxanne"
wird von Full Force komponiert und gesungen (sechs
Typen aus Brooklyn, denen man oft in der Black Music
begegnet und die untrennbar mit der Karriere von UTFO
verbunden sind, die sich allerdings durch ihr Mitwirken
bei "United" auf der ersten LP von Full Force
revanchieren). Sie touren mit den Fat Boys, Full Force,
Boogie Boys & Joeski Love. Bis heute haben sie vier
oder fünf LPs herausgebracht - ohne von den
Soloeskapaden von Dr. Ice zu sprechen - bei allen ist der
Ton sehr gut gemischt, ein bißchen Funk und relativ
abgehackte Sätze, aber doch ein harmonisches Ganzes.
Mantronix und "The Album", ihre erste LP, stammt aus
dem Jahre 1985. Die Gruppe wird sehr erfolgreich.
Nachdem ihr Rapper MC Tee sie verläßt, gehen sie aber
mehr in Richtung Dance.
Doug E. Fresh (und seine Get Fresh Crew), ein Sänger,
der sich für eine "Original Human Beat Box" hält,
interpretiert 1985 "The Show", Auslöser der Sample-
Manie. Man kennt ihn auch durch seinen Song "Keep
Risin' The Top" (von Doug, Hank Shocklee & Eric
Salder produziert) und vom Album "The World's
Greatest Entertainer". Immer aktiv hat Doug außerdem
als "Human Beat Box" an der Single "Stop The Vio-
lence" und an der LP "Times Up" (1990) von Living
Colour mitgearbeitet. Dieses Comeback hat sich mit der
Tournee der New Kids On The Block noch konkretisiert.
Real Roxanne, ein charmantes junges Mädchen aus
Brooklyn, startet 1982 mit 16 Jahren ihre Karriere und
bringt '85 ihre erste Single heraus: "Bang! Zoom! Let's
Go Go". 1988 hat sie "Respect" von Aretha Franklin
aufgenommen und ihre LP "Real Roxanne" wurde von
Jam Master Jay produziert.
In dieser Zeit gab es auch die Single "Make it Funky"
(von Daddy-O produziert) und das Album "What More
Can I Say" von Audio Two, zwei Brüdern, die für andere
Sänger Songs schreiben unter ihrem Label First Priority;
die Force MD's (3 LP's von '84 - '87 bei Tommy Boy,
darunter "Force MD's Meet The Fat Boys" und "Love
Letters" mit der Rhythmiksektion von Sugar Hill); die
Heartbeat Bros (gegründet 1984 in der Bronx bei Elite
Rds, Support-Band für Roxanne Shante, Biz Markie oder

Beastie Boys

den Fat Boys); die hardcore K9 Posse (1985 in New Jersey gegründet. "This Beat is Military" steht in meiner
persönlichen Top 20 ...); Sir Fresh & DJ Radical (fangen
1985 mit "Sally & Dee" bei Ultra Rds an, wechseln
später zu Solid Goals Rds mit - unter anderem - "I'm
Sooth" und "Git'em/Gimme Watcha Got/It's
Scratched"); und schlußendlich die Chicago Bears
Shufflin' Crew (und ihre Ruhmeshymne auf die
Fußballmannschaft von Chicago: "Super Bowl Shuffle"
von '85 bei Red Label) und viele andere, unter ihnen
natürlich die Truppe aus dem Kreis von Def Jam (s.
später).

Raising Hell

Der große Durchbruch gelingt dem Rap zum zweiten
Mal mit der LP "Raising Hell" von Run DMC (1986).
Die LP ist die erste, von der sich mehr als 1 Million
Platten verkauft. Der Sound hat einen enormen Sprung
nach vorn getan (die Produktion ist gezeichnet/gehegt
von dem Schockduo Rubin/Simmons, damals glückliche
Produzenten von neuen Namen wie LL Cool J oder von
den Beastie Boys). Auf der Platte ist erstens der Hit "Walk
This Way", eine Wiederauflage von Aerosmith mit der
Stimme von Steve Tyler und der Gitarre von Joe Perry
(die wirklichen Texter/Interpreten von diesem Stück).
Der Einfall, die Hälfte von Aerosmith mit Run DMC
zusammenzubringen, erweist sich als genial, denn er wird
den Rap in den USA auch dem weißen Publikum
zugänglich machen, auch dank des bemerkenswerten
Videoclips: Man sieht ein Aufnahmestudio. Run DMC

links, Aerosmith rechts. Zwischen den beiden ist eine Mauer. Sie dient dazu, zu sehen, wer von den beiden den meisten Krach macht, bis die Mauer auseinanderbricht und beide Gruppen zusammen spielen.

Auch die Songs "It's Tricky" und "Raisin' Hell" haben diesen Hard Rock Sound. Diese Mischung aus satten Gitarrentönen und aggressivem Rapping, von dumpfen Bässen und dem unberührbaren Mischpult ist sehr wirkungsvoll. Die anderen Songs auf dieser Platte, z.B. "You Be Illin'", "Perfection" (Parodie der ersten beiden LPs von Run DMC), "Dumb Girl" (und sein Beat, der Ähnlichkeit mit dem von "She's Crafty" von den Beastie Boys hat), und "Son Of Byford" (Human Beat Box) sind auch alle recht bemerkenswert und die Themenpalette reicht von "My Adidas" bis zu "Proud To Be Black" (Stolz, schwarz zu sein, getextet von Original Concept).

Business
is business

Nach "Raisin' Hell" geht Run DMC gemeinsam mit den Beastie Boys auf eine Tournee durch die USA und durch Europa, um Schwarz und Weiß in den Konzerthallen zu vereinen. (Dies hindert Run DMC leider daran, die Kirche zu besuchen! "Wir glauben an Gott und wir danken ihm immer. Wir gehen in die Kirche. Aber nicht regelmäßig, da wir fast immer unterwegs sind", erklären sie 1988). Leider werden die Konzerte von Gewalt begleitet (in Arena Beach 1986: 41 Verletzte) bis hin zum Tod eines ihrer Fans; auch einer ihrer Roadies bekommt eine Kugel in den Kopf (überlebt aber). Daher bleiben die kleineren Säle den Rappern aus Angst vor Zwischenfällen meistens verschlossen... Als kurze Randnotiz: Lyar Cohen, einer von ihnen, wird Mitarbeiter bei Rush (Managementfirma, die mit Def Jam verbunden ist und Russel Simmons gehört). DMC hat enthüllt, daß er ihnen des häufigeren geraten habe, doch mit den Antidrogen- und Pro-Jesse Jackson- Konzerten aufzuhören, da dies seiner Meinung nach "rufschädigend" sei. (So findet man Run DMC auf der Wohltätigkeitsplatte "A Very Special Christmas" von A&M in Begleitung von Stars wie Sting, Springsteen, Madonna, Bob Seger etc. wieder).

Während sie auf eine neue Platte warten, können sich die Fans solange auf das Buch "Tougher than Leather: The authorized Biography of Run DMC" von Bill Adler (Public Relations Manager bei Rush Management) stürzen (New American Library, 1987).

Tougher than Leather

1988 entscheiden sich Run DMC, von nun an ihre eigenen Produzenten zu sein. Dabei soll ihnen der Veteran Davy-D helfen (ebenfalls Coautor von fünf der zwölf Titel, mit dem Jam Master Jay später für Arista seine kleinen Schützlinge produzieren wird: Serious Lee Fine). Zwei Bassisten (unter ihnen Davy-D), drei Gitarristen (unter ihnen Davy-D ... O.K. ich höre schon auf), ein Schlagzeuger und ein Pianist kommen zu Run DMC als Verstärkung. Die Themen von Jam Master Jay machen weiterhin Furore (Led Zeppelin, James Brown, Malcolm X etc.). Sie sind stark vom Rock beeinflußt und parodieren weiterhin (und sogar sehr gut!) "Mary Mary" von den Monkees (weiße Gruppe aus den 60ern, eine Art harmlose amerikanische Antwort auf die Beatles und Run scratchte gewöhnlich in seiner Zeit als DJ "Mary Mary" sowie "I Can't Stop"), und sie nehmen sich sogar die Freiheit heraus, die Temptations bis zu Unkenntlichkeit zur verändern: "Papa Was A Rolling Stone" wird zu "Papa Crazy". "Alles ist sehr intensiv, die Parolen, die Rhythmen (...). Ich denke, daß die Energie vor allem von der Bühne kommt. Immer wenn ich einen Song schreibe, stelle ich mir vor, daß ich auf der Bühne wäre (...) "Bei Raising Hell" und bei "Tougher than Leather" haben wir alles produziert, arrangiert und getextet. Wir haben alles selber gemacht, und daher kommt diese Intensität. Wir verlieren das nie, egal wohin wir gehen (...) Viele Leute denken, daß 'Raising Hell' seinen Erfolg 'Walk This Way' zu verdanken hat. Wir haben 'Tougher Than Leather' gemacht, um zu beweisen, daß wir niemandem für unseren Erfolg zu danken haben als uns selbst" (33). So ist es gesagt ... und bestätigt: "Wir haben "Aerosmith" wieder hochgebracht. Und keiner dieser Verrückten hat uns gedankt, als sie ihren MTV Preis bekommen haben. Aber sie verdanken ihn uns. Und jetzt haben diese alten Rocker mit 40 Jahren ein Come-back" (216). Außerdem bescheren uns Run DMC noch "Ragtime" (unwiderstehlich jazzy) und "Beats To The Rhyme" mit seinen Ähnlichkeiten mit Public Enemy, auch wenn Run sich verteidigt: "Das ist der letzte Schrei im Hip Hop. Ich habe noch nie jemanden gehört, der Vergleichbares gemacht hat" (34); "Soul To Rock & Roll": "Jeder wollte wissen, was wir von den Beastie Boys halten, die die Schwarzen nicht mochten. Weißt Du, sie haben Seele. Ich höre sehr viel Rock" (35), bemerkenswert die Rock Scratches bei "King Of Rock" von ... Run DMC! He!

He! Und: "Miss Elaine": "Das ist ein Lied über eine Lehrerin, die auf einen ihrer Schüler scharf ist. Sie trägt hohe Absätze und hat einen großen Busen, sie ist hübsch. Jeder mag sie gern, aber sie ist scharf auf diesen Schüler" (35). Crack zu rauchen, alte Damen zu überfallen, ein Verbrechen zu begehen oder ähnliches ist keine Sache von Run DMC und sie besingen das in "I'm Not Going Out Like That". "Tougher Than Leather" (das Lied) ist eher aggressiv: Wah-Wah, Gitarrenstürze, Big Beat. Trotz der Perfektion, die Run DMC bei dieser Schallplatte erreichen, gibt es viele Kritiker. Die Epoche will eine Erneuerung des Rap und eine Bewußtseinsveränderung. Das Bild von Run DMC scheint veraltet. Aber selbst wenn es stimmt, daß die Platte nicht die Erneuerungskraft ihrer Vorgänger hat, ist sie doch die ausgefeilteste von allen.

Auf jeden Fall scheint es Jam Master Jay nicht weiter zu beunruhigen: "Wir verkaufen die meisten Konzertkarten, wir machen die größten Tourneen, die besten Konzerte, wir machen alles besser und größer. Wir exportieren mehr als Prince oder Michael Jackson, er hat 1,3 Millionen gemacht und wir 1,4. Er war nicht die Nr. 1 dieses Jahr, sondern wir" (36).

Run DMC sind Super-Stars, dies zeigt sich wieder einmal beim Erscheinen des Films zur LP auf den amerikanischen Bildschirmen. Das Originalband ist mit Run DMC und Slick Rick unterschrieben. Der Film erzählt in Romanform die Geschichte der Gruppe ("Das ist nicht Hollywood, das ist Hollis-Wood!", brüllt Jam Master Jay). Es gibt selbst einen Run DMC Award (den die Gruppe selbst finanziert), der die Schüler mit 300 Dollar belohnt, die aus Queens stammen und eine exzellente Beurteilung erhalten! Und Run bestätigt uns: "Die Kohle, die ich verdiene, kommt auf mein Bankkonto, ich führe ein organisiertes Leben und ich werde vielleicht bis zu meinem Tode in Hollis wohnen" (37).

Back From Hell

Run DMC erleben eine recht heftige Dürreperiode. Zuerst versucht Russel Simmons das Unmögliche: Er will sie zu Def Jam zurückbringen, verliert jedoch alle Prozesse gegen Profile. Der kommerzielle Flop des Films "Tougher Than Leather", die negativen Kritiken über das Album und über die Musik von Ghostbusters II (die sie 1988 schreiben) entmutigen letztendlich auch Run DMC. Run zieht sich zurück, um in Ruhe seine drei Kinder aufzuziehen, DMC und Jam Master Jay flirten mit anderen Gruppen. Gleichzeitig gründet DMC mit Run ein Label (JDK Rds mit Smooth Ice) und Jam Master Jay versucht sich als Label Manager bei JMJ Rds. Seine erste Unterschrift ist die von alten Freunden: den ultra-afrozentrischen und erfinderischen Afros, bei denen die kahlen, aber mit Perücken bestückten "100%-Afros" Kool Tee und DJ Hurricane die Hauptstütze sind. Ihre erste LP "Kickin' Afrolistics" Ende '90 ist eine Mischung aus Funk, Rap und Raggamuffin'. Bei der Produktion gibt es zwei Experten, nämlich Davy-D und Jam Master Jay selbst.

Im Endeffekt entfernen sich Run DMC immer mehr von ihrem Ziel, zusammen Musik zu machen. Nach den Dreharbeiten für Miller Lite Beer ist für sie jedoch die Zeit gekommen, sich wieder im Studio einzuschließen. Anfänglich machen sie die Maxi "Pause" (im Video treten die Afros auf) und bringen dann ihre fünfte LP heraus: "Back From Hell", eine sehr vielversprechende Platte. "Sie haben gerade die Produktion beendet und Run DMC hat sicher eine Überraschung parat. Sie werden für immer ganz oben sein, glaube mir" schwört Russel Simmons (117).

Wenn auch diese Platte weit besser abschneidet als die vorhergegangene, hat sie doch Ähnlichkeiten mit früheren. Das fängt schon beim Titel an, der "Raising Hell" doch sehr ähnelt (Wollen Sie damit "Tougher Than Leather" ungeschehen machen?). Der Titel "Sucker DJ's" versetzt uns 7 Jahre zurück, die Mischung Rap/Reggae erinnert auch sehr an die Anfänge und die Instrumente sind immer noch schwer. Jedoch hat sich die Musik verändert und sie bringen einige Samples von den Stone Roses in "What's It All About" ("Wir hatten nie wirklich von ihnen gehört, wußten aber, daß sie Nr. 1 in England waren und dachten, daß dieser Rhythmus als Basis vielleicht gut wirken könnte" (216), Trompetentöne, Chöre (Stanley Brown) und viele Musiker. Die Texte haben einen tieferen Sinn (Sprüche wie "Stop The Violence" und "Afro" etc. kommen immer wieder vor). Diese 55 Minuten beruhigen ungemein, denn Run DMC bleibt Run DMC. Unser ganzer Dank gilt Run DMC, die viel zur Rap Revolution beigetragen haben und einer deren größte Mitstreiter sie sind.

The Afros (1991)

Rap und Gesellschaft

Der Rap erhält eine ganz neue musikalische Dimension durch die Prädominanz dem Rhythmus, den modernen Klang und die neue Struktur der Kompositionen. Noch über seinen Aspekt des Tänzerischen hinaus spielt der Rap ebenfalls (vor allem?) eine unleugbar soziale Rolle. Queen Latifah ist davon überzeugt: "Der Hip Hop ist zweifellos die positivste und erhellendste Musik von heute. Wir sprechen vom Drogenmißbrauch, von der Gleichheit der Rassen, von Obdachlosen und von der Apartheid. Warum? Weil jeder von uns auf seine Weise Erfahrungen mit diesen Problemen gemacht hat" (101). Mike G von den Jungle Brothers ist folgender Meinung: "Der Rap bringt einem die Sachen auf eine neue Art und Weise nahe und zeigt Alternativlösungen auf (...), wir rappen zu jedem Thema: die sexuellen Beziehungen, die Politik,

THEMA

der Rassismus. Der Rap bietet alle möglichen Sichtweisen zu diesen Problemen. Das macht zwar die Musik immer, jedoch ist der Rap noch erfolgreicher darin, weil er die jungen Leute anspricht und die sind die Zukunft (...) Vielleicht können wir die jungen Leute beeinflussen und ihnen helfen" (105). Kool Moe Dee ist noch direkter: "Wenn Sie Hunger haben und keinen Pfennig in der Tasche, wollen Sie wissen, warum das so ist. Das Kind aus der Bronx will eine Antwort. Und es hört Rap. Wenn der Rapper ihm Lösungen zeigt oder auch nur über die Gründe seiner Armut rappt, hört das Kind ihm zu, weil es gerade so etwas hören will" (205). "Der Rap hat den Schwarzen eine Sprache gegeben", sagt Chuck D (Public Enemy). "Als ich klein war, wußte ich nicht, wie ein Schwarzer in Los Angeles lebt. Die Nachrichten zeigten davon nichts und die Fernsehserien schon gar nicht. Das wurde immer vertuscht. Beim Rap brauchst Du einfach nur Leuten wie Too Short zuzuhören und Du weißt, wo er herkommt" (72).

Die Aussage des Rap muß von vorne bis hinten von demjenigen, der sich ausdrückt, kontrolliert werden, um glaubwürdig zu sein, so jedenfalls behauptet es Chuck D: "Die Mehrheit der Schwarzen muß die Struktur der weißen Gesellschaft begreifen, damit sie sich über Wasser halten kann. Und wir müssen die Strukturen unserer Gesellschaft begreifen. Wir müssen die Dinge der Weißen kapieren, weil man sie uns den ganzen Tag um die Ohren haut, in der Schule, im Fernsehen, in den Zeitungen. Die weißen Amerikaner aber wissen sehr wenig über die Gefühle der Schwarzen (...) Die Schwarzen haben nie aufgehört zu singen und zu tanzen, seit sie mit den ersten Schiffen nach Amerika gekommen sind, nur haben sie über nichts die Herrschaft. Ich würde mit Ihnen, aber nicht für Sie arbeiten: Ich bin nicht dafür da, auf die Straße gesetzt zu werden. Diese Zeiten müssen einfach vorbei sein" (54 & 72).

In einer kapitalistischen Gesellschaft wie der der USA klingt dieser starke Wunsch nach Unabhängigkeit und Kontrolle wie eine wirkliche politische Tat.

Für Afrika Bambaataa ist der Rap nur die Fortsetzung einer Tradition: "Die Musik behält ihren Einfluß auf die Jugend. Denken Sie an die 60er. Wenn es nicht Leute wie die Beatles, Country Joe McDonald, Dylan oder James Brown mit seinem "I'm Black, I'm Proud" gegeben hätte, die gegen den Krieg in Vietnam, für den Frieden oder für die Liebe gesungen haben, dann wären nicht so viele Leute damals aufgestanden oder den militanten Weg gegangen" (06). Overlord X, ein englischer Rapper schränkt den sozialpolitischen Aspekt des Rap ein wenig ein: "Ich verstehe die Ansicht von Public Enemy. Ich denke, ich wäre genauso radikal, wenn ich daher käme, wo sie herkommen. In London sind die Dinge aber anders, es gibt keinen Ku Klux Klan und keine Hinrichtung von unschuldigen Schwarzen auf dem elektrischen Stuhl. Ich werde nicht permanent Rebellion verbreiten, wenn doch meine Situation im Vergleich zu der der schwarzen Amerikaner privilegiert ist" (179).

Rick Rubin, der Mitgründer von Def Jam Recordings, sieht im Rap nur ein Credo ohne wahren Wert: "Ich kümmere mich nicht besonders um die Aussagen der Gruppen, die ich produziere. Für mich ist das vor allem Musik und keine Politik. Ich produziere Platten, um mich und das Publikum zu amüsieren. Der Rap und Heavy Metal faszinieren mich, weil sie Ausdruck einer Verzweiflung der Jugendlichen sind. Wenn Slayer einen Song dem Doktor Mengele widmen will, wenn Public Enemy einen Rassenaufstand provozieren will, sollen sie das doch tun. Für mich ist das nur ein Element ihrer Nummer, genau wie es für andere Gruppen darum geht, über Mädchen oder große Autos zu singen. Wenn alle Gruppen das tun würden, würden sie auch nicht mehr auffallen, als die, die über Autos oder Mädchen singen.

Auf jeden Fall können meiner Meinung nach ein Aufstand oder ein Völkermord Thema eines Liedes sein. Nicht umgekehrt. Ich bezweifle, daß ein Song einen Aufstand oder eine Massenvernichtung auslösen könnte. Am Ende ist es doch immer nur Rock & Roll. Und die Leute hören das, um sich zu zerstreuen, sich auszutoben und um die Realität zu vergessen" (38). Der französische Soziologe Francois Dubay ist damit nicht ganz einverstanden. Er sagte folgendes über den Rap in Frankreich: "Ich halte diese Rapper (...) für den Ausdruck einer großen Mutation, die jemanden wie mich, der spontan ein soziales Klassendenken hat, ohne jedoch "Anarcho" zu sein, erstaunt. Wenn ich all diese Leute sehe (Rapper, Taggers, etc.), die eher an Kultur, Wurzeln, Identität denken, finde ich das sehr erstaunlich, vor allem die Tatsache, daß sie keinen Widerhall in der Sprache der Politik oder des Sozialen finden, da auch diese auf alten Strukturen aufgebaut ist (soziale Klassen etc). Daher kommt ein Phänomen, was man bei allen bewußten Rappern beobachten kann: Alles bleibt moralisch oder kulturell und läuft nicht auf Politik hinaus" (181).

Ice-T beobachtet hingegen nicht die Zerstörung der klassischen politischen Schemata, sondern eine Vereinfachung dieser Strukturen: "Meine Politik ist viel direkter als die wirkliche Politik, sie kommt von der Straße und aus den Fabriken (...) Ich vertiefe das nicht allzusehr, weil die meisten Kids nie mit dem FBI oder mit der CIA zu tun haben werden; sie haben mit der Polizei zu tun, und für sie ist der Bulle der Präsident" (14). Ice Cube wählte ebenfalls die schonungslose Sprache der Straße: "Wir denken, daß der 15jährige Junge auf der Straße sich einen feuchten Kehricht um den Präsidenten den Gouverneur oder den Bürgermeister schert. Die einzige Autorität für ihn ist die Polizei. Man kümmert sich um die Dinge, die man vor Augen hat: Public Enemy hat einen größeren Horizont. Die Priester und Lehrer in der schwarzen Gemeinschaft verneinen zwar nicht die Straßengangs und die Drogen, aber sie wollen nicht, daß man darüber spricht. Lieber würden sie das alles unter den Teppich kehren. Sie wollen die Kinder auf den rechten Weg bringen, und wir wollen nicht die Vorbilder spielen (...). Warum sollten wir die Vorbilder der Gemeinde sein, nur weil wir Rap machen?" (182).

Jedoch hat man seit den 60er Jahren nicht mehr so viel von Politik in der Musik gesprochen. Wenn man den Zeitzeugen seiner Anfänge in New York Glauben schenkt, ist der Rap in seiner Essenz engagiert. Er weckt das Bewußtsein, fördert Ideen, wirft Fragen auf, denunziert Ungerechtigkeiten, ohne jemals ein ganzes politisches Programm sein Eigen zu nennen. LL Cool J oder Run DMC haben - auf den ersten Blick - praktisch keine richtigen Texte. Sie zerstreuen uns und wir tanzen zu ihrer Musik. Macht allein die Tatsache, daß sie Rapper sind, gleich engagierte Künstler aus ihnen? Reicht es, daß sie schwarz und berühmt sind, um aus ihnen Helden der schwarzen Klasse zu machen? Diese Frage bleibt. Ice-Ts Meinung dazu: "Ich glaube nicht, daß Rapper eine soziale Verantwortung haben. Ich denke, das hängt vom Einzelnen ab. Man muß das nicht vom Rap abhängig machen, ich denke z.B., daß ich eine soziale Verantwortung habe, weil ich es so empfinde" (14). Der Rap ist im Endeffekt eine so reichhaltige Musik, daß man alles hineinprojizieren kann, alles unterbringen und alles von ihm erhoffen kann. Unter anderem eben auch eine soziale Position. Sein Synonym, die Bewegung, sollte sie sich uns zufällig aufgedrängt haben?

LL Cool J, der Prinz des Rap

5. Def Jam

Das Zusammentreffen von zwei Studenten

Der magische Name. Die verrückteste "Success Story" des Rap. Das Label, das alles im Hip Hop auf den Kopf stellen wird. Rick Rubin (ein Jude aus Long Beach, einem Küstenort von Long Island), lernt den Rap durch seine schwarzen Mitschüler kennen (in einer Schule, in der es einige Rassenaufstände geben wird) und alle bewundern sie X, Black Flag oder die Hard Rock Gruppen. Er produziert mit 20 Jahren ohne jede Erfahrung (einmal muß jeder anfangen...) die Single "It's Yours" (1982) von T-La Rock & Jazzy Jay, gleichzeitig animiert er bei Uni-Partys als DJ und studiert erfolgreich Philosophie sowie Kino- und TV-Technik. Im Frühjahr 1984 lernt er Russel Simmons im New Yorker Club "Danceteria" kennen. Die beiden respektieren sich auf Grund ihrer Platten. Simmons bewundert "It's Yours" und Rubin liebt Run DMC und Whodini, die Simmons produziert. Russel Simmons, in Hollis (Queens) geboren, ist der ältere Bruder von Joseph (dem Run von Run DMC) und hat ein Diplom für Soziologie. Er ist nicht mehr neu in der Bewegung. Er organisiert seit 1977 Konzerte und ist mit 27 Jahren einer der gesuchtesten Manager: Auf seiner Visitenkarte stehen Whodini, Run DMC, Kurtis Blow, Dr. Jeckyll & Mr. Hyde, Jimmy Spicer, Spyder D & Sparky D! Rick erinnert sich: "Wir wurden Freunde. Kurz darauf unterschrieb ich mit LL Cool J. Ich wollte Def Jam ganz alleine gründen und nahm mit LL Cool J seine erste Single auf: "I Need A Beat". Ich habe sie Russel vorgespielt und der meinte, sie wäre ein Hit. Dennoch wollte er sich nicht auf das Abenteuer einlassen, ein Label zu gründen. Er war Manager und sehr zufrieden, es zu sein" (38). Am Ende investiert Russel, der es leid war, für manche seiner früheren Tätigkeiten nicht bezahlt zu werden, 2000 Dollar - wie Rubin auch - und das Kapital für Def Jam war da. Simmons erklärt in "Billboard" (einer einflußreichen amerikanischen Musikzeitschrift für die Musikprofis): "Das Ziel dieser Firma ist, den Leuten den wahren Wert der Musik, die auf der Straße gemacht wird, nahezubringen. Niemand hat bisher gewagt, sie zu veröffentlichen". Dennoch gibt Bill Stephney (Vize-Präsident des Labels) später zu, daß sie "nie an populäre Musik gedacht haben. Wenn man von Blues spricht, denkt man an die Menschen, die aus dem Ghetto oder dem Mississippi-Delta kommen, die ein hartes Leben führen und die sich selbst zu dem gemacht haben, was sie heute sind. Russel und ich stammen aus der Mittelklasse einer Vorstadt. Aber gleichzeitig gibt es in Amerika einen Unterschied zwischen einer weißen oder schwarzen Vorstadt. In den schwarzen Vorstädten hält man zusammen und hilft sich gegenseitig... Wir sind also vielen verschiedenen Einflüssen gegenüber offen. Selbst wenn die schwarze Musik in der South Bronx, in Manhattan oder in Brooklyn geboren wurde - jetzt ist sie in Long Island angekommen" (165).
Wenn man Bill Stephney fragt, ob sich Def Jam an die Labels anlehne, die es vorher schon gab, antwortet er: "Ich denke nicht, daß ein Vergleich mit Stax, Motown, Atlantic, Verve oder Stiff möglich ist. Ich denke nicht, daß Rick und Russel das Label mit diesem Ziel gegründet haben. Natürlich kannst Du es so machen und sagen: Gut, ich will meine Firma so leiten wie Phil Chess, wie Phil Spector etc.. Aber irgendwann kommst Du an den Punkt, an dem Du nur noch an Dein Ziel denkst. Das passiert je nach Situation, mit der Du fertig werden mußt" (165).

Und so funktioniert es

Parallel zur Gründung von Def Jam lernt Rick Rubin die Beastie Boys kennen, die ihn bitten, ihr DJ zu werden. Er nimmt an und landet bald mit ihnen im Studio. Im November '84 erreicht Def Jam 001 (die erste Single von LL Cool J, deren Produktion nur 700 Dollar kostete) sehr rasch 100.000 verkaufte Exemplare. Einen Monat später hat die Maxi "Rock Hard" von den Beastie Boys denselben Erfolg. Aber die Gesellschafter Rubin/Simmons begreifen sehr schnell, daß sie einen landesweiten Verteiler finden müssen. Bei dieser Entscheidung macht CBS das Rennen: "Schnell fand ich mich in der Rolle des Businessman der Truppe wieder. Russel managte die Gruppen (Rush Management) und ich kümmerte mich um Def Jam. Wenn ich statt der Videos Jura studiert hätte, wären die Dinge anders gelaufen. Wir haben bei CBS unterschrieben, ohne vorher den Vertrag zu lesen. Selbst unter diesen Bedingungen hat Def Jam gezeigt, daß man ein Label ohne große Mittel gründen kann" (38). Gründen, ja, aber auch am Laufen halten? Das ist schon eine andere Sache. "Wenn Du eine große Firma bist, wie es die meisten sind," präzisiert Bill Stephney, "dann bist Du nicht mehr richtig an der Sache dran. Du bist zu riesig, um durch die Straßen zu laufen, Dich anzuziehen, so wie wir uns anziehen und diese Musik zu hören. Wenn Du im Zentrum von Manhattan arbeitest, von 9 bis 17 Uhr, wenn Du 40 Jahre alt und den Zwängen einer großen Firma ausgeliefert bist, dann ist es schwer zu wissen, was so alles passiert. Die Beastie Boys nahmen eine Haltung ein, die die meisten großen Firmen nicht verstanden, weil sie mit den jungen Leuten nichts zu tun haben. Für die sind die 30jährigen jung und nicht die zwischen 15 und 25 (...) Die unabhängigen Labels, die versuchen, ihren Weg zu machen, können dahin gehen, wo etwas los ist. Weil sie neugierig und hungrig sind (...) Aber wenn wir weiter so wachsen, haben wir bald keinen Hunger mehr!" (165).

Rick Rubin verkörpert den amerikanischen Traum, an den er fest glaubt. Er wird mehrmals versuchen, die politische Rolle des Rap zugunsten der Rolle als Unterhaltungsmusik herunterzuspielen. Def Jam funktioniert so: Wer immer einen Vertrag mit einer Gruppe macht, kümmert sich von A-Z um sie. Und diese Aufgabenteilung wird sich als sehr fruchtbar erweisen: Public Enemy, Beastie Boys, LL Cool J, Original Concept, 3rd Blass, Davy-D, Jazzy Jay, Black Flames, Poppa Ron Love, Slick Rick und viele andere. Nichts ist dem Zufall überlassen und Bill Stephney erklärt das am Beispiel von P.E. (Public Enemy): "Wir arbeiten sehr hart an ihrem Erscheinungsbild, an dem was sie sagen und was auf ihrem Cover steht ... Alles ist auf eine politische Perspektive ausgerichtet (...) und das macht den Erfolg von Def Jam und Rush Management aus. Jeder Künstler hat sein eigenes Konzept. LL Cool J ist der Mann von der Straße für alle jungen Schwarzen. Run DMC sind die Hard Rock & Roll Rapper, Whodini sind eine Art bürgerliches Sexsymbol des Rap, P.E. sind politische Rapper. Oran Juice Jones sind die Gangster auf einer alten R&B Musik. Und dann die Beastie Boys: der gute alte Rock & Roll, um zu feiern. Diese Art von Image ist nötig, und man muß es beibehalten, weil sich die Kids davon sehr angesprochen fühlen. Wenn eine Gruppe nur einen Hit hat, kaufen die Kids vielleicht den Hit, aber nie das ganze Album" (165).

Ab 1985 produziert Def Jam auch Soundtracks ("Krush Groove" wird später von Russel Simmons verleugnet, und "Less than Zero") und ist sogar Coproduzent vom Film: "Tougher Than Leather". Aber man weiß, daß Rubin, außer für Rap noch eine Vorliebe für den weißen Rock hat, und er wird bald Hard Rock Gruppen produzieren und auch Hard in seine Rap-Produktionen einbringen, während Simmons den Soul der 80er bevorzugt (Tashan, Oran Juice Jones, Chuck Stanley). Die musikalischen Gegensätze und die unterschiedlichen Geschäftsstrategien führen zu einer freundlichen Trennung der beiden (Geschäfts-)Männer: "Wahrscheinlich werde ich weiterhin Def Jam Gruppen produzieren. Um die Wahrheit zu sagen, haben Russel und ich uns nicht die Mühe gegeben, uns offiziell scheiden zu lassen" (38).

Def American & Rush Management

Heute lebt Rick Rubin in Los Angeles und kümmert sich um The Cult und um Def American (Label mit einer Tendenz zu Heavy mit Wolfsbane, Slayer, Masters of Reality aber auch Rap mit den Geto Boys). Russel Simmons macht in Greenwich Village mit Def Jam weiter (wenn auch das Logo auf den Covern immer kleiner wird), mit Public Enemy, 3rd Bass, LL Cool J, E.P.M.D. Slick Rick, Nikki D, Downtown Science, Desaz Tempo, aber auch mit Rush Management (60% der New Yorker Creme ist bei Rush unter Vertrag) und Rush Associated Labels: Plattenfirmen, die an Rush angelehnt sind wie

No Face Rds (mit No Face, Bitches With Problems), JMJ Rds (Jam Master Jay Rds mit Famice und den Afros), Fever Rds (spezialisiert auf N.Y. Latin Hip Hop mit Lisette Melendez), RAL Rds (mit Nice & Smooth, Sid & B-Tonn, The Don), Pro Division Rds (die von Chuck-D geführt wird, mit Terminator X & The Valley of The Jeep Beets, Sister Souljah), OBR Rds (Newkirk, Tashan, Black Flames, Alyson Williams, Big Mack) und True Blue Rds (im Moment noch ohne Interpreten...). "Ich versuche, recht viel zu delegieren", kommentiert Russel."Ich persönlich hätte die Platte von Terminator X oder die von Fever Rds nicht gekauft, aber die Labels glauben daran, also ist das o.k...." (117). Zuletzt hat er MuTel ins Leben gerufen, einen Telefonservice, der die Künstler mit den Leuten, die anrufen, verbindet. Die "direkte Verbindung zwischen dem Künstler und dem Verbraucher" war Simmons immer sehr wichtig: "Das ist sehr rentabel. Tausende von Kids wollen mit ihnen sprechen" (39). Schließlich gibt er noch den Start einer wöchentlichen Fernsehshow ab Anfang 91 bekannt, die er selbst finanziert: Den "New Music Report".

E.P.M.D.

40

HERVE DEPLASSE
(CBS Frankreich/Def Jam)

Die Verkäufe in Frankreich

Der Rap-Markt ist dem des Hard ähnlich, weil man weiß, daß es ein Basispublikum gibt, welches dafür sorgt, daß jede Platte wenigstens eine minimale Verkaufszahl erreicht. Wenn sich ein Musikgenre durchsetzt und es in den traditionellen Promotionfirmen keinen Erfolg hat, denkt sich jeder, während er seine Platten herausbringt: "Meine Platte wird aber schon ihr Publikum finden".

Public Enemy haben von einem großen Medienphänomen profitiert, das jedoch nicht auf die musikalischen Fähigkeiten der Gruppe ausgerichtet war.

INTERVIEW

Ihr letztes Album konnten sie dennoch 40.000 Mal verkaufen, und das ist noch nicht das Ende. Sie werden wohl die 100.000 erreichen. Das erste Album wurde nur 4.000 mal verkauft. Die Plattenverkäufe von P.E. stiegen erst nach dem Film von Spike Lee "Do The Right Thing", und das ganz ohne Konzert, einem neuen Album oder einer neuen Werbekampagne. Damals hat man realisiert, daß es ein Publikum gibt, welches dieser Musik bereits die Treue hält. Das kommt schon gut in England, in Frankreich gibt es ebenfalls die ersten Erfolge und in den skandinavischen Ländern läuft es auch nicht schlecht.

Public Enemy:

Diese Gruppe tanzt auf meherern Hochzeiten ... aber man sollte niemals eine Gruppe von Personen der Meinung eines Einzelnen angleichen. Das Problem ist jedoch, daß die Medien nur Unsinn verbreiten, wie um die wahren Hintergründe zu kaschieren. Public Enemy wissen sehr wohl, wie sie ihre Werbung zu führen haben. Und dies ist nicht einmal negativ, selbst im Zusammenhang mit der Ehrlichkeit ihrer Ambitionen. Sie sind schwarze Amerikaner, machen sehr harte Musik und haben eigentlich keine Chance, wirklich Erfolg zu haben. So ist ihre einzige Möglichkeit, zum Ausdruck zu

bringen, was sie zu sagen haben, die Provokation. Nach ihrem zweiten Album werden sie etwas aggressiver im Ton und sie wissen genau, was darauf die Reaktion sein wird, selbst wenn ihnen die Geschichte mit Griff über den Kopf gewachsen ist. Sie sind extremistisch, haben jedoch keine Angst vor den Folgen ihrer Provokation. Dies geht manchmal soweit, daß eines Tages ein Typ in einem unbewohnten Gebäude, das ihrem Büro gegenüberliegt, mit einer Waffe dastand und den ganzen Haufen niederschießen wollte.

Da ihre Provokation aber das ganze Medienspektakel außer Acht läßt, ist sie auf eine gewisse Art und Weise noch akzeptabel. Sie haben sie aber auch gepflegt, denn sie wußten immer, daß diese Art der Provokation auch einen Widerhall beim Publikum finden wird, und auch bei den Plattenfirmen. Seit z.B. 2 Live Crew im Gefängnis saß, haben sie 30 oder 40 Plätze im "Billboard" gewonnen, das ist doch sehr erstaunlich. Und P.E. haben dann, nach den Deklarationen von Griff, ihr Meisterstück vollbracht.

Ursprünglich kamen die Mitglieder von Public Enemy nicht aus den Ghettos oder von der Straße. Sie kommen aus Long Island, also aus der schwarzen "middleclass". Sie sind gebildet und kennen nicht nur die Geschichte der Schwarzen, sondern ihre Texte beziehen sich auf alles, was in den letzten zwanzig oder dreißig Jahren passiert ist, und auf die Dinge, die deswegen heute nicht ganz normal sind.

Sicher ist, daß sich die Bewegung der Schwarzen in den USA nach der Ermordung von Malcolm X und dem Ende der Black Panthers sehr zurückgezogen hat, und die Schwarzen spielten erneut die Rolle der Sklaven in den USA. Mit Hilfe von Leuten wie P.E., Spike Lee und auch Eddie Murphy versuchen sie, ihre Würde und das Recht, sich auszudrücken, wiederzugewinnen. Spike Lee mußte kämpfen, um den Film "Do The Right Thing" machen zu dürfen, und trotz des Erfolges beim Publikum und bei den Kritikern ist der Film bei der Filmindustrie nicht anerkannt worden, weil er von einem Schwarzen ist, weil er von Schwarzen handelt (und von anderen Randgruppen), aber ohne jede Demagogie und ohne Kampferklärung an irgendwen ist. Wenn jedoch die Rede von einer Person wirklich hart ist und an die Substanz geht, dann ist das immer ein Störfaktor. Und nicht umsonst machen Public Enemy und Spike Lee gemeinsame Sache. Ein Schwarzer in den USA zu sein, ist nicht leicht. Immer wenn einer von ihnen einmal Erfolg hat, gelingt es dem Establishment, ihn wieder ganz nach unten zu befördern. Beispielhaft ist die Geschichte von dem schwarzen Bürgermeister Washingtons, der im Zug dabei erwischt wird, daß er Crack raucht. Daraufhin sagt ein jeder sofort: "Schau dir diese Leute an, sie sind nicht einmal in der Lage, eine gewisse Verantwortung zu tragen." Wenn sich die schwarze Bevölkerung untereinander fertigmacht, kommt das der Regierung sehr entgegen.

Für die Schwarzen bleibt also die Musik die einzige Ausdrucksform, und der Rap ist die einzige Musikart, die ihre Ideen transportiert. Public Enemy wird nur von der Hälfte der schwarzen Radiosender augestrahlt, und man hört sie nie auf weißen Sendern.

Rap now:

Man darf nie vergessen, daß Rap eine Tanzmusik ist, eine Art, sich zu amüsieren. Er ist vor allem Musik, und keine politische Ausdrucksweise.

Und der Rap wird alle anderen Musikarten beeinflussen, wie auch der Rock, der Blues und Reggae es getan haben. Er ist der erste neue Musikstil seit dem Reggae, und er bringt einen neuen Rhythmus, eine andere Art zu singen, sowie neue Arrangements etc.. Ich bin überzeugt, daß die Rapper auch in den nächsten Jahren normale Instrumente verwenden werden.

Wenn Du mit normalen Instrumenten Deine Musik machst, verbringst Du viel Zeit im Studio um den richtigen Sound in finden und ein Solo einzurichten etc. Aber wenn Du die Musik auf Computern machst und von vornherein eine bestimmte Vorstellung von ihr hast, mußt Du sie nur noch mischen. Die Aufnahme dauert weniger lang und wenn die Typen noch Ideen haben, geht es noch besser. Und selbst wenn diese Musik zum größten Teil von Maschinen gemacht wird, ist sie immer noch lebendiger als die vieler Rockgruppen.

Rap in Frankreich:

Man muß wahrscheinlich noch ein oder zwei Jahre auf gute französische Rapplatten warten. Die Kinder, die Rap machen, sind echte französische Vorstadtkinder und das ist auch gut so. Ihr Problem ist jedoch, daß sie nichts kennen außer ihrer Welt. Sie nehmen sich die Amerikaner als Vorbild, haben jedoch nicht deren Erfahrungen in der Sache. Es gibt eine große Diskrepanz zwischen ihnen und den Amerikanern. Sie sind noch unausgegoren, dies ist auch eine Frage ihrer Probleme mit der französischen Identität.

Der französische Rap ist noch zu sehr eine Kopie, ohne die Flamme und die Wut, ohne die notwendige Verrücktheit. Aber das wird schon noch kommen...

Eine Feststellung:

Zum ersten Mal spricht eine Musik ein sehr gemischtes Publikum an, weil sie eine Realität beschreibt und nicht irgendeiner Mode entspricht. Sie ist ein ideales Ausdrucksmittel, das es möglich machen müßte, eine Menge Dinge zu sagen, die in anderen Musikstilen der heutigen Zeit nicht zum Ausdruck kommen.

LL COOL J

LL Cool J hat die Ehre, der erste Vertragspartner von Def Jam zu sein. James T. Smith (LL Cool J heißt soviel wie Ladies Love Cool James!) wurde 1968 in Queens geboren und er fängt dort mit 9 Jahren an zu singen. Mit 12 nimmt er sein erstes Demoband im Hause seines Großvaters auf. Vier Jahre später wird er mit dem Song "I Need A Beat" der Prinz des Rap. Diese Platte hat wirklich etwas völlig Neues. Sie ist eine Art von Hardcore Hip Hop, der explodiert. Der Erfolg bringt ihn dazu, sich noch ein zweites Mal im Studio einzuschließen und er macht einen Hit nach dem anderen: "I Can't Live Without My Radio", eine begeisternde Hymne, ist einer davon. Ein großer Produzent - Rick Rubin - und ein großer Rapper - LL Cool J - kommen zusammen. Danach kommen "Rock The Bells" (Glocken und Grausamkeit) und "You'll Rock" (drei Richtungen in einem: Hip Hop, Rock und Go-Go Music). Das Album "Radio" (1985) beinhaltet all das ("I Need The Beat" wird dennoch von Jazzy Jay neu gemischt) und "I Want You" (spricht von einer Frau "die mein Babysitter war", ist doch rührend, oder?), sowie "I Can Give You More", das man, verglichen mit den anderen Stücken des Albums, als die erste seine Rap-Balladen ansehen kann, die ihn ja 2 Jahre später weltweit berühmt machen werden.

Bigger And Deffer

Schon bevor sein Album erscheint, ist LL Cool J ein unumstrittener Rap Star. Seinen Look (Ketten, Goldringe) kennt jeder. Eine Tournee jagt die andere, und jedesmal sind die Einnahmen höher. Mit "Bigger And Deffer" erreicht er jedoch den Höhepunkt seiner Karriere. Auf dem Plattencover ist er nackt und schlägt einen Punchingball, die Muskeln treten hervor, seine Grimasse ist beeindruckend. Schwierig, noch viriler aufzutreten. Gibt es noch einen weiteren Gräd? Ich würde es gerne glauben, aber - ehrlich gesagt - es bleibt ein Zweifel bestehen. Verrückt, wie der Rap es liebt, sich auf die Boxerszene und ihre Stars zu beziehen (Mike Tyson und LL Cool J haben sich sogar Anfang 91 auf ein Treffen geeinigt); die Wut, die Kraft und die Gefährlichkeit haben dieselben Qualitäten: "Rapper und Boxer haben

LL Cool J, zwischen I'm Bad und I Need Love

43

eine Sache gemeinsam: nicht ihre Hautfarbe, sondern ihre Armut", sagt Tyson (215).

Im Schatten von Run DMC und ihrem "Raisin' Hell'" wächst LL Cool J heran und verbessert seinen Sound. Dies läßt den Schluß zu, daß die Technik oder die Beherrschung derselben in den Jahren 86/87 besonders weit fortgeschritten ist. Das mag aber auch eine Frage der zur Verfügung stehenden Mittel sein. Oder der Erfahrung. LL Cool J ist ein böser, ein schlechter Mensch, und er besingt dies laut in "I'm Bad", eine Antwort auf das "Who's Bad" vom armen Michael Jackson. Das "Call All Cars" über das Mikro eines Polizisten - im Intro - ist von einer frappierenden Echtheit, die einen in ihren Bann nimmt. Man vergißt, daß es sich um eine Platte handelt. Die Stimme ist besser, die Bässe bestimmend und die Scratches von Bobby "Bobcat" Erving (ehemaliger Verbrecher, auch ein Pionier, hat eine Single und eine LP gemacht) sind sehr effizient. "I'm Bad" hat alles, was ein Hit braucht.

"Get Down", "The Breakthrough" und "Go Cut Creator Go" (Hommage an Chuck Berry und Cutting) sind bereits härter. "The Doo Wop" mischt sehr schön die 50er und den Rap. Da und auch anderswo spricht LL Cool J über sich, über sich und nochmal über sich. Und plötzlich eröffnet einem dieser 19jährige Junge, der sich rühmt, alle Mädchen dieser Welt haben zu können, die er will, und der beste dies und der beste das zu sein, daß er Liebe braucht : "I Need Love". Schluß mit der Machowelle, jetzt kommt die romantische Seite von LL Cool J. Ich wette, daß manche von Ihnen den Rap erst damit entdeckt haben, sprich mit dem ersten gelungenen Slow-Rap. Slow-Rap ist zu einem eigenen Genre geworden, aber niemand hat diese Perfektion erreicht. 5'22" Einsamkeit, True Love und Samtstimme. Das ist der zweite Hit des Albums. Aber seine harten Fans kommen damit nicht zurecht, und so mancher Rapper macht sich über ihn lustig. Joel Charpin von der Zeitschrift Backstage erzählt, daß Ice-T bei einem Konzert gefragt haben soll: "Ist ein Bruder im Saal, der Liebe braucht. Hört auf mit dem Scheiß, wir wollen Power!" Kool Moe Dee, der LL Cool J immer wieder vorwirft, ihn zu kopieren, provoziert ihn in einem Videoclip: Ein Jeep überfährt ein Kangol (höchstes Symbol des Prince of Rap). Eine Differenz, die bis heute besteht. KRS One behauptet, daß LL Cool J sich geweigert habe, bei der Maxisingle "Self-Destruction" der Stop The Violence-Bewegung mitzumachen, weil auch Kool Moe Dee dort rappte. Er wird dies aber bei seinem nächsten Album wiedergutmachen, denn dort klebt er den Aufkleber

STVM auf die Platte!

Auf jeden Fall steht für LL Cool J das Individuum über der Masse und dies ist nicht jedermanns Sache. 1989 sagt er: "Natürlich habe ich ein Gewissen und ein Bewußtsein. Die Probleme sehe ich jeden Tag in den Nachrichten, und ich gehe jeden Tag an ihnen vorbei. Ich wollte deshalb die Leute zerstreuen. Wenn jedoch die Mehrheit der Rapper ernst ist, sieht die Minderheit sehr dumm aus" (40). Wie bei jedem Interview will er sich verteidigen und fügt hinzu: "Ich persönlich ziehe Platten wie "Me So Horny" von 2 Live Crew vor. Sie rappen nicht darüber, schwarz zu sein, sondern daß sie Spaß haben. Wenn man immer arbeitet, verrohen die Kinder (...) Ich bin stolz, ein Schwarzer zu sein und das werde ich jedem sagen, genau wie Stallone sagen würde, er sei stolz, Italiener zu sein. Gleichzeitig ist doch die Musik etwas Universelles, wie die Liebe und das Lachen. Ich berühre das Universum, das Ganze" (41).

Jack The Ripper & Der Panther

Während sie das nächste Album erwarten, entschließt sich Def Jam, die Maxisingle "Jack The Ripper/Goin' Back To Cali" herauszubringen, um dem sentimentalen Image von "I Need Love" entgegenzuwirken. "Jack The Ripper" wird jedoch leider ein wirtschaftlicher Mißerfolg, wenn auch "Goin' Back To Cali" (von Rick Rubin produziert, der seit 1985 nicht mehr mit LL Cool J gearbeitet hat) für den Rap das ist, was die Mayonnaise für Pommes Frites ist, nämlich das unersetzliche Accessoire.

Die dritte LP von LL Cool J, "Walkin' With A Panther", wird 1989 auf den Markt gebracht. Auf der Vorderseite des Covers sitzt LL Cool J auf einem Aktenkoffer und neben ihm das Raubtier. Auf der Rückseite kommen noch drei "echte" Panther hinzu: drei junge Mädchen in Miniröcken mit Champagnerglas in der Hand. "Ich habe dieses Album "Mit einem Panther laufen" genannt: Ich bin jung, schwarz, legal. Ich möchte an der Zerstörung vom stereotypen Bild des jungen Schwarzen in den USA teilhaben" (42). Ein schwarzer Panther heißt auf English Black Panther...

Bis jetzt wurden die Platten von LL Cool J unter seiner Aufsicht von auswärtigen Produzenten gemacht (Rick Rubin, der L.A. Posse). Jetzt versucht er alleine das Abenteuer. Mit Ausnahme der Titel "Nitro" und "It Gets No Rougher", und die sind - wie zufällig - die besten Titel der LP: getextet und produziert von Hank & Keith

Shocklee und Eric Dadler. "It Gets No Rougher" beginnt mit einer Aufzählung des Alphabets. Bei "Z" angekommen, gibt LL Cool J zu: "Das alles, für mich ist das Scheiße". Hups! "Jingling Baby" erstaunt durch seine Stimme, "Dropping 'Em" durch 60er Gitarren. "Smokin', Dopin", "Your My Heart", "One Shot At Love", "Two Different Worlds" (mit der Stimme von Cydne Monet) sind die Nachfolge von dem soften "I Need Love". Aber der Titelsong ist mit Sicherheit "I'm That Type Of Guy" mit einer enormen Arbeit am Klang und vor allem dieser weichen, spöttischen Stimme, die kundtut: "Du bist der Typ Mann, der mit seiner Freundin nicht klarkommt/ Ich bin der Typ Mann, der jede Frau zu seiner Frau macht".

Mama hat gesagt...

"Mama Said Knock You Out" ist der Titel der 4. LP von LL Cool J. Bei der Gelegenheit trifft er den großen Hip Hop Produzenten: Marley Marl. Das Cover steht seinen Vorgängern um nichts nach: alle Muskeln angespannt, Oberkörper nackt und feucht, Ringe, Ketten und alles mögliche. Nur ist es schwarz/weiß. Toll. Aber die Musik ist immer weniger überzeugend ("Boomin 'System" kam

vorher auf drei Maxiversionen heraus, hat sich aber nicht so gut verkauft wie so manche frühere Platte von LL Cool J), jedoch gewinnt sie an Beständigkeit. Das Album im Ganzen ist gut und die Kraft des Rapping bei "Mama Said Knock You Out", das Remix bei "Jingling Baby", die "6 Minutes of Pleasure" und "The Power of God", wo LL schmalzt wie noch nie, die gequälten "Eat 'Em up L Chill" und "Mr. Good Bar", das "Live Murdergram", all dies setzt sich zu einer Platte zusammen, die die Konkurrenz nicht zu fürchten braucht. Selbst wenn der Rap sich auch ständig weiterentwickelt, halten doch einige, wie Run DMC und LL Cool J, das Tempo. Mit

erstaunlicher Leichtigkeit war und ist LL einer der Giganten des Hip Hop. DER Gigant für manche.

Auf den Punkt gebracht

Papasöhnchen, Idioten, Diebe, weiße Schnauzen des Rap - die Beastie Boys haben jede Beschimpfung erfahren (mich würde interessieren, seit wann die Qualität eines Musikers von seinem Intelligenzquotienten abhängt?). Klar, KRS One und Chuck D sind auch deshalb so faszinierend, weil sie Sachen zu sagen haben. Aber das wertet Leute wie LL Cool J, Niggers With Attitude und die Beastie Boys keinesfalls ab. Jeder kann es mögen oder nicht, aber zu behaupten, sie seien "blöd", ergibt doch wenig Sinn.

All diese Kritiken sind hart, denn wären nicht die Beastie Boys ähnlich wie Run DMC Vorreiter gewesen, wäre der Rap heute noch Underground-Musik. Das fände ich ja nicht weiter schlimm, aber wir hätten nie diese Gruppen in Europa entdecken können, und viele unabhängige Labels in Amerika und England hätten nicht überlebt, da ihnen die Hits, die ein oder zwei Jahre lang die Produktion aufrecht hielten, gefehlt hätten.

O.K., die Beastie Boys stammen aus der Mittelklasse (oder der Kleinbourgeoisie wie King Adrock, Sohn des Dramaturgen Israel Horowitz). Public Enemy aber auch. Und Niggers With Attitude. Eigentlich fast alle. Nicht die Beastie Boys haben den Schwarzen den Rap gestohlen, sondern das rassistische Amerika, MTV und die anderen, die das Phänomen erst entdeckt haben, als dieses Trio zu rappen begann.

Sagt meiner Mutter nicht, daß ich Rapper bin, sie denkt, ich sei ein Punkgitarrist

Die Gruppe kommt aus Brooklyn. Mike Diamond (später Mike D) und Adam Yauch (noch nicht M.C.A) fangen '79 als Highschool Band an. Sie spielen Punk Hardcore, trennen sich und tun sich wieder zusammen (mit Adam Horowitz, bald King Adrock) um dann eine EP herauszubringen: "Polly Wog Stew" (Ratcage, 1982) mit "Egg Raid On Mojo" und "Transit Cop (diese EP wird noch einmal 1988 als 12" mit Neuerscheinungen rausgebracht). "Cookie Puss" erscheint im Jahr darauf unter demselben Label und setzt sich zusammen aus Rockenergie, jüdischem Humor und wird immer wieder von Telefonanrufen unterbrochen. Die Maxi enthält auch "Beastie Revolution", ein Reggae-Stück, das die Musical Youth und die Rastakultur ein bißchen angreift. Die Legende sagt, daß die Schwierigkeiten, "Cookie Puss" mit all diesen verschiedenen Geräuschen live aufzuführen, die Beastie Boys dazu gebracht haben sollen, 1983 einen gewissen DJ Double R zu engagieren: niemand anderes als Rick Rubin! Wenn das Motiv auch nicht ganz klar ist, ist auf jeden Fall Rubin ihr zukünftiger DJ (es gibt von ihm sogar Photos als vierten Beastie Boy!).

Mit Rubin kommt die große Veränderung: Sie kommen zum Hip Hop. Ihre Punk-und Hard Rock-Kultur in Verbindung mit der Rubins wird sich bald zu ihrem Rap vermischen. Dies ist nicht erstaunlich, da sich Heavy in den USA an ein weißes Publikum richtet. Im Dezember '84 kommt die Maxi "Rock Hard/The Party's Getting Rough/Beatie Groove" bei der Firma (Def Jam) heraus, die ja ihr ehemaliger DJ leitet (der ist schon wieder weg...zu viel Arbeit und wird ersetzt durch DJ Hurricane - Wendell Fite - heute bei den Afros). Bei "Rock Hard" denkt man unwillkürlich an AC/DC und bei "Beastie Groove" an Led Zep. Sie haben einen Riesenerfolg und tauchen in dem Film "Krush Groove" auf, für den sie "She's On It" mit ihren Machoparolen aufnehmen: "Sie geht in die Knie/Nur wenn man Bitte zu ihr sagt". (Kurz darauf eine neue Single: "New Style" (nicht ganz falsch) und "Fight For Your Right (To Party)", die in die Pop Charts der USA kommt und Ende '86 Nr. 1 des Billboard wird.

Licensed To Ill

Der Erfolg dieses Albums ist vor allem sein unglaublich schneller Verkauf. Weltweit werden allein in den ersten sechs Monaten nach dem Erscheinen bereits 7 Millionen Platten verkauft! In den USA entdeckt das weiße Publikum den Rap dank "Licensed To Ill" und "Raising Hell" von Run DMC. Ein fettes Jahr. Es muß auch gesagt werden, daß noch nie soviel Werbung für eine Gruppe gemacht wurde wie für die Beastie Boys. Sehen Sie selbst: Doppelalbum. CBS Frankreich bringt '87 sieben Singles heraus (d.h. die 13 Titel des Albums). Heißt das, daß jeder Titel ein potentieller Hit war? Ich denke schon. Gleichzeitig bringt CBS England zwei Singles im "Special Badge Pack" heraus, jede hat drei Badges unter der Verpackung. Heute wird "Licensed To Ill" als Nice-Price-

Beastie Boys, Spinner oder Genies?

Angebot verkauft (d.h., die Plattenfirma und die Sänger verdienen weniger, aber auch der Käufer gibt weniger aus).

Die Texte der Beastie Boys beinhalten vor allem Nachsicht, Unsinn, Trash Culture, Sexismus, Egozentrismus und Lachhaftes. Die Musik selbst besteht vor allem aus Samples (Led Zep, Clash, Stones etc.). Die nasalen Stimmen der Beastie Boys erinnern an Three Stooges (Kinokomödie, später im Fernsehen, eine Art Mensch gewordene Comicfigur, die von den 50er bis in die 80er Jahre lief). Der Erfolg dieses Albums ist sicher Rick Rubin zuzuschreiben, der die Rockgitarren gut mit dem Rap zu verbinden wußte. Die Beasties haben nichts zu sagen, sondern sie zerstreuen, bringen einen in Bewegung und machen Lärm. Viel Lärm. Und das schnell und gut. Und die Tatsache, daß sie weiß sind, ändert daran gar nichts: "Ich verstehe nicht", gibt Russel Simmons zu, "daß es nicht viel mehr weiße Rapper gibt. Die erste Phase des Rap war sicher eine schwarze Erfahrung, aber seitdem sind viele weiße Kids mit dieser Musik aufgewachsen. Du kannst nicht einfach eine Platte machen, wenn Du nichts von der Sache verstehst, wenn Du aber mittendrin bist, wo liegt dann das Problem?" (117).

1986 ist ihr Erfolg so groß, daß sie das Konzert von Madonna - Like A Virgin- eröffnen. Mitte 1987 gehen sie mit Run DMC auf Tournee. Nach der Werbung für ihr Album gestehen sie sich ein Jahr Pause zu. Adam Horowitz spielt in "Lost Angels" und Spike Lee sagte über ihn:" Ich mag Adam, aber man muß sehen, wie er in dem Film geht: Man fühlt, daß er den Schwarzen spielen will. Es gibt viele Schauspieler, die das machen, auch Richard Gere z.B.. Sie sollten das lassen" (43). Die beiden anderen verbringen ihre Zeit mit Fun-Bands. Und schließlich fragt man sich, was sie eigentlich außer den Stimmen auf ihrer LP machen... Man nennt sie die Sex Pistols des Rap (Betrug, Betrug...). Infolge von Streitereien mit Def Jam gibt Russel Simmons 1989 bekannt, daß Rush das Image und die Haltung von den Beasties konstruiert und modelliert hat. Aus unbekannten Gründen beenden die Beasties und Def Jam ihr Vertragsverhältnis.

Paul's Boutique

Anfang '89 kommt das New Yorker Trio (anscheinend sind sie mittlerweile in Kalifornien ansässig) wieder im Studio zusammen. Sie arbeiten mit der Produktionsfirma von Delicious Vinyl zusammen: den genialen Dust Brothers (Michael Simpson & John King). Aus dieser Verbindung stammt "Paul's Boutique". Das Album erscheint im Juni '89 bei Capitol Rds. Um das zu feiern, hängen die Beasties eine 5x7 Meter große Fahne am Capitol auf. Der Helikopter aus der Fernsehserie "Rip-tide" hatte am Vorabend die Fahnenstange angebracht. Star-System made in California. Man kann sich aussuchen, ob man das mag oder nicht.
Das Cover zeigt Paul's Boutique, die es wirklich gibt, und im Lied "Ask For Janice" kann man sogar die Adresse erfahren! Im Ganzen ist die Platte ruhiger als die vorhergegangenen. Es gibt jede Menge Samples: Black Flag, Jam, Beatles, Kool & The Gang, Grandmaster Flash, Led Zep und die Stimmen von Dylan, de Niro, von Captain Kirk sowie verschiedene Geräusche (Beispiel: Tischtennismatch). "To All The Girls" ist ein Intro und ist allen "Französinnen, Japanerinnen, Italienerinnen etc. gewidmet)". "Shake Your Rump", der Unsinn der Beasties auf dem Höhepunkt. Tausend Geräusche, schnelle, kreischende Stimmen. Die Beastie Boys sind immer noch schlimme Kinder. "Egg Man": der Eiermann. Erinnert stark an "Yesterday", das eigentlich

"Rührei" hätte heißen sollen. Die Beatles haben sich nicht getraut, aber die Beasties. "High Plains Drifter": Um so zu singen, haben sie wahrscheinlich vorher etwas Verdorbenes gegessen. "The Sound of Science": Ich sprach bereits von den Beatles. Hier ist man nicht weit vom Lennonschen Unsinn entfernt. "Hey Ladies" ist der einzig wirkliche Hit auf dieser LP. Das Video ist eine Karikatur von Travolta und wird diesem Lied gerecht. ZUM SCHREIEN! Die Beasties richten das Wort noch einmal an die Mädchen, und zwar auf den Knien (nicht die Mädchen, die Beasties!). Vorher mußte man noch Gitarre und Country-Geschrei ertragen ("5-Piece Chicken Drummer").
Die Platte "Paul's Boutique ist weniger leichtfertig und viel sorgfältiger ausgearbeitet als "Licence To Ill", wird aber die Hoffnungen von Capitol nicht erfüllen. (Trotzdem wird es eine Platinplatte in den USA.) Außerdem werden die Beasties vom Label nicht mehr als Rapper, sondern als Popgruppe vermarktet. Ihre Fans finden sich damit nicht mehr zurecht. Russel Simmons hat seine Erklärung: "Ich mochte 'Paul's Boutique' gern, sie hatten viele neue Ideen. Ich verstehe nicht, warum ihr Album nicht gut gelaufen ist. Meiner Meinung nach hat das Design des Covers die Leute vergrault, viel zu künstlerisch..." (117). Seitdem gibt es nichts Neues mehr von ihnen (Sie erscheinen weiterhin auf den Covern neuer Gruppen wie A Tribe Called Quest, die sich bei ihnen bedanken, aber selbst das wird immer seltener). Aber wenn die Beastie Boys uns ebensolange wie nach ihrer ersten LP auf eine neue warten lassen, dann müssen wir noch bis... 1992 Geduld haben!

PUBLIC ENEMY (P.E.)

Studium, Radio, Anfänge
Die Sicherheit der Ersten Welt

Von frühester Kindheit an lernt Carl Ridenhour (später Chuck D) von seiner Mutter alles über die Geschichte der schwarzen Amerikaner. Mit 10 Jahren besucht er ein Seminar der Universität von Hofstra zum Thema "Die Afro-Amerikanischen Erfahrungen". Von '69-'71 nimmt er an einem universitären Programm teil, welches die gesamte Geschichte der Black Americans behandelt. Man sagt, er sei das Enkelkind eines Weißen. Er besucht die Schule in Long Island und gilt als sehr aufgeweckt, was ihm Jahre später bei der Gründung von Public Enemy zugute kommen wird.

**Public Enemy
(... für wen?)**

William Drayton wird von seinem Babysitter (man höre und staune!) "The Flavor Freak" genannt (kann man nicht übersetzten: der Genießer?). Flavor Flav wird sein Name auf der Bühne. Er gewinnt das Vertrauen von Bill Stephney - Anfang der 80er Gründer der Soul Rds mit Hank Shocklee (Sound Of Urban Listeners). Stephney ist der Programm-Direktor des Adelphi University Radio von Garden City, New Jersey. Er lädt ihn zu sich ins Studio ein: "Er war damals noch verrückter, heute ist er schon ruhiger geworden. Er machte Balladen und R & B" (44).

Chuck D ist Student der grafischen Künste an eben dieser Universität. Shoklee bittet ihn, die Plakate für die Abende, die er organisiert, zu gestalten und zu zeichnen. Kurz darauf lernen sich Chuck D und Flavor Flav kennen. Beide erhalten dann eine Stunde pro Woche bei o.g. Radiostation. "Wir wollten nicht denselben Titel zweimal im gleichen Programm spielen und drei Stunden sind lang. Es gab nicht genug Rapplatten. Also haben wir etwas auf dem Keyboard programmiert oder improvisiert. Wir hatten keine Instrumente, also haben wir Platten genommen und beim Chor gescratched" (27). Die Shows sind verrückt und anscheinend feucht-fröhlich. "Als Run DMC auf den Markt kamen, waren wir die ersten, die sie gespielt haben, und ich kann mich erinnern, damals gesagt zu haben: Das ist es, was wir brauchen. Der Beat war einfach enorm. Vorher war der Beat beim Rap immer sehr zurückgenommen" (115). Eines Abends gibt es ein technisches Problem. Chuck D. erinnert sich an eine Panne bei seinem Friseur und improvisiert Public Enemy#1. Der Campus ist begeistert. Wir schreiben das Jahr 85/86. Die Legende ist auf ihrem Weg. Stephney, der mittlerweile für Rush Management arbeitet (bevor er Vizepräsident von Def Jam wird) sorgt dafür, daß sich Russel Simmons und die jetzt Public Enemy genannten sich kennenlernen. Er erinnert sich an Dr. Dré (der von Original Concept und heutiger Präsentator von "Yo! MTV Raps"), der "nach meiner Abfahrt zur Radiostation kam und die Gruppe aufforderte, über politische Probleme zu sprechen und nachzudenken, die sie später erörtern könnten. Sie fragten, warum es so viele verschiedene politische Richtungen gäbe und drückten sich in sehr guten sozialpolitischen Wendungen aus" (44).

Die Gruppe vergrößert sich mit dem Eintreten von DJ Norman Roger (Terminator X), Eric Sadler (Programmierer und befreundet mit dem Duo Hank & Keith Shoklee, den Produzenten, die aus einer Musikerfamilie stammen). Nur wenige wissen, daß Flavor Flav ein echter Musiker ist (man sagt, daß er 14

Instrumente spielt) und daß Chuck D über ein breites Musikwissen verfügt: "Die Kombination unseres Background mit unserer Liebe zur Musik bestimmen unseren Sound. Wir sind alle recht gute Musiker" (46). Dennoch räumt Chuck ein: "Ich wollte eigentlich nie Rapper werden. Wir haben mit Radiosendungen an unserer Uni angefangen, und die waren bald sehr beliebt. Dank der Kassetten, die bei den Shows aufgenommen wurden, wollten die Chefs von Def Jam uns dann ins Studio schicken. Wir hatten eigentlich vor, ein Kommunikationsnetz im Land zu organisieren..." (47) und "eigentlich war unser Ziel bis zum Jahr 1992, 5000 schwarze Führer auszubilden, fähige Leute, die in der Lage sein würden. Verantwortung zu tragen und anderen etwas beizubringen. Ich hätte nie gedacht, daß das so schnell passieren würde...Ich wußte, daß wir die einzigen sein würden, die dafür sorgen könnten, daß etwas passiert. Wir haben deshalb sehr sorgfältig unsere Strategie aufgebaut und haben uns im großen und ganzen daran bis heute gehalten" (48).

Flavor Flav in Marseille (1990)

Richard Griffin alias Professor Griff (Schüler in Roosevelt, New Jersey) fällt aus allen Wolken, als er erfährt, daß er Informationsminister der Gruppe werden soll. Er fängt mit dem Rap 1986 an, schreibt und managt für die Gruppen True Mathematics, Steve X Get III, Shabazz 516, Sugar Bear, Queen One (später produziert er die englischen She-Rockers und MC Duke). Aber er interessiert Public Enemy vor allem wegen seiner Funktion als Leader der Unity Force seit 1979: eine Gruppe den Islam und die martialischen Künste

Studierender, eine Art Fruit of Islam (Prof Griff erzählt, er sei von der Grundschule an Mitglied der Nation Of Islam gewesen...), die sich dann zu einer Security of The First World-Bewegung umwandelt; einige der Mitglieder sind Agent Attitude, James Bomb, Brother Mike Enforcer, James One und Brother Roger. So sagt Chuck D 1987: "Die Mitglieder meiner Crew, die S1W, essen kein rotes und kein Schweinefleisch, rauchen nicht und wir sind sehr sehr diszipliniert" (48). Die S1W können einem Angst machen. Auf der Bühne ist die Choreographie beeindruckend und sehr hart, man fühlt sich unwohl beim Zuschauen (was auch sehr angenehme Aspekte haben kann): "Die Idee mit den Waffen auf der Bühne stammt noch z.T. von den Black Panthers, die bei der schwarzen Gemeinde noch heute in Erinnerung sind. Sie wurden von den Weißen als Terroristen und von den Schwarzen als Helden angesehen. Die Waffen auf der Bühne sollen zeigen, warum die Schwarzen heute in der Situation sind, in der sie leben. Die Europäer besaßen Waffen, verschleppten uns aus Afrika und brachten uns nach Amerika. Die Knarren sagen uns: O.K., nie wieder wird uns jemand unsere Kultur nehmen wie in der Vergangenheit" (50). "Ein Hauptgrund, warum die S1W Angst macht, ist daß wir Schwarze sind, Uniformen tragen und bestimmen, was geschieht. Sie drücken aus, daß wir schwarz sind, aus den Vereinigten Staaten kommen und daß wir kämpfen... Das wir etwas anderes wollen. Die Leute haben so etwas noch nie gesehen!" (51). Der Kritiker S.P. XII, eigentlich ein Fan der Gruppe, ist nicht einverstanden: "Wenn sich P.E. einer solchen politischen Gruppierung mit ihren Mentoren Malcolm X und Farrakhan zur Verfügung stellt, dann bleiben sie eine "Varieté-Gruppe"! Ein Konsumprodukt! Außerdem tragen die P.E. ihre Uniform wie die Beatles ein Hindugewand. Ein wirklicher von Chuck D entworfener Music Hall Look; wirklich naiv, darin etwas Gutes sehen. Oh! Mich schauderts..." (118).

Der große Sprung und ein wenig Philosophie (I)

Anfang '87 bringt die Gruppe ihre erste 12" heraus: Public Enemy#1/Son Of P.E. Alles, was die musikalische Größe und Kraft von P.E. ausmacht, ist schon da: der kompakte Ton, die Baritonstimme von Chuck D, die hohe von Flavor Flav: "Flav hält freiwillig nie den Ton!", kommentiert Hank Shoklee, "wenn er sich beim Singen der Musik anpaßt, wird das Ganze zu sirupähnlich, zu nah an der Musik. Wenn man Lärm zu Lärm akkumuliert, ärgert sich alle Welt. Bei Flavor Flav ist er selbst der Lärm, weil er erschöpfend ist" (116). "So etwas konnte man nicht programmieren" sagt Chuck D, "ich habe dieses Band mit den beiden K7 Abspielgeräten gemacht, indem ich Stücke von der Platte zusammenklebte. Einige dieser Collagen paßten nicht richtig zusammen, doch der Rap war gut. Das Band war nicht perfekt. Aber als ich begann, darauf zu rappen, war es super (...) Das gab dem Ganzen etwas natürliches, so als ob ein schlechter Schlagzeuger im Hintergrund säße" (115). Und wie es Georges Lapassade und Philippe Rousselot so gut gesagt haben: "Der Technosound von P.E. ist ein Modell dieses Genres. Die Perfektion dient dem Stress und dem Schock, den sie erzeugen wollen. Ihr Reim ist perfekt" (21). Von diesem Augenblick an ist der Rap nicht mehr der gleiche. Man versteht, daß man es mit einer anderen Sorte von Musikern zu tun hat. Sie stehen über dem Niveau der anderen, sowohl was die Musik als auch ihre Philosophie betrifft. Manche sehen sogar in ihnen, mit einer Spur von Provokation, eine messianische Gruppe, so Tyrano, der einen hervorragenden Artikel mit dem Titel schrieb: "Ich liebe Public Enemy, die mich nicht lieben." "Ich bin nicht der Meinung, im Gegensatz zu den Musikzeitschriften, daß man Musik und Message trennen muß. Wenn die Musik von P.E. so extraordinär und so exüberant ist, dann auch, weil sie diese religiösen, fordernden Aspekte enthält, diesen Glauben an Gott, der Berge versetzt. Diese Musik ist wie die Leute, die sie machen, integristisch und daher auch integer. Es ist wirklich unglaublich, daß in dem Moment, in dem der Islam den Weltkrieg für eröffnet erklärt, wir zu der Musik von P.E. tanzen, die seine spektakulärsten Vertreter sind" (52). Wenn man aber Chuck D fragt, ob er denn Moslem sei, antwortet er: "Nein, ich glaube an Gott. Bevor man den Geboten des Islam folgt und sich ganz in Gottes Hand begibt, sollte man wissen, was Gott von einem erwartet. Und er will sicher nicht, daß man seinen Nächsten nicht achtet, den Planeten zerstört, den er selbst geschaffen hat. Das glaube ich" (51). P.E. ist nicht nur eine Gruppe und schon gar keine einfache Gruppe. Mit einigen Ausfällen und viel gutem Menschenverstand erheben sie sich zu Denkern und Wortführern einer vergessenen Generation: "Was provozieren? Wir machen Musik und haben gleichzeitig den Vergessenen etwas zu sagen, möchten ihnen Vertrauen geben. Wir haben von der westlichen Welt

die Versklavung und die Diskriminierung erfahren, die heute in eine geistige Versklavung umgeschlagen ist. Wir spielen unsere Musik, und mit ihrer Hilfe zeigen wir unsere Forderungen: Das ist keine Provokation (...) Wir haben Probleme mit der westlichen Welt, die sich zivilisiert nennt" (53). "Wir wissen, wie man dribbelt und tanzt und all diesen Unsinn. Jetzt wollen wir unseren Geist entwickeln. Wir wollen 360 Grad Effizienz, denn es gab eine Zeit vor der Sklaverei und dem Holocaust, da waren auch wir vollwertige Menschen" (54). Eine Gruppe, die ebenso schwer einzuschätzen ist, wie ihre Musik dem Augenblick gehört.

Yo! Bum Rush The Show und Paradoxes

Die Gruppe wird sehr schnell Begleitband der Beastie Boys ("Sie lieben uns", erklärt Chuck D), und sie nehmen an der Def Jam Tour im Sommer '87 mit Whodini, LL Cool J, Doug E. Fresh und Eric B. teil. Kurz darauf erscheint ihre erste LP mit dem eindrucksvollen Titel "Yo! Bum Rush The Show". "Bum Rushing heißt, wenn du irgendwas haben willst und es nicht funktioniert, mußt du es mit allen Mitteln versuchen. 'Bum Rush The Show' ist ein Ausdruck, den bei den Konzerten die Leute draußen benützen. Sie wollen den Eintritt nicht zahlen oder haben kein Geld, aber sie warten am Eingang auf eine Chance, doch noch reinzukommen" (27). Die Platte wird 300.000 mal in den USA verkauft. Erstaunlich ist der Sound, ein wirkliches Feuerwerk ohne Pause, ein Titel folgt auf den anderen, laut, aggressiv und gewaltvoll. Und auch geschwätzig. Public Enemy sprechen über sich selbst, versuchen aber, den Egotrip zu vermeiden. "Sophisticated Bitch" handelt nicht von einer hübschen Schlampe, die Chuck D sich zur Brust genommen hätte, sondern von der verschleierten Prostitution und von den betroffenen Frauen, die nicht wissen, daß sie in einem System arbeiten, welches sie nicht durchschauen. "Es gibt viele junge Frauen, die für materielle Dinge leben", erklärt Bill Stephney von Def Jam. "Bei diesem Stück wollten P.E., daß ihre Platte sehr aggressiv ist und haben deshalb den Begriff 'Sophisticated Bitch' verwendet. Das hat sicher die Aufmerksamkeit auf sie gelenkt, und das wollten Sie auch" (165). In "Miuzi Weights A Ton" beziehen sie sich auf einen Todesfall während eines Konzertes von Run DMC in Arena Beach und singen über Waffen. Sie wollen nur zeigen, daß es so etwas gibt und auch die Medien aufmerksam machen. Chuck D sagt: "Die einzige Uzi, die ich besitze, ist mein Mund" (eine Uzi ist eine aus Israel stammende Maschinenfeuerpistole, die gefährlich ist, weil klein, handlich und schnell. Sie ist die Lieblingswaffe der Terroristen und der kalifornischen Banden). "Too much Posse" und die Neuerfindung des Rapping durch Flavor Flav. "You're Gonna Get Yours": Aufheulen von Motorrädern, dann ein Bass, dann die Stimme von Chuck D - auch sehr tief, intensiv - Angriff. "Megablast": "Dies ist definitiv ein Antidrogenlied" (49). Die begnadeten Hände von Terminator X untermalen folgenden Text bei "Rightstarter": "Unsere Lösung ist eine geistige Revolution/Du kannst sie nicht verkaufen, und du kannst sie nicht mit Dope kaufen".

Wie auch Clash oder Dylan sieht sich P.E. einem grundlegenden Widerspruch gegenüber. Einerseits sind da die Texte (denen Taten folgen: Sie haben in einem New Yorker Gefängnis ein Gratiskonzert gegeben und haben an einer Sammlung für Jesse Jackson mitgewirkt, an Konzerten für Obdachlose etc.) und andererseits die Verkaufszwänge und die Erwartungen der Plattenfirma CBS (Clash und Dylan waren auch bei diesem Label, man könnte denken...). "Du kannst sie nicht verkaufen." Und doch verkaufen P.E. sich sehr gut. Sie haben eine Wahl zu treffen gehabt: Entweder ist man unabhängig und behält selber die Kontrolle über die Dinge, die man

Public Enemy, Megablast

macht, und riskiert, den Durchbruch zu verpassen und nicht gehört zu werden und sich völlig einsam wiederzufinden. Oder man paßt sich einigen Zwängen mehr schlecht als recht an, kämpft darum, den Kompromissen und der Zensur zu entgehen (solange Du Dollars einbringst, geht das recht leicht) und umso größer sind die Chancen, daß die Platte gut verkauft wird.

Für S.P. XII ist dieser Kampf von vorneherein verloren: "Musik kann nicht mehr sein als Musik. Es gibt keine revolutionären Gesänge. Die Plattenindustrie wird von Weißen, westlichen und auch japanischen Einflüssen kontrolliert. Es gibt nur ein Marktgesetz. Völlig unabhängig von der Hautfarbe der Endverbraucher, denn in der Nacht des Konsums sind alle Endverbraucher schwarz. Niemand ist je irgendwo dem Markt entkommen. Alles wird verwertet (...) Als 1142 Westler den Koran übersetzten, war das Ziel, die Kreuzzüge mit einer zusätzlichen Armee auszurüsten: den Feind erkennen. Jean Genet weitet dieses Beispiel bei einem Gespräch mit einem Palästinenser weiter aus: 'Ich glaube leider, daß sie stark von den westlichen Einflüssen gebrandmarkt sind, der Westen hat sie in die Falle gelockt. Er hat gewonnen, denn er ist ihr Spiegelbild und hat es geschafft, daß sie sich minderwertig fühlen (...) Schau dir nur an, welche Sorgen sich eure Führer darüber machen, wie die Zeitungen über sie schreiben. Manchmal glaube ich, ihre einzige Sorge ist die, dem Publikum zu gefallen, das diese Zeitungen liest'. Und P.E. ist keine Ausnahme. Die Presse zwang sie, ihren Antisemitismus zu unterdrücken. Business is business but war is war (...) Chuck D ist in den Spalten der weißen Presse bereits ein Verlierer" (118). Overlord X, ein Meister der englischen Hip Hop Szene, hat dazu seine Meinung: "P.E. drückt sich in Metaphern aus. Sie wollen etwas sagen, aber sie wissen, daß sie darauf angewiesen sind, von den Radios ausgestrahlt zu werden. So behandeln sie einige Themen sehr vorsichtig, sie benützen eine Art Code, den nur die Rapper und die Leute verstehen, die ihre Musik verstehen (...) Ist das ein Kompromiß? (...) Um Deine Meinung an den Mann zu bringen, mußt Du Dir überlegen, wie Du das machst. Eigentlich ist daran nichts Schlechtes, weil Du damit die Medien betrügst..." (67). Und wie üblich ist es leicht, die Schwächen einer so engagierten Gruppe bloßzulegen.

Was kann man noch über Liebeslieder sagen? Über Stars, die umgeben sind von einem 20-Personen-Stab und die von der Einsamkeit singen? Auf jeden Fall sind Public Enemy nicht dumm: "Das Leben ist ein Zyklus/Was neu ist, ist alt" singen sie in "Timebomb". Und um mit dem Album abzuschließen, noch ein Wort über das Stück "Yo! Bum Rush The Show": Das Ausrufezeichen wird von ca. zwanzig Pianoakkorden untermalt, nicht akkordiert, die sich anhören, als hätte man einen schweren Gegenstand auf die Tasten fallen lassen. LAUT. Dämonisch.

It Takes A Nation Of Millions To Hold Us Back

Chuck D, Eric "Vietnam" Sadler, Hank & Keith Shoklee werden bald Produzenten der True Mathematics (After Dark, 1988), die keine große Erinnerungen an Rap hinterlassen werden, die aber Bomb Squad (ein Name, den sie für diese Art von Arbeit annehmen) Tür und Tor öffnen, und zwar mit Erfolg.

"It Takes A Nation Of Millions To Hold Us Back" ist der Name des zweiten Albums von P.E., das von manchen Fans als ihr Meisterstück angesehen wird. Die Verkäufe sind drei Mal so hoch wie bei ihrer letzten LP. Das Cover zeigt Chuck D und Flavor Flav hinter Gittern. Sie werden sich befreien. "Der Gedanke dieses Albums ist der, daß wir selbst unsere Kraft sind" (50). Das Intro stammt von einem Konzert (3. November '87 in London): Pfeifen, der Lärm der Menge, ein Sprecher: "Are You Ready For The Def Jam Show? Let me hear you make some noise for P.E.!". Feuerwehrsirenen. Das Konzert (die Platte) geht los: "Too black too strong". Dann: "Bass! How Low Can You Go?". "Bring The Noise", schnelles Tempo, ein echter Gimmick auf der Bühne, spielt auf Farrakhan an: "Jetzt bin ich im Gefängnis, weil meine Platten gut laufen/Weil ich, Dein Bruder, sage: Well... Farrakhan ist ein Prophet und ich glaube, Du mußt zuhören, was er Dir sagt/Was Du tun solltest. Chuck D gibt 1990 zu, daß dieses Lied ein Schlüsselmoment ihrer Karriere war, ähnlich wie "Don't Believe The Hype", wo Chuck D sich gegen den Vorwurf verteidigt, Rassist zu sein und gegen die Medien angeht, indem er erklärt, er habe niemals ein Gewehr besessen.

Ernstes Thema, mitreißende Musik. Der Körper und der Kopf bilden eine Einheit. Wie soll man da widerstehen? Dann bringt Flavor Flav uns seine Nummer "Cold Lampin With Flavor" (tolles Piano im Hintergrund) und danach Terminator X ("Edge of Panic"), elektronische Montage bei "Mind Terrorist" (und das Kriegsgebrüll: "Get Down! Bass Your Face! Xeooh Boooyy! Take That Shit!"). Die von P.E. angeschnittenen Themen sind sehr vielfältig, aber beschäftigen sich immer mit delikaten Dingen. "Louder Than A Bomb": "Das FBI hört mein Telefon ab/Ich bin nie allein/Ich gehe nie allein" mit einem seltenen Auftritt von Prof Griff am Mikro. "She Watches Channel Zero" ist die Geschichte eines schwarzen Mädchens, das den Kontakt zu den Menschen auf Grund einer Fernsehgehirnwäsche verliert: "Sie geht von Kanal zu Kanal/Auf der Suche nach einem Helden/Sie schaut Kanal 0 an". "Night of The Living Baseheads": Das Leben und die Zerstörung von Dealern. Eine Warnung vor Drogen und deren Folgen für die schwarze Gemeinschaft. "Black Steel In The Hour Of Chaos": Die Weigerung, sich den militärischen Verpflichtungen zu stellen, man will kein Sklave der Regierung sein, Aufstand im Gefängnis. "Party For Your Right To Fight": Ist das eine Umkehrung des "Fight For Your Right (To Party)" von den Beastie Boys? Erwähnt werden Malcolm X, Luther King, Muhammad Cleaver, Newton etc.. Und schließlich eines der meiner Meinung nach größten Stücke des Rap: "Rebel Without A Pause", eine Anspielung auf den Film "Rebel Without A Cause". Dieser Kultfilm setzte eines der größten amerikanischen Mythen in Szene: James Dean. Und wie es in ihrem Lied heißt; "Der Soul und der Rock & Roll werden wie ein Rhinozeros". Es wird zu ihrer Spezialität, althergebrachte Vorbilder in den USA zu demolieren. Und der Vollständigkeit halber: "Rebel Without A Pause" wurde in einer Nacht mitten auf einer Tournee aufgenommen: "Wir haben diesen komischen Ton programmiert, der rauh ist und furchtbar hallte. Wir haben auch den Sirenenton gekürzt und haben es erneut mit einer langsameren Samplinggeschwindigkeit probiert - der Ton war grauenhaft. Danach haben wir ihn an irgendeinen Platz gestopft, wo er eigentlich nicht hingehörte. Die Platte ist dadurch etwas soulig, etwas funky geworden" (115).

Etwas Philosophie (II) und Skandale

Auf ein Podest gehoben und als nationale Helden gefeiert, müssen P.E. mit den Konsequenzen fertigwerden. Chuck

D, der wahre Leader dieser Gruppe, scheint Vergnügen in dieser Rolle zu finden. Hier sagt er folgendes zur Identifikation des weißen Publikums mit den schwarzen Rapstars: "Ich glaube, man könnte das die Geburt des neuen schwarzen Helden nennen. Der neue Held ist anders als die Sportler, weil ein Ballspieler nur physische Aktionen bringt, einige Worte sagt und dann weggeht. Ich werde aber immer vor aller Augen sein, werde etwas sagen, was man nicht so schnell vergessen wird" (54). Es gibt jedoch auch Ausfälle, schlimmer noch, Fehltritte. Zum Beispiel den von Flavor Flav: "Ich hasse keine Schwulen. Ich hasse niemanden, ich liebe die ganze Welt. Ich hasse niemanden, aber ich bin total gegen die Sachen, die sie machen. Viel schlechtes kommt daher, Aids z.B. Das ist eine Strafe Gottes. Das Gute kommt nicht aus schlechten Taten" (55). Dazu noch die antisemitischen Sprüche von Prof Griff.

Am 28. Mai 1988 veröffentlicht die englische Zeitschrift Melody Maker ein Interview mit ihm: "Wenn die Palästinenser zu den Waffen greifen und in Israel einmarschieren würden und alle Juden umbrächten, wäre das perfekt, denn die haben da nichts zu suchen" (56). Der Rest des Interviews dreht sich um die Gründung Israels etc. Dieses lange Interview voller Tiefgründigkeit ruft komischerweise keinerlei Kommentar hervor. Ein Jahr später veröffentlicht die Washington Times ein Interview, wo es um Kernenergie geht. Wenn 1988 das Publikum von P.E. noch hauptsächlich aus B-Boys, die sich dem Hip Hop verschrieben hatten, bestand, so erreichen sie '89 Millionen schwarzer, weißer und asiatischer Fans. Diese Situation ist beängstigend für ihre Förderer. Man muß sich daran erinnern, daß die Wahington Times Reverend Moon gehört, dem Gründer der Unification Church, der einmal für einen Massenselbstmord seiner Anhänger verantwortlich war. Man darf allerdings die Washington Times nicht mit der Washington Post verwechseln, (die damals den Watergate Skandal aufdeckte) deren Chefredakteur jetzt David Mills heißt und der seinerzeit Prof. Griff traf. Wovon handelt also dieses Interview?

Griff benützt ein Wortspiel zwischen Jew (Jude) und Jeweller (Juwelier). Der Ku Klux Klan bringt "JerUSAlem" und Le Pen "Durafour-crématoire" (Le Pen: Führer der Rechtsextremisten in Frankreich, Alain Durafour: ehemaliger Minister. A.d.Ü.). Der Rest ist ebenso gewagt. Laut Griff "ist die Mehrheit des Mülls, der überall auf der Welt regiert", den Juden anzulasten. Die französische Ausgabe von "Rolling Stone" schreibt daraufhin im April '90 eine unverantwortliche Titelstory: "Public Enemy -

Die antisemitschen Rapper", die davon handelt, daß Mills und der Rest der Gruppe eine Besprechung vor der Veröffentlichung des Interviews von Griff gehabt hätten. Für Chuck D bleibt von dieser Diskussion folgende Essenz:" Wir haben ihm erklärt, daß so etwas überhaupt nicht unser Stil ist" (57), wogegen Mills behauptet: "Sie sind mit Griff völlig einverstanden, das ist Teil ihrer Ideologie" (58). Das Folgende wird zeigen, was wirklich los war. Griff beschreibt ohne Umwege David Mills: "Ich will das mit Jesus und Judas vergleichen, weil Judas ein Freund von Jesus war. David Mills war zwar nicht mein Freund, aber von der schwarzen Gemeinschaft wird er als Judas angesehen, weil er den Menschen verraten hat" (59).

Griff wird dennoch ein Jahr später sehr geschickt von Sonia Poulton in die Zange genommen: "Der Artikel in der Washington Times hat Sie klar als Antisemiten entlarvt. Wenn Sie es nicht sind, warum haben Sie dann keine Schritte dagegen unternommen?" Prof Griff: "Das

3rd Bass, und noch ein Skandal...

ist eine schwierige Frage. Ich bin nie auf die Idee gekommen." Sonia Poulton: "Die Idee muß Ihnen aber gekommen sein, da Sie sagen, diese Geschichte hätte Ihren Ruf geschädigt". Prof Griff: "Das alles hat mein Leben verändert, das ist eigentlich schon ein guter Grund. Aber eigentlich habe ich bis heute nicht wirklich daran gedacht" (60).

Einige Tage nach dem Interview in der Washington Times entdeckt man einen Schützen gegenüber dem Büro von Def Jam. Die Jewish Defense Organisation kündigt Demonstrationen vor dem Haus von Rick Rubin in L.A. an, weil sie ihn als Verräter betrachten, da er P.E.

hervorgebracht habe. Mordechai Levy, ihr Sprecher, sagt: "Die JDO wollte Public Enemy in Flammen aufgehen lassen" (61). Im Juni '89 hält Chuck D eine Pressekonferenz: "Die Schwarze Gemeinschaft erlebt eine Krise und unsere Rolle als Musiker ist es, eine Lösung zu finden... Griffs Äußerungen entsprechen nicht unserer politischen Meinung. Wir sind keine Antisemiten (...) Griff hat uns sabotiert, das war ein interner Absprachefehler und wir hätten dieses Problem gern im Privaten gelöst. Dies war ja nun leider unmöglich" (62). Chuck D erklärt, er habe Griff gefeuert. Ein Sprecher von Rush erklärt, die Gruppe würde aufgelöst, um den sozialen Frieden zu erhalten. Gerüchte besagen allerdings, daß der Rest der Gruppe - der Chuck D zum Vorwurf macht, Griff gefeuert zu haben - ihn dazu bringt, dafür zu sorgen, daß die Gruppe nicht wirklich auseinanderbricht. Ihm wird sogar vorgeworfen, Griff geopfert zu haben, um seine eigene Karriere als Bussinessman zu retten. Chuck D verhandelte damals gerade mit CBS und MCA wegen seines eigenen Labels... Verrückt, oder? "Ich habe nur gesagt, daß wir einen kleinen Schritt in eine andere Richtung tun werden und daß wir aus dem Musikgeschäft aussteigen wollen. Und die Gerüchte haben sich sehr schnell verbreitet: 'Also Jungs, werdet ihr euch aufteilen?' Nein, das war es nicht. Wir wollten nur die Richtung etwas wechseln" (48). Am Abend des 24. Juni liest Marley Marl auf WBS eine mysteriöse Nachricht von Chuck vor (eigentlich ist es nur eine Mahnung), die besagt: "Vergeßt nicht, daß wir das Ziel erreichen müssen, bis zum Jahr 1992 5000 Führer zusammenzubekommen". Rush setzt das Gerücht in die Welt, daß P.E. ohne Griff wiederentstehen könnten. Am Premierenabend des Films "Do The Right Thing" wird eine Demonstration gegen Public Enemy organisiert, die allerdings fernbleiben. Die Presse beginnt, die Seriösität der Gruppe in Frage zu stellen. Sind sie wirklich politisch engagiert und wollen den Schwarzen helfen oder sind sie lediglich "Great Marketing Men", wie sich Chuck D 1988 nannte? "Sie vermarkten sich bis zur Perfektion", gibt Russel Simmons zu (117). Einige gehen soweit zu behaupten, nur Griff sei ehrlich, trotz seiner denkwürdigen Äußerungen. "Weißt Du, was sie mir gesagt haben? Griff, Du mußt verstehen, daß es um Geld geht. Also habe ich gefragt: 'Warum belügt ihr die Schwarzen? Wieso identifiziert ihr euch mit der Black Power, wenn es Euch nur um Geld geht? Von all diesen Platten und den Konzerten haben sie nicht ein Wort ehrlich gemeint. Sie sind voller Scheiße, vor allem Hank Shocklee" (63).

Letztendlich ruft Chuck die Gruppe wieder ins Leben, indem er Griff reintegriert, ihn aber gleichzeitig seiner Kompetenzen beraubt. Diese Unentschlossenheit schadet dem Renommée von Public Enemy. Aber wenn sie dem Druck nachgegeben hätten, wäre dies bei den Fans und der schwarzen Gemeinschaft eine Niederlage gewesen (sie waren immerhin fast schwarze Nationalhelden), wenn auch einige, wie z.B CBS oder Def Jam über einen Rücktritt nicht unglücklich gewesen wären.

Unglücklich ist nur der, durch den der Skandal kam und wiederkommt. Denn Griff wird 10 Monate später im Büro von Russel Simmons den neuen, magischen 3rd Bass eine Szene machen. Auf ihrer ersten LP singen 3rd Bass: "Wie Professor Griff sind wir hier draußen", eine freundschaftliche Art, ihm zu sagen, was sie von seinem "Abgang" halten. Aber vor allem ihr Video "Gas Face" wirbelt Staub auf, weil sie die S1W in Anwesenheit von Flavor Flav (!) parodieren. Einer der beiden von 3rd Bass, Pete Nice, kommentiert den Vorfall: "Wir haben friedlich mit S1W diskutiert und ihnen klargemacht, daß wir uns nicht über sie lustig machen, sondern daß es sich lediglich um einen kleinen Scherz gehandelt habe (...) Griff kam auf uns zu und hat zu Serch gesagt, daß er ihn zusammenschlagen würde und seinen Leuten das gleiche Recht einräume. Ich habe mich dann vor ihn gestellt und er sagte mir, er würde mich auch kriegen (...) und dann sagt er zu mir: 'Hau ab' und zu Serch: 'Spinner, du Judensau'. Danach gab es ein Riesengeschrei zwischen all diesen Leuten" (64).

Völlig entnervt setzt Russel Simmons Griff vor die Tür und erklärt: "Der Widerwillen, den mir Griff einflößt, hat nichts mit meiner Bewunderung für Flavor Flav und Chuck D zu tun." Alle, die 3rd Bass kennen, sind sehr erstaunt, daß sich Griff mit ihnen angelegt hat, da sie voll in der schwarzen Gemeinde integriert sind und für Griff bei mehreren Anlässen bereits Partei ergriffen haben. MC Serch, der selber Jude ist, geht sogar soweit, Griff vor der Jewish Defense Organization in Schutz zu nehmen: "Sie haben Irrtümer begangen, genau wie wir auch", gibt Serch zu. "Chuck D ist ein wichtiger Mann für mich, und er hat mich in der Vergangenheit unterstützt (...) Wir haben stundenlang diskutiert und sind zu dem Ergebnis gekommen, daß sich die Schwarzen und die weißen Gemeinden endlich näher kommen müssen" (65). Serch findet sogar für Griff eine Entschuldigung: "Er hat einfach den Verstand verloren, er ist total verrückt. Manchmal muß ein Bruder wissen, wann er zu weit geht. Aber trotz seiner Beschimpfungen hatte ich immer Respekt vor ihm. Er ist sehr verbittert und voller Haß, aber das liegt auch daran, wie die Schwarzen in Amerika behandelt wurden. Ich wünsche ihm viel Glück für seine Solokarriere" (65). Später erwidert Griff: "Was ich gesagt habe, tut mir leid. Ich war einfach von Gefühlen übermannt" (66).

Alle Welt, ob die Journalisten, Soziologen, Musiker, geben ihren Kommentar zu dieser Affäre ab. Wir haben nicht genug Platz, um sie alle wiederzugeben (die meisten waren eh nur eine Ansammlung von Vorurteilen und voreiligen Schlüssen). Trotzdem einige Beispiele an dieser Stelle. Chuck D zuerst einmal, der getreu seinem Vorsatz "Don't Believe The Hype" die Presse anklagt: "Die meisten Journalisten suchen doch nur nach negativen Äußerungen, auf die sie sich stürzen können. Du kannst immer dreißig gute Sachen sagen, aber ein Faux Pas und Du bist geliefert. Du wirst immer nur von der schlechten Sache hören. Dies ist ein Land der Schlagzeilen. Wenn die sagen, P.E. wären Rassisten, werden fast alle das glauben" (54) und außerdem "stimmt es, daß die ganze Kontroverse um Griff durch heftige Dementis hätte vermieden werden können. Aber ich wurde dazu erzogen, mich nie für einen Fehler zu entschuldigen, den ich nicht gemacht habe. Wir werden von den traditionellen Medien immer in Stücke gerissen werden" (47). Chuck D spinnt den Gedanken noch weiter: "Beängstigend für die 90er Jahre ist diese Hexenjagd zu Gunsten der Konservation. Aber ich kann das verstehen. Amerika hat zuviel Dreck am Stecken und hat zu viele Lügen über die Schwarzen verbreitet. Jede unserer Äußerungen wird als Anklage gewertet, dies ist ein Teil der Furcht, die die Hip Hop Bewegung inspiriert" (121). Für Georges Lapassade und Pierre Rousselot "war der pädagogische Vorteil dieser Affäre der, daß sich zum ersten Mal der Rap an einem Tabu vergreift, das nicht amerikanisch, sondern ein internationales Tabu ist. In Paris und überall ist man sich darüber klar geworden, daß der Rap nicht nur ein einfacher Tanz, sondern eine Ausdrucksweise ist" (21). Man geht sogar soweit, die Texte von P.E. nach antisemitischen Parolen abzusuchen. Hervé Deplasse, ein Vertreter von Def Jam in Frankreich, sagt: "In der Umgebung von P.E. und auch beim Rush Managment und bei Def Jam gibt es einen hohen Anteil an Juden. Die Person, die sich um das Marketing von P.E. und um die Gruppe selbst gekümmert hat, ist ebenfalls Jude" (26). Overlord X erinnert sich, daß er immer zu den Aussagen von P.E. gestanden hätte "aber eines Tages war ich bei einer Sitzung und Griff erzählte, er habe Weiße gesehen, die einer schwangeren Schwarzen den Bauch aufgeschlitzt hätten und das Baby wäre rausgefallen. Dann hätten sie ihm den Kopf zertreten. Das war wirklich zu viel. Ich dachte mir: Was macht dieser Typ? Er macht nicht nur den Weißen, sondern auch noch den Schwarzen Angst! Griff hat P.E. Unrecht getan und das wissen sie auch" (67).

Danach tritt Griff am 23. März 1990 zum letzten Mal mit Public Enemy auf (Brixton Academy, England). James Bomb wird sein Nachfolger als Informationsminister und S1W bleibt bei P.E. "Die Gruppe wird sich nicht trennen, solange Flavor und ich da sind. Wir werden eine Gruppe sein, und die Leute werden kommen und gehen (...) Ich wünsche Griff alles Gute, alle Brüder lieben ihn und wir sind eine Familie, auch wenn die letzten Monate etwas schlecht liefen" (68). Außerdem erklärt Chuck D, er wäre weiterhin mit Griff befreundet "weil wir ein gemeinsames Ziel haben, wir wollen den Schwarzen wieder zu ihrem Recht verhelfen" (51).

Last Asiatic Disciples

Währenddessen nehmen Flavor Flav und Chuck D zwei Titel mit George Clinton auf: "Tweakin" und "(She Got It) Goin' On" für ihre LP "Cinderella Theory" "(Ich verstehe nicht, wie George einer meiner Fans sein kann. Ich bin nur für eine Minute hier, er ist aber eine Legende"

Professor Griff und seine Last Asiatic Disciples

(54)), und Prof Griff beginnt seine Solokarriere. 1988 nimmt er "Rap Terrorist" auf, muß aber mit der Veröffentlichung bis zu seinem Rausschmiss bei P.E. warten. Gleichzeitig gründet er die Last Asiatic Disciples mit Sean Peacock (Life), Seam Smith (Patrick X), Jason Wicks (JXL), Robert Harding (B-Wyze) und DJ John Michael O'Brien (Obie), die alle aus Long Island kommen. "Wir sind Teilnehmer einer gewaltfreien Disziplin und wollen, wie auch schon andere vor uns, die schwarze Zivilisation der Nation näher bringen" (69). Griff findet bald in Luke Skyywalker, dem das gleichnamige Label gehört und der Leader der Gruppe 2 Live Crew ist (die gerade von der Zensur wegen Obszönität betroffen wurde), einen Verbündeten: "Wir sind gefährlich. Er soll sagen, was er zu sagen hat. Ich weiß nicht, wo er manche Sachen herholt - z.B., daß die Weißen Bastarde sind, weil sie es mit den Hunden treiben. Stellen Sie sich das auf einer Platte vor" (70). Luke weiß genausogut wie Griff, daß ihre beiden Namen eine erhebliche Wirkung bei den Medien hervorrufen werden. Aber auch wenn das Album "Pawns In The Game" reichhaltiger und besser ist, als man eigentlich erwartet hat, kann man dennoch nicht von einer großen Platte sprechen. Griff verhaspelt sich öffentlich in Erklärungen: "Ich fühle mich viel ruhiger, geistig und körperlich reifer. Seit dem 9. Mai 1989 bin ich nicht mehr derselbe (Tag des Skandalinterviews mit der Washington Times A.d.Ü). Man lernt einiges, wenn man eine so schwierige Zeit durchmacht. Ich interessiere mich viel mehr als früher für die Kämpfe der anderen Leute, früher hatte ich Scheuklappen - schwarz sein und für die Schwarzen kämpfen" (59). Er versucht sich mit einer pazifistischeren Annäherung an die Welt: "Wir sind keine Figuren! "Pawns in The Game" (Steine beim Damespiel A.d.Ü) ist kein Problem zwischen Schwarzen und Weißen, selbst wenn die Steine beim Damespiel schwarz oder weiß sind, wie beim Schachspiel auch. Das ist ein ganz allgemeines Problem. Wer will denn wen kontrollieren? Man kann sagen, daß 85% der Leute wie Schachbrettfiguren behandelt werden" (59). Auf dem Album greift er die Medien an, das Schulsystem, die amerikanische schwarze Mittelklasse und auch Def Jam. Er versucht alles, um wieder guten Wind zu machen und zählt auf einmal in drei Minuten alle seine Helden auf: von Malcolm X bis Angela Davis, Public Enemy, Jimi Hendrix, Martin Luther King bis Khomeini, Fidel Castro oder Gadhafi. Wenn einjeder sagen kann, was er will und jedem danken kann, dem er danken will, darf man aber auch ganz anderer Meinung sein. Manchmal

zieht das noch viel weitere Kreise. Ging nicht neulich erst das Gerücht um, daß JXL, B-Wyse und X die Last Asiatic Disciples verlassen hätten? Laut Prof Griff ist daran der Druck Schuld, dem er und damit die ganze Gruppe ausgesetzt sei. Und schließlich annullieren sie ihre US-Tournee 1990...

Die Macht bekämpfen

Wie wir schon gesehen haben, kommt der Film "Do The Right Thing" mitten im Knatsch mit Prof Griff heraus. Der Film schlägt nicht nur bei der schwarzen Gemeinde wie eine Bombe ein, sondern er macht P.E. endgültig weltweit bekannt. Ihr Lied "Fight The Power", Titelmusik des Films, ist ebenso bedeutend wie die Persönlichkeiten oder die letzten Worte von Malcolm X und Martin Luther King. (s. Rap und Kino). Der Film ist glaubwürdig.
Es ist völlig unwichtig, ob die Gruppe für den Film Werbung macht oder umgekehrt. Eins kommt zum andern. Spike Lee macht das Titelvideo (Sommer '89) und ist begeistert: "Ich bin nicht immer mit ihren Aussagen einverstanden, aber sie sind meiner Meinung nach einfach eine der besten Rapgruppen. Wenn das nicht so wäre, hätte ich nicht diese Kette um den Hals... Ich habe selten ein besseres Logo für eine Gruppe entworfen: Wissen Sie, was das ist? Ein junger Schwarzer im Visier eines Polizeigewehrs. Die beste Beschreibung der Situation der Schwarzen in den USA, des Drucks, dem sie permanent ausgesetzt sind" (43). Bill Stephney erzählt noch mehr über dieses Logo: "Diese Kinder sind die Zielscheibe und das ist total ungerecht. Sie sind für die Situation, in der sie leben, nicht verantwortlich" (165). Wenn man ihn dann fragt, ob eine solche Symbolik nicht ein wenig gefährlich ist, macht Stephney sich lustig: "Das ist uns scheißegal. Das Recht des Künstlers ist geschützt. Wir denken, daß wir Kunst machen. Wir sind Künstler genau wie Botticelli, John Coltrane, wie Norman Mailer. Sie haben das Recht, sich auszudrücken und wir auch. (165)".
Um seine Worte noch zu unterstreichen, bittet Spike Lee Tawana Brawley, im Video aufzutreten. Bérénice Reynaud erinnert sich: "Am 28. November 1987 wurde eine junge Schwarze von 15 Jahren in einer Mülltonne gefunden. Sie war voll von Exkrementen und mit rassistischen Sprüchen bemalt. Sie sagt, sie wäre von sechs Weißen entführt und mißbraucht worden. Eine Untersuchungskommission kam jedoch zu dem Ergebnis, sie

habe das alles nur vorgetäuscht, um ihr Ausreißen zu vertuschen. Die schwarze Presse stürzte sich daraufhin auf den Staatsanwalt mit dem Vorwurf, er würde die weiße Obermacht "decken". Tawana Brawley flüchtet zu dem Moslemführer Farrakhan. Als der Film "Do The Right Thing" anlief, glaubten nur noch wenige Schwarze, daß Tawana die "Wahrheit" sagt" (71). In seinem Film nimmt Lee sogar ein Graffitti auf: "Tawana sagt die Wahrheit".

Das Video ist so beeindruckend, daß die Behörden es gerne wegen Störung der öffentlichen Ruhe und Ordnung verbieten möchten. Eine Videocassette wird auf den Markt gebracht "Fight The Power - Live"; sie ist ein solcher Erfolg, daß heute jede Gruppe, die etwas auf sich hält, ebenfalls Video benutzen muß.

Das Konzept "Die Macht bekämpfen" hat nichts mit Gewalt oder mit Gewehren zu tun, sondern es ist ein Business, ein Netz, das man schaffen muß und Legenden, die endlich zerstört werden müssen: "Elvis war ein Held für die meisten/Aber damit hatte ich nie was zu tun/ Dieser Wichser war nur ein Rassist erster Güte/Nichts hinzuzufügen/Er und John Wayne sollen sich zum Teufel scheren/Weil ich Schwarz bin und stolz darauf". Da kommt man dann wieder auf den ständig ähnlichen Widerspruch: Utopisten? Provokateure? Echte oder falsche Revolutionäre? Gottseidank sind sie dank ihres Genies über viele Zweifel und Kritik erhaben.

Ein Stück Philosphie (III)

Danach kommen sechs Monate mit vielen Gerüchten. Ein Album und eine Maxi werden angekündigt: "Fear Of A Black Planet" und "Welcome To The Terrordome". P.E. sind wirklich nicht auf den Kopf gefallen und außerdem braucht man viel Mut, um mit all dem fertig zu werden. Oder eine kräftige Dosis Sorglosigkeit, sagen andere. Als das Album Anfang '90 erscheint, werden Chuck D und Flavor Flav mit Fragen bombardiert: Was heißt "Angst vor dem schwarzen Planeten?" - "Jedesmal, wenn Menschen etwas erschaffen, wirft das seine Schatten. Gott ist Religion und die Menschen machen Religion. Und es gibt eine Sache, über die sich die Menschen nie einig werden, nämlich unsere Erde gerecht zwischen sich aufzuteilen, sie zu respektieren und ihre Brüder und Schwester zu respektieren" (51). "Dieses Album soll die eurozentrische Sichtweise als das zeigen, was sie ist. In einer weißen Gesellschaft gilt das Produkt

einer Mischehe als schwarz, vor allem in diesem Land. Darüber gibt es sogar ein Gesetz. Sobald du nur eine Spur schwarzes Blut in dir hast, bist du automatisch schwarz. Also muß dein einziges Ziel als Weißer sein, weiße Kinder hervorzubringen, das ist das Schema. Aber dieser Gedanke ist nicht human, sondern rassistisch. Wenn sich die Welt wirklich anders gestalten würde, im Geist der Liebe und des Friedens, könnte man eine weiße Obermacht nicht länger aufrechterhalten. "Fear Of A Black Planet" spricht von der Angst, daß ein schwarzer Mensch ansteckend sein könnte..." (72). Diese Ideen hat Chuck D auf Grund seiner Erziehung, seiner Studien und seiner Erfahrungen: "Es gibt Parallelen zwischen dem Kampf der Schwarzen in Amerika und dem der Israelis oder dem, der in Irland stattfindet. Man muß viele Gegenden aufsuchen, um zu verstehen, was wirklich in der Welt vorgeht" (54). Und Bill Stephney fügt hinzu: "Wir müssen die Ungerechtigkeiten, die der Rassismus angerichtet hat, wieder ausbügeln, ohne dabei neue Ungerechtigkeiten zu schaffen. Der umgekehrte Rassismus wäre auch eine Ungerechtigkeit. Das scheint sehr konservativ zu sein, aber das ist unsere Meinung" (165).

Aber Public Enemy begeht erneut einen Fehler, der bis zur Veröffentlichung durch die Zeitschrift "Entertainment Weekly" am 27. April '90 unentdeckt bleibt: Einige amerikanische Journalisten (ihre Zahl und ihre Namen werden geheimgehalten) haben zusammen mit dem Al-

bum eine Broschüre erhalten, die sich "The Cress Theory Of Color-Confrontation And Racism (White Supremacy)" nennt und von Dr. Frances L. Cress Welsing gezeichnet ist. Diese ist ein ehemaliges Mitglied der medizinischen Fakultät von Howard in Washington und sie wird eingangs bezeichnet als: "anerkannt als die umstrittenste afrikanische Ärztin von Amerika". Def Jam und CBS nehmen von diesem Vorfall Abstand und geben keinerlei Kommentar ab. Chuck D sagt daraufhin, daß er sich auf "kontinuierliche Unterstützung seitens Def Jam und CBS einrichtet, die ihn aber dann doch fallenlassen werden". Außerdem erwartet er "seitens einiger Personen aus dem Schallplattengeschäft Aktionen, die den Rap auch für das weiße Publikum interessanter machen" (121). Eine von Cress' Theorien ist folgende: "Die Qualität der weißen Hautfarbe hängt in der Tat mit einer unzulänglichen, genetisch bedingten Produktion des Melanins zusammen; das Melanin aber ist verantwortlich für jedwede Färbung der Haut". Daraus schließt Cress, daß sich die Weißen unterlegen fühlen und auch daher ihre Aggressionen gegenüber den Schwarzen begründet sind.

Man weiß, wohin diese Art von Doktrin führen kann... Glücklicherweise mildert die von Harry Allen (verantwortlich für die Chöre auf der 2. LP und von nun an anscheinend verantwortlich für die PR von Public Enemy) verfaßte Einführung zur Werbebroschüre etwas die Prosa dieses Pamphlets, denn er sagt: "Dies ist das Unglaublichste und Dümmste, was jemals über den Rassismus, den Radikalismus und die Unterdrückung verbrochen wurde". Wenn Chuck D uns dann erklärt, daß man diesen Text als Haupteinfluß von "Fear Of A Black Planet" sehen muß: "Cress Welsing zeigt, woran eine Verständigung und Vereinigung zwischen Schwarz und Weiß immer wieder scheitert. Die Weißen glauben, sie seien eine pure, reinrassige Rasse und die Vermischung mit Schwarzen wird diese Reinheit schmälern. Sie haben Angst, ausgelöscht zu werden. Sie nennt das die Theorie der genetischen, weißen Verneinung" (54), ist Harry Allen sofort zur Stelle, um diese Aussage abzuschwächen: "Der Gedanke, daß dieses Album die Aussage von Welsing bestätigen soll, macht mich krank und ist grotesk... Dieses Pamphlet ist das Werk einer Person, die zu provozieren sucht" (73).

Auf die Einladung von Dr. Anderson Thompson (Professor an der Northeastern Illinois University of Chicago) hin haben Chuck D und Harry Allen am 11. Oktober 1990 eine Studie über die Reaktion der weißen Presse auf das Mailing von der Cress-Theorie vorgestellt. Diese

Studie hat P.E. im Rahmen der Konferenz Institute For The Study Of White Supremacy des Dr. Thompson durchgeführt.

Angst vor dem schwarzen Planeten

Ice Cube (der sich gerade von Niggers With Attitude getrennt hat und seine erste Solo LP vorbereitet) und Big Daddy Kane werden zu dieser LP eingeladen. Prof Griff ist zu diesem Zeitpunkt immer noch Mitglied von P.E. Man hört ihn bei einem Titel rappen, obwohl er schon bei Luke Skyywalker unterschrieben hat; das versetzt Kool Shen von der französischen Gruppe NTM in Erstaunen. "Bei P.E. ist vieles Berechnung. Vor dem neuen Album entfesselt man einen schönen Skandal. Griff bringt ganz schnell eine LP heraus, ist doch sehr merkwürdig. Er mußte sie schon vorher fertig haben" (166). "Fear Of A Black Planet" ist u.a. Ice-T gewidmet mit der Erwähnung von "This One's From Me", wo Ice-T P.E. und ihr Recht auf Meinungsäußerung verteidigt. Die Musik von P.E. hat sich weiterentwickelt, obwohl sie immer noch die beängstigende Intensität der ersten LP besitzt und auch die erstaunliche "live"-Vitalität; hier ist allerdings jede freie Sekunde gefüllt (mehr als zweihundert Samples, allein 17 Stück in den ersten 10 Sekunden von "Fight The Power). Wenn Terminator X nicht scratcht und Flavor und Chuck nicht rappen, wird die Pause mit ohrenbetäubendem Lärm gefüllt. Keine Stille, aber auch überhaupt keine. Ein völlig neuer Stil, den man noch nicht kannte.

Das Album beginnt mit dem wunderbaren "Contract Of The World Love Jam": "Sie hören diese Stimme sagen: There is something changing on the face of this planet today: Public Enemy. Bum, bum, bum, Einführung von Samples, und dann Bumm! Voll ins Schwarze getroffen, wie beim Basketball, vier Pässe und dann ein Korb!" (115).

Dann gibt es das joviale Lied "911 is a Joke" (911 ist eine Notrufnummer für die schwarze Gemeinde. Eine Art Ambulanz, deren Fahrer angeblich nicht Auto fahren können); das funkige "Brothers Gonna Work It Out"; das ruhige "Pollywannnacraka" (über die Vermischung der Rassen); das frenetische "War At 33 1/3: "Dieses Lied ist sehr schnell, es ist wirklich mein Rekord als Rapper", gibt Chuck D zu. "Ich wollte es auf 155 Worte pro Minute bringen, aber das wäre wirklich an der Grenze gewesen, niemand hätte mehr etwas verstanden" (115);

"Anti Nigger Machine" (eine verdeckte Art, "Fuck The Police" zu sagen, eine unzensierte Langversion gibt es auf Maxi; das gewalttätige "Burn Hollywood Burn" (ein Schrei der Empörung gegen das System in Hollywood, welches schwarzen Schauspielern kaum eine Chance läßt. Hommage an Spike Lee) das Rachelied "Who Stole The Soul" (über die Ausbeutung der schwarzen Musik durch das weiße Showbusiness. Auch CBS wird dabei angeklagt: "Für CBS ist das eine Ohrfeige, und sie werden damit auch noch Geld machen. Siehst Du, ich benütze die Medien gern, und sie denken immer noch, sie stünden über den Dingen", präzisiert Chuck D); das unglaubliche "Incident At 66.6 FM": "Es geht um eine amerikanische Radiostation, bei der die Leute anrufen sollten, um zu sagen, ob sie für oder gegen Public Enemy sind. Ich war dort, habe die Anrufe aufgezeichnet und jetzt in diesem Lied zusammengefaßt" (68). Es sind auch einige wüste Beschimpfungen dabei wie: "Warum strahlen sie diese Affen aus?" oder "Die sollen doch zurück nach Afrika gehen!" Es ist klar daß diese Leute Angst vor dem Black Planet haben, oder vor den Titeln der vorhergegangenen Maxisingle: "Fight The Power" und "Welcome To The Terrordome". Letzteres faßt eigentlich die Absicht der Gruppe zusammen: "Es ist die Vision eines schwarzen Korrespondenten für das Jahr 1989. Ich sehe dieses Jahr ganz anders als die New York Times. Ich sehe, was dieses Jahr mir und meinen schwarzen Brüdern angetan hat" (54). Chuck D hat dieses Lied nach dem Mord an Huey Newton geschrieben (ehem. Leader der Black Panthers), mit dem er in Kontakt stand: "Als er umgebracht wurde, fand ich das wirklich schlimm. Ich habe mit vielen Brüdern Kontakt. Für uns ist das wichtig. Wir sind keine Lehrer, egal was manche Leute über uns sagen. Wir geben Informationen weiter. Die Jugend schaut in unsere Richtung, sie sucht wahre Lehrer" (53).

Vier Reime werden erneut Unruhen zwischen der Gruppe und einigen jüdischen Vereinigungen wecken: "Die Kreuzigung ist keine Fiktion/Die angeblich Auserwählten gefroren/Ich entschuldige mich bei dem der will/Aber sie haben mich ebenso gefaßt wie Jesus". "Ich bin Künstler und verwende Bilder, ich kann nicht immer Rücksicht auf eventuelle Falschinterpretationen nehmen. Ich spreche erstmal nur von einer Kreuzigung der Medien (...) CBS wollte da Druck ausüben, aber ich habe zu ihnen gesagt: 'Sie mögen mich nicht, sie zensieren mich und morgen haue ich ab. Meine nächste Platte wird eine Goldene Piratplatte'. Aber sie wollten auf eine Platte, die sich mehr als eine Million Mal verkauft, auch nicht verzichten (50). Artikel und Fernsehdiskussionen streiten schon über diesen Song, bevor er überhaupt erschienen ist. Wie kann das möglich sein? Es bleibt ein Geheimnis. Einige Zeit später begibt sich Chuck D auf Einladung eines jüdischen Leaders nach Los Angeles, wo er ein Museum besichtigt, das den Opfern des Holocaust gewidmet ist. Er will dadurch die Gemüter beruhigen. Kurz vorher, am 17. Juni 1990 nehmen P.E. an einer Demonstration vor dem Weißen Haus für die Rechte der Schwarzen teil. Unter den 5000 Menschen sind u.a. Jesse Jackson, Bobby Seale und Malika Shabazz, die Tochter von Malcolm X.

Um das Album "Fear Of A Black Planet" abzuschließen, sei noch gesagt, daß es eine Maxi für die US-Radiostationen gibt: "Terminator X DJ Performance-Discs" und auf ihr sind alle Titel des Albums (plus ein Neurelease "Radio Beat") enthalten, überarbeitet von Terminator X, und daß eine Single (in London im Dance-style von S&P/Jerv Production gemischt) von "Can't Do Nuttin' For Ya Man" in den USA im Herbst '90 erscheint (als Flavor Flav gerade sein erstes Soloalbum fertig hatte: "The Lifestyles Of Rich & Poor").

Bei den Aufnahmen zu "Fear Of A Black Planet" nahmen die Sonic Youth (Hardcore Gruppe aus New York) ihre LP "Goo" auf. Chuck D hält auch eine Speach über "Kool Thing".

Public Enemy hat den Rap durcheinandergebracht. Ihr Image hat sicher viel zu ihrem Erfolg beigetragen. Manchmal ist es schon Politik, wenn man ihre Musik hört und es bleibt dennoch ein physisches und psychisches Vergnügen! Hervé Deplasse hat die widersprüchliche Haltung der Gruppe sehr gut erklärt (s. sein Interview). Der Redakteur der Zeitschrift Best, Francis Dordor, hat sich nicht getäuscht, als er schrieb: "Wir erleben nicht solche grauenhaften Situationen wie "Welcome To The Terrodome" oder "Burn Hollywood Burn"; wir besitzen weder die Hoffnung, noch den Willen, der uns auf ein solches Niveau wie bei "Brothers Gonna Work It Out" heben könnte. Wir haben wenig Energie. Deshalb verdienen wir auch die Mittelmäßigkeit eines Johnny Clegg, diese düstere Parade des guten Weißen, der die armen unterdrückten Neger liebt, sein Bein ebenso hoch hebt wie ein Zulu (und sich dann vor ihm an die Kasse drängt). Unser Mitleid steckt uns Public Enemy wirklich in den Arsch" (74). Ich darf mir an dieser Stelle die Bemerkung erlauben, daß P.E. erst nach drei LPs und zwei Tourneen auf der Titelseite von Best war, während Johnny Clegg...

Man fragt sich jedoch, wie lange P.E. noch mit dem Feuer spielen können. Sie können nicht ewig mit den Medien streiten, die, wie Hervé Deplasse es bereits sagte "nur die Dummheiten hochgehen lassen, um keine Fragen stellen zu müssen" (75). Denn wer sorgt sich denn außerhalb der Skandale wirklich um die Probleme, die nur P.E. aufrichtig anzupacken versuchen? Ihre Provokation ist aber nicht umsonst, denn sie bringt einen zum Nachdenken. Mit reinem Musikgenie haut uns P.E. die Wahrheit um die Ohren.

ORIGINAL CONCEPT

Die Rapper Doctor Dré, T-Money, Rapper G, DJ Easy G Rockwell (Weltmeister von 1985) tun sich Mitte der 80er Jahre unter dem Namen "Original Concept" zusammen. Sie stammen aus Westbury in Long Island. Ende '85 unterschreiben sie bei Def Jam und bringen ihre erste Single "Knowledge Me/Can You Feel It?" im Februar '86 heraus. Wenn auch dieser Song sehr schlecht gesamplet ist, bringt doch ihr "Bite 'n My Stelee/Pump That Bass" Millionen Leute zum Lachen. Original Concept würgt dennoch mehr als 24 Monate herum, bevor sie ihre erste und letzte LP zustandebringen. "Straight From The Basement Of Kooley High!" (Kooley ist ein Gymnasium, aber auch eine Anspielung - vielleicht - auf einen Film der frühen 70er).
Mehr als acht Homeboys kommen, um "im Studio zu schreien" und zwei Gitarristen knallen ihre Akkorde auf 4 Songs. Die Platte, die recht gewagt und in den Arrangements ihrer Zeit voraus ist, profitiert von dem Erfolg der anderen Def Jam Gruppen, die die Konzerthallen füllen, und das trotz der Titel wie "Johnnie Wuza Gangsta" (Geschichte eines Drogendealers, der mit 16 getötet wird, erinnert ein wenig an Run DMC), trotz "Can You Feel It? 88" (für diese Gelegenheit neu aufgenommen) und "Total Confusion" (mit Stimmen, die sich immer mehr entfernen). Andere Highlights: "She's Gotta Moustache" und "Fatlady" (die am wenigsten schmeichelhaften Lieder über Frauen, die es je gegeben hat), oder noch "Get Stupid", bei dem Dr Dré so ähnlich rappt, wie John Lennon bei "Sgt Pepper's Lonely Heart Club Band" gesungen hat. Seitdem gibt es keine Nachricht mehr von ihnen, mit Ausnahme von Dr. Dré, der jede zweite Sendung von "Yo! MTV

Raps" animiert und der bei der Amerikatournee von 1988 bei den Beastie Boys DJ war. Der Rest der Gruppe scheint sich in Nichts aufgelöst zu haben.

SLICK RICK

Ricky Walters, Ricky D, wurde in England geboren und verbrachte dort die ersten 14 Jahre seines Lebens. Nachdem er nach New York auswanderte, findet er sich relativ bald in der Hip Hop Szene wieder. Seit '85 textet er zum Teil für Doug E. Fresh, dann lernt er DJ Vance Wright kennen und gründet mit ihm Slick Rick. 1988 bringt Def Jam ihre erste LP heraus: "The Great Adventures Of Slick Rick". Als Produzenten sind Hank Shocklee und Eric Sadler an dieser Platte beteiligt. Auch Jam Master Jay produziert einen Song: "The Ruler's Back", einer der coolsten Songs des Jahres '88. Zwei Jahre später ist er immer noch nicht out, und das ist beim Rap ein Erfolg. Ein tiefer Trompetenton kommt alle 15 Reime zum Vorschein und die Stimme von Ricky D ist sehr lustig. Man darf nicht solch sonore Töne wie bei Run DMC oder bei P.E. erwarten, aber es ist eine sehr lustige Platte mit witzigen, leichten Scratches. Die warme Stimme von Ricky D kommt in Zukunft gut bei den "deutlichen Worten" zum Tragen, etwas, was bei Def Jam selten ist, z.B. bei "Treat Her Like A Prostitute", was man im Film "Tougher Than Leather" wiedertrifft oder bei "Lick The Balls" (Leck die Eier!) oder auch bei "Indian Girl". Letzteres ist mit "An Adult Story" untertitelt. Der ganze Esprit von Slick Rick ist in diesem Lied: Es beginnt wie ein gerappter Comic, in dem Ricky D sich für "Davy, Davy, Davy Crockett" hält, aber die Worte haben bald nichts mehr mit einem Comic für Kinder zu tun. "Children Story" heißt ein anderer Song, sehr viel ernster, mit gespitzten Lippen wird die Geschichte von Drogen und dem Schicksal von Dealern wiedergegeben. Das traurige Piano unterstreicht das sehr gut. Als Def Jam die zweite LP ankündigt (von der man nur hoffen kann, daß sie bei den Journalisten und dem Publikum diesmal mehr Erfolg hat) erfährt man, daß Ricky D "in einen Mordfall verwickelt ist (...) er soll versucht haben, zwei Männer in einem Drive-in in der Bronx umzubringen - das war 1986. Anscheinend soll es sich um einen Racheakt gehandelt haben" (214). An adult Story?

3RD BASS

Vom Def Jam "Nachwuchs" sind die 3rd Bass ganz sicher die virtuosesten Rapper, die dem Rap auch am meisten einbringen. Die erste Überraschung ist die, daß sie weiß sind. In erster Linie ist der Rap eine schwarze Erfindung. Das Ghetto, die Geschichte der Schwarzen, der Blues, der Soul, der Funk - und da schießen 3rd Bass all unsere Vorurteile in den Wind und beweisen allen, die es bisher noch nicht wußten, daß Rap eine Vision, ein Geist ist. "Wir sind einfach nur Rapper und daß wir weiß sind, dürfte da wohl keinen Unterschied machen" (76). Nicht zum ersten Mal macht eine weiße Gruppe Rap. Es gab die Beastie Boys auf demselben Label sogar! Das schützt Def Jam vor jeder Art rassistischer Kritik. Aber 3rd Bass haßt den Vergleich mit den Beasties: "Sie sagen überhaupt nichts aus, wir schon" (77). "Die Beastie Boys und wir spielen in zwei verschiedenen Lagern. Sie haben mit uns nichts zu tun (...) ich mag einen Großteil der Stücke auf ihrem letzten Album, aber ihre Parolen mag ich überhaupt

nicht. Ich mag ihren Ton nicht" (78). Die Lieder und die Vorgehensweise von 3rd Bass sind intelligenter als die des Trios aus Brooklyn, und ihre Musik ist ebenfalls reichhaltiger, dichter.

Die zweite Überraschung ist die, daß sich MC Serch und Prime Minister Pete Nice gehaßt haben, bevor sie zusammen mit DJ Richie Rich, einem Schwarzen, 3rd Bass gründeten. Michael Berrin (MC Search) ist jüdischen Ursprungs und war Mitglied der islamischen Five Percenters, bevor er Rabbi wurde. Er macht seine Anfänge im Rap bei der Aufnahme von "Maelissa" für Warlock Rds, und bei der Gründung von Idlers Rds mit Tony D.

Pete Nice debütiert mit "Hey Boy/Go White Boy" und mit einer Version von "In The Name Of Love" von Todd Terry. Sein Manager versucht, ihn zu linken und er schmeißt ihn raus und arbeitet dann mit Big Daddy Kane, Salt'n' Pepa und Doug E. Fresh zusammen. Durch sie lernt er Sam Seyer (den Produzenten von Mantronix, Tashan etc.) kennen, der ihn mit Pete Nice zusammenbringt. Gemeinsam nehmen sie "Wordz Of Wisdom" auf (Sam Seyer war sogar eine zeitlang das 3. Mitglied der Gruppe). Als Kind wuchs Peter J Nash (Prime Minister Pete Nice) in Brooklyn auf. Sein Vater war Trainer der Basketballmannschaft des Viertels. Pete sammelte die Bälle auf und unterhielt sich oft mit den Spielern, die zumeist schwarz waren. Durch sie lernt er den Rap kennen. An der Columbia University, an der er studiert (Diplom in Englisch, seine Dankesworte auf der LP gelten Anden, Byron, Joyce und Hubert Selby) animiert er eine Rap Radio Show beim Campusradio und lädt Künstler wie die Jungle Brothers und Big Daddy Kane ein. "Eigentlich mochten wir uns gar nicht und ich weigerte mich immer, Platten von Serch in meiner Sendung zu spielen (...) wir hatten sogar einige Zusammenstöße. Einmal gingen wir aus irgendeinem Anlaß zusammen in einen Club, ich kam nicht rein und der ließ mich einfach auf der Straße stehen! Seitdem lehnten wir es immer ab, wenn jemand vorschlug, wir sollten uns treffen" (79).

Ihr Name hat mit ihrem Glauben an das mystische und an Numerologie zu tun: "Die Einheit, der Kreis, die Vereinigung der drei Religionen Christentum, Judentum und Islam" (76). MC Serch kommentiert die Pro-Schwarze und antirassistische Haltung von 3rd Bass: "Wir wollten alles Althergebrachte, Stereotype aufbrechen, was mit der schwarzen Gemeinde zu tun hat, ich denke, wir haben das sehr gut gemacht. Wir sind weiß, haben aber großen Respekt vor der schwarzen Gemeinde" (65).

The Cactus Album

Ende '89 kommt das Cactus Album heraus: "Es heißt so, weil ein Kaktus in feindlicher Umgebung überleben kann. Er blüht in der Wüste. Unsere Situation ist ähnlich. Wir sind in schwarzer Umgebung aufgewachsen, haben diese Kultur zum Teil angenommen, und wir sind in Gegenden gewesen, wo nicht einmal Schwarze wie menschliche Wesen behandelt werden" (80). Die Platte kommt schnell auf die 6. Stelle des Billboard und nähert sich der Million verkaufter Platten in den USA.

Eine coole Atmosphäre, ein wenig Jazz, Auszüge aus Filmen der 50er Jahre, ein Xylophon und gut gereimte Sätze charakterisieren diese Platte. Ich meine, daß der Jazz und das Klavier in "Gas Face" von Jerry Roll Morton stibitzt sind: "Schwarze Katzen bringen Unglück/ Schlechte Jungs tragen Schwarz/Das muß ein Weißer sein, der solche Lügen erfindet/Macht ein "Gas Face" an alle diese kleinen Lügner". Was ist ein "Gas Face"? "Das ist eine Grimasse des Abscheus, ein Gesichtsausdruck, den Du machst, wenn Du auf so großen Blödsinn stößt, bei dem verbale Äußerungen überflüssig sind. Das ist ein lustiges Lied mit einer ernsten Aussage. Es handelt von Brüdern, die wir kennen und die von Plattenfirmen rausgeworfen wurden und davon, wie Schwarze beurteilt werden" (79). Auch Blues hört man, z.B. bei der Imitation von Tom Waits "Flippin' Off The Wall Like Lucy Ball": "Das fiel uns ein, nachdem wir eine Zeile aus einem Tom Waits Lied gesamplet hatten. Serch kam in die Kabine, er hat angefangen, dazu

zu singen, und wir haben einfach sechs Minuten seines Gesangs und seines wilden Lachens aufgenommen. Wir wollten es eigentlich nicht verwenden, aber alle, die es gehört haben, fanden es sehr komisch, also haben wir uns gesagt: 'O.K., wir werden das aufnehmen'. Unglücklicherweise ist Tom Waits verrückt geworden, als er eine Kopie von dem Stück gehört hat, er hat behauptet, Serch würde ihn imitieren und sich über ihn lustig machen. Er hat uns nicht einmal erklären lassen, daß es alles ganz anders war (...) Sobald die Platte dann herauskam, hat Waits eine astronomische Summe gefordert und hat uns mit rechtlichen Schritten gedroht. Wir haben uns zwar jetzt geeinigt, daß ein bestimmter Teil aus Lucy Ball nicht auf der zweiten Pressung der Platte sein wird, aber wir waren sehr wütend. Dieses Bild vom Künstler, der vor Hunger stirbt, ist wirklich eine riesige Augenwischerei" (79).

Dann ist da noch der Unsinn "Stymie's Theme", "Hoods", "Episode#3"... In Wirklichkeit haben die Texte von 3rd Bass oft einen Doppelsinn, wie es "Oval Office" illustriert: "Auf einer Ebene handelt alles nur von Sex, aber auf einer anderen Ebene ist es eine Satire der Kriegspolitik. Sex und Politik laufen eh Hand in Hand ab" (65).

Ende '90 erschien dann noch das hervorragende "The Cactus", eine Mini-LP, die 7 Titel aus dem Album neu gemischt enthält. "Cactus Album Revisited", die richtige 2. LP, soll gerade fertig sein und 1991 herauskommen. Zusammen mit Slick Rick, Marley Marl, Terminator X, Flavor Flav und Run DMC sind 3rd Bass bei den ersten Afro-Videos mit von der Partie.

T-Money

Doctor Dré

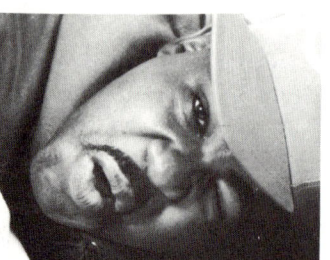 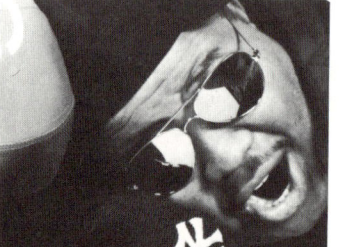

Original Concept, komplett

Rapper Gee

Easy-G Rockwell

Rap und Musik

Rap war eine Plattenmusik, bevor er eine Bühnenmusik wurde. Gegner fragen selbst, ob Musik wohl der richtige Ausdruck sei. Sind die Rapper Musiker oder vulgäre Diebe (oder Beides)? "Könnte doch einmal ein "konventioneller" Musiker einen Typen wie Jazzy Jeff am Mischpult sehen", erzählt Chuck D, "ihm würde klar werden, daß er ein richtiger Musiker ist. Wenn Terminator X scratched, kann man wirklich von Musik sprechen: Ein Klang, der an ein echtes Schlagzeug erinnert, sehen Sie, was ich sagen will? Man muß verstehen, daß ein scratchender DJ wie ein richtiger Schlagzeuger ist. In der Tag hört man meistens zuerst die große Kiste, während der after beat oft aus einer klaren Kiste kommt. Die DJs wie Jeff oder Terminator X spielen mit den Mischpulten wie andere mit einer Gitarre. Diese Typen sind in der Lage, einen Klang zu verändern und neue zu schaffen. Wenn Sie Gitarre spielen oder ein Klavier vibrieren lassen, dann sind Sie begabt, wenn Sie die Tasten und die Saiten dazu bringen, daß sie harmonieren, dann sind Sie ein Künstler. Und unsere Stärke von Hank (Shocklee) und mir und die der ganzen Produktionstruppe ist, daß wir alle Klangarten so verbinden, daß sie eine Kraft bekommen (...) Im Endeffekt hat ein jeder eine andere Beziehung zur Musik und dies sollte respektiert werden. Musik heißt auch Arrangements und sich ergänzen: Sie muß von Stimmen begleitet werden und komplementär zu den Stücken sein, so daß im Endeffekt die Songs ein Album bilden, das eine perfekte Harmonie ausstrahlt. Das ist ein Ganzes aus kleinen, komplexen Teilen und kein Routinestandard, wie die Leute es gerne glauben möchten" (115). SP XII von der Publikation Good Boy versichert, daß Public Enemy Künstler sind: "Sie zerstören ihre Modelle durch Plagiate und durch Scratching. Sie werden selbst zu Plagiaten, Imitaten, Modellen und Parodien. Aber in der Rapszene von heute bleiben sie unangefochten die Meister". "Heute ist Public Enemy dran, in ein paar Jahren werden es andere sein", sagte Chuck D" (118). Hank Shocklee verbirgt sein Mißtrauen gegenüber den Musikern nicht: "Wir respektieren sie nicht. Sie betrachten die Rapper als kulturlose Menschen, dabei ist das Gegenteil der Fall. Wir besitzen eigentlich ein besseres Verständnis, eine bessere Konzeption und einen besseren Zugang zur Musik (...) Die professionellen Musiker sind keine Novizen, können daher auch nicht unschuldig sein. Sie verstehen die Musik und bleiben dadurch beschränkt, sind gewöhnlich. Jeder Klang muß plausibel sein, jedes Instrument muß beherrscht werden. Gleichzeitig wollen sie mehr erreichen, neue Klänge schaffen, Sensationen machen und so ihr Talent unter Beweis stellen. Wir Rapper haben nicht die gleiche musikalische Konzeption. Wir arbeiten impulsiv. Der Gebrauch von Maschinen zwingt uns, mehrere Möglichkeiten auszuprobieren und andere Domänen zu erforschen (...) Wenn es sie stört, daß ich ihre Riffs verwende, dann sind sie keine Musiker. Dann sind sie Anwälte, Buchhalter, die versuchen jedes kleine Ding, was sie gemacht haben, zu schützen. Das ist doch keine Musik. Musik machen heißt, immer neue Sachen zu schaffen" (116).

Dr DRE (Produzent von N.W.A., Eazy-E, Above the Law) gibt zu: "Ich sample, wenn es sein muß, aber wenn es geht, kopiere ich echte Musiker und das hört sich wesentlich besser an" (209), Matt Dike (der unter anderem Young MC, Tone Loc, Beastie Boys produziert hat) wettet, daß das Sampling bald am Ende sein wird: "Die Leute werden bis zur Erschöpfung samplen. Und das wird ein Ende nehmen wie das Break-Dancing. Das Sampling wird so wie der Pop in Vergessenheit geraten (...) Wenn Sie es mit Überlegung und neuen Ideen machen - selbst wenn sie einen ganzen Song verwenden, dann geht das. Dem Autor des Lieds wird das nichts ausmachen. Man muß das Sampling höher einschätzen, es erneuern, um es ausüben zu können. Die schlimmste Sache beim Rap ist die, daß er sich selbst wiederholt. Deshalb muß ein Rap nach einem Monat wieder verschwinden, meine eingeschlossen" (212). Doch haben alle Rapfans die seltsame Ähnlichkeit von Bust A Move (Young MC, von Matt Dike produziert) mit It Takes Two (Rob Base) bemerkt. Prince Paul bedauert dies außerordentlich (Stetsasonic): "Wenn Tone Loc mit "Wild Thing" einen Hit hat, werden viele Labels ihre Produzenten anrufen und sie bitten, eine Platte genauso klingen zu lassen. Aber dieser "Auf den Fahrenden Zug aufspringen"-Effekt ist sehr schädlich für den Rap" (213). Diese klangliche Uniformität wird durch das Monopol von einem Dutzend Produzenten auf dem amerikanischen Markt noch gesteigert.

Für Daddy-O, ebenfalls Mitglied von Stetsasonic, ist das Sampling eine Rückkehr zu den Ursprüngen, die den Eltern und den Kindern ermöglicht, sich in der Musik wiederzufinden, ähnlich wie in den 50er Jahren beim

R&B und beim Soul. Die Eltern erkennen gesamplete Melodien auf den Platten ihrer Kinder wieder. Dennoch ist er der Meinung, daß der Rap noch Fortschritte machen muß, um eine Reife zu erreichen: "Der Hip Hop ist noch ein acht Jahre altes Kind. Und Kinder begehen mit acht Jahren Irrtümer. Man muß ihnen Zeit für eine Pause lassen. Laßt uns daran arbeiten" (30. Das Sampling hat noch einen anderen, nicht geringen Vorteil: Es ist wirtschaftlich. "Die Technik stellt kein Hindernis dar", argumentiert Rick Rubin (Gründer von Def Jam und Produzent von Run DMC, Beastie Boys etc.). Sie müssen nicht wissen, wie ein 78-spuriges Mischpult funktioniert, um eine Platte zu produzieren. Was den Rap betrifft - und das ist einer seiner Vorteile - so kann man im Keller ein Album aufnehmen. Die Charts sind voll von Platten, die unter ganz einfachen Bedingungen aufgenommen wurden. Natürlich wissen Sie nach zwanzig Stunden pro Tag im Studio während fünf Jahren, wo die Dinge sind, die Sie brauchen und wie sie funktionieren" (38).

Digital Underground

6. New York & Seine Szenen

Obwohl die Gang von Def Jam sehr einflußreich ist, besitzt sie dennoch nicht das Monopol der New Yorker Hip Hop Szene. Andere Künstler und Posses drängen auf den Markt und manche schon seit langer Zeit, wie z.B. die Juice Crew, Boogie Down Productions/KRS One, Kool Moe Dee, Just Ice und dutzende andere...

KRS ONE & BDP

Die Schutzlozen

Lawrence Kris Parker, 25 Jahre, ist besser bekannt als Kris Parker und noch besser unter seinem Pseudonym KRS One (Knowledge Reigns Supreme Over Nearly Everyone). Er ist der Sohn von amerikanischen und jamaikanischen Eltern (das wird sich auf seine Musik auswirken) und flieht aus dem mütterlichen Haus (vom Vater keine Spur) mit 13 Jahren. "Meine Mutter stand allein und war total überfordert. Sie hatte keinerlei

Vertrauen in die Zukunft und das schaffte einen unerträglichen Druck zu Hause. Ich ging dann mit 13 Jahren weg und mein Leben wurde noch härter: von Park zu Park, von der U-Bahn in irgendein Versteck. Aber ich konnte wenigstens selbst entscheiden. Die meisten Sachen, die ich gelernt habe und in meinen Liedern besinge, habe ich bei Gesprächen mit Erwachsenen oder bei meinen eigenen Erfahrungen gelernt. Ich bat die Leute um eine Unterkunft und ging mit viel mehr wieder weg" (81). Dieser Mann hat genug Courage, um Fallen zu vermeiden. Zwischen seinen Straßengeschäften hält er sich in den öffentlichen Büchereien auf und studiert Geschichte, Philosophie und Theologie.

1984 lernt er in einem Obdachlosenwohnheim den Erzieher Scott Monroe Sterling (Scott La Rock) kennen, der sich gerade einen Namen im Broadway International Club zu machen beginnt. Gemeinsam gehen sie auf die Bronx Partys und zu denen im Latin Quarter. KRS One springt für Castle D bei den Celebrity 3, der Gruppe von Scott La Rock, ein. MS Melodie wird erst auf der Bühne gesungen und dann auf einer Single aufgenommen, ex-Satis 5, dann KOA Crew (Kiss Our

Ass!). KRS und Scott nehmen ihre erste Single bei Fresh/ Sleeping Bag Rds. unter dem Namen 12.41 auf, sie trägt den passenden Titel "Success In The World" (ein echter Knüller...underground!). Andere Titel ("Advance", "Fly Society" etc). werden aufgenommen, scheinen aber in den Tiefen eines Schranks verschwunden zu sein (entgegen der Legende werden Bänder selten in Schubladen aufbewahrt...) Der Einfluß von Scott La Rock auf KRS One ist sehr groß: 1) zwingt er ihn, ein Mikro in die Hand zu nehmen und 2) eröffnet er ihm, intellektuell betrachtet, neue Horizonte. "Scott ist der Samen von BDP und ich bin der Baum" (82). BDP (Boogie Down Productions) ist der Name, den die Equipe sich geben wird. Vor kurzem sind sie eine richtige Produktionsfirma geworden.

Criminal Minded

1986 erscheint die erste Single von BDP: "Crack Attack" (bei B-Boys Rds), sehr schnell folgt ihr das Album "Criminal Minded". "Wir haben es so genannt, weil es eine neue Denkart zeigt. Es ist schlimm, kriminellen Aktivitäten nachzugehen, jemanden zu töten oder zu bestehlen, aber man muß das mit dem Geist eines Kriminellen sehen (criminal minded). Amerika wurde von Kriminellen gegründet, von Kriminellen aufgebaut und seine Geschichte ist voller Kriminalität. Manche Leute nennen so etwas 'ein Land, das sich entwickelt'. Die Regierung, der Kongreß etc. besitzen diesen kriminellen Geist. Sie kontrollieren die Medien, aber wir können außer unserer Arbeit gar nichts kontrollieren. Das ist Kriminalität. Eine Regierung wird vom Volk gewählt und ist für das Volk da, aber heute, 1988, haben wir ein Stadium errecht, in dem die Regierung macht, was sie will, und das Volk hat die Konsequenzen zu tragen. Wenn sich das Volk dagegen verbünden würde, würde sich die Situation im Land dramatisch verändern. Wenn man aber so denkt, ist das auch schon kriminell. Das ist hier in Amerika einfach nur Verrat" (83). Scott und KRS One sind auf dem Cover mit Gewehren und Granaten abgebildet. Bei ihnen hat das jedoch noch eine andere Bedeutung. Wer sich an ein hartes Publikum wendet, muß mit harten Mitteln Aufsehen erregen. Der Rap stürmt zur Zeit die Charts, ihr Album wird aber nur 200.000 Mal verkauft, eine lächerliche Zahl, wenn man es mit den Verkäufen der Beastie Boys oder Run DMC vergleicht. Es ist aber ein Erfolg, betrachtet man die

schwierigen Texte, die minimale Musik, weit entfernt vom Sound der o.g.. BDP greift übrigens Run DMC in dem Song" Ich bin KRS One/Ich trage kein Adidas/ Weil ich nicht Run heiße" an. Sie besitzen auch noch die Frechheit, "South Bronx" und "The Bridge Is Over" zu schreiben, die doch laut propagieren, daß die Bronx die Heimat vom Rap ist. Auf diesem Ohr ist die einflußreiche Juice Crew taub und die Radioclubs von Queens (Revier der Juice Crew) zensieren BDP. Der "Brückenkrieg" wird zwei Jahre lang dauern. So sieht man, daß es auch in der großen "Rapfamilie" manchmal zu Differenzen kommt.

Bleiben wir einen Augenblick bei der Einstellung von KRS One zum Rap. Für ihn ist Rap die Musik der Unterdrückten der 90er Jahre, wie es früher die Gospels, der Jazz, der Blues und der R & R waren. Eine Gemeinsamkeit haben diese Musikrichtungen: Sie waren alle schwarzen Ursprung. Nur der Punk (und sein Ableger, der New Wave) wurde von Weißen "erfunden". Für KRS One ist das Wichtigste, daß "der Rap Hardcore bleibt. Jedesmal, wenn er zu weich wird, ist es nicht mehr dieselbe Musik. Das muß Hardcore bleiben. Nicht unbedingt harte Rhythmen, aber die Texte müssen hart sein, sie müssen auf harte Musik gesprochen werden, das bringt den Rap voran" (84). Er unterstützt seine Worte mir einer sehr guten Mischung aus Rap und Reggae, liebäugelt manchmal ein wenig mit Raggamuffin' (die Ankunft von Toaster Jamal Ski bei BDP läßt eine Beeinflussung in diese Richtung erahnen...). Eigentlich gibt es in der ganzen BPD-Truppe, von D-Nice (Jugendfreund von KRS, der im Sommer 90 sein erstes Album macht) bis MS Melodie und Harmony (Schwestern des Vorgenannten, die für eine nicht ganz im Rapstil gehaltene LP verantwortlich ist, "Let There Be In Harmony auf Virgin 1990") immer wieder afrojamaikanische Einflüsse.

9mm (Bang)

Am 26. April 1987 wird Scott im Alter von 26 Jahren in der Bronx erschossen. Es gibt viele Versionen dieses Dramas: eine Frauengeschichte, ein Schlag gegen den jungen D-Nice, dem er aus einer Schlägerei mit sechs Typen herausgeholfen haben soll (glaubhafteste Version) oder die Erschießung am Steuer seines Jeeps. Die Geschichte wurde 100 mal von 100 verschiedenen Leuten und immer ganz anders erzählt. Zwei Sachen jedoch sind sicher: Scott La Rock starb im Misericordia Hospital (man weiß noch nicht, ob an den beiden Kugeln einer 22 oder von der einen, die aus einer Magnum stammte und ihn am Kopf verletzte), und das Verbrechen bleibt ungelöst. (La Rock ist leider nicht der einzige Rapper, der im Kugelhagel starb. Der letzte war Brandon Mitchell, er war 19 Jahre alt und war DJ bei Wreck 'n' Effect bei Motown. Das war im Winter 90.)

Dieser Schatten liegt immer noch auf BDP und auf KRS One, letzterer besingt ihn öfter oder erwähnt ihn auf Plattencovers. Auf einem sieht man sogar ein Photo von Scott La Rocks Sohn. Diese Treue hat etwas sehr rührendes. Entgegen den Gerüchten hat Kris Parker sich nicht der Friedensbewegung zugewandt, um den Tod seines Freundes zu verarbeiten. Das wäre doch ein sehr schwaches Klischee (selbst wenn es für Afrika Bambaataa und seine Zulu Nation so war). Der Mord an La Rock konnte KRS nichts Neues mehr eröffnen, das hatten schon 7 Jahre auf der Straße besorgt.

Im März 1988 unterschreibt KRS bei Jive, einem unabhängigen Label, welches zu RCA gehört. Da B-Boys Rds große Probleme hat, Schecks auszustellen, trennt sich KRS One von ihnen, vor allem nach dem Hinweis, für ihn könne sich der Tod von La Rock als "vorteilhaft" erweisen. "Criminal Minded" wird 1988 neu aufgelegt und als Doppel-LP "Man & His Music" herausgebracht. KRS One ist nicht zimperlich mit seinem amerikanischen Verteiler: "RCA war eigentlich eine rassistische Organisation. Sie haben Elvis und der hat immer gesagt, die Schwarzen wären eben gut genug, um seine Schuhe zu putzen. Und RCA war darin verwickelt" (85). Also, warum arbeitet er mit ihnen? "Die beste Taktik ist immer noch, sich mit seinem Gegner zu verbünden, bis man auf seiner Höhe ist und ihm die Gurgel durchschneiden kann" (85). Natürlich ist dies nur bildlich gemeint, wenn aber diese Tricks den Weg zu erleichtern scheinen, kann das auch täuschen.

Mit allen erlaubten Mitteln

Das ist der Titel der zweiten LP von Boogie Down Production. Das aufwendige Cover zeigt KRS One hinter einem Vorhang, das Gewehr in der Hand. Das Gewehr war allerdings nicht geladen, denn "der Photograph war sehr nervös. Wir haben alle möglichen Waffen ausprobiert, bevor wir dann das Gewehr wählten, weil ich der Meinung war, das würde die Aussage unterstützen."

Er wollte dann das Photo nicht machen, weil das Ding gespannt war. Wir haben das dann korrigiert und der meinte, das wäre dann später auf dem Photo nicht zu sehen. Jemand, der etwas davon versteht, sieht es aber doch" (86). All diejenigen, die die schwarze Geschichte kennen, verstehen die Anspielung auf ein bekanntes Photo von Malcolm X, der damit für die Selbstverteidigung plädierte. "By All Means Necessary" ist einer seiner bekanntesten Aussprüche. Für KRS One hat dieses Cover vor allem symbolische Bedeutung. Er fordert damit die Medien und das Publikum heraus, die von ihm einen weicheren Stil wegen des Mordes an La Rock erwarteten. "Im Kampf um den Frieden muß man dieses Vorurteil aufgeben, er sei wie eine Blume. Das ist nur ein abgekautes Bild und nicht das, was wir bezwecken. Wir kämpfen für politisches Bewußtsein und für den Weltfrieden und dafür müssen wir stärker sein als der Krieg. Der Frieden muß stärker als der Krieg sein, um ihn zu besiegen. Anders ausgedrückt, wenn der Krieg ein Kaliber 22 hat, braucht der Frieden eine Magnum. Wenn der Krieg eine Magnum hat, braucht der Frieden eine Uzi. Der Frieden muß den Krieg immer übertreffen, um seinem Namen gerecht zu werden. Es ist dämlich, gegen den Krieg zu sein und sich mit einer Blume bewaffnet inmitten von Atomwaffen aufzuhalten" (83). Logisch.

KRS One hält manchmal sehr simple Reden, für manche wiederholen sie sich auch, aber er wird trotzdem von 90% der Rapper respektiert und das hat seine Gründe. Der Rap ist eine musikalische und soziale Bewegung und KRS One ist einer ihrer engagiertesten Mitstreiter.

Meiner Meinung nach ist der einzige Haken seine Eitelkeit, die in diesem Interview gut herauskommt: "Gibt es Deiner Meinung nach andere Rapper, die so gut sind wie Du?" "Nein. Warte, das sage ich lieber anders... (Er denkt nach) Im Himmel gibt es eine Million Sterne, aber wenn die Sonne scheint, kann man sie nicht sehen. Ich bin die Sonne (...) Im Rap habe ich die Rolle eines Lehrers. Ich lehre den Stil und nichts anderes. Als wir "A Word From Our Sponsor" gemacht haben, war das etwas völlig Neues, aber alle Rapper haben das aufgegriffen (...) Das gleiche gilt für unseren Reggae Hip Hop. Wir haben kein Gefühl für die Mode oder für Goldketten, ich bin verheiratet und laufe nicht den Frauen hinterher. Wir lehren Stilarten und bringen den anderen Künstlern etwas bei" (82). Er bezeichnet sich als Teacher, Philospher oder King, wo ist da der Unterschied? Eine Frage der Gewohnheit, nehme ich an. Man nennt ihn Rap Dictionary und Rap Missionary. Ich finde das schon sehr merkwürdig, vor allem, da es ernst gemeint ist. Aber KRS ist sich seiner sicher, er ist sehr stabil und konsequent. Und wirklich aktiv (s. später Stop The Violence und H.E.A.L.) Sich Professor zu nennen, ist gerechtfertigt.

"By all Means Necessary" bedeutet eine Veränderung der Musik. KRS One entfernt sich von der alten Schule, um sich mehr Jamaika und Afrika anzunähern. Die Befürchtungen, daß der Tod seines Freundes Auswirkungen auf seine Musik haben würden, erweisen sich schon nach den ersten Tönen als falsch. Die Platte ist sehr stark, mächtig. Man hört die direkten Aufnahmen, die sehr schnell und sehr gut gespielt sind. Und dann sind da noch die Texte: "Nervous, My Philosophie" (das Video wird von Fab 5 Freddy gefilmt werden), "Necessary", das extraordinäre Stück "Illegal Business" (die illegalen Geschäfte haben die USA in der Hand), das überall ein bißchen zensiert wurde und "Stop The Violence": "Wenn sie aus dem Haus gehen, dann zum Vergnügen/Und nicht, um Blut zu sehen/Das ist es, was die Leute sehen wollen/Noch eine Prügelei unter Schwarzen/Ihr wißt daß man euch anschaut/Manche wollen die Hip Hop Szene zerstören/Aber ich werde euch nicht fallen lassen/Und Scott La Rock auch nicht/Das wollen wir euch heute sagen/Der Hip Hop wird untergehen, wenn wir nicht aufstehen und sagen/Stop The Violence".

New York Times & Ghetto Music

Kurz nach dem Erscheinen von "By All Means Necessary" gründet KRS die Stop The Violence Bewegung, ein wichtiges Ereignis in der Geschichte des Rap (s. Rap und humanitäre Aktionen). Aber er hat trotzdem genug Zeit, um auch noch sein drittes Album aufzunehmen: "The Blueprint of Hip Hop-Ghetto Music". Auch diesmal ist das Cover nicht gerade harmlos. KRS sitzt auf einer Außentreppe und spricht mit einem schwarzen Polizisten. Ein sehr klares Bild: "Ein Schwarzer sollte nicht Polizist werden" (82). Wenn man KRS One Glauben schenkt, hatte er eigentlich etwas ganz anderes geplant, nämlich ein Ku Klux Klan Mitglied, das ein kleines schwarzes Mädchen an der Hand hält. Beide scheinen wie die einzigen Überlebenden der Apokalypse: "Dieses Bild ist meine Interpretation des Weltfriedens. Die Verkörperung der Unschuld und die des Bösen halten sich bei der Hand, um zu zeigen, daß keiner von beiden das wirklich

wichtig findet. RCA sagte "nein, nein, nein" mit dem Argument, das sei zu schwierig und niemand würde das verstehen. Bla Bla Bla. Ich hätte es zwar erzwingen können, aber geschäftliche Beziehungen funktionieren so nicht. Ich würde zwar nicht sagen, daß sie 100% hinter mir stehen, aber ich habe recht viele Freiheiten, und sie haben ziemlich viel Angst. Sie wollen Geld mit mir machen, haben aber Angst, ich könnte zu militant werden. Ich halte mich nicht für militant, aber sie denken, ich könnte es werden und damit ein Publikum verschrecken, das ihnen Millionen einbringt. Und ich sage ihnen, daß das Publikum der Millionen ein militantes Publikum ist. Du bringst Leute heraus wie Jazzy Jeff & Fresh Prince und Whodini (RCA), und sie haben keine andere Wahl, als es zu kaufen. Wenn Du aber durchdachtere Sachen bringen würdest, würden die sich erst recht verkaufen" (86).

Der Titel des Albums sagt schon einiges über den Inhalt aus, die Rückkehr zu den Wurzeln scheint angesagt. "Diese Platte schlägt keine kommerzielle Richtung ein. Diese Musik soll Original Hip Hop sein und ich habe 13 verschiedene Rapstile eingebracht. Ich will dem Publikum zeigen, was Rap wirklich sein kann" (84). Lebendige Samples, einige Scratches, aber auch Schlagzeug, ein Bass, Tastaturen, Klavier, alles sehr lebendig! Dazu kommt noch die lebendige Stimme von KRS One, die seiner Frau MS Melodie, die von Pamela Scott, von D-Nice (auch Human Beat Box bei "Breath Control", der auch bei der vierten LP wieder auftaucht). "Meine Platten sind wie einzelne Kapitel. Dies ist das dritte, nach dem ersten, in dem wir als Hardcore Hip-Hopper auftraten, brachte das zweite unser Thema und dieses verarbeitet jetzt die Ideen aus den beiden ersten. Jetzt, wo sie wissen, wovon wir sprechen, kann man intelligent über die Situation diskutieren und das tun wir. Das ist aktive Intelligenz, sie ist in Aktion!" (90). Das Album spricht mehrmals über Religion. In "Why Is That?" gibt KRS One seine Version der Bibel zum Besten: "Man weiß, daß die Bibel in Afrika geschrieben wurde. Aber ich denke nicht, daß mich die Spezialisten des Alten Testaments unterstützen werden, weil ich ihre Lügen an den Tag bringe, deshalb die Frage "Why Is That?". (88). Er schöpft aus den Arbeiten eines seiner Lehrer, dem Dr. Yoseph Ben Jochanon (ein schwarzer Professor an der Cornel University), Ägyptologe und einflußreicher schwarzer Historiker. Eine der Ideen in diesem Lied, nämlich daß Noah, Moses und Abraham schwarz gewesen sein sollen, ist schon alt. Aber zufällig ist die einzige biblische Gestalt, die als schwarz identifiziert wurde, Kain, der Sohn von Adam und Eva, der eifersüchtig auf seinen Bruder war. Kain wurde daraufhin zu einem Leben voller Irrwege verdammt. Sie sehen also selbst...

Aber seien Sie versichert, daß die Musik von KRS One sehr aufheizend bleibt - sie fällt nicht ab ins mystische Wirrwarr. Andere Beispiele sind "You Must Learn" (in dem Lied spricht KRS von den Anfägen des Eurozentrismus und seinem Erziehungsprogramm) "World Peace", "Who Protect Us From You" oder "Ghetto Music". Ein anderes starkes Moment der Platte ist "Jack Of Spades", der Song wurde für den "Blaxploitation Film" von Keenan Ivory Wayan aufgenommen: I'm Gonna Git You Sucka (1989). Ein bitterer Film gegen die Vorurteile über schwarze Banden. Die Maxi wurde nur 90.000 mal verkauft (auf dem aktuellen US Rap Markt ist das sehr wenig).

Die Leser der New York Times sind sehr überrascht, als sie am 9. September 1989 den Leitartikel lesen, wo KRS One über das Schicksal der Minderheiten auf Grund ihres Versagens in der Schule geschrieben hat. Hier einige Auszüge: "Der schwarzen Jugend fehlt es an Selbstbewußtsein, an kreativen Möglichkeiten und an Perspektiven - daran sind die Schwächen des Schulsystems schuld. (...) Außerhalb der Schule sind sie den Budgetkürzungen für Jugendprogramme ausgesetzt, die sie jedoch sehr gut gebrauchen könnten. Der Bus von "Read is Fundamental" (Lesen ist sehr wichtig) kommt in keine armen Viertel mehr; er ist abgelöst vom Eiswagen, und sicher wird bald die Salatbar folgen." Er folgert: "Sie sollten eins wissen: Wenn Sie einem Kind seine Identität nehmen, bleibt nichts mehr übrig. Diese Leere wird von der Umgebung aufgefüllt und wenn diese feindlich, kalt oder gewalttätig ist, wird das Kind feindlich, kalt oder gewalttätig sein" (11). Im Anschluß an diesen Artikel fährt KRS One zu einigen Universitäten: Harvard, Yale, Columbia und die Universität von Florida, nicht weniger als das! Es ist das erste Mal, daß ein Schwarzer an diese Universitäten geht, um dort Vorlesungen über die schwarze Geschichte und über seine Meinung über das amerikanische Erziehungssystem zu sagen. Chuck D verkündete im Winter 90/91, er werde dasselbe im Frühjahr '91 machen. Der Versuch scheint gelungen, denn KRS One erzählte, er habe Leute getroffen, die "den revolutionären und radikalen Gedanken unterstützen". Daraufhin sagte er: "Man kann seinen Feind nicht an der Hautfarbe ausmachen, man muß seine Taten sehen und was er im Kopf hat" (90). Aber KRS Ones Aktivitäten außerhalb der Musikszene enden nicht dort (auch wenn

man seine Musik nicht von seinen Handlungen trennen darf, denn sie bilden ein Ganzes). Er macht bei dem Video "Slammin' Rap" mit, in dem es um Rassismus, Brüderlichkeit und Geschichte geht. Chuck D und Lakim Shabazz sind auch dabei und einige Ausschnitte mit Ice-T, Queen Latifah, 3rd Bass etc. werden eingebaut. Mit Michelle Shocked arbeitet er an einer Anzeigenserie für den öffentlichen Dienst, dennoch schwört er, daß man ihn nie bei der Regierung finden wird!

Human Education Against Lies

Und der Kreuzzug geht weiter, denn Anfang '90 gründet er H.E.A.L. Mit Michael Stipe (R.E.M.) nimmt er eine ökologische Maxi, die "State Of The World" heißt, auf, von deren Verkäufen H.E.A.L. einen prozentualen Anteil erhält (s. Rap & Humanitäre Aktionen). Was Michael

Stipe angeht, erklärt KRS One, daß er Kontakt zu vielen Rockgruppen habe: "Ich denke, daß die Leute, die Rock machen, große Rapfans sind. (...) Er und ich haben uns zusammengetan, weil wir seit einem Jahr telefonieren und unsere Gedanken austauschen und eines Tages fragten wir uns, welches wohl die beste Methode sei, um den Leuten etwas über die Umweltprobleme beizubringen, seinem und meinem Publikum. Er verkauft 2 Millionen Alben und ich 700.000; er könnte vielleicht mein Undergroundpublikum ansprechen, das selten Gelegenheit hat, ihn zu hören und ich könnte seins ansprechen, was mich normalerweise nicht hört. Wir haben es dann gemacht" (91). Während er das Album "Civilisation Versus Technology" abwartet (s. Rap & Humanitäre Aktionen), macht KRS ein Video, das von C-00 produziert wird (eine Underground Filmproduktion, die Stipe und seinem alten Freund Jim Mc Kay gehört). Es behandelt die verschiedensten Themen, so z.B. den Rassismus, Angst vor Aids etc. Anfang '90 wird KRS One anläßlich einer Demonstration in Washington für Obdachlose verhaftet. Das hat ihn aber nicht daran gehindert, bei einer Masse von Schallplatten mitzuwirken, sei es als Sänger oder als Schlagzeuger und manchmal auch beides. Darunter befindet sich auch der Titel von Queen Latifah ("Evil That Men Do"), die ausgezeichnete Produktion der LP "Silent Assassin" vom legendären Reggaeduo Sy & Robbie oder die LP von Just Ice ("Desolate One"). Man sah ihn an der Seite der phantastischen Jungle Brothers. Was ist die Verbindung zwischen all diesen Leuten? Der Afrozentrismus, die Frische und die Kreativität ihres Rap und der Stolz: "Black is Beautiful".

Edutainment

Bei seiner 4. LP unterstreicht Kris noch einmal seinen musikalischen Minimalismus. "Blackman in Effect" erinnert an nichts Vergleichbares. KRS ist erfinderisch und aggressiv. "Ya Know The Rules" besteht aus Zitaten aller BDP Mitglieder und nach jedem Namen wird "You Don't Stop" geschrieen, dann erzählt der Professor sein Leben. Und dann fängt alles wieder von vorn an... Klassisch, aber sehr wirkungsvoll. "Beef", pro-vegetarisch. "House Nigga's" beginnt wie ein Alptraum, eine Flut von gequälten Tönen mit einem Text gegen den Rap ohne jede Aussage:" Young MC ist, (als er den Grammy bekam) zum House Nigga geworden, und man muß

hoffen, daß er es auch weiß. Zum ersten Mal wurde der Rap wirklich anerkannt und dieser Typ ging mit seinem Anzug einfach dahin und hat den Preis angenommen. Er hat eine tolle Gelegenheit verpaßt, Stellung zu nehmen, denn wenn ich das gewesen wäre, hätte ich die Scheiße auf den Boden geworfen und mit Füßen getreten. Und dann hätte ich gesagt, daß, solange es noch Musik wie den Rap oder Reggae gibt, die nicht anerkannt ist, ich diesen Preis nicht akzeptieren kann. Und dann hätte ich ihnen noch gesagt, daß dies ja auch keine amerikanische Musik ist, sondern daß sie aus Afrika kommt" (90). "Material Love" (dieser Song ist über ihn und wird in den USA sofort 100.000 mal verkauft) und "100 Guns" (ein guter, durch Klavier und Bässe aufgemachter Raggamuffin') sind auf Seite A. Das betäubende Lied "Ya Strugglin" eröffnet die B-Seite, gefolgt von "Breath Control II" (Reggae, wie ich ihn noch nie gehört habe),

My name's Derek, D-Nice is just a description

"Edutainment" (Wortspiel mit Education und Entertainment, man könnte meinen, diese Musik stammt aus einem 50er Jahre Film), "The Homeless" (bewegendes Lied über Obdachlose, sehr pur, weil kaum etwas im Hintergrund), "The Kenny Parker Show" (KRS nennt es "My Brother Kenny", aber das garantiert für nichts. Liveambiente: "Yo! Yo! Yo! Yo! Yo!", Scratches und Schreie aus der Menge), "Original Lyrics" (sehr respektlos: "George Bush? Get Off My Dig Dig Di Deng" und zum Schluß "The Racist" ("back to Soul Music Time"). Auf der Platte gibt es sechs Ausschnitte mit der Stimme von KRS One (Auszüge seiner Reden an den Universitäten?), die zwischen die verschiedenen Titel geschoben wurden. Seine Musik wird immer revolutionärer.

Dieses Mal ist die Coverrückseite der Hammer. KRS One bedankt sich bei George Bush "für die Tatsache, die Nation zugrunde zu richten und für konspirative Handlungen gegen den Afrikaner". Können Sie sich so etwas in Frankreich vorstellen? Andere bekommen ebenfalls ihr Fett ab, z.B. die "so-called Black Radios", die "falschen Rap-Propheten, die nichts anderes als Pop Star Gangster sind und die sich genauso verhalten, wie es die Regierung von Schwarzen erwartet", und schließlich "Newsweek", die seiner Meinung nach das Stereotype des Rap fördert. Frage: Kris, hast Du einen Leibwächter? Der Rap will Dich nicht verlieren. Hold on!

JUST ICE

Trotz der Gerüchte um ihn hat Just Ice bei der Single "Self Destruction" der Stop The Violence Bewegung mitgearbeitet: KRS One hat im April '89 in Music Paper Gerüchte verbreitet, daß Just Ice jemanden umgebracht habe... Aus einer zuverlässigen Quellen heißt es, er habe diesen Mord in Washington begangen und seine 38er trage er auch nicht nur aus Show immer bei sich (kürzlich soll er eine Kugel ins Bein bekommen haben...). Just Ice und KRS One kennen sich schon seit '84, sie trafen sich im Obdachlosenheim Franklin Armory Men's Shelter. Sie haben sich sogar gegenseitig im Broadway International Club produziert. Und wenn ihn KRS One fünf Jahre später an die Kandare nehmen wollte, dann nur - wie er sagt - um die Gewalttätigkeit von Just Ice in richtige Bahnen zu lenken. Dieser ist mittlerweile übrigens ein sehr sanftmütiger Sänger geworden. Auch Professor X arbeitete bereits an dieser Umformung: Bevor er X-Clan gründete, managte er Just Ice und organisierte Konzerte im Latin Quarter. Mit vier Lps "Back To The Old School", "Kool & Deadly", "The Desolate One", die von KRS One produziert sind und "Masterpiece", die Grandmaster Flash produzierte, und die zum Teil einen afro-jamaikanischen Touch haben, setzt Just Ice friedlich und unverdrossen seine Karriere fort.

JUICE CREW

Die Juice Crew stammt aus Queens. Ihr Label ist Cold Chillin' (gehört zu WEA) und ihr Produzent und Fetisch: Marley Marl (all die Platten aufzuzählen, an denen er mitgearbeitet hat, wäre kompletter Wahnsinn). Die Stars sind: Roxanne Shante, Biz Markie, Big Daddy Kane, MC Shan, Kool G. Rap & DJ Polo, MC Tragedy (er ist bekannter unter dem Namen Intelligent Hoodlum - heißt soviel wie intelligentes Schlitzohr - mit seiner randlosen Brille und seiner LP, die '90 gemacht wurde und denselben Namen trägt: Eine kühle und nüchterne Beschreibung der Ghettos, untermalt von kitzelnder Musik. Vier Jahre zuvor hatte er mit 14 Jahren das Lied "Coke is It", bevor er wegen Drogenhandels...) etc. Alle zusammen haben die von Marley Marl produzierte LP "The King Pen" gemacht.

Big Daddy Kane (Antonio Hardy) ist Mitglied der Five Percenters Nation und ist trotz des Images, welches er von sich verbreitet (Das Cover seiner zweiten LP ist ein gutes Beispiel: 3 Mädchen, ein Luxusauto, Champagner, Gold, ein großes Haus. Es fehlen nur die Scheine...) jemand, der ein bestimmtes Bild von der schwarzen Gemeinschaft hat und dieses auch bei jeder Gelegenheit glorifiziert: "Man muß bei unserer Hautfarbe beginnen/ Wir sind weder weiß, noch gelb, nicht rot oder rosa/ Aber die tollste aller Farben ist schwarz" (Auszug aus "Word To The Motherland"). Beim letzten Pro Music Seminar soll er sich über eine pro-weiße Flugschrift geärgert haben und soll (im Konditional) sein Publikum aufgefordert haben, sich nicht mit den Weißen zu vermischen. Er wurde 1988 dank der Filmmusik zu "Colors" entdeckt (dieses Stück war zum Vorteil der Juice Crew: 4 von 10 Künstlern waren dabei: MC Shan, Kool G. Rap, Roxanne Shante und Big Daddy Kane), in der er das Stück "Raw" interpretiert. Nach diesem ersten öffentlichen Auftritt erscheint 1988 seine LP "Long Live The Kane". Sein Name erscheint noch einmal in Verbindung mit Kino anläßlich des Films "Lone On Me" (Rap summary). Zuletzt hat er Quincy Jones bei dessen

RAP UND HUMANITÄRE AKTIONEN

Immer öfter werden die Texte von Rappern auch von guten Taten begleitet. Die berühmteste Solidaritätsbewegung ist "Stop The Violence", die Ende '88 von KRS One und Nelson George (schwarzer amerikanischer Journalist, Autor des Buches "Death of R & B") ins Leben gerufen wurde. Der Tod eines jungen B-Boys bei einem Konzert in New York im Nassau Coliseum, der versuchte, seine Goldkette, die man ihm gestohlen hatte, zurückzubekommen, machte Nelson George bewußt, "daß die Musik in sich sehr widersprüchlich ist. Die Tatsche, daß Rap-Musiker oft das Bild eines sehr aggressiven Machos wiedergeben, ist ein Teil der Musik, der den Leuten gefällt, keine Frage. Im allgemeinen ist das auch kein Problem, außer daß man sich über die Verwicklungen dessen, was man tut, im klaren sein muß" (204). Er gibt zudem zu, daß der Gedanke der Selbsthilfe der Schwarzen zwar alt sei, daß man aber versuche, ihm neues Leben zu geben. Die erste Aktion der Stop The Violence Bewegung ist die, Chuck D, Daddy-O, Doug E. Fresh, D Nice, Flavor Flav, Fruit Kawn, Heavy D, Just Ice, Kool Moe Dee, KRS One, MC Delight, MC Lyte, MS Melodie, Wise (LL Cool J kommt nicht, weil Kool Moe Dee da ist) zusammenzubringen, um gemeinsam die Platte "Self Destruction" aufzunehmen, die am 16. Januar 1989 zum Geburtstag von Martin Luther King erschien. Der Teil, den Kool Moe Dee singt, faßt am besten das Thema der Platte zusammen: "In den 60er Jahren wurden unsere Brüder aufgehängt/Und du willst bei den Bandenkriegen mitspielen?/Ich bin noch nie vor dem Ku Klux Klan davongelaufen/Ich würde auch vor keinem anderen Schwarzen weglaufen/Die Zeit ist gekommen, für eine humanitäre Sache zu kämpfen/Sonst werden wir uns selbst zerstören". Keine Gewalt zwischen Weißen und Schwarzen und noch weniger zwischen Schwarzen untereinander. Die Message ist klar: Die Selbstzerstörung zu stoppen (KRS One bezeichnet sie schlicht als Genozid), und mit ihr die Gangs, die Drogen; außerdem soll das Schulsystem entwickelt werden. Deshalb bringt S.T.V. parallel mit der Schallplatte einen Fragebogen heraus, damit diese Themen auch in den Schulen diskutiert werden können. Es werden sogar Wettbewerbe organisiert, bei denen man Bücher und Reimlexika

gewinnen kann. Am 14. Februar wird ein Scheinbegräbnis des Apollo Theaters beim Harlem State Office Building organisiert. KRS One, Kool Moe Dee, Just Ice, Flavor Flav sind die Sargträger. Alle sind da, auch Spike Lee und ein Polizeiwagen. Ein Clip, den ebenfalls Spike Lee organisiert, wird in der Bibliothek "Library For Research in Black History" in Harlem gedreht, in einem Klub des Latin Quarters, in einem Gericht und... auf einem Friedhof. 1990 bringt KRS One ein neues Buch "Stop The Violence: Overcoming Self Destruction" heraus, das die Geschichte von S.T.V. erzählt: Dreharbeiten zum Video, Analyse der Geschichte der Schwarzen...

Stop The Violence Movement

Ein Jahr später kann Nelson George sich glücklich schätzen: die Erträge aus dem Verkauf der Maxi, 250.000 Dollar, kamen der National Urban Leage zugute (Organisation gegen Analphabetismus und Stadtkriminalität), Logos mit "Support The Stop The Violence Movement" blühen auf vielen Plattencovers (auch auf denen von Public Enemy, die man nun wirklich nicht als Demagogen bezeichnen kann), und die Westküste hat sogar mit einem eigenen Album nachgezogen: "We're All In The Same Gang" (s. später).

Da seine Aktion von Erfolg gekrönt ist, macht KRS One mit der 1990 gegründeten "H.E.A.L. (to heal = heilen und die Initialen bedeuten Human Education Against Lies) weiter. "Wir wollen die Lügen in den Erziehungssystemen untersuchen, die die Geschichte für alle gleich machen. Die afrikanische, die europäische, die orientalische und die indische Geschichte werden einfach gleichgemacht. Wir möchten ganz objektiv unterrichten, Fakten, Zahlen, Daten, Namen aus jedem Land vermitteln, damit jeder für seinen Nachbarn, egal welcher Nationalität, Respekt haben kann" (91). Eine Platte, "Civilisation Versus Technology" wird mit Stipe, Eddie Murphy, Farrakhan, Miles Davis, Shabba Ranks, P.E., Bell Biv DeVoe und einigen anderen vorbereitet. Gleichzeitig arbeitet KRS One mit Stipe (von der

Rockgruppe R.E.M.) an "State Of The World", von dem H.E.A.L einen prozentualen Anteil der Gewinne erhalten soll. Dieses Geld wird zum Teil in Bücher oder Platten gesteckt, die an die Armen verteilt werden sollen (2 Millionen Bücher sind verteilt worden. KRS ist '90 nach England gereist, um dort Werbung für H.E.A.L. zu machen und wird im März 1991 aus demselben Grund in Frankreich erwartet). Die Restsummen, die noch übrig sind, gehen an die ökologische Zeitschrift selben Namens: "State Of The World". Wenn Kapitalismus und Humanismus Hand in Hand gehen, kann das so aussehen.

Die Westküste wartet nicht lange, wie man sieht, denn Michael Conception (Chef von Grand Jury Rds: ehemaliger Gangster, der an den Rollstuhl gefesselt ist) bringt 1990 die Maxi "We're All In The Same Gang" heraus, die die West Coast Rap All Stars vereinigt, so Eazy-E und seine Niggers With Attitude, Young MC, Def Jef, King Tee, Oaktown's 357, Digital Underground, Michel'le, MC Hammer, Above The Law, Ice-T, Body & Soul, JJ Fad. Sie alle singen gemeinsam pazifistische Parolen. Vielleicht ist das ein Beweis dafür, daß die Hip Hop Gangster doch betroffener sind, als man gemeinhin denkt: "Die Gewalt der Gangs ist immer präsent", warnt Michael Conception. "Es wird höchste Zeit, daß man nun in Frieden und Harmonie zusammenlebt, weil wir alle in derselben Gang sind" (207). Ein Sammelalbum, welches die großen Titel wiederaufnimmt, wird gleichzeitig produziert; dies erlaubt quasi unbekannten Gruppen, ans Licht der Öffentlichkeit zu treten.

Wenn auch einige Journalisten die Ernsthaftigkeit einiger Künstler, die bei" We're All In The Same Gang" mitmachen, anzweifeln; so auch die von N.W.A., die tatsächlich einige Monate zuvor erklärt haben: "Eine Platte wie "Stop The Violence" wird in Los Angeles keinerlei Einfluß haben, weil die Gangster hier nur an das Gangstertum glauben. Das ist alles. Das ist ein Lebensstil (...) Es wird vielleicht ein wenig helfen, aber nichts aufhalten. Niemand wird jemandem zuhören" (148).

Dennoch gibt es Unterschiede zwischen N.W.A. und Leuten wie Geldof oder Sting. Erstens hatten N.W.A. keine Publicity nötig (Dank "Fuck Tha Police" waren sie auf allen Titelblättern der Zeitungen) und zweitens, wenn sie wegen Geld da sind, sagen sie das auch laut und deutlich. Ice Cube hat seine Stimmo für Spots einer Schuhmarke "ausgeliehen", und ein prozentualer Verkaufsanteil kommt einer schwarzen antikriminellen Organisation zugute.

Viele andere humanitäre Aktionen wurden in der Rapbewegung durchgeführt. Gegen den Rassismus in den USA sind vor allem Doug E. Fresh (für das Konzert "Stop The Racism" in Erinnerung an Yusef Hawkins, s. Rap & Kino/"Do The Right Thing") aufgestanden, auch ein Teil der Szene aus Philadelphia (Tuff Crew, Schooly-D, Soldiers For Christ, 3 Times Dope) taten dies mit ihrer Platte "One Voice/Pride" (1990). Die Apartheid wurde oft von den Rappern angegriffen, so auch bei den Hip Hop Artists Against Apartheid (mit Afrika Bambaataa, Jungle Bros, Queen Latifah, Lakim Shabazz, Shango, Don Baron, Audio Two, Ultramagnetic MC's und X-Clan, die "Free South Africa/Ndodemnyama" aufnahmen, deren Erlös an den ANC ging) oder von den englischen Rappern mit B.R.O.T.H.E.R. (Black Rhyme Organisation To Help Equal Rights: Ein Dutzend Gruppen aus England, wie Cookie Crew, Overlord X, Demon Boyz, Double Trouble, MC Mell'o kämpfen mit einer Maxi gegen die Rassentrennung in Südafrika: "Beyond The 16th Parallel", von Hijack produziert). Stetsasonic haben die Platte "A.F.R.I.C.A". (von Norman Cook gemischt) aufgenommen, zu der sie eine Reise von Jesse Jackson nach Südafrika inspirierte. Diese Platte kam verspätet wegen einiger Probleme mit den Copyrights (sie haben Free Nelson Mandela von Special Aka verwendet) und ist von einem Text von 18 Seiten über Apartheid begleitet (wird in den Schulen verteilt). Danach nehmen Stetsasonic an einem Konzert in Wembley zu Ehren von Mandela teil, an einem anderen von 100.000 Personen in Washington, bevor sie Oliver Tambo (ANC-Führer) bei seiner Ankunft in Chicago begrüßen.

Die humanistischen Aktionen der Rapper haben auch die Obdachlosen erreicht, z.B. mit dem K7 Video "Monster TV Raps Hits" (bei Tommy Boy, die 75 cents pro K7 an "Justiceville/Home for Home less" zahlen) oder mit den Konzerten "Rap For Life", die für eine Gruppe von Obdachlossen, Life Line, organisiert werden (das Konzert von East L.A. am 5. Juli 1990 mit Ice T, Def Jef, Doug E. Fresh wurde von der Polizei von Los Angeles verboten...). Zuletzt brachte Egyptian Empire ein Sammelalbum "Child Help U.S.A." heraus, wo fünfundzwanzig Künstler gegen den sexuellen Mißbrauch von Kindern kämpfen.

Album "Back On The Block" unterstützt. Sein zweites Album "It's A Big Daddy Thing" führt hundert Facetten des Rapping vor (die oft sehr schnell sind): vom Slow ("To Be Your Man") bis zum Funk der 70er ("Big Daddy's Theme") über den Hip-House ("The House That Cee Built") mit einigen Anleihen aus "I'll Play The Blues For You" von Albert King (Bluesman der 60er aus St. Louis). Big Daddy kann alles und brilliert in Stücken wie "Children R The Future" (langsam, positiver Text) und "Smooth Operator". Eine neue LP kam im Oktober 1990 in die amerikanischen Charts: "Taste Of Chocolate". Unter den Gästen sind Barry White, die Rapperin Gamilha Shabazz und Cool V (der DJ von Biz Markie) und andere.

Biz Markie ist bei dieser Platte die Witzfigur (aber vor allem spielt er diese Rolle mit Big Daddy Kane auf der Bühne). Sein Spitzname ist daher "Inhuman Orchestra". Auch auf dem Video ist er eine der erstaunlichsten, witzigsten Figuren dieser Bewegung.

MC Shan, LL Cool J - Look (Goldketten und Jugend), hat einen Riesenerfolg mit der Wiederauflage von "Born To Be Wild" von Steppenwolf (bei Gelegenheit gesamplet) auf seinem Album gleichen Namens (1988). Roxanne Shante, die 1985/86 von Lawrence Goldmann entdeckt wurde (s. Steady B), setzt heute glücklich ihre Karriere fort und will sich für den Fortbestand des Namens Roxanne... als Real Roxanne einsetzen!. Ihre jugendliche, halb delikate, halb gewaltige (und sehr aufregende) Stimme hat bereits mehr als einen zu Fall gebracht.

Kool G. Rap & DJ Polo haben zumindest nicht in Frankreich die Lorbeeren erhalten, die sie eigentlich verdienen. Ihre Parolen sind voll Aussagekraft und ihre Musik ist sehr gut. Sie haben als Hardcore Rapper angefangen (Singles "It's A Demo" in '87, "Butcher Shop" im Jahr '88 und einige Titel ihrer ersten LP "Road To Riches"), haben sich aber mittlerweile etwas beruhigt (das muß die Erfahrung sein, je mehr Dinge man beherrscht, desto feiner und subtiler kann die Musik werden). Ihre neue LP "Wanted Dead Or Alive" ist dafür ein Beispiel, wenn auch "Kool is Back" der schnellste Rap des Sommers 90 war. "Streets of New York" (man hat das Gefühl, man sei dort), "Erase Racism" (in Begleitung von Biz Markie - der einen Titel produziert - und von Big Daddy Kane, berichtet Kool G. Rap sehr anrührend vom Rassismus), "Jive Talk" (eine Lektion in Umgangssprache) oder "The Polo Club" (DJ Polo in voller Aktion) lohnen sich wirklich, gehört zu werden. Man könnte bei diesem raschen Überblick noch die

Ultramagnetic MC's erwähnen, die zwar nicht zum festen Stamm der Juice Crew zählen, nichtsdestotrotz aber sehr wichtig für sie sind. Ihre Single "Travelling At The Speed Of Thought" (Single von '87) und ihr Album "Critical Beatdown" (Next Plateau Rds) sind sehr schnell, zwar ohne Message, dennoch unwiderstehlich (die starken Titel sind: "Ease Back", "Kool Keith Housing Things", "Ego Trippin", "Ain't It Good To You", "Critical beatdown").

KOOL MOE DEE

Mohandas Dewese alias Kool Moe Dee war Anfang der 80er einer der Gründer von Treacherous 3 mit Spoonie Gee. Er braucht 3 Jahre, um sich von der Trennung der Gruppe zu erholen. Aber dann unterschreibt er '87 bei Rooftop/Jive und nimmt seine erste LP auf: "Kool Moe

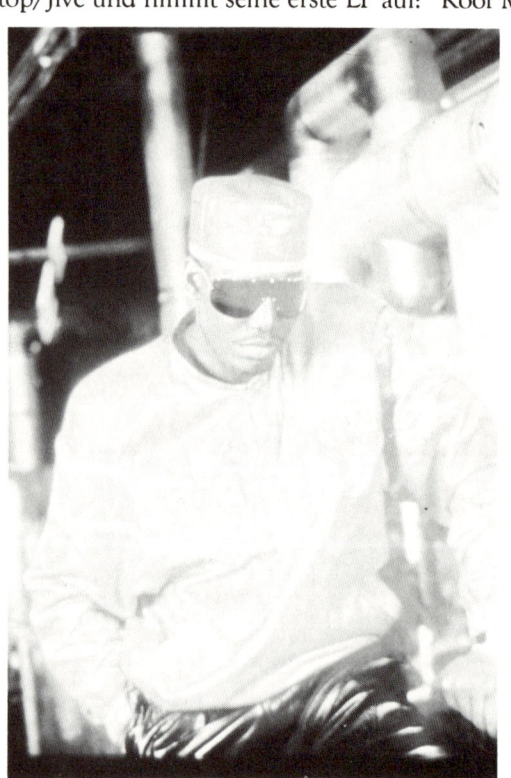

Kool Moe Dee, ex Treacherous 3

Dee" (auf dieser Platte: "Go See The Doctor" warnt vor MST, "Little John" erklärt, daß ein Looser kein Held ist, oder "Monster Crack", wo der Titel schon alles sagt...) Er setzt sich sofort als einer der besten Rapper in der Szene durch und hat seitdem seinen Spaß daran, mit erstaunlicher Regelmäßigkeit und Qualität eine Platte nach der anderen aufzunehmen. Mit der Hilfe seines Videos "No Respect" (eine Adaptation von "Respect" von Aretha Franklin) beschert er seiner Plattenfirma mit der zweiten LP "How Ya Like Me Now" den größten Erfolg seit 1988. Kool Moe Dee mischt Egotripping und Bewußtsein und ist sicher einer der größten "Swing-Rapper" von New York. Seine Platten sind immer auch Anspielungen auf die Soul Music und Quincy Jones hat recht getan, als er den Rapper zu seiner LP "Back on the Block" einlud.

Auf der Bühne spricht er sein Publikum gerne direkt an, wie es Dave Gates erzählt: "Wie viele schöne Frauen sind heute abend im Saal?", fragte er. Riesenovationen. "Wieviele von Euch, schöne Frauen, haben eine Arbeit?" Noch größere Ovationen. "Wieviele von euch schönen Frauen, die eine Arbeit haben, geben sich mit Dealern und mit Drogen ab?" Etwas kleinere Ovation. "Ihr Idiotinnen" (93).

1989 erscheint sein drittes Album, "Knowledge is King" ("Das Wissen ist König" ist auch der Name eines Liedes auf der LP, die gegen Drogen und Pro-Erziehung ausgerichtet ist). Diese LP ist von allen die mit den schönsten, bedeutungsvollsten Texten und der besten Musik: "The Avenue" (ghetto crime), "All Night Long" (über sexuelle Belästigungen), "They Want Money" (er breitet nicht sein Geld vor sich aus/für die Mädchen), "Pump Your Fist" (Spürst Du die Spannung, die in der Luft liegt/Der Rassismus/Die Gewalt überall) oder "I Go To Work" und "Hitting Hard" (Egotrip, bei dem er sich für einen Boxer hält). Unbestritten sein bestes Album. 1991 soll sein viertes erscheinen.

ERIC B & RAKIM

Eric Barrier, seines Zeichens DJ (das B steht auch für Bad) wurde in Elmshurst/Queens geboren. Als Jugendlicher spielt er Trompete und Gitarre. 1985 arbeitet er als DJ für WBLS (New York), wo auch Marley Marl damals tätig ist. Der bringt ihm ein paar Sachen bei und überarbeitet die ersten Stücke von Eric B & Rakim: "Mr. Magic's Rap Attack", "Eric B Is The President" und "My Melody".

MC Rakim wurde in Brooklyn als William Griffin geboren. Seine Kindheit verbringt er in Wyandach, Long Island. Sein Onkel Ruth Brown (ein obskurer Rocker aus den 50ern) ermutigt ihn, und so beginnt der zukünftige Rakim zu singen.

Paid in Full

Ende 1985 lernen sich die beiden in Brooklyn kennen und nehmen den Hit "Eric B Is The President/My Melody" auf. Der Erfolg ist so groß, daß ihnen sofort mehrere Managementverträge angeboten werden. Sie sind nicht dumm und entscheiden sich für Rush Management und MCA. Sie nehmen an der Def Jam Tour '87 teil. Der Klang dieser Platte ist etwas ganz Neues, der Rhythmus ist anders und die Scratches setzen einen durch ihre Rauheit in Erstaunen. Die Stimme von Rakim, der sich um nichts schert, ist sehr entspannt. Sie werden oft alte Soul- oder Funkplatten verwenden und sich deswegen des öfteren vor Gericht wiederfinden (jedoch sind die Anwälte von James Brown groß in solchen Dingen). Aber erst die Maxi "Paid In Full" (87) eröffnet ihnen die Pforten zum Erfolg und zu den Geldschränken. "Paid in Full" wird über dreißig verschiedene Mixes inspirieren, der berühmteste ist von Coldcut (2 englische DJs, Matt Black, Informatikprogrammierer und Biochemiker und Jonathan More, ehemaliger Kunstlehrer). Eric B & Rakim haben selbst mit Titeln von Yazz, James Brown, Lisa Stanfield, Queen Latifah u.a. gearbeitet. 1988 erhalten sie den Preis für den "besten Mix" für "Paid in Full", der für den Film "Colors" verwendet wurde (noch einer!).

Zwischenzeitlich bringen sie ihre erste LP heraus: "Paid In Full" (1987). Das Cover ist sehr explizit: Man sieht die beiden mit Goldringen an jedem Finger, überall sind Geldscheine. Auch im Hintergrund sieht man Geldscheine und... einen Scheck mit der Unterschrift von Ronald Reagan! Die perfekte Illustration vom Titel der Platte. Sie nehmen die Single von '86 "Eric B Is The President/My Melody" und den Megahit "Paid In Full" wieder auf; also sind drei Klassiker auf derselben LP. Erstaunlich ist, daß selbst 3 Jahre nach dem Erscheinen die Platte ihre ganze Klasse behalten hat (wo doch eine Rapnummer die andere jagt und so manche schon nach zwei Monaten völlig veraltet ist).

Werden sie bei ihrer zweiten LP ebenso gut oder sogar besser sein? Die Antwort ist Ja! Und das Werk heißt "Follow The Leader" (1988). Ihr Image ist immer noch gleich, Geld und Gold und ein Rolls auf dem Cover. Man erkennt ein Photo von Scott La Rock. Sie haben ihr Album selbst produziert. Steve Griffin (wahrscheinlich ein Verwandter von Rakim) ist der ständige Musiker. Es gibt auch da einen Klassiker: "Follow The Leader", (gespannte Atmosphäre, nächtliche Ankunft). "Lyrics of

Fury", "Eric B Never Scared" (viel Arbeit an Ton und Samplings), "Just A Beat", "Put Your Hands Together", "To The Listeners", "Beat For The Listeners" sind wie immer: Ohne viel Aussagekraft, aber voll Musik, ein Maximum an Musik. Eric B & Rakim haben ihren Platz auf dem Thron der großen Rapper. Und sie haben Humor: "Musical Massacre".

Danach läßt sich das Duo erst einmal etwas Zeit. Ihre dritte LP-nur wenige Rapper erreichen dieses Stadium - läßt auf sich warten. Erst 1990 ist es soweit: "Let The Rhythm Hit' Em" erscheint. Ihr Cover hat immer noch die "Geld um jeden Preis" - Aussage, und das ist sicher ein Grund für einen kleinen Popularitätsverlust. Man muß aber feststellen, daß "Let The Rhythm Hit 'Em" nicht die gleiche Qualität wie die älteren Hits besitzt. Die ganze LP ist zwar sehr gut aufgenommen, dennoch wird der starke Eindruck der ersten Platten nicht mehr erreicht. Abgesehen von "In The Ghetto" (eine Stimme antwortet im Echo: Nobody is Perfect) und "Mahagony" (schönes Lied) sowie "Keep 'Em Eager To Listen" (und die verrückten Samples). Sie haben es aber geschafft, originelle und doch kohärente Musik zu machen.

EMPD bringgen schnell die zweite LP heraus: "Unfinished Business" (1990). Das Cover scheint anachronistisch zu sein: Gold, Schmuck, Luxusautos. Obwohl einige Produzenten ihnen bei dieser LP zur Hand gegangen sind, kann sie an die erste nicht anknüpfen, trotz "Jane II" (Fortsetzung von "Jane" auf "Strictly Business"), "Please Listen To My Demo" (die Probleme einer Gruppe, die gerade anfängt. Autobiographisch?), "Knick Knack Patty Wack (sicher DER Titel dieses Albums, wenn auch ein ziemliches Durcheinander) und "You Had Too Much To Drink" (Gitarrist ist Charlie Marotta).

Die letzten Neuigkeiten sind jedoch nicht gut. Man sagt, daß EPMD nicht mehr mit ihrem Label sprechen (um es nett auszudrücken) und daß wohl die Trennung bevorsteht. All das stimmte dann aber doch nicht, da K-Solo, ein Mitglied ihrer Posse, sich in eine Solo-Karriere gestürzt hat und EPMD mit Rush Managment eine Produktionsvereinbarung mit Def Jam getroffen haben. Ende 90 kommt die Single "Gold Digger" heraus. Ihre nächste LP soll übrigens "Business as Usual" heißen! Man kann fast wetten, daß ihr Sinn für die Melodie noch einmal zuschlagen wird...

E.P.M.D.

Die lohnen sich wirklich! Eric & Parrish Making Dollars! Das ist ja nun eindeutig! Eric Sermon (E Double E) und Parrish Smith (Pee MD) lernen Sleeping Bag Rds 1987 durch ein Band kennen, das sie mit dem Universitätsstipendium von Parrish finanziert haben (welch schlechtes Beispiel für unsere Jugend!). Ihre Musik ist schwarz und sehr soft (die Stimmen sind fest und sehr melodiös) und bezaubert die Artdirektoren von Fresh Rds (Unterlabel von Sleeping Bag aus den 80er Jahren, anfänglich ein Dancelabel mit einem sehr guten Ruf). Sie müssen aber noch das Jahr 1989 abwarten, um ihre erste LP zu machen: "Strictly Business". Im Titelsong der Platte hört man die Gitarre von Eric Clapton heraus (I Shot The Sheriff) und die Stimme von Prince Buster (I'm The Magnificient).

Starke Titel sind:" "You Gots To Chill" (ein toller Bariton), "Get Off The Bandwagon" ("Spring vom fahrenden Zug"), "DJ K La Boss" (hübsche Demonstration des DJing), "Strictly Business" (klare Stimmen und Worte). Die Verkäufe laufen hervorragend in den USA, und sie sind einige Wochen lang Nr. 1 des Black Billboard.

KID & PLAY

Mit ihnen sind wir dann voll beim Teenager Rap, dessen einziges Ziel es ist, die Leute zum Tanzen zu bringen und - viele Platten zu verkaufen. Beide kommen aus der middleclass; Kid ist Sohn einer weißen Mutter (Lehrerin) und eines schwarzen Vaters (der in einem Zentrum für Obdachlose arbeitet), aber seine Eltern leben getrennt. Er selbst hat seinem Vater bei der Arbeit geholfen und englische Literatur studiert (Universitätsdiplom).

Play (Verkleinerung von Playboy!) wurde in Queens geboren, Sohn einer Sekretärin bei einem Orden und

Rap Bubble-Gum

Rap Bubble-Gum

eines Ministranten. Er hat ein Mode- und Kunstdiplom. Dennoch hat er zugegeben, daß sein Vater schon im Gefängnis saß und daß er selbst schon mit Drogen zu tun hatte.

Als sie sich zum ersten Mal treffen, beschließen sie, gemeinsam zu rappen und nennen sich Fresh Force. Sie bringen "If I Ruled The World" (Antwort auf einen Titel von Kurtis Blow) und "Amadeus" heraus (Antwort auf Falco). Als sie ihren zukünftigen Produzenten Hurby Azor kennenlernen, nennen sie sich Kid & Play. Azor wird zu Recht als drittes Mitglied der Gruppe bezeichnet. Er macht grundsätzlich die Konzepte. Ihre erste LP "Two Hype" (1988, Select Rds) wird mehr als eine Million Mal in den USA verkauft. Es ist sicher eine sehr mitreißende Platte. Echter Bubble Gum-Rap. Hat sofort einen Geschmack wie Pfefferminz oder Erdbeer. Je mehr Sie kauen, desto weniger bleibt, aber Sie kauen trotzdem weiter, wie um den Geschmack wiederzufinden.

Bis zur nächsten LP ziehen zwei Jahre ins Land. Vorbei ist es mit dem Volvo und dem Mercedes auf dem Cover der letzten LP; diesmal sind die Jungs in Abendkleidung. Dieser Look wird sicher die Eltern beruhigen. Auf dem Rücken des Covers sind dann T-Shirts "Malcolm X Fan Club" und zerrissene Jeans angesagt. Man wird immer wieder sagen, sie hätten auch Mickey Mouse T-Shirt tragen können und damit denselben Effekt erzielt, für mich ist das doch ein ganz schöner Unterschied. Die Single "Funhouse" wird Nr. 1 des Billboard im Mai '90. Sie selbst finden ihre zweite LP härter, aber bis zum Hardore ist noch ein weiter Weg. Kid & Play sind völlig inoffensiv (es gibt einige gute Passagen auf der Platte: "Funhouse" auf der Linie von "Two Hype"; "Back To Basics" ist sehr Kool-Moo-Dee-isch etc.) Nach einem Film ("House Party", 5 Millionen Besucher) und einem sehr moralischen Comic, der sie gut darstellt (von Marvel für NBC realisiert) hat Play seine Aktivitäten etwas verlagert und macht "Playtime" (eine Gesellschaft für grafische Kunst, die sich um die Konzeption von Plattencover für Kid & Play und andere Rapper kümmert) und "IV Plai" (eine Boutique in Queens).

"Ich würde lieber einen Oskar für die besten Kostüme als für die beste Filmmusik gewinnen. Also habe ich mir geschworen, daß ich, wenn ich eines Tages viel Geld habe, mein eigener Herr sein werde. Uns würde es nicht stören, Schauspieler zu werden. Aber sicher keine Clowns" (94).

SALT 'N' PEPA

Sie kommen aus der selben Posse wie Kid & Play und sind daher auch bei "Funhouse" vertreten. Man könnte annehmen, daß es sich um zwei Leute handelt, aber mit DJ Spindella sind sie drei, Sie wurden von Lawrence Goodman entdeckt und tun sich sehr beim Soundtrack von Colors hervor, bevor sie einen Hit nach dem anderen machen. Ihre LP, "Salt With A 'Adly Pepa" wird Platinplatte in den USA. Salt 'n' Pepa haben zu einigen Parodien inspiriert: Ihr "Push It" wurde von L'Trimm in "Grab It" verwandelt und Sugar, Spice & Everything Nice sind bei dem Sammelalbum "We're All In The Same Gang" (Came To Dance) die kalifornische Antwort auf Salt 'N' Pepa.

CHUB ROCK & HOWIE TEE

Sie zeigten sich erst vor kurzen der Weltöffentlichkeit und haben bereits vor einigen Jahren in der Welt des Hip Hop debütiert... Howie Tee (in England geboren, in Jamaika aufgewachsen und in Brooklyn ansässig) ist unter anderem einer der Gründer von Full; noch dabei Real Roxanne, Lisa Lisa, UTFA und zuletzt der frühreife Special Ed (17 Jahre alt und der jüngste Star von Profile; im Jahre 1990 500.000 verkaufte Platten in den USA). Er hat seinen Cousin aus Jamaika, Richard Simpson (Chubb Rock) enorm ermutigt. Er verläßt die Universität mit 16 Jahren und Chubb Rock (120 Kilo) macht sich einen Namen, als er "I Want You Back" von Ultimate III produziert (Sutra Rds, 1987), bevor er sich entschließt, selbst ein Mikrofon in die Hand zu nehmen. Er arbeitet mit Big Daddy Kane und Kool Moe Dee und nimmt mit Domino "Rock & Roll Dude" (Select Rds), auf, die schon von Howie Tee produziert wird. "And The Winner Is" ist seine letzte LP. Das Cover ist ein Genuß: Es zeigt die beiden im Smoking, als sie gerade einen Preis entgegennehmen (And The Winner Is). Auf der Rückseite sieht man sie in einem Raum, der anscheinend sehr feucht ist (wie im Keller oder im Gefängnis) - sie machen gerade Phonographen! Chubb läßt durch eingefügte Notizen verlauten: "An Crack und an alle Verkäufer aus dem tiefsten Herzen: Fuck You!" Die Musik läßt

Souleinflüsse heraushören, gute Titel folgen auf langsame Tempi.

"And The Winner Is" spricht über Grammys: Er ist sicher, daß er gewinnen wird, weil er ganz oben ist. Chubb erzählt uns, daß alle da sind (Run DMC, LL Cool J, Kool Moe Dee, Eric B. etc): "und der Gewinner ist.../ Withney Houston/Was soll die Scheiße?"

Oder "Mr. Nobody Is Somebody Now": vielleicht der beste Titel dieser LP. Orgel, gesamplete Gitarre. Die Geschichte von Chubb Rock: "Herr Niemand ist jetzt wer". Public Enemy haben ihn gut verstanden, sie erwähnen ihn auf der Innenseite des Covers von "Fear Of A Black Planet".

ROB BASE & DJ EZ ROCK

Rob Base & DJ EZ Rock sind nicht nur die besten Profile-Verkäufer (sie haben sogar Run DMC überholt!), sondern die beiden New Yorker haben die ganze Welt 1988 und '89 zum Tanzen gebracht und zwar mit drei Riesenhits: "Get On The Dance Floor", "Joy & Pain" und "It Takes Two" (die Schreie des Mädchens kommen vom Schützling von James Brown: Lyn Collins und ihrer Version von "Think", das sie direkt im Anschluß des Erfolges von "It Takes Two" aufgenommen hat!). "It Takes Two" wird sogar von dem Engländer Derek B gemixt werden. Heute machen Rob Base & DJ EZ Rock getrennt Karriere. Rob Base war der schnellere, er brachte 1990 das Album mit dem bescheidenen Titel "The Incredible Base" heraus.

POSITIVELY BLACK

Auch wenn sie vom selben Label kommen wie Kid & Play, haben sie mit Letzteren nicht das geringste gemeinsam. Ihr Name ist gar nicht so merkwürdig, denn sie sind schwarz, sind stolz darauf und träumen von einer einigen, friedlichen Welt. "Frieden erreicht man durch Nachdenken, die Trennung kommt durch die Hautfarbe, die Liebe ist unendlich und der Tod das Ende von allem...Also, wacht endlich auf!" (96). "Reißt die Scheuklappen ab und schaut der einzigen Realität ins

Gesicht: Was ist der Unterschied zwischen Rap und Hip Hop? Welche Unterschiede gibt es zwischen der Ost- und der Westküste? Und das Wichtigste, was ist der Unterschied zwischen einem Schwarzen und einem Weißen?" (97).

Auf den ersten Blick kommen die Mitglieder von Positively Black aus New Jersey, und ihre erste LP mit dem nüchternen Titel "Positively Black" (1989) wurde trotz

Positively Black

ihrer unleugbaren Qualitäten von niemandem beachtet. (Die Platte ist sehr melodiös, sensibel, es gibt verschiedene Samples, einige Musiker und immerhin 4 DJs). Die Themenpalette ist groß, von Vietnam handelt ein Lied, andere von der Gewalt in der Stadt, vom Krieg, aber sie haben alle denselben Grundgedanken: den Wunsch, aus der ganzen Scheiße herauszukommen und zwar mit Hilfe der Brüderlichkeit, dem Pazifismus und der Liebe. "Escape From Reality", "Wilderness Of Sin", "Nightmare On America Street" (so echt, daß es einen gruselt), "Think Like Ya Enemy" sind echte Klassiker in der positiven Linie der Stetsasonic.

TWIN HYPE, KING SUN & POOR RIGHTEOUS TEACHERS

Diese drei Gruppen machen zwar nicht die gleiche Musik, haben aber das gleiche Label (Profile) und helfen sich gegenseitig. Twin Hype (Zwillingsbrüder aus South Carolina, 19 Jahre alt, leben in New Jersey: Glennis und Lennis Brown, sprich Sly & Slick auf der Bühne) und ihr DJ King Shameek (Jose Matos, 20 Jahre alt, er hat schon mit Sweet Sensation, Seville, Tony Terry und T-Rock gearbeitet, und er erhielt seinen Namen von derselben Gang in New York wie Scott La Rock!) werden von der spezialisierten US Presse sehr geschätzt.

Sie haben zwar erst eine LP gemacht, aber was für eine! Die Platte "Twin Hype" (1989) wurde von Hollywood Impact (ebenfalls verantwortlich für den Klang von Style O) produziert und hat einen enormen Ton, der die verschiedenen Genres gelungen mischt; "Tales Of The Twins": Horror-Rap mit einem Bassisten, Phillip Gaines; "For Those Who Like To Groove": ein richtiger Schlagzeuger ist da am Werk, zur Ehre des House/Rap!; "Suckers Never Change" (ein Friedensappell) oder dieser fantastische Ego-Song "Twin Hype". Allein das Intro ist unglaublich: "Bum! Rush The Sound!" ... Twin Hype

Twin Hype, die Zwillinge aus New York

sind zwei der besten New Yorker MCs (auf jeden Fall haben sie zwei der vielseitigsten Stimmen in der Szene). Eines Tages wird ihre Stunde schlagen, und die wird sicher länger dauern als 60 Minuten.

Nach einem exzellenten LP-Debut im Jahr 1989 ("King Sun XL") hat sich King Sun - Mitglied der 5% Nation - auch mit seinem zweiten Album durchgesetzt: "Righteous But Ruthless" wurde von King Shameek (s. oben) und Tony D (Tony Depula) in den Studios von Hollywood Impact produziert. Schwere Stimme (manchmal süßlich), akkustisches Piano (bei dem bewegenden "Be Black"). Samples und klassische Rhythmen, die man aber vom ersten Hören an in Erinnerung behält. King Sun erinnert an Tone Loc (weniger Machismus, mehr Islamismus). Für sein Lied "The Gods Are Talking Heads" hat er seine Freunde "The Poor Righteous Teachers" eingeladen.

Diese geben sich sogleich durch ihre Spitznamen zu erkennen: Wise Intelligent, Culture Freedom & Father Shaheed. Wie viele andere sind auch die Poor Righteous Teachers mit der Radioshow von Kool DJ Red Alert aufgewachsen und haben beschlossen, eine Botschaft - oder gleich mehrere - durch ihren leicht vom Funk beeinflußten Rap zu vermitteln (Rock Dis Funky Joint). Ihr Album "Holy Intellect" (1990), das Tony D produzierte, bietet einige Leckerbissen: "Time To Say Peace", "So Many Teachers", "Poor Righteous Teachers", "Strictly Ghetto" und "Holy Intellect" (das gleichnamige Video zeigt einige Mitglieder der 5% Nation).

HEAVY D & THE BOYZ

Heavy D kommt aus Mont Vernon im Staat New York. 1986 fällt seine erste Platte, eine Reprise von Jean Knight ("Mr Big Stuff") positiv auf. Ihr folgt die LP "Livin' Large" mit G. Whiz, Trouble T-Roy (soeben infolge eines Sturzes von der Bühne verstorben) und DJ Eddie F. Sein Stil: "Ich bin in der Karibik geboren und habe als Kind nur Dub gehört. Wenn ich keinen Rap höre, höre ich Reggae. Diese Musik bewegt mich und erinnert mich an meine Kindheit. Für mich ist es ganz normal, diese beiden Musikstile zu verbinden." (98). Diese Liebe zur jamaikanischen Musik verbindet ihn mit KRS One, der ihn im übrigen auch zur Teilnahme an der Maxi "Self

Destruct" für die Stop The Violence-Bewegung überredet. Heavy D wird viel für die humanitäre Aktion unternehmen, vor allem macht er Benefizkonzerte zugunsten der Aidsforschung. Kurz nach seiner letzten Rolle in einem Werbespot für Sprite kündigt Heavy D eine neue, von Eddie F (von den Untouchables), Teddy Riley, Marley Marl und Dr Dré prouzierte 30cm an. Nichts weniger als das!

Ein Bruchteil der New York Rappers

Dieses Buches soll keine Enzyklopädie aller Rapgruppen sein; ich würde es nicht wagen, alle New Yorker Rapgruppen aufzuzählen (oder gar aus New Yorks Umgebung), ob sie nun aktuell oder bereits vergangen sind. Die Welle würde schnell zu einer Sturmflut werden. Merken Sie sich dennoch einige Namen: JVC Force (wegen ihres "Strong Island", das zur Zeit auf allen Plattentellern gespielt wird); Little "Louie Louie" Vega (auch Produzent) und SA Fire (alle beide kommen aus der Latin N.Y. Scene, zu der man auch Latin Empire mit "Puerto-Rican & Proud" zählt); MC Lyte: ein sex-addict. Man erlebte ihn an der Seite von Sinead 'O Connor auf der Maxi "I Want Your Head (On me)" und auf der Single der Stop The Violence Movement.

Seville (mit dem Namen eines Cadillac Modells kennt man seit '89 mit dem unvergessenen "Keep Ya Movin'." Bei Cutting Rds gibt es allerdings auch ein Stück von Seville, das zwei Jahre älter ist. Es heißt "Take 4 Walk" und wurde von Jazzy Jay produziert. Ich habe keine Ahnung, ob es sich um denselben Seville handelt); Too Nice von Stonybook, N.Y., Whistle von Kool Doobie (UTFO), Jazzy Jay (Two Tuff) und Silver Pinner: eine Tendenz zum R&B.

Oder noch Redhead Kingpin & the F.B.I. und ihre gute LP "A Shade Of Red" in einem sehr imposanten Sound mit Liedern wie "Do The Right Thing", "Pump It Hottie" (sanfte Stimme und deutliche Worte), "We Rock The Mic Right", "The Redhead One" (gequält, an der Grenze des Industriellen und des Rap) sowie "Kilimanjaro Style" (raggamuffin').

King Sun, starke Texte

GET BUSY
(FRANZÖSICHES FANZINE HIP HOP)

Präsentation:

Texaco: Ich kam zwischen '84 und '85 zum Hip Hop, ich war vorher mehr im Graffiti als im "Tag" (s. Glosser).

Sear: Ich entdeckte den Rap im November '82, ich bin ein Alter von damals (Lachen) und, ich gehörte zur Gruppe der TWK in Saint-Denis.

Die Idee zum Fanzine

Texaco: Bei manchen Leuten spukte das schon im Kopf herum, auch in meinem. Wir haben darüber gesprochen und haben dann einfach angefangen.

Sear: Das war sehr spontan, sicher war nur, daß etwas fehlte, um den Leuten in Frankreich Dinge über den Hip Hop beizubringen. Die Bewegung hat vor drei Jahren begonnen, allerdings nicht in den Medien, sondern auf der Straße. Vorher war der Kreis eher klein, jeder kannte jeden. Wir wollen die Leute informieren, die in der Bewegung sind. Sie besitzen wenig Hip Hop Kultur und das ist auch die Ursache der Abweichungen, wie Banden etc.

Get Busy, was heißt das?

Texaco: "Beweg-dich", "Knutschen", aber vor allem heißt das: "Beweg Deinen Arsch". Das ist logisch und dieser Ausdruck kommt im Rap sehr oft vor.

Finanzierung :

Alle: Es gibt nur wenig, wir zahlen alles aus unserer Tasche. Alles, was wir zusammenkratzen können, kratzen wir zusammen.

Ambitionen:

Sear: Wir werden nie Reichtümer damit verdienen. Aber wenn uns jemand Geld für eine Werbung für jemanden gibt, den wir gerne mögen, machen wir das, solange wir schreiben können, was wir wollen.

Texaco: Ich wäre zufrieden, wenn ich wüßte, daß ich ein paar Leuten geholfen hätte, tolle Sachen zu machen. Und wenn "Best" oder "Rock & Folk" (franz. Musik magazine, A.d.Ü.) mich darauf ansprechen würde, ob ich für sie schreiben will und ich freie Hand hätte, würde ich das machen, warum nicht? Ich verstehe mehr davon als ein Phil Ox.

Sear: Ich ziehe "Best" vor. Ich würde gerne davon leben, das ist besser, als als Buchhalter zu arbeiten.

Themenauswahl:

Texaco: Wir sprechen so oft als möglich über französische Gruppen.

Sear: Wenn wir von amerikanischen Rappern sprechen, dann mit einer anderen Sichtweise und aus unserer Position als Franzosen heraus. Natürlich kam diese Bewegung aus den USA, auch wenn sie heute ein Teil der französischen Vorstädte ist.

Texaco: Die französische Szene ist noch nicht genug entwickelt und wir lernen mit ihr. Wenn es morgen zwanzig tolle Gruppen gäbe, dann nähme das Ganze schon andere Ausmaße an...Heute können wir nur auf zwei oder drei Gruppen zählen. Die guten kennen wir vielleicht noch gar nicht. Aber in allen großen Städten kannst Du Gruppen finden. Die Hauptpole bleiben Paris und Marseille.

Sear: Manche Gruppen wollen die französischen Public Enemy sein, sie greifen ihre Slogans auf: der französische schwarze Flic, der die Rasse verrät, lauter solche Sachen... Das ist uninteressant. Die Gruppen richten ihr Augenmerk viel zu sehr auf die Geschichte der Schwarzen in den USA. Die Leute von N.T.M. sind da schon schlauer. Sie haben den Rassismus von beiden Seiten kennengelernt. Sie haben einen Text über die Jugend, die sich quält, weil sie es nicht anders haben will.

Die Rock-Presse

Sear: Die sind verrückt auf Rockmusik und denken, alles wäre aus dem Rock entstanden. Für sie ist der Rock die größte Kultur der Welt, der Rest ist uninteressant. Das ärgert mich, weil ich nicht zur Rock Szene gehöre, die eine etablierte Sache ist, die nicht mehr rebellisch ist. Die Stones sind Greise...George Clinton und James Brown sind genauso wichtig wie die Stones oder die Beatles. Der Rap braucht nicht dieses Rock-Markenzeichen! Rock frißt alles auf, denn sobald eine Musik rebellisch ist, ist es Rockmusik. Für die war Rap solange Scheiße, bis Run DMC Rock hineinbrachte...

Texaco: Ich habe ein Interview mit KRS One gelesen, in

dem er sagte, daß die Gruppe, die er im Moment am liebsten produzieren würde, U2 sei. An dem Tag, an dem U2 ihn als ihren Produzenten anerkennen würde, hätte die Hip Hop Kultur gewonnen.

Einen Rocker, der etwas vom Rap kopiert, um daraus etwas Gutes zu machen, würde ich gut finden, er hätte zumindest Zeichen von Demut und Beschämung gezeigt. Normalerweise aber nehmen die Leute, die vom Rap etwas klauen, einen Gimmick und machen eine Modeerscheinung draus.

New York:

Sear: New York ist die Quelle, die Legende und das Sinnbild liegen dort. Aber eine Woche dort reicht mir, dann bin ich froh, wenn ich wieder zurück bin. Dort kriegst Du alles mit, die Misere, die Gewalt... Ich fühle mich in Saint Denis besser.

Situation in Frankreich:

Sear: Die Schwarzen in Frankreich haben nicht diesen Gemeinschaftssinn wie die Afrikaner in den USA. Nimm nur die Schwarzen und die Antillais (Bewohner der französischen Antillen, A.d.Ü.), die sind sich nicht wirklich grün. 1983 waren genausoviele Weiße wie Schwarze im Hip Hop. Erst vor drei Jahren kam es als schwarze Bewegung.

Madj: In einer Wohnstadt von Bondy machen die moslemischen Brüder Fortschritte. Aber in Dreux sitzt auf einer Seite die Front National (Rechtsradikale Partei von Le Pen, A.d.Ü.), auf der anderen die Brüder. Das ist eine Sackgasse, das Problem der jungen Araber ist mit den Problemen der jungen Franzosen eng verbunden, das ist für beide nicht sehr lustig.

Texaco: Der Kampf sollte ein sozialer und kein rassistischer sein.

Madj: Der Hip Hop in Frankreich ist die Geburtsstunde der schwarzen Jugend. Aber wirklich bedeutsam wird diese Bewegung erst werden, wenn auch junge Araber, junge Franzosen und junge Schwarze gemeinsame Sache machen. Es gäbe mehrere Gruppen, zwei oder drei Plattenlabels, das wäre stark. Die rassistischen Typen in der Bewegung wären dann draußen, sie hätten keine Chance mehr.

Banden:

Texaco: Die gibt es, wie es von allem Banden gibt: Skins, Redskins etc.

Sear: Das ist schwer zu sagen. Das Wort Zulu z.B. wurde von den Medien völlig sinnenstellt, jetzt ist Zulu = Krimineller. Dabei ist ein Zulu jemand, der keine Drogen nimmt, nicht gewalttätig ist... Und das ist Scheiße, wenn die Medien von Hip Hop sprechen, wollen sie Gangs sehen. Für uns ist die Bewegung eine Kunstdisziplin (Rap, etc). Für sie bedeutet das Gewalt, ein Mädchen vergewaltigen, für ein Mädchen heißt das, sich die 40 Typen der Gang zur Brust zu nehmen etc. Mit uns hat das gar nichts zu tun! Das sind zwei ganz verschiedenen Bewegungen.

Dope:

Texaco: Ein Typ, der harte Drogen nimmt, ist fertig mit dem Leben.

Sear: In der Basisbewegung wird das sehr schlecht angesehen, und sehr selten nimmt jemand Drogen. Bei den großen Jungs weiß ich es nicht.

Mil, Madj, Sear & Texaco (Get Busy), Crazy JM (IZB)
Fünf Meister des französischen Rap

Rapkonzerte:

Texaco: Der Rap wurde auf der Straße geboren oder in irgendeinem Viertel, wo man einfach einem Typen ein Mikro in die Hand gedrückt hat.

Sear: Wir haben die Besten noch gar nicht auf der Bühne gesehen, so wie Doug E Fresh, die mit ihren Musikern wirklich voll abziehen oder auch Stetsasonic, die auch Musiker haben. Wenn die Konzerte manchmal enttäuschen oder zu kurz sind, muß man auch das Business der Manager berücksichtigen, die beeilen sich, das ist auch ein bißchen der amerikanische Stil, auch wenn der Typ aus einem Ghetto kommt. Er wird für 45 Minuten bezahlt und bleibt dann auch nicht mal fünf Minuten länger. Aber Frankreich ist das einzige Land, in dem Public Enemy eine Zugabe gegeben haben.

Zukunft:

Sear: Der Hip Hop ist eine Bewegung, es geht nicht nur um die Platten. Alle haben ihr Ende vorrausgesagt, als die Sendung von Sydney im Fernsehen abgesetzt wurde, aber sie ist noch stärker geworden. 1987, als alle Tags und B-Boy aus den Vorstädten da waren, hat die Bewegung gleich ganz andere Dimensionen angenommen. Und wenn sie jetzt wieder voll da ist, dann auch weil die Plattenfirmen den Druck der Straße gespürt haben. Selbst wenn in den USA alles durch das Business kontrolliert wird, bleibt Hip Hop doch immer noch die Musik von der Straße...

Lakim Shabazz

RAP UND KINO

Seit der Geburt des Rap sind Rap und Kino sehr eng miteinander verbunden. Das Kino hat schon mehrmals das Phänomen Rap aufgegriffen und hat ihn damit noch weiter verbreitet. "Do the Right Thing" ist dem Rap ebensoviel schuldig wie Public Enemy dem Film.

Filme

Der erste wirkliche Rapfilm stammt aus dem Jahre 1983 und heißt "Wild Style". Er ist halb Fiktion, halb Dokumentation über die Hip Hop Szene in New York. Man sieht dort Fab 5 Freddy, Busy Bee, Grandmaster Caz, die Cold Crush Bros, die Rock Steady Crew und viele andere, die DJing vorführen, Graffiti oder Breakdance zeigen. Dieser Film kam in Frankreich nie heraus, es gibt ihn aber noch heute bei K7 Video, die aus "Wild Style" eine Art Kultfilm gemacht haben.

THEMA

"Beat Street" kam 1984 heraus und wurde mit mehr Mitteln produziert (man kann in diesem Film Ice-T entdecken). Kurz danach werden die Rapper zu vielen Dreharbeiten eingeladen, denn es werden jede Menge Filme produziert: "Disorderlies" (B.O. von den Fat Boys: "Baby You're A Rich Man" von den Beatles und "Sex Machine" von James Brown), "Krush Groove" von Michael Shultz aus dem Jahr '85 (mit Musik von Run DMC, Sheila E., Kurtis Blow, Black Flames, Fat Boys, LL Cool J, Debbie Harry, Beastie Boys). "Less Than Zero" von Brett Easton Ellis von 1987 (Aerosmith, Roy Orbinson, Bangles, LL Cool J, Run DMC, Black Flames), "Ghostbusters 2" (Doug E. Fresh, Run DMC), "Lean On Me" (Big Daddy Kane macht die Hauptmusik: "Lean On Me - Rap Summary"), "Tougher Than Leather" von 1988, der die Geschichte von Run DMC erzählte (Musik von Run DMC und Slick Rick), "Lost Angels" (mit Adam Horowitz von den Beastie Boys).
1990 ist das Jahr, in dem der Rap in die Kinos drängt: "Pump Up The Volume" (B.O. mit Above The Law, der Rest reicht von den Sonic Youth bis zu den Pixies über die Bad Brains), "Return of Superfly" (Musik: Ice-T, Mellow Man Ace, Tone Loc, Def Jef, Uzi Bros, Eazy-E, King Tee, CPO und natürlich Curtis Mayfield) oder noch die "House Party" (mit Kid & Play, Fullforce, G. Clinton unterstützt von einem Tonband von LL Cool J, Today, Kid & Play, Public Enemy).
Der zuletzt Genannte kam im Juli 1990 in die Kinos und hatte mehr als 5 Millionen Zuschauer. Sein Hauptmerkmal besteht in der Mischung der Hauptrollen, eine wird von einem Weißen, die andere von einem Schwarzen gespielt. Der Produzent Reginald Hudlin möchte, daß "der Film wie eine Komödie und nicht wie ein Rap-Movie wirkt (...) Schwarze und weiße Teenager haben mehr gemein, als die Erwachsenen meinen. Teenager - Kultur ist Teenager - Kultur" (195).
Man kündigt Tone Loc in "Ford Fairlane" und Kool Moe Dee in "Five-O" an. Und endlich, "Teenage Mutant Ninja Turtles", der eins mit dem Film "House Party" gemeinsam hat, nämlich den gleichen Vertrieb: New Line, in dem Play (von Kid & Play) Aktionär ist!
Interessanter sind die beiden Filme "Colors" und "Do The Right Thing", auch wenn sie außer der klangvollen Inszenierung nicht allzuviel gemeinsam haben.
"Colors", ein Film von Dennis Hopper, kam im April 1988 in den USA und im August des gleichen Jahrs in Frankreich heraus. Der Film handelt von zwei Polizisten der Einheit C.R.A.S.H. der Polizei von Los Angeles: ein junger, der zu allem bereit ist, gewalttätig und skrupellos (er wird von Sean Penn gespielt, der in "Bad Boys" mitspielte, der vom gleichen Produzenten finanziert wurde) und ein zweiter Polizist, ein alter Fuchs, der schon viel erlebt hat und das Vertrauen so mancher Gangster genießt (Robert Duvall spielt ihn, man kennt ihn vor allem aus Filmen wie "Mash", "Der Pate", "Apocalypse Now"...). Beide patrouillieren durch die East Side von L.A., um die Bandenkrieger in Schach zu halten. Der junge Polizist verliebt sich in eine Kellnerin, die zufällig die Schwester eines Typen ist, der mit den Gangs zu tun hat.
Die Musik spielt in diesem Film eine große Rolle, da sie von Anfang bis Ende zu hören ist. Die Platte zum Film bietet Ice-T (der für das Hauptthema des Films verantwortlich zeichnet), Decadent Dub Team (von Dr DRE gemixt), Salt 'n' Pepa, Big Daddy Kane, Eric B & Rakim, Kool G Rap, 7A3, Roxanne Shante, MC Shan und Rick James (Sly & Robbie, War, John Cougar Mellecamp und Los Lobos sangen auch jeweils ein Lied, sind aber nicht auf der LP).

Der Film gibt ein ziemlich realistisches Bild von den Gangs in L.A. wieder (die 1988 72.000 Mitglieder zählten, 1990 waren es schon 90.000). Um sich mit dem Thema vertraut zu machen, umgab sich Hopper mit technischen Beratern wie z.B. Dennis Fanning (von C.R.A.S.H.: Community Resources Against Street Hoodlums) und Roy Nunez (O.S.S.: Operation Safe Streets). Er bat selbst Ice-T, sich mit ihm die Schnitte anzusehen und sie zu kommentieren. (Ice-T erzählt, daß die Produzenten den Film in Chicago drehen wollten. "Nein", antwortete Hopper. "Ach, gibt es etwa Gangs in L.A?" wurde er gefragt...). Einige Statisten waren sogar echte Gangster (der Film konnte nur mit Polizeischutz gedreht werden): Zwei von ihnen wurden kurz nach Abdrehen einer Szene erschossen.

Der Film kommt auch in einer sehr angespannten Atmosphäre heraus, dies zeigt die Pressemappe, die die französischen Medien 1988 erhielten: "Beim Erscheinen des Films gibt die amerikanische Presse in gewaltigen Leitartikeln ihre Meinung zum Pro und Contra des Films zum Besten (...) Das Fernsehen befragt Zuschauer beim Verlassen des Kinos oder organisiert Diskussionsrunden. Die Bürgervereinigungen fürchten, daß "Hopper versucht, einen Krieg auszulösen" und versuchen, ein Verbot des Films zu erreichen, der aus den Kinos genommen wird, die zu sehr in der Nähe der Reviere der Gang liegen. Das kann jedoch einige Zwischenfälle und Demonstrationen vor den Kinos nicht verhindern. Auch vor den Büros der Orion (Produktionsfirma) und vor den Häusern von Sean Penn und Dennis Hopper kommt es zu Demonstrationen (...) Am Tag der Premiere rufen die Guardians Angels zu einer Demonstration auf. (...) Am 25. April wird ein junger Schwarzer, der einen blauen Schal trägt, von einem Anhänger der roten Farbe erschossen, dabei stand er nur vor einem Kino Schlange, um sich Colors anzusehen" (196).

Ice Cube ist dann sehr kritisch: "Dieser Film erzählt nur die Hälfte der Wahrheit. Er ist nicht gut, weil sie alles von der Seite der Polizei aus zeigen. Sie hätten den Standpunkt der Gangs oder den der Leute, die in diesem Viertel leben, zeigen sollen" (150). Der Produzent Robert Solo gibt zu: "Wir glorifizieren in keinem Augenblick die Gangs. Sie werden weder mystifiziert, noch zu Helden hochstilisiert. Wir haben stattdessen versucht zu zeigen, was sich zur Zeit in allen großen Städten Amerikas abspielt. Der Film ist in der Tat nur ein Zehntel all dessen, was sich auf den Straßen abspielt" (197). Die Presse "entdeckte" die Gangs. Das Publikum nicht (nur 260. 000 Besucher in Frankreich, eine lächerliche Zahl, wenn man überlegt, was in den Film gesteckt wurde). Für einige brachte jedoch "Colors" die Erleuchtung/Rap Revolution.

Das schwarze Kino

Man sollte einen Blick auf die Geschichte des schwarzen Kinos in den USA werfen, bevor man sich mit "Do The Right Thing" befaßt. Von Beginn der Stummfilmperiode an machten auch schwarze Regisseure ihre Filme. Dies ging auch in den 30er und 40er Jahren weiter, als Oscar Michaeaux und Spencer Williams die "race movies" drehten (später wurden sie "blaxploitation" genannt). Viele Jahre lang passierte dann nichts mehr. Erst Anfang der 70er Jahre kommt der schwarze Film mit Gorden Park Sr, Melvin Van Peebles, Michael Shultz wieder auf. Sie machten Filme wie "Shaft", "Superfly", "Sweet Sweetback's".

Spike Lee erklärt dazu: "In den 70er Jahren gingen die Schwarzen ins Kino, sobald ein schwarzer Schauspieler im Film mitspielte. Ein Film konnte grauenhaft sein, aber wenn das Casting hauptsächlich schwarz war, war man so froh, das zu sehen, dann ging man halt hin. Heute ist diese Epoche überholt (...) Du hast nur einen Versuch. Schwarze haben nicht das Recht, einen Fehler zweimal zu begehen, vor allem nicht beim Film, wo es um Millionen von Dollar geht. (...) Wir versuchen, so viele Schwarze wie möglich zu beschäftigen. Dafür werde ich sehr oft kritisiert. Vor kurzem war in der L.A. Times eine Untersuchung in vier Teilen über die Schwarzen in Hollywood. Ich sagte etwas über Eddie Murphy: 'Er hat der Paramount eine Milliarde Dollars eingebracht, aber kein Schwarzer arbeitet dort. Gut, sie haben schon schwarze Direktoren, aber keinen, der in Hollywood sitzt und seine Meinung zu Filmen abgibt'. Ich habe mit Eddie gesprochen und er hat mir erklärt: 'Eh Spike, ich kann doch nicht auf den Tisch springen, brüllen und den Leuten sagen, was sie zu tun haben. Die sind bei sich zu Hause!' Ich bin der Meinung, daß, wenn Du einer Firma so viel Geld eingebracht hast, Du dort zu Hause bist" (198).

Donald Bogle fährt fort: "In den 80er Jahren wurde die Filmindustrie vom Crossover-Fieber ergriffen. Einige schwarze Schauspieler waren die Helden eines Films um zu gefallen und die Leute zu beruhigen - fast nie, um ein zum großen Teil weißes Publikum, zu provozieren (...). Diese Filme idealisierten eines von Reagans Idealen, nämlich ein Team mit einem Weißen und einem

Schwarzen, die gemeinsam durch dick und dünn gehen, die sich nach Möglichkeit auch noch gegenseitig das Leben retten. In diesen Filmen kam die Wut oder die Verzweiflung der Schwarzen nie vor (...) Aber noch schlimmer (...) diese Filme zeigten die Schwarzen nie in einer kulturellen Umgebung, mit der sie sich hätten identifizieren können" (199).

Heute scheint der schwarze Film in Amerika der beste der Welt zu sein. Seine großen Figuren sind Robert Townsend ("Hollywood Shuffle"), Charles Lane ("Sidewalk Stories"), Euzhan Paley (nach "Sugar Cane Alley", "A Dry White Season" ging er nach Paris), Charles Burnett ("To Sleep With Anger"), James Bond III ("Def By Temptation"), Reginald Hudling ("House Party") und auch die neuen Filme von Eddie Murphy ("Coming To America", "Eddy Murphy Raw"), ohne Spike Lee zu vergessen...

Do The Right Thing

Dies war nicht der erste Film von Spike Lee, wie man oft glaubte, sondern schon sein dritter. Seine beiden ersten hießen "She's Gotta Have It" (1986, eine Sex Comedy ohne politische Aussage außer einem Malcolm X-Poster an der Zimmerwand der Heldin) und "School Daze" (1988, der Nachspann zeigte Photos von Malcolm X, Martin Luther King, Angela Davis etc. Ein Musikfilm, der in einer schwarzen Universität in den Südstaaten spielt. Spannungen zwischen denen, die sich anpassen wollen und denen, die nicht wollen).

Die Idee mit "Do The Right Thing" kam Spike Lee nach mehreren schweren Zwischenfällen. Zuerst der Mord an einem schwarzen Graffitier 1983 (er wurde von der Polizei in der U-Bahn zu Tode geprügelt) und dann der Tod einer Großmutter, die 1984 von der Polizei erschossen wurde, weil sie ihre Miete nicht zahlen konnte und nicht wegging. Dann wurde ein junger Schwarzer von Teenagern, die mit Baseballschlägern bewaffnet waren, verfolgt und daraufhin in Howard Beach (italienisches Viertel, daher auch die Pizzeria in dem Film) von einem Auto überfahren. Sie hatten ihm vorgeworfen, mit der Freundin eines Italieners aus dem Viertel auszugehen...
Der Film nimmt Elemente dieser Morde wieder auf. Die Szene spielt an einem warmen Tag in Brooklyn mit Schwarzen, Koreanern (Lebensmittelgeschäft), Puertoricanern (die Freundin von Spike Lee/"Mookie" im Film) und Italo-Amerikanern (Pizzeria Sal's, de Niro hätte man gern für die Rolle des Sal gehabt). Einige Personen sind für Martin Luther King, andere für Malcolm X, dann sind da noch die, die die Gewalt steuern (Radio Raheem) und schließlich "Mookie" (wird von Spike Lee gespielt, "Mookie" in der italienischen Verkleinerung heißt "Mook", der Neger...) schwarzer Pizzalieferer, der für Weiße arbeitet. Er ist unzufrieden, aber von ihnen abhängig. "Dennoch", sagt Nicolas Saada, "wird Mookie am Ende des Films der einzige sein, der für extremistische Taten ist (er schlägt die Fensterscheiben der Pizzeria ein). In dieser Szene gibt Spike Lee anhand einer Figur eine klare Antwort: Der Tod von Radio Raheem ruft zur Gewalt, und der Titel des Films illustriert diese Szene sehr gut: Spike tut "was er tun muß" (Do The Right Thing); das hindert ihn aber nicht daran, in anderen Umständen mit Sal zu sprechen und sich sogar mit einem seiner Söhne anzufreunden" (200). Bei den Dreharbeiten dienen "The Fruit Of Islam" (Handlanger Farrakhans) als Ordnungshüter. "Mookie" verteidigt Farrakhan im Film sogar einmal, auch wenn Spike Lee sagt, er wäre nicht immer seiner Meinung.

Der Film wird oft und viel kritisiert und nicht immer auf sehr qualifizierte Weise. Stanley Crouch, schwarzer Journalist vom Village Voice, sieht in der Szene, in der Mookie von Sal bezahlt wird, eine "Metapher, die zeigt, was sich Spike Lee von seiner Karriere erwartet, nämlich unverantwortliche Filme zu machen, für die ihn ein wütender Weißer dann bezahlen muß" (201). Die Komplexität des Films ist ihm allerdings total entgangen. Wie E.B. Donald Bogle sagt: "Er hat genau das gemacht, was die Hollywood Filme der 80er immer vermieden haben: Er hat uns mit Rassenproblemen konfrontiert, ohne jedoch Schläge auszuteilen und das Ende ist sehr konziliant. Er hat gezeigt, daß sö ein Film auch die weißen Zuschauer interessiert" (199). Ein weißes Publikum und eine weiße Presse, die zum Teil die Zerstörung von Sals Pizzeria kritisieren, nicht aber die Zerstörung des Ghetto Blasters von Radio Raheem oder die Szene, in der er von dem Polizisten erstickt wird...

Auch "Do The Right Thing" kommt in einer gespannten Atmosphäre in die Kinos. Zwei Morde bewegen New York: Eine weiße Joggerin wird im Central Park von Schwarzen und Latinos ermordet und ein 16jähriger Schwarzer, Yusef Hawkins, will sich im italienischen Viertel Brooklyns ein Auto kaufen und wird von Einwohnern umgebracht, die ihr Revier verteidigen wollten. In Frankreich kommt der Film erst im August 1989 in die Kinos und übertrifft dank der guten Werbung die Erwartungen: 300.000 Besucher.

Der letzte Film von Spike Lee, "Mo Better Blues" (in den USA im Juli '90 erschienen) ist ein Film über Jazz (aber anders als "Around Midnight", "Bird", "Get Lost" oder "Theolonius Munk" wurde er nicht von einem Weißen gemacht). Spike Lee hatte wieder einige Probleme, diesmal mit jüdischen Ligen, die den Film als "Karikatur und rassistisch" bewerteten, zumindest die beiden Hauptdarsteller, Wirte einer Jazzkneipe. Die Antidiffamation League (die ihn bei "Do The Right Thing" unterstützt hatte) "ist enttäuscht, daß ein Schlag wie dieser von einem Cineasten kommt, dessen Erfolg auch von den Bemühungen herrührt, die Rassenvorurteile abzubauen und der hier selber zu diesen Mitteln greift, die er sonst immer verurteilt" (203).

Inzwischen hat Spike Lee seit dem 22. Juli 1990 sein eigenes Geschäft in Brooklyn, "Spike's Joint", in dem man T-Shirts, Plakate, Drehbücher, Bücher sowie Schlüsselanhänger mit Bildern aus seinem Filmen kaufen kann. Er hat auch Werbespots für Nike gemacht und hat mit Eddie Murphy, Little Stevie und Robert de Niro an "United Artists Against Apartheid "teilgenommen.

De La Soul

7. NEXT SCHOOL

Flavor Unit

Die Flavor Unit mit Sitz in New York ist eine der interessantesten Rapgruppen, deren Weg sich sicher zu verfolgen lohnt. In der Posse helfen sich Ruler Lord Ramsay, Double J, MC Latee, Clinton, Shakim, Apache, Lord Alibaski, Chill Rob G, Taubid, Lakim Shabbaz und natürlich die zarte Queen Latifah gegenseitig. Die ganze Truppe soll bei Tuff City Rds 1991 eine gemeinsame LP ("The Flavor Unit LP") herausbringen.

Der auserkorene Produzent von Flavor Unit und gleichzeitig ihre Hauptschlagader ist DJ Mark 45 King (Mark James). Der DJ Mark, König der 45er (Singles). Er verdient sich seine ersten Sporen, als er die "Supermix Dance Partys" von DJ Alert überarbeitet und produziert, dann "This Cut's Got Flavor" von MC Latee (1987) für Wild Pitch Rds. Seitdem rennt 45 King (zu seinem und zu unserem Vergnügen) von einem Studio zum anderen. Er ist verantwortlich für Songs wie "Dope Rhymes" von Chill Rob G (Wild Pitch Rds 1988), "We Rule" (Hip Hop Remix) von den Wee Papa Girls (zwei Schwestern: Ty Tim und Total S, die einen Hit nach dem anderen verbrechen und immer besser werden) "Bless The Funk" von Double J und einige andere (s. später). 1990 unterschrieb er bei Tuff City für sein erstes Album "45 Kingdom" (zwölf instrumentals: Wetten, daß die Samples gut laufen werden? Dazu zwei Raps von Lakim Shabbaz).

LAKIM SHABBAZ

Larry Welsh (Lakim Shabbaz) machte seine erste LP 1989 "Pure Rightneouness" (Tuff City), in der er uns seine Meinung über Drogen kundtut: "Hier gibt es jede Menge Drogen, und die sind das beste Mittel, um sich eine Gemeinschaft hörig zu machen...nicht nur die Schwarzen, sondern auch die Latinos und die armen Weißen. Crack ist entweder ein Klassenkampf oder Rassismus". Aber mit seiner zweiten LP "The Lost Tribe Of..." (von seinem Freund und Mentor 45 King produziert) macht er sich einen wirklichen Namen.

Diese Platte wurde als eine der besten des Herbstes 1990 gefeiert. Die Songs auf der Platte sind das weitsichtige "No Justice No Peace" (mit der ganzen Flavor Unit als Chor), "Style Wars", "Brothers In Action", "The Voice Of Power", "The Lost Tribe Of Shabazz" (und seine immer wiederkehrende Frage: "Wie können die Menschen in Amerika überleben") und "Black & Proud". Das Cover ist sehr ägyptisch (Hieroglyphen und Pyramiden...), die Musik sorgfältig mit Instrumenten gestaltet (Klarinette, Bongos, Schlagzeug, Gitarre, Bässe) und Geräuschen versehen, sein leichtes Rapping lenkt (und beläßt) Ihre Aufmerksamkeit auf Lakim Shabazz.

QUEEN LATIFAH

Dana Owens wurde 1969 in Newark, New Jersey geboren. Ihre Eltern ziehen 1975 nach East Orange, ebenfalls New Jersey. Zehn Jahre später spielt Dana die Rolle der Dorothy in "The Wiz" bei einer Schulaufführung. Bevor sie ihre ersten Reime schreibt, ist sie die Human Beat Box für Tangy B & Landy B. Sie arbeitet auch mit den Ladies Fresh. Eines Tages gibt ihr ein moslemischer Cousin den Namen Latifah (zart und sensibel im arabischen). "Dieser Name ist an mir hängengeblieben und wenn ich mich Queen Latifah nenne, hat das nichts mit Hierarchie sondern mit etwas Spirituellem zu tun: dem Adel vom Geist und vom Herzen. Ich mag die Kronen (Fez) und die afrikanischen Stoffe (Batik) sehr gern" (99). Sie lernt DJ Mark 45 an der Irvington High School kennen und er überzeugt sie weiterzumachen.

Ihr erstes Demoband nimmt sie mit der Hilfe von Fab 5 Freddy auf, der es sofort (per Telefon!) bei Tommy Boy Rds vorführt. Dieses Label war '81 von Monica Lynch gegründet worden und hat einige Monate später einen großen Erfolg mit dem revolutionären "Planet Rock" von Afrika Bambaataa. Seitdem hält sich Tommy Boy mit Queen Latifah, De La Soul, Digital Underground u.a. an der Spitze. Monica Lynch macht keinen Hehl daraus, daß sie Ambitionen hat und wünscht sich, daß "Tommy Boy der Post Def Jam Sound sein wird, der den Hip Hop in den 80er Jahren dominierte" (100).

Nachdem ihr Vertrag unter Dach und Fach ist, macht Queen Latifah ihre erste Single ("Wrath Of My Madness/Princess Of The Posse") Ende 88/Anfang 89. Die ganze Szene ist von ihrer warmen Stimme begeistert. Die Meters (eine Gruppe aus New Orleans, die auf "Wrath Of My Madness" gesamplet hat) haben allen Grund, stolz zu sein. Die B-Seite macht der Flavor Unit mit einer Reggae-ähnlichen Rhythmik alle Ehre.

"Dance For Me", ist ihre zweite Single - auf der die zarte Königin eine dritte Stilart bringt - die Platte ist sehr nach Sly & Family Stone. Trotz all dieser Einflüsse besticht sie durch große Originalität: "Ich mische nichts bewußt. Ich wuchs mit Reggae, Rap und Housemusic und mit Heavyfunk auf. Und wenn ich meine Musik schreibe, trifft das alles zusammen. Ich habe nie versucht, jemanden zu imitieren oder eine andere Musik weiterzuentwickeln" (101).

A King & Queen Creation

Alle Zutaten, zu denen man noch den R&B und die Raggamuffin' hinzufügen könnte, fügen sich auf ihrer ersten LP zusammen: "All Hail Queen Latifah" (1990). Viele Produzenten waren am Werk: in der Hauptsache 45 King, KRS One (das ist nicht erstaunlich, da beide die afrikanischen und jamaikanischen Einflüsse sehr lieben), die Stetsasonics Prince Paul und Daddy-O (mit denen Queen Latifah zuvor einen Titel für die Platte "Funky Reggae Crew" aufgenommen hat) und Little "Louie Louie" Vega. Auch Monie Love (das andere Ich von Queen Latifah aus England) bei "Ladies First" und De La Soul bei "Mama Gave Birth To The Soul Children" (es bezieht sich darauf, daß sie sich sehr gut mit De La Soul versteht und sie wie ihre Söhne behandelt,

**Queen Latifah,
Queen of the Possee**

sie nennen sie Mama) sind eingeladen worden. Mit direkten Worten spricht Queen Latifah alle Leitmotive des "bewußten Rap" an, wie z.B. in "A King & Queen Creation": "Ich denke, daß alle Schwarzen von afrikanischen Königinnen und Königen abstammen. Sie wissen es aber nicht, da sie in der Schule nur die Geschichte der Weißen lernen" (101). Auch über Drogen gibt es ein Lied: "In 'The Evil That Men Do' sage ich: 'Jemand führt ein goldenes Leben, nur weil ein armes Mädchen nicht vom Crack loskommt.' Was sieht man überall? Reiche Dealer, weil unsere Kinder ihre Nasen in Koks stecken. Und diesen Kindern hilft niemand, weil es keine Rehabilitationszentren gibt. Das muß aufhören, und dafür sind Leute von der Regierung zuständig. Das ist nicht nur ein Krieg gegen die Droge" (101).

"Die Leute sehen einen Sinn in dem, was ich erzähle, auch wenn ich mich nicht als Messagerapperin verstehe. Dafür gibt es zu viele Dinge, von denen ich nichts verstehe. Alles, was ich tun kann, ist von diesem oder jenem sprechen, wovon ich die Hintergründe kenne (...) Meine einzige Message wäre: 'Seid stolz darauf zu sein, was ihr seid, und seid positiv' (102)". Schönes Beispiel für Bescheidenheit.

Aber sie vergißt nicht, uns zum Tanzen zu bringen (sie und die Safari Sisters 007 & 99 sind unglaublich frisch auf der Bühne) mit "Dance For Me" (zwischen Deep House und Rap), "The Pros" (Rap und Backbeat Reggae). "Ich bin stolz auf mein Geschlecht und ich will, daß alle Frauen es sind. Es wäre besser, wenn sie ihren Kopf anstatt ihren Körper benützten. Wenn diese Gedanken feministisch sind, dann bin ich es" (102). Ein guter, vielseitiger Geist.

Seit ihrer LP ist sie sehr gefragt, und man hört sie in "Undercover Of Darkness" (hat sie getextet) auf der LP "Times Up" von Living Color, bei "Find A Way" von Coldcut und auch bei "Woman For A Job" (Raggamuffin') bei "Silent Assassin" von Sly & Robbie... Ja, Queen Latifah ist eben die Königin.

DE LA SOUL

Im Königreich von Latifah sind De La Soul ihre treuesten Diener. Mit ihnen konnte die Welt sehen, daß Rap auch sanft, komisch und vor allem melodiös sein kann. Der Rap wurde "beruhigend" und "ausstrahlbar" für alle möglichen Radiosender. Rapper wie Chuck D oder Ice-

T haben nicht gezögert, das zu loben:"Das ist eine andere Form des Rap, und sie geht in eine andere Richtung. Das ist sehr gut" (14). Und LL Cool J hat sie bei seiner US Tour 1989 eingebaut. De La Soul sind drei Leute: Posdnous (nimmt an Managmentkursen teil), Trugoy The Dove (im Moment an einer Architektur/Zeichenschule) und DJ Pase Master Mase (der jüngste, 20 Jahre alt). Sie kommen aus Amityville: "Das ist eine ziemlich gute Wohngegend und es ist leichter, dort zu leben als in einer Großstadt" (11). Sie sind noch Studenten oder

De La Soul, Rap im D.A.I.S.Y. Age

Schüler, als sie 1985 die Gruppe gründen: "Wir haben uns dem Rap wie einem Hobby gewidmet, ohne dabei unsere Studien zu vernachlässigen, die uns sicherer schienen" (11). Sie nehmen ein Freisemester für die Promotion ihres Albums. "Ich und Pos haben mit der Gruppe angefangen. Dann haben wir Mase auf dem College getroffen. Wir haben dann im Keller gearbeitet. Dann wurde es plötzlich ernst, wir machten eine Single und Mase hat uns Prince Paul vorgestellt. Er hörte unsere Demos an, und sie haben ihm gefallen, er produzierte und Tommy Boys hat unterschrieben" (104).

Nach ihrer Maxi "Plug Tunin" (1988) kommt 1989 ihr Album "3 Feet High & Rising" heraus: "Dove fand diesen

The Jungle Bros, Good News comin'

Titel. Wir haben fast drei Jahre gebraucht, um uns stark und zusammengehörig zu fühlen. Wir sind drei, und wir entwickeln uns weiter. Jetzt sind wir wie ein Totem" (11). Die Platte kommt auf Nr. 1 im Billboard im März '89, und diesen Erfolg verdanken sie sowohl den Clubs als auch den Black Radios und dem Pop-Markt, der normalerweise Rap links liegen läßt (s. Rap & Medien). Die Platte ist eine gigantische Collage von mehr als einer Stunde Musik. Die Samples sind unzählbar: James Brown, Beatles, Funkadelic, Billy Joel, Steely Dan, Barry White, Otis Redding, Prince, Public Enemy, Run DMC, Johnny Cash, Turtles, (Evan S. Cohen, der Anwalt der Turtles hat sie kürzlich erst angegriffen), Michael Jackson und andere. "Bei unseren jeweiligen Eltern sind die Platten, die wir samplen", erzählt Trugoy, "wohin ich auch gehe, schleppe ich diese Platten mit. Ich bin verrückt. Diese Gruppe sucht ständig nach Sachen, die sie samplen kann" (106). Die Jungle Brothers und Q-Tip (A Tribe Called Quest) unterstützen beim Gesang, ebenso wie Prince Paul. Er ist es auch, der die Gruppe am besten beschrieben hat: "Wenn Sie Farbstoff in drei Gläser mit Wasser schütten, erhalten Sie alle möglichen Farben, aber es ist immer noch Wasser. Können Sie mir folgen? Das ist De La Soul" (107).

Auf dem Album sind die Hits ("Me, Myself & I", "Eye Know", "Magic Number"), bizarre Stücke wie "De La Orgee" (merkwürdiger Titel. Hören Sie sich das Album an, dann werden sie ihn verstehen) oder "Transmitting Live from Mars". Auch betroffen machende Lieder sind auf dieser Platte: "Ghetto Thang" (die Armut in den Ghettos, wo die Träume zerstört werden) oder "Say No Go" (Anti-Crack). Das Ganze in einem blumigen "Peace & Love" Ambiente. D.A.I.S.Y. - Age (Wortspiel über den Begriff "Marguerite" und die Initialen, die man mit "der Ton aus dem Innern für uns alle" übersetzen kann) ist da. Die zweite LP ("De La Soul Is Dead") ist für Anfang '91 vorgesehen.

JUNGLE BROTHERS

Von allen Gruppen, die ruhige und stark afrozentristische Musik machen, sind die Jungle Brothers mit Sicherheit die begabtesten. Ihre Musik ist etwas intimer, schwerer zu verstehen, als die der anderen Gruppen; das erklärt ihren bescheidenen Erfolg.

Die Jungle Brothers sind alle in Harlem geboren,

91

aufgewachsen und auch heute noch dort ansässig. Ihre Mitglieder sind: Afrika Baby Bambaataa und sein Bruder Mike G (ehemaliger DJ, der den Spuren von Red Alert folgen wollte, und der ihn selbst dazu ermutigt hatte. Er fing jedoch dann an zu texten und zu rappen) und Sound System Uncle Sam. "Sicher bezieht sich unser Name auf Afrika" gibt Mike G zu, "aber er bezieht sich auch auf den Dschungel, in dem wir aufwachsen. So ist es, die Welt ist ein Dschungel und wir sind Brüder (Brothers), wir helfen uns und allen, die mit uns leben, zu überleben. In unserer Umgebung gibt es sehr viel Gewalt und Drogen. Jeder handelt so voller Gewalt, als wäre es der Dschungel. Wir haben uns deshalb so genannt, nicht nur, um uns bekannt zu machen, sondern auch, um auf die Situation aufmerksam zu machen" (105). Nachdenken ist eines der Merkmale der Jungle Bros. Sie sind pluralreligiös (Mike G nennt sich "spirituell", jedoch nicht religiös, Baby Afrika Bambaataa hat die Bibel studiert und liest gerade den Koran. Er will wie seine Mutter zum Buddhismus überwechseln), und offen und tolerant: "Wir sind viel gereist", sagt Mike G, "vor allem in Europa, und deshalb haben wir eine andere Meinung über die Rassenvermischung Weiß/Schwarz im Rap. Vielleicht haben die Rapper, die nicht aus den USA rauskommen, noch nicht kapiert, daß auch Weiße im Rap sein können, denn in den USA läuft Rap nur in schwarzen Clubs. "Manche Rapper sind nicht in der Lage zu verstehen, daß vielleicht auch andere Leute ihre Musik mögen. Deshalb sagen sie: Das ist mein Volk, meine Musik. Aber wenn Du einmal in Europa warst, entdeckst Du eine völlig andere Welt. Die Leute werden zu oft nach ihrer Hautfarbe beurteilt (...) Die Musik ist viel universeller, als manche Rapper glauben. Deshalb wollen wir zwischen den beiden Gemeinschaften eine Brücke bauen und gleichzeitig unsere Kultur in unserer Musik erhalten" (105).

Straight Out The Jungle

Ihre Musik ist ihren Worten entsprechend gleichzeitig erholsam und angespannt, harmonisch und unausgeglichen. (Sie bekennen sich zur "Old School", von der sie auch viele Ausschnitte verwenden). Dennoch bringt sie ihre erste Single "I'll House You" durch ihren Titel auf eine ganz andere Bahn. Aber ihr erstes Album, das sie ganz allein gestalten (Produktion, Kompositionen etc.), bringt das wieder in Ordnung: "Straight Out The

Jungle" kommt 1988 bei einer kleinen, aber guten Plattenfirma, bei Warlock Rds, heraus. Der Sound ist bescheiden. Die Atmosphäre des Dschungels (oder wenigstens, wie man sie sich vorstellt) wird sorgfältig durch Geräusche, Tierschreie und verschiedene Töne nachempfunden. "Straight Out The Jungle" (das Lied mit der Passage "it's like a jungle sometimes" aus "The Message") und noch besser "Sounds Of The Safari" sind die besten Beispiele. "Black is Black" ist ein sehr bewegendes Lied durch die Stimmen, die sonore Hintergrundmusik und den Text: ("Meine Milchkaffeehaut besagt gar nichts/Und wenn du denkst, daß du träumst/Wach auf, wach auf/Wir sollten uns jetzt nicht trennen/Schwarz ist schwarz und nicht blau oder violett, es ist wie ein Kreislauf/Die Runde, die Runde, wir werden sie machen/Ich weiß nicht, wann wir anhalten werden/Wenn Du es tust, hör auf mich/Deine Phantasie wird dich umbringen/Die Realität ist das, was wirklich ist/Die Realität ist die, daß schwarz nur schwarz nur schwarz ist"). Die Worte werden wiederholt und es gibt einige Referenzen an schwarze amerikanische Persönlichkeiten (Der Traum bezieht sich natürlich auf Martin Luther King: "I Had A Dream", das Aufwachen auf die Last Poets:"Wake Up Niggers" etc.). Und die Brüder des Dschungels verstehen sich auch darauf, ihr Publikum zum Tanzen zu bringen: Ihr "Because I Got It Like That" ist absolut unwiderstehlich.

Ihr Talent läßt die Plattenfirma WEA aufhorchen. Der Vertrag wird 1989 unterschrieben. Die zweite LP der Jungle Brothers kommt noch im selben Jahr heraus. Wenn auch der Geist und der Geschmack an "Straight Out The Jungle" erinnern, ändert sich bei "Done By The Forces Of Nature" der Ton gewaltig. Die Kompositionen sind ausgefeilter und die Arrangements (für die Red Alert verantwortlich zeichnet, der Mentor von folgenden Gruppen ist: A Tribe Called Quest, De La Soul und Jungle Brothers) sind reichhaltiger geworden. Einige Gaststars sind auf der Platte zu hören, z.B. Queen Latifah, De La Soul, A Tribe Called Quest (bei drei Titeln), KRS One, Monie Love (auch bei drei Stücken) und viele andere (darunter auch Brother J von X-Clan, damals noch ohne Label). Mit "Tribe Vibes" erweisen die Jungle Brothers ihren Rap-Brüdern die Ehre. Cool C (Schlagzeug) tritt bei mehreren Titeln in Erscheinung. "Wenn Sie unser Album hören, werden Sie eine Reihe von Cuts bemerken - Funkadelic, Marvin Gaye. Unsere Reime erzählen eine Geschichte, und wenn Sie sie gehört haben, können Sie uns etwas zurückgeben. Eines unserer ersten Lieder erzählt von einem Jungen, der von Dealern umgeben aufwuchs. Als er älter wurde, wollte er auch einer werden. Die Leute können dazu zu uns sagen 'Ja, das kenne ich auch', weil ich das selbst so gesehen habe." (105). Eins der Lieder ist "Beyond This World" (sie zollen damit Afrika Bambaataa und der Zulu Nation Tribut, bei der sie Mitglieder sind). "Acknowledge Your Own History" behandelt die Geschichte der schwarzen Amerikaner: "Alles was sie lesen, behandelt die Sklaverei/ Und niemals den Mut des schwarzen Mannes (...) Seite eins, Seite zwei, Seite drei/Und immer noch kein Wort über mich"; oder "Kool Accordin' 2 A Jungle Brother": ein Lied, was sehr jazzig ist wie früher schon bei Andy Williams, Blues/Soulman der 40er/50er/60er Jahre oder Johnny Otis.

Man sollte aber nicht die drei anthologischen Stücke vergessen: "Done By The Forces Of Nature", und wenn das Album diesen Namen trägt, dann weil das Stück einfach phantastisch ist. Die Jungle Bros sind besser denn je, der Rhythmus ist langsam, die Rappings sehr verschieden und die Parolen positiv. "Good News Comin": Gesänge afrikanischer Stämme, Elefantenschreie, Samples und Scratches: "Eine gute Nachricht, der letzte Tag steht an der Straßenecke/Hinter dem Block, am Ende des Boulevards/Die Unterdrückten werden von der Unterdrückung befreit werden". Dies ist einer der schönsten Raptitel. Und schließlich noch "Black Woman": "Schwarze Frau, Mutter meines Planeten/Schwarze Frau, Du hast mir das Leben geschenkt". Die Chöre und die Worte sind strahlend schön und JB Lucien (ein Franzose, der nach New York gegangen ist, s. später) hat daran mitgewirkt.

Man kann sich nur schwer vorstellen, daß die Jungle Brothers noch besser werden können. Was bleibt, wenn die Perfektion einmal erreicht ist?

A TRIBE CALLED QUEST

Diese Gruppe stammt aus Queens. Sie lernten die Jungle Brothers an ihrer Universität kennen. Diese werden sie auch zur Zulu Nation bringen und sie sehr stark beeinflussen. Auf dem Cover der ersten LP von A Tribe Called Quest steht deshalb auch: "Aufgezogen und instruiert von den Jungle Bros". Ihre erste Single "Description of a Fool" kommt im Sommer 1989 heraus,

A Tribe Called Quest, Description of a Fool

und sie wird sehr gut vom Publikum aufgenommen. Q-Tip ("Wattestäbchen"!) und seine Bande machen mit einem Album weiter, dessen Name schier unaussprechlich ist: "People's Instinctiv Travels & The Paths Of Rhythm" (April 1990). Die Samples kommen unter anderem aus dem Repertoir von Marvin Gaye, Grace Jones, David Byrd, Filmmusiken, Sitar (Bonita Applebum) und spanischen Einflüssen (El Segundo). A Tribe Called Quest sind so friedfertig, daß sogar ihre Samples sanft wirken, wenn auch "Can I Kick It" von "Walk on The Wild Side" (Lou Reed) die Bässe und anderes geklaut hat. Das ist kein Zufall, denn kennen Sie ein weicheres und schlaueres Lied als das von dem Ex-Velvet- Underground?

"Wir sagen nichts in der Richtung 'Nehmt keine Drogen'. Wir sprechen über die Dinge, die wir sehen, wir insistieren nicht, wir machen es, das ist alles. Wir versuchen die meiste Zeit, die Leute zufriedener mit dem zu machen, was sie sind. Dieses fehlende Selbstvertrauen ist wirklich ein soziales Problem. Und viele Dinge machen Dich unsicher, zum Beispiel ein Taxi zu erwischen (...) Wir wollen Euch zufrieden machen, Ihr sollt einen schönen Augenblick erleben, vielleicht lächeln, sogar lachen" (108).

Und wie könnten wir Frankophone nicht lachen bei "Voulez-vous/Rendez-Vous/Les Poupous" aus "Luck Of Lucien"? Der selbe Lucien übrigens wie bei "Black

Woman" von den Jungle Brothers... Oder "Ham & Eggs": "Dieses Lied warnt vor Cholesterin. Wir essen kein rotes Fleisch und lieben Gemüse" (108).

Sie sind eine sehr diskrete Gruppe (man weiß wenig über sie), sind sehr gut gelaunt ("Push It Along" bewegt einen dazu, trotz aller Schläge im Leben nicht aufzugeben), und ihr wachsender Erfolg beruhigt mich. Die Welt hat doch noch Ohren.

X-CLAN

"Die Leute sind sich nicht klar darüber, daß die einzelnen Mitglieder von X-Clan schon lange für die Sache kämpfen" erklärten A Tribe Called Quest. Von den afrozentrischen Combos ist X-Clan in der Tat die afrozentrischste. Wenn man die Vergangenheit der beiden Bandleader betrachtet, ist das wenig erstaunlich. Der Vater von Brother J heißt Sonny Carson. Er organisierte eine Demonstration für Yusef Hawkins. Er nahm den erst sieben Jahre alten Brother J schon zu politischen Diskussionen mit und stellte ihn als Jugendlichen Malcolm X vor. "Mein Vater glaubte, daß man als Schwarzer in Amerika auf der Straße aufwachsen müsse. Wir gehörten den Gangs an, und da waren die üblichen Sachen. Die Schießereien..." (109). Prof X erinnert sich an die Kirche seiner Mutter: "Sie war Baptistin. Wenn eine Person eines anderen Glaubens eintritt, wird das akzeptiert, weil sie ihrem Glauben treu sind. In meiner Familie sind sie Israeliten. Ich kann in ein muselmanisches Geschäft kommen und den Typen grüßen, er wird mir antworten und ich werde ihm sagen, daß ich Abdul Allah heiße und wir werden uns begrüßen" (109).

Wie wir schon gesehen haben, managte Prof X Just Ice und King Sun, bevor er X-Clan gründete. Seine Partys im Latin Quarter ermöglichen ihm ein Zusammentreffen mit Scott La Rock: "Als Scott starb, waren wir unter den ersten, die im Krankenhaus eintrafen. Wir wollten damals gerade eine Bewegung gründen und nannten uns Circle Of One. Nach Scotts Tod fiel alles auseinander. Es ist noch heute schmerzhaft" (111).

Daraufhin konzipiert (1986) Prof X die Blackwatch Movement: "Ich dachte (als ich diese Bewegung aufbaute) daß einige Prinzipien wie Geduld, Respekt und die Kraft der Seele bei den jungen Leuten nicht mehr vorhanden wären. Viele junge Leute, die man im Business kennenlernt, strampeln und gelangen doch nicht zum Ziel" (111). Seitdem tritt X-Clan als Sprecher der Bewegung auf (die Musik ist das hauptsächlichste Medium dabei): "Wir sind keine Rapper und auch keine Gruppe. Wir sind die Boten der Blackwatch Movement, deren Ziel es ist, die Religion zugunsten unserer Ursprünge auf den zweiten Platz zu verbannen. Wir werden nicht in die Falle gehen und uns weiterhin von Religionen spalten lassen" (112). Die Blackwatch Movement wird als nationalistisch beschrieben und hat ein großes Prinzip: "Schwarz ist die Farbe. Das Negertum ist eine Einstellung". Selbst wenn Brother J von Zeit zu Zeit ins Mystische verfällt ("der Kosmos inspiriert mich, die ersten Weisen und Gott. Die spirituelle Aktivität, die Brüderlichkeit und die Familie, daraus schöpfe ich die Inspiration meiner Worte. Das ist ein Vorgang im Herzen" (113), basiert seine Philosophie dennoch auf Werken wie "Black Athena" (Martin Bernal) oder "The African Origin Of Civilisation" (Cheick Anta Diop), die aufzeigen, daß die Zivilisation nicht in Griechenland, sondern in Ägypten aus der Wiege gehoben wurde und dort die Mathematik, die Philosophie und die Künste zum ersten Mal praktiziert wurden.

X-Clan, Rap & Afrozentrismus

Ausnahmsweise gelingt es Professor X, Brother J (der angeblich bei den Jungle Bros angefangen haben soll), DJ Paradise Sugar Shaft und den drei Rappern Queen Mother Rage, Isis, Lin Que in ihrer Musik Tanz und Worte harmonisch zu vereinen. Mit Hilfe des Fernseh-produzenten Ralph Mc Danields (bekannt durch seine Sendung Video Music Box auf Channel 31, der zweitwichtigsten nach MTV) bringen X-Clan 1989 ihr erstes Album heraus. Das Cover ist vielsagend: Man sieht Bilder aller schwarzen Führer + Hieroglyphen + rosa Cadillac und nicht weniger als 57 Namen pro-schwarzer Organisationen, Antidrogenverbänden oder antirassistische Gruppen in einer tollen Montage.

Große Anstrengungen wurden auf dem Gebiet der Geräusche gemacht. Die Philosophie der Gruppe wird in dem Lied "A Day Of Outrage, Operation Snatchback" zusammengefaßt: "Das Thema war die Empörung über das, was wir uns haben antun lassen (Mord an Yusef Hawkins, A.d.Ü.) und zehntausend Menschen sind zusammengekommen, um zu protestieren. Wir sind uns darüber klar geworden, daß es Schwarze in Amerika gibt, die etwas an der Situation ändern wollen" (114).

"To The East Blackwards": "In dieser Dimension sind wir frei zu reisen, und viele wollen das erreichen. Damit sind viele Dinge gemeint, z.B. ein Ort, um sich auszuruhen oder eine Richtung, es ist der Tod und das Leben, das X" (114). "Raise The Flag": "Hebe die Flagge hoch, denn ich hasse das Sternenbanner". "The Practitioner Architect Paradise": "Diesen Namen gaben mir die Brüder wegen der musikalischen Gaben, mit denen Gott mich ausgezeichnet hat. Architekt bezieht sich auf die Bewegung, das Paradies ist Afrika, der Garten Eden. Egal wo ich bin, bin ich im Paradies, denn ich trage Afrika in meinem Herzen" (114). Das ganz simple und starke "Verbs Of Power" ist sicherlich der große Erfolg der Platte. Die Vereinigung mit den anderen Gruppen, die die gleichen Ziele verfolgen, vollzieht sich bei "Tribal Jam" (das Schlagzeug ist von "Straight Out The Jungle" von den Jungle Brothers), "Heed The World Of The Brother" (neu gemixt von 45 King) und durch die Teilnahme von Lucien bei "Shaft's Big Score". Wenn sich die Gruppe auch hier in Europa noch keinen allzugroßen Namen gemacht hat, plant Professor X doch ein Soloabum mit Namen "The Sleeper Has Awoken".

STETSASONIC

Schon die Anwesenheit von Prince Paul und Daddy-O garantiert für ein gutes musikalisches Niveau. Stetsasonic gehört zu den Posses, die den Rap weiterbringen, ohne dabei kommerziellen Wohlstand zu erzielen. Ihre Reputation in der Musikszene ist umso größer: "Es ist wichtig, zu verstehen, was Du tust und es nicht nur zu tun, weil es gerade Mode ist. Weil Du feststellst, daß der eigentliche Name von Daddy-O Kareen ist, daß Rakim Rakim heißt und Du siehst, daß Griff ein Anhänger Farrakhans ist. Du mußt nicht das gleiche tun, weil sie es tun, sondern weil auch Du Lust dazu hast. Was diese Leute tun, haben sie auch schon getan, als sie noch keine Rapper waren. Vielleicht tust Du das gleiche wie ich, weil Du ein Führer bist. Die meisten jedoch sind nur das Gefolge" (119). Stetsasonic wird 1985 in Brooklyn gegründet und setzt sich aus drei Rappern zusammen (Daddy-O und Delite, deren Wege sich 1982 kreuzten, und Friutkwan), einem DJ/Clavier DBC und zwei Mischern, Wise und Prince Paul. Bobby Simmons, einen echten Schlagzeuger, der sie bei Livekonzerten begleitet, darf man auch nicht vergessen. (Stetsasonic sind die ersten, die in der Öffentlichkeit Instrumente einsetzen).

Am 17. August '87 nimmt Stetsasonic an einem riesigen Konzert im Madison Square Garden teil, das zu Ehren des vier Jahre zuvor ermordeten Scott La Rock gegeben wird. Public Enemy (bei der Gelegenheit mit vierzehn S1W) und KRS One sind ebenfalls mit von der Partie: "Kris trug das Foto von Scott. Es war ein sehr finsterer Moment" erinnert sich Chuck D (121). Nach zwei Maxis bei Tommy Boy : "On Fire" (mit einer Human Beat Box, die sehr hart ist) und "Sally Ep" (mit zwei Mischungen von "Sally" - Wilson Pickett & Sly Stone sind beklaut) in den Jahren '86 und '88 schließen sich Stetsasonic im Studio ein und brüten Ideen aus. In wenigen Tagen machen sie eines der komplettesten Alben (Stilvariationen und Arrangements) des Hip Hop: "In Full Gear" (1988). Das Album wurde hauptsächlich von Prince Paul und Daddy-O produziert und hat nach zwei Jahren keineswegs an Reiz verloren. Die Steticians, wie sich nennen, sind zahlreich: ein Saxophonist, zwei Gitarristen, zwei Bassisten, ein Pianist, ein Trompeter und mehrere Rapper/Chöre (auch Luke Skyywalker und Mr Mixx von der 2 Live Crew bei "Miami Bass"). Dazu kommen noch zahllose Samples. "Talkin' All That Jazz" behandelt daher auch James Brown und seine Haltung zum Sampling (Angriffe, Prozesse etc.). Die Stetsasonic behandeln viele Themen und sehr virtuos, so erweisen sie zum Beispiel den Last Poets die Ehre ("Freedom Or Death": Congas und Bongotrommeln, engagierte Texte), sie machen Raggamuffin' ("The Odad"), singen acappella ("Extensions", ein Song, der die Mär der stimmlosen Rapper zerstört), können hart sein ("It's In My Song": Schlagzeugtrommelwirbel, Gitarrensoli, man schreit "Yeah"), sie können mixen ("Pen & Paper") und so weiter.

Eine ganze Palette von sich überkreuzenden Stilen, manchem vielleicht zuviel (die Platte war ein Reinfall). Seitdem haben Stetsasonic die Maxi "A.F.R.I.K.A." (mit Jesse Jacksons. s. "Rap und Humanitäre Aktionen")

herausgebracht und haben gerade ihre neue Single ("About A Girl Named Suzie") und eine LP angekündigt: "Blood, Sweat & No Tears", die Delite folgendermaßen beschreibt: "Das ist Musik für den Geist, den Körper und die Seele. Es gibt Platten mit einer Botschaft, es gibt lustige Platten und es gibt lustige Platten mit einer Botschaft. Und dann ist da noch unsere Chronologie von jungen Individuen, die zusammenblieben und sich gegenseitig unterstützt haben. Das ist die Geschichte von Stetsasonic und den Dingen, denen wir in der Industrie entgegentreten. Das bedeutet unsere Anhänglichkeit und unserer Stärke, um gewisse Ziele zu erreichen" (120). Wenn es eine Gruppe gibt, die eine zweite Chance verdient, dann ist es Stetsasonic.

RAP UND AFROZENTRISMUS

Der Rap bringt den Afrozentrismus wieder an den Tag, das Gegenstück zum Eurozentrismus, der die Welt seit Jahrhunderten regiert, wie es auch Queen Latifah beschreibt: "Wir, die Afro-Amerikaner, wir sind 'homeless'. Die Weißen kamen vor Jahrhunderten auf einen Kontinent, der ihnen nicht gehörte und haben sich Leute geraubt, um ihre Ziele zu erreichen. Ich finde das widerlich und Gott weiß, daß heute immer noch einige diese Aktion verteidigen, weil sie der Meinung sind, daß einige Menschen minderwertiger sind" (11). Es ist schwer, mit diesem Thema umzugehen, denn es reicht vom totalen Radikalismus (Seperatismus) bis zur absoluten Gleichheit (der Schwarzen und Weißen). Diese verschiedenen Niveaus komplizieren das Verständnis für dieses Phänomen. Vielleicht sollte man den Afrozentrismus als eine große Idee ansehen, die versucht, bescheidene Resultate zu erzielen (viel fordern, um ein wenig zu bekommen).

Definition(en)

Für Chuck D ist der Afrozentrismus vor allem eine Möglichkeit, gegen Ungerechtigkeiten vorzugehen: "Es gibt keinen Unterschied zwischen Schwarzen und Weißen, er wurde von den Leuten erfunden, die an der Macht bleiben wollen. All das basiert auf Überzeugungen und nicht auf Tatsachen. Niemand auf dieser Welt ist 100% schwarz oder 100% weiß. Für die Schwarzen ist dies nichts Neues, sie wissen, daß sie Mischlinge sind. Public Enemy lobt den Afrozentrismus und 'Black is Black' nur, weil wir in einer Struktur leben, die die Weißen bevorteilt. Dann müssen wir uns an unsere Identität klammern, um uns zu wehren. Eigentlich stammt der Weiße vom Schwarzen ab, vom schwarzen Asiaten und Afrika ist nicht die Dritte, sondern die Erste Welt, die Wiege der Menschheit" (54).

Seine Integrität zu bewahren, heißt die Integration zu bekämpfen oder ihr zu mißtrauen; dies ist eines der charakteristischen Ziele des Afrozentrismus. Bill Stephney (Vizepräsident von Def Jam) erklärt: "Wir sind schon Pro-Afrikanisch. Als die Integration sich durchsetzte, waren sich viele Leute nicht darüber im klaren, was sie bedeutet. Sie bedeutete irgendwie die Verdrängung der afro-amerikanischen Kultur. Die Schwarzen, die immer mehr Erfolg hatten, verließen die schwarzen Gemeinden und die Tatsache, in einem weißen Viertel zu leben, heißt, erfolgreich zu sein (...) Eigentlich sollte die Erziehung im Innern der afro-amerikanischen Kultur stattfinden. In Chinatown haben die Leute zum Beispiel ihre eigenen Wertvorstellungen, ihr Geschäftssystem und einen Sinn für Gemeinschaft. In einigen Gegenden New Yorks gibt es sehr starke Gemeinschaften, wie die der Italiener, und das ist sehr gut so. (Der Interviewer bringt daraufhin die Tatsache zur Sprache, daß in vielen italienischen Vierteln die Mafia herrscht, oder?) Wir wissen, daß es Kriminelle gibt. Egal was mit der schwarzen Gemeinschaft passiert, es wird immer ein junger Schwarzer an der Ecke stehen und Crack an Zehnjährige verkaufen. Wir akzeptieren das nicht. Wenn aber alle außerhalb der schwarzen Viertel wohnen, ist das irgendwann jedem scheißegal. Deshalb werden die Kids verrückt und die Kriminalitätsrate steigt..." (165). MC Serch von 3rd Bass, ein Weißer, der in einer schwarzen Umgebung aufwuchs, sagt uns seine Meinung: "Ich respektiere die Integrität unterschiedlicher Personen, bin aber gegen Militarismus und Seperatismus. Damit schneidest Du Dich von der Gesellschaft ab, anstatt mit ihr zusammenzuarbeiten. Amerika ist ein Schmelztiegel und Du kannst nicht alle Welt um Dich herum verdammen. Wie willst Du sonst vorwärtskommen?" (76). "Bei allen schwarz-nationalistischen Geschichten stecken die Black Muslims dahinter", fährt Pete Nice fort, "ich habe gehört, daß ihre Philosophie darin besteht zu behaupten, alle Weißen wären Teufel und Schlangen. Die einzige Art für die Schwarzen zu siegen, sei die, alle Weißen zu stürzen. Das wird meiner Meinung nach nie passieren, sei es denn wegen der Überzahl (...) Man muß wissen, und ich weiß nicht, ob ich das vor einem Mikrophon überhaupt sagen soll, daß es die Zulustämme waren, die die Schwarzen an die Weißen ausgeliefert haben. Die Schiffe kamen von Jamaika und Kolumbien und haben mit Hilfe der afrikanischen Zulustämme ihre Sklaven gefangen. Du kannst die Weißen immer kritisieren, aber da hat jeder seinen Teil an Verantwortung" (78). Ice-T erklärt: "Wenn die Schwarzen Zugang zum Geld der Weißen gehabt hätten, wären die Weißen Sklaven geworden" (142).

Getreu seiner schockierenden Haltung läßt Chuck D Amerika erzittern: "Mir ist Amerika scheißegal, aber ich werde nie weggehen, weil mein Volk Zeit, Schweiß und Arbeit, Anstrengungen und Blut in dieses Land gesteckt hat, und dieses Land werde ich nicht verlassen. Ich unterstütze die These von Garvey, die besagt, wir müßten nach Afrika zurückkehren, nicht - noch so ein Blödsinn. Wo würde ich denn da hingehen? Ich werde hierbleiben und allen die Hölle auf Erden machen, wenn sich hier nicht bald etwas ändert (103)".

Black Power behält auch 1990 seinen revolutionären Charakter. Die Sozialetats werden gekürzt, die Wohnviertel verarmen, der Drogenkonsum steigt und die Gewalttätigkeit ebenfalls, die fast wie eine Selbstzerstörung scheint. Die Schwarzen hätten also viel anzugehen. Dennoch faßt Chuck D seine Ziele weiter : "Der Feind das sind die falschen Vorstellungen, die sich die Leute über uns und unsere Ziele machen: Die Schwarze Internationale von dem Standpunkt des Afrozentrismus aus gesehen... Die Leute, die uns im Unrecht glauben, sind die Feinde. Egal ob sie nun Anhänger des Afrozentrismus sind oder nicht, wollen wir, daß die Leute Kenntnisse erlangen und sich der Situation bewußt werden" (12).

Denken Sie bitte dennoch nicht, alle Rapper wären afrozentristisch, und auch die, die es sind, verkaufen nicht unbedingt die meisten Platten, wie auch KRS One beklagt: "In den 60er Jahren sprachen sie viel häufiger vom Afrozentrismus als heute. Die Menschen, die Afrofrisuren trugen, sind heute Hollywoodstars geworden und haben ihr Gleichgewicht zwischen ihrer Kultur und dem Kapitalismus verloren! Heute ist eine neue Musik geboren, der Rap, und der sucht die afrikanischen Wurzeln. Aber (...) ein großer Teil des Rap ist sehr kommerziell geworden. Viele Künstler vergessen ihre Herkunft und ihre Kultur und verteilen an die Amerikaner einen Prospekt vom Amerikanischen Traum" (13).

Eazy-E, nihilistischer als je zuvor, stellt alle Welt an die Wand: "Diese Idiotie mit der Black Power, damit haben wir nichts zu schaffen. Ich wette, daß in Südafrika niemand einen Sticker mit der Aufschrift 'Freiheit für Compton' oder 'Freiheit für Kalifornien' trägt. Die haben mit uns nichts zu schaffen, also warum sollten wir uns um die kümmern? Wir sind absolut nicht in der Politik" (126). Schlußendlich ist auch sein ehemaliger Partner Ice-Cube dieser Meinung: "Ich finde New York bescheuert. Alle sind im Afrikafieber, aber sie sollten sich besser um Amerika kümmern. Wie kann mich Afrika interessieren, wenn die Situation hier beschissen ist" (150). Die Journalisten sahen in N.W.A. (der Gruppe von Eazy-E und Ice Cube) eine Combo ohne Ideen. Aber ihre Worte sind deutlich. Amerika hat ein Problem mit seinen Schwarzen und nicht umgekehrt.

Heute ist der Afrozentrismus so populär geworden, daß in New York die Neugeborenen öfter islamische als christliche Namen bekommen und die Rapper keine Goldketten mehr tragen, sondern stattdessen afrikanischen Lederschmuck. (Vor allem seit einige Rap-per daran erinnerten, daß Südafrika einer der Staaten mit den meisten Goldvorkommen ist...)

"Viele Brüder dachten, sie würden ohne Goldketten und tolle Autos nicht akzeptiert", erinnert sich Chuck D, "die Gesellschaft hat dafür gesorgt, daß ein junger Schwarzer so etwas braucht, um sich wohl zu fühlen. Wir haben ihnen daher etwas Selbstbewußtsein gegeben, und das ist wichtiger als die Goldkette und all diese Spielchen..." (48). Aber ist diese Änderung der Kleiderordnung nicht auch eine Modeerscheinung? X-Clan sagt kategorisch: "Du kannst von Deinem Blut ausgehend keine Mode machen. Du kannst nur ein künstliches Objekt nehmen und daraus eine Mode machen" (114).

Für Chuck D ist Afrozentrismus aber eine Mode: "Diese Mode wird bleiben. Sie muß unserem Volk genauso verkauft werden wie alles vorher. Geschichtlich gesehen kam jeden Tag ein Verkäufer in unser Viertel und hat uns alle möglichen Sachen verkauft, gute und schlechte. Wir haben jedoch nie gelernt, der Verkäufer zu sein (...) Laßt Euch von niemandem erzählen, man könne eine Revolution ohne wirtschaftliche Verwicklungen machen. Alles ist Wirtschaft. Wir sind absolut hinter dem Mond, weil wir die wirtschaftlichen Strukturen der USA nicht durchschauen" (143).

Sogar die Zulu Nation, die viel von ihrem Glanz und ihrem Einfluß verloren hatte, profitiert Mitte der 80er Jahre von dieser Rückbesinnung auf die Ursprünge: "Unsere Zulu Nation besteht aus vielen Menschen verschiedener Rassen und Religionen. Allein in Frankreich sind es Araber, Juden, Franzosen, Afrikaner und Antillaisen. In England haben wir Weiße und Schwarze. Es gibt eine Zulu Nation in Italien (...) Die Nation wird größer, auch durch Gruppen wie Queen Latifah, Jungle Bros, Red Alert, Ice-T und Rhyme Syndicate. Und es gibt immer noch 'Veteranen' wie mich, Donald D, Shango und viele andere" (06).

Money B (Digital Underground) ist sicher, daß der Afrozentrismus über den Modebegriff hinaus wichtige Ideem entwickeln und in allen Punkten ungebrochen bleiben muß: "Die Leute ziehen sich afrikanisch an, um 'in' zu sein. Mein Vater ist ein Black Panther, er hat in den 60er Jahren mitgekämpft und mir viele Dinge beigebracht. Ich weiß von klein an, daß wir Afro-Amerikaner Bürger zweiter Klasse sind. Wir sind aufgewachsen, indem wir dem weißen Traum hinterherjagten. Auf einmal gibt es Leute, die sagen: 'Scheiße, auch wir haben eine Kultur', aber von meinem Vater weiß ich das schon lange. Die Black Panthers haben mit dem 'Free Lunch Program' angefangen, um den Obdachlosen zu helfen, das war in den 60er. Die Regierung hat dann damit weitergemacht und behauptet, die Black Panthers wären Terroristen" (135).

8. PHILADELPHIA FLORIDA & TEXAS

Erstaunlicherweise wird der Rap von Europa aus als ein New Yorker Phänomen betrachtet (das war er auch '79 bis '85) oder auch als kalifornische Erscheinung gesehen (seit dem Auftauchen der Gangsta Hip Hop Szene 1985). Dabei hat fast jeder Bundesstaat und jede Stadt eine eigene Rapszene hervorgebracht. Das ist zwar noch keine Welle, da sich die meisten Rapper doch lieber nach L.A. oder New York bewegen, statt sich in ihrem eigenen Loch einzugraben, aber die Bewegung wächst, wie z.B. in Philadelphia oder Florida.

SCHOOLLY D

Nach der Scheidung seiner Eltern schließt sich Jesse Weaver Jr mit 12 Jahren einer Gang in Philadelphia an. Diese Erfahrung soll sein Leben zeichnen. Ein Beweis dafür ist seine erste 12" (1985), die fragt: "PKS-What Does it Mean". Die Antwort lautet: Park Side Killers, die fragliche Gang. Er betont seine Unabhängigkeit und gründed Schoolly D Rds, wo er , von der Produktion bis zu den Plattencovern alles kontrolliert. Er und sein DJ Code Money bringen recht bald eine LP heraus ("Schoolly

D", 1986), auf der man die Maxi "PSK-What Does It Mean/Gucci Time" und Titel wie "Parkside 5-2" oder "I Don't Like R & R" wiederfindet, bei denen er "die Typen mit den langen Haaren" warnt. 1987 bringt Schoolly D Rds die zweite LP von diesem Rapper heraus ("Saturday Night"), der sich Realist nennt und gerne mit Martin Scorsese (u.a. Regisseur von dem Film Taxi Driver) verglichen würde!

Als er die Vor- und Nachteile der Selbständigkeit abwägt, unterzeichnet Schoolly D bei Jive, die sofort "Saturday Night" herausbringen, u.a. mit den Titeln "We Get III" (Referenz an die Beastie Boys, die zugeben, von Schoolly D auf der Bühne sehr beeinflußt worden zu sein), und "Do It, Do It" mit einem Kinderchor: ("Wer hat Angst vorm bösen Wolf?"). Im gleichen Jahr produziert er "Opsta Now" von Royal Ron und eine Maxi von Pimp Pretty. 1988 fährt er einen neuerlichen Angriff gegen den R & R ("No More R & R" mit einem Stück, daß er von Prince geklaut hat) auf seiner neuen LP "Smoke Some Kill", auf der er die Geschichte von "Herrn Großschwanz" erzählt! Bei seiner letzten LP "Am I Black Enough For You" (Bin ich schwarz genug für Sie?) gibt er seine Lieblingsthemen (Sex, Gewalt und Rock) zugunsten einiger verantwortungsvolleren Themen auf. Schoolly D ist hart im Geschäft und hart in der Musik und macht auf dem von ihm eingeschlagenen Weg bis heute weiter.

STEADY B

Steady B zeigt noch besser die Szene in Philadelphia. Warren Mc Glone fängt 1983 an und leitet seinen Namen von "Rock Steady" ab. Dieser "straight-up-B-Boy" hat Glück, denn sein Onkel ist niemand geringerer als Lawrence Goodman (Besitzer von Pop Art, verantwortlich für die Karriere von Salt 'N' Pepa und Roxanne Shante), der 1985 seine erste Platte produziert: "Take Your Radio" (Antwort auf "I Can't Live Without My Radio" von LL Cool J). Sein Manager heißt Chris Schwartz, ehemals der Kompagnon von Joe "The Butcher" Nicolo bei Ruff House Rds.

Nach "Take Your Radio" nimmt Steady B "Fly Shante", "Do The Fila", "Just Call Us Def" auf. Jive wird auf ihn aufmerksam, und er unterschreibt dort. Seine erste LP kommt 1986 auf den Markt und heißt "Bring The Beat Back", gefolgt von einer zweiten, "Let The Hustlers Pay" mit drei Titeln, die von KRS One bearbeitet wurden (der Titelsong leiht sich die Stimme von Jalal von den Last Poets). Eine dritte LP ist für die nächste Zeit vorgesehen, Steady B hat jedoch den Nachteil, ein Oldtimer zu sein, der noch keinen echten Erfolg hatte.

JAZZY JEFF & FRESH PRINCE

Jazzy Jeff & Fresh Prince haben das genau gegenteilige Problem, nämlich einen zu großen Erfolg, der sie von der Klarheit und Härte entfernt und dem Ruhm, dem Reichtum und allem anderen näher gebracht hat. (Sie können jetzt sagen, daß es bei LL Cool J genauso ist, der aber hat immer ein Gleichgewicht zwischen seinen "Slows" und seiner "I'm Bad"-Seite gefunden).

Jeff Townes (Jazzy Jeff), Jahrgang '65, begann im Alter von 10 Jahren als DJ, machte sich einen Namen an der Seite von Lady B und schrieb seine ersten Verse mit 14 Jahren, nachdem er Rappers Delight gehört hatte. Bei Jive bringt er 1985 eine Solo-LP heraus: "On Fire" mit einem Antidrogen-Titel "King Heroin Don't Mess With Heroin" und dem liebevollen "My Mother (Yes, I Love Her)".

Die beiden lernen sich auf einer Party Anfang 1986 kennen, damals hatten beide denselben Produzenten. Sie nehmen rasch darauf "Girls", "Just One Of These Days", "The Magnificient Jazzy Jeff" und "A Touch Of Jazz" auf, die man alle auf ihrer ersten LP wiederfindet: "Rock The House". 1986 unterschreiben sie bei Rush Management und gehen gemeinsam mit LL Cool J, Public Enemy und Eric B auf die Def Jam Tour. 1987 machen sie eine Tournee nach der anderen, u.a. bis nach Europa und "vergessen" dabei völlig, Platten zu machen.

DJ Jazzy Jeff erhält einige Preise: er wird 1986 zum besten DJ von New Musical Seminar gewählt und erhält 1987 den Urban Teen Music Award. Die Freude beim Erscheinen ihrer zweiten LP 1988 ist groß: "He's The DJ, I'm The Rapper" ist phantastisch, ähnlich wie die Verkäufe. Man findet auf dieser Platte "Pump Up The Bass", "Parents Just Don't Understand", "Here We Go Again", "Nightmare On My Street" und einige Semi-Live Titel: "DJ On The Wheels", "Rhythm Trax-House Party Style" und "Jazzy's In The House".

Ihr genialer Videoclip "I Think I Can Beat Mike Tyson" (Ich glaube, daß ich Mike Tyson schlagen kann, mit Mike Tyson auf dem Bildschirm!) kommt zur besten Sendezeit im U.S.-Fernsehen.

Ihre Karriere, ihr Sinn für Humor ("Die Eltern verstehen nichts" oder "Mädchen machen nur Probleme") und auch ihre Phantasie erinnern an Kid & Play, mit denen sie befreundet sind. Fresh Prince ist im Frühjahr 1990 von Philadelphia nach Hollywood gezogen, um dort die Serie "The Fresh Prince Of Bel Air" (NBC) zu machen: die Geschichte (autobiografisch) eines Schwarzen, der von Philadelphia nach Hollywood geht und der Mühe hat, sein Temperament dem der Snobs anzupassen. No comment. Eine neue LP ist für Anfang '91 angesagt.

TUFF CREW

Der Ruf dieser Gruppe ist bisher noch nicht über die Grenzen von Pennsylvania gedrungen, obwohl sie bereits zwei Alben gemacht haben und die Mitglieder L.A. Kid, Ice Dog, Tone Love, Monty G und DJ Too Tuff (ein Weißer) sehr begabt sind. Sie müssen ihre Platten entweder in Blitzgeschwindigkeit oder ohne jede Mittel aufnehmen (diese beiden Phänomene treffen oft zusammen). Das gibt ihrer Musik diesen rohen Ton, wie Garagenmusik, bei der die Gewalt und Aggressivität alles andere dominiert. Das ist auch bei den Covern zu sehen, zum Beispiel auf dem letzten: Schwarz, Gelb, Weiß, drei Typen stehen mit dem Rücken zur Wand und ein vierter steht ihnen gegenüber und trägt ein Sweatshirt mit einem Totenkopf.
Warlock Rds gibt ihnen 1988 die Möglichkeit, ihr erstes Album aufzunehmen: "Danger Zone, My Part of Town" ist eine gewaltige Platte (merkwürdiges Rapping,

beängstigende Lyrik, verrückte Scratches und eine kleine, bösartige Gitarre), und es ist erstaunlich, daß die Single, die gepresst wird, um Werbung für das Album zu machen, nicht mehr Anklang beim Publikum findet. Auch die anderen Songs auf der Platte haben den gleichen Stil, sehen Sie nur die Titel: "It's Mad", "Open Field Attack", "Detonator" oder das stolze "North Side". Im Jahr darauf geht die Tuff Crew, die immer noch bei Warlock ist, noch weiter. "Back To Wreck Shop" tut weh, sehr weh sogar. Die Typen machen sich einen Spaß daraus, uns Angst zu machen. Und wenn Sie dumm sind, funktioniert das auch. Schrecklich gut. Von "Goin' To The Distance" als Intro (man könnte meinen, es wäre eine Filmmusik) bis zu "Gimme Some" über "Danger Zone Assault" (weniger sophisticated als Public Enemy) oder "She Rides The Pony" (tolle drei- vier- oder fünffache Stimmen) oder auch noch "Soul Food" (eines der schönsten Instrumentalstücke des Rap. Flöten und Glockengeläut. Die Stille nach, nicht vor dem Sturm). Alles ist gut. Besser. Olympisch. Auch deshalb, weil Tuff Crew eine ganz persönliche Einstellung zum Hip Hop haben.

Rapper aus Philadelphia im Überblick

Man kann noch einige Gruppen hinzufügen, z.B. Robbie B & DJ Jazz, die 1989 bei Ruff House Rds ihre erste Maxi "Rock The Go-Go" herausgebracht haben, obwohl sie nicht aus Washington stammen (dort ist die Domäne der Go-Go Music, die durch Trouble Funk populär geworden ist). Die Platte hat leider nicht genug Staub aufgewirbelt, um auch in Europa bekannt zu werden (auch nicht im Rest der USA). Haben sie deshalb ihre Debüt LP "Comin' Correct" (1990) genannt? Sicher nicht, aber warum dann? Sicherlich deshalb, weil sie einen Rap machen, der alles andere als einförmig ist. Die Platte ist abwechselnd brutal, ruhig, lustig, reichhaltig (7 Musiker) und erreicht ihr Ziel: die Leute bewegen sich. Nicht mehr und nicht weniger.
Lawrence Goodman ist wieder einmal für den Durchbruch von Three Times Dope verantwortlich (er ist definitiv der große Manitou der Musikzene Philadelphias). Bei seinem Label Hiltop Hustlers Rds bringen MC Est (Robert Waller), DJ Woody Wood (Duerwood Beale) und Chuck Nice (Walter Griggs, Production & Rhymes) ihre ersten Singles heraus: "Crushin' & Busin'/On The Dope Side" und "From The Giddy Up/One More You Hear The Dope Stuff".

Dennoch scheinen die Beziehungen zwischen Goodman/ 3 Times Dope nach der ersten LP von '89 ernstlich gestört zu sein. Ein blutiges Postskriptum zeichnet das Cover ihrer zweiten LP "Live From Acknickulous Land": "Lawrence Goodman hat überhaupt nichts auf dieser Platte getan, aber unser Anwalt riet uns, ihn auf Grund unseres Vertrages zu erwähnen". Die Musik ist eine sanfte Mischung aus Funk/Soul und Sätzen à la Young MC (besonders auffällig bei "10 Lie' Sucka Emceez" und "Mr Sandman").

Als 1987 Cash Money auf Grund seiner Akrobatik zum besten DJ der Welt ernannt wird, zieht der in Chicago geborene Jerome Hewlett die Aufmerksamkeit auf sich und seine MC Marvellous (zu Beginn waren ihre Rollen genau umgekehrt!). Leider hat weder die Single "Find An Ugly Woman/The Mighty Hard Rocker" noch das Album "Where's The Party Act" die Musikpresse begeistert.

TWO LIVE CREW

2 Live Crew ist Miami, Florida. Und Miami bedeutet Bass Sound. John Ireland, Kritiker bei Billboard, beschreibt diesen Stil in großen Zügen so: "Der Miami Bass ist bei den Stereokriegen der Bewohner der Sozialbauten von Liberty City (Ghetto in Miami) entstanden. Das war Anfang der 80er Jahre, als Partys organisiert wurden, die Mittelpunkt des sozialen Lebens in Miami waren. Das Hauptinstrument bei diesen Partys war im allgemeinen ein enormes Sound System mit sehr mächtigen Bässen. Diese Musikart entwickelte sich gleichzeitig mit dem Hip Hop in New York. Mit den DJs fing es an und später kamen dann die Rapper dazu. Das ist eine echte Tanzmusik, bei der der Rhythmus bestimmend ist" (122). Eigentlich war der Sound wichtiger als die Worte und die MCs waren untergeordnet: Sie durften nur ab und zu einige Sätze skandieren so wie "We Want Some Pussy" (Wir wollen die Muschi) oder "Throw The Dick" (Wirf Deinen Schwanz) etc.

Die Anfänge & die Schwänze

King Crush, ein Pionier der New Yorker Szene, geht nicht sanft mit dieser Form des Porno Rap um. "Wir nennen uns selbst nicht Bass-Musik des Hip Hop, so

kindisch und unreif ist er. Der Miami Bass lehrt die Schwarzen ein sehr niedriges geistiges Niveau. Ich habe nichts gegen diese Leute, aber 2 Live Crew ist so weit vom Hip Hop entfernt wie Milli Vanilli. Der Hip Hop ist die Seele der schwarzen Musik und in Miami haben sie das vergessen. Der Miami Bass hat keinerlei Geschichtssinn, es gibt dort eben keine alte Schule (...) Viele Leute, die Miami Bass machen, mögen ihre Rasse nicht. Sie ziehen den Dollar vor" (123). Luke Skyywalker, der Leader von 2 Live Crew, ist da ganz seiner Meinung: "Ich hätte auch anders Geld verdienen können, aber ich habe mich für Rap entschieden. Ich war immer ein Betrüger, ich wollte immer noch mehr haben. Aber ich mache das Geld, nicht das Geld mich" (124). Im Grunde sagt er damit nur, was viele Rapper denken.

Diese Feste werden schnell zu Wettbewerben. Unter der Führung von Hi-Fi-Geschäften parkten mehre Fahrer ihre Autos in der Mitte eines Stadions und stellten ihre

Autoradios so laut wie möglich. Je lauter die Bässe waren, um so größer war ihre Chance, den ersten Preis zu gewinnen (Geld oder Autoradios!). Manche Autos hatten 10.000 Watt Boxen!!

Nach einer langen erfolglosen Zeit hat sich der Miami Bass inzwischen seinen Platz erobert, nachdem 2 Live Crew die Zensur und dann den Erfolg kennenlernten. Witzig ist, daß ihr Leader, Luke Skyywalker, nicht einmal ein ursprüngliches Mitglied der Gruppe ist.

Anfänglich lud er die Gruppe zu Partys ein, die er organisierte. Seine Gruppe - Ghetto Style DJ - vegetierte vor sich hin. Luke entscheidet sich dazu, bei 2 Live Crew mitzumachen und gleichzeitig auch als DJ für Ghetto Style DJ tätig zu sein. ("Um in Form zu bleiben", sagt er). Mit 29 Jahren ist Mr. Luther Campbell (alias Luke Skyywalker) ein ordentlicher Geschäftsmann. Außer seinem Club Pac-Jam gründet er noch sein Label Luke Skyywalker Rds, zu dem fünf Jahre später 23 Angestellte

ein Studio, zwei Unterlabels, ein Dutzend Künstler des R & B (Angie Griffin) und natürch Rapper wie Rhythm Radicals ("Tales From The Dark Side", politisch), Afro Rican ("Against All Odds"), Tony Roc ("Tony Roc's Theme"), MC Twist, MC Shy-D, K-Solo ("Tell To The World My Name") gehören. Er findet die Stereotypen, mit denen sein Label behaftet wird, ungerecht. "Das wäre, wie wenn man Warner nur mit Prince in Verbindung bringen würde" (125).

Luke erhält 1990 den Webber Award (Music & Biz) für

sein Label und konnte bis heute dem Druck der Großen widerstehen (für die Distribution hat er einen nationalen Deal gemacht, ebenso wie Def Jam): "Ich habe vor nichts Angst. Die Majors haben schon versucht, meine Firma zu kaufen, aber niemand hat mir gesagt, auf welches Niveau sie sie bringen wollen. Ich habe denen gesagt: "Was können Sie für mich tun, was ich nicht schon selber tue?" Solange ich den Kontakt zur Straße halte, kann mir nichts passieren" (125). Er macht auch einige Filmprojekte. Im sozialen Bereich hat er bereits Sozialwohnungen in Miami finanziert und Kampagnen unterstützt, die die Kandidatur von Schwarzen auf den Wahllisten befürworten.

We Want Some Pussy

1987 bringen Luke Skyywalker (Luther Campbell), The Fresh Kid Ice (Chris Wongwon), Treach DJ Mr Mixx (David Hobbs) und Brother Marquis (Mark Ross) ihr erstes Album heraus: "2 Live Crew Is What We Are", sprich, absolut besessen von dem Gedanken "Wir wollen die Möse". Dieser Titel wird große Probleme haben, bei den Radiostationen ausgestrahlt zu werden, trotz seiner vielen Mixes (darunter auch Liveaufnahmen mit einer Gitarre, die fast After Punk klingt). Als sie beschuldigt werden, bescheuert, idiotisch und vulgär zu sein, schlagen 2 Live Crew zurück: "Die Medienleute und die vom Musikgeschäft sind keine echten Schwarzen, das sind bürgerliche Schwarze. Unsere Musik ist Ghettomusik und das mögen sie nicht, weil sie sie daran erinnert, wo sie herkommen" (70).

Diese Antwort ist nicht sehr befriedigend und 2 Live Crew lassen sich auch nicht von moralischen Einwänden stören. Sie wollen Sex. Sie sagen es. Seit dem Jazz schlägt die Musik immer wieder verschlungene Wege ein, um genau das auszudrücken. Man kann den Mangel an Feingefül und Poesie durchaus bedauern, muß aber auch zugeben, daß 2 Live Crew die Dinge beim Namen nennt (und ich füge hinzu, daß sie provozierend sind. Bleibt der Sex nicht das letzte Tabu? Es wäre interessant, die Gründe dafür zu untersuchen). Unterstreichen muß man, daß die Ungeniertheit und Vulgarität (so sie denn existiert) hier noch akzentuiert wird, da sie aus ihrem Kontext (der Musik) hervorstechen. Wenn man danach fragt, ob die Texte von 2 Live Crew frauenfeindlich sind, muß man sicher antworten, daß sich zu diesem Thema jeder seine eigene Meinung bilden muß. Ich kenne

ebensoviele schockierte Mädchen und auch Jungs wie auch solche, die sich amüsieren. Ich erwarte nur von den Rapperinnen, daß sie mit gleicher Waffe zurückschlagen und das tun sie zum Teil bereits. Die Bitches With Problems, zwei Schwestern, bedauern, daß bei manchen Männern die Versprechungen nicht mit der Realität mithalten: "Was? Das nennst Du einen guten Schwanz?!", rappen sie auf ihrer Platte "Two Minute Brother..."

Unglücklicherweise ist der Rest der LP nicht besonders gut, sodaß man meinen könnte, alles wäre um "We Want Some Pussy" herumgebaut worden.

Move Something

Im Jahr darauf, 1988, bringt 2 Live Crew eine LP mit wesentlich mehr Arrangements heraus: "Move Something" (Bewege irgendetwas). Raten Sie mal was. Hier eine Hilfe: Das Cover zeigt die ganze Gruppe in einem Schwimmbad. Vor ihnen steht ein Mädchen in einem Badeanzug. Witziges (und böses) Detail: Sie hat Zellulitis. Diese Platte erscheint wie eine Musiklektion. Eine Reprise folgt der anderen: "Do Wah Diddy" ist eine Verfälschung eines sanften und unschuldigen Liedes von Manfred Mann (1964). "Sie scheint o.k. zu sein/Sie ist sympathisch/Ich wünschte, sie würde mein" wird zu "Saug an meinem Schwanz/Leck meine Eier/Küss meinen Arsch". Bei "One & One" wenden sie die gleiche Methode zur Melodie von "All Day And All Of The Night" von den Kinks an. Bei "Word II" sampeln sie "We Will Rock You" von Queen. Die besten Titel sind jedoch "H-B-C" (die große Spezialität von 2 Live Crew wird hervorgehoben, nämlich die Chöre, die Worte oder Phrasen skandieren, die Luke Skyywalker formuliert hat) und "S & M" (steht natürlich für Sado-Maso. Peitschenknallen, Schreie, laute Gitarre).

As Nasty As They Wanna Be

Erst bei ihrer Platte "As Nasty As They Wanna Be" (So ekelhaft, wie sie sein wollen) wird die Musik von 2 Live Crew wirklich interessant und bringt etwas Neues. Das Album ist voll mit Atemgeräuschen, Schreien, Stöhnen, Quietschen, simulierten sexuellen Kämpfen (obwohl, weiß man's...?) Sie haben in ihrer Musikqualität einen

Sprung nach vorn getan, der Ton ist satter geworden. Sicher ist dies ihre beste Platte. Soulstücke ("Coolin" oder "C'mon Baby" mit dem herrlichen Schlachtruf "And Fuck Forever"), Blues Rap ("2 Live Blues", mit Teilen aus "Trouble", durch Elvis Presley berühmt geworden), langsame Raps ("I Ain't Bullsh... In) oder schnelle ("Me so Horny"), Metalrap ("The F-k Shop"), ausdrucksstarker Rap "If You Believe In Having Sex", psychodelischer Rap ("My Seven Bizzos"), Tanz-Rap ("Get The F-k Out Of My House"), Raggamuffin' ("Reggae Joint"), all das wirkt sehr harmonisch, und man kann die Platte entweder als Potpourri oder als Meisterstück betrachten.

Es lebe die Zensur

Durch ihren wachsenden Erfolg bekommen sie bald Probleme mit der Zensur. Manche ihrer Sprüche gefallen nicht jedem "Leck meinen Schwanz, bis Du kotzen mußt" bei "Dick Almighty". Bevor man aber diese alberne und doch schwerwiegende Zensurgeschichte vertieft, sollte man erwähnen, daß Luke Skyywalker vorsichtshalber eine zweite Version von "Me So Horny" ("Ich bin so scharf", Leitmotiv von "As Nasty as They Wonna Be") herausgebracht hat, also eine saubere und eine "schmutzige" Fassung. Luke berichtet zynisch: "Die antiseptische Fassung wird von den Radios gespielt aber nur eine von neun verkauften Platten ist eine antiseptische. Die Leute wollen das nicht" (127). Tipper Gere, Chef von PRMC (der noch viel Druck ausüben wird und gegen 2 Live Crew eine Rolle spielen wird) beglückwünscht ihn für seinen "Sinn für Verantwortung". Nun aber eine detaillierte Beschreibung des Skandals um 2 Live Crew (und mein Dank gilt der Zeitung "Rock & Roll Confidential" vom Juli 1990 für all ihre Informationen).

20. April '87: Eine Verkäuferin wird von der Polizei Floridas verhaftet, weil sie eine "obszöne" Platte verkauft hat ("The 2 Live Crew Is What We Are"). Die Anklage wird zurückgezogen, weil die Polizei zugibt, es habe sich um eine Einschüchterungsmaßnahme gehandelt.

Juni '88: Tommy Hammond, Plattenhändler in Alexander City (Alabama) wird festgenommen, weil er einem Bullen eine K7 von "Move Something" verkauft hat, die als obszön gilt. Hammond wird vom Richter zu einer Zahlung von 500 Dollar Strafe verurteilt und geht in die Berufung. "In der selben Stadt", erinnert sich Luke Skyywalker, "gibt es einen schwarzen Plattenverkäufer, der den jungen Schwarzen Platten verkauft. Ihn haben sie nie angegriffen. Aber diesem weißen Plattenhändler, der Platten von schwarzen Musikern an weiße Jugendliche verkauft, sind sie sofort auf den Pelz gerückt, weil sie fürchten, daß er die weiße Jugend verderbe. Es ist wie in der Anfangszeit des Rock & Roll. Als es nur eine Musik der Schwarzen war, haben sich die Behörden daran nicht gestört, sobald aber Weiße davon begeistert waren, waren sie sofort darüber besorgt" (70).

22. Februar 1990: Die Jury spricht Hammond frei. Sein Anwalt holt sich in der Städtischen Bücherei Bücher mit erotischen Szenen und zeigt sogar einen Ausschnitt aus dem Film "Raw" mit Eddie Murphy, der zwei Jahre vorher in der Stadt lief. Jeder geht davon aus, daß, wenn es noch einen Prozeß gibt, diese Rechtssprechung gelten wird. Skyywalker Rds übernimmt die Hälfte der angefallenen Kosten. Bob Martinez, ein Staatsanwalt aus Florida, fordert eine Untersuchung über die Obszönität von 2 Live Crew um festzustellen, ob "diese die Gesetze des Staates Florida mißachten".

23. Februar '90: Luke Skyywalker schickt an alle Plattenhändler Sticker mit der Aufschrift: "Vorsicht. Deutliche Sprache. Die Erlaubnis der Eltern muß eingeholt werden. 18 Jahre und älter", die neben die gedruckten Warnungen geklebt werden sollen. Die "schmutzige" Version der Platte wird so in einigen Staaten den Minderjährigen nicht mehr verkauft. Gleichzeitig gibt Luke Skyywalker im Radio zu, daß sie zu 30% von Minderjährigen gekauft worden sei.

Anfang '90: Justizangestellte aus den Staaten Ohio, Indiana, Alabama, Tennessee, Florida und Pennsylvania üben Druck auf Plattenhändler aus, damit diese die Platten von 2 Live Crew aus den Regalen verbannen. Gleichzeitig werden der Gruppe ihre Konzerte in Ohio, Alabama und Georgia verboten. Einige Gesetzesmenschen fragen sich, ob 2 Live Crew nicht das RICO-Gesetz verletzt (Racketeer Influenced & Corrupt Organizations Act), ein Gesetz über Obszönität, da auch Jugendliche diese Platten erworben haben.

Juni '90: Luther Campbell wird gezwungen, seine Firma in Luke Rds umzubenennen, da er einen Prozeß wegen Fälschung von Warenzeichen am Hals hat, den Lucas-Film anstrengte (Luke Skywalker - mit einem "Y" - war der Held der Sage "Krieg der Sterne" von Georges Lucas). Lucas fordert 300 Millionen Dollar Entschädigung. Wie jeder weiß, hat er es nötig...

6. Juni '90: Entscheidung von dem Richter Jose Gonzales, die sich auf ein Gesetz von 1973 bezieht, welches alle Werke als "obszön" bezeichnet, die "keinen ernstzunehmenden künstlerischen, wissenschaftlichen oder politischen" Wert haben. Der Prozeß wurde von Luke Skyywalker gegen den Sheriff Nick Navarro (Broward County, Florida) geführt, um ihn zu zwingen, mit der Beeinflussung der Plattenhändler aufzuhören. Jose Gonzales erkennt, daß letzterer im Unrecht ist, daß jedoch "As Nasty As They Wanna Be" tatsächlich obszön sei. Einige Verteiler (lokale und nationale, darunter auch Hasting's, die 117 Geschäfte in den USA haben) ziehen die Platte aus den Regalen zurück, obwohl die Entscheidung von Gonzales nur für drei Gebiete Südfloridas bindend ist! Die Tageszeitungen stürzen sich auf diese Affäre und die verschiedenen Protagonisten treten in einigen wichtigen Fernsehsendungen auf.

8. Juni 1990: Charles Freeman, Plattenhändler aus Fort Lauderdale, geht in die Falle. Er hat offiziell erklärt, daß er die Entscheidung des Richters Gonzales ignorieren wird. Daraufhin bittet ihn die Presse, beim Verkauf einer Platte von 2 Live Crew zu posieren. Er vereinbart einen Termin für den 8. Juni in seinem Geschäft. Ein Bulle kommt in Zivil und kauft "Nasty" und eine Kassette von Regina Belle. Danach kommen Hilfssheriffs und verhaften Freeman wegen "Verkauf obszönen Materials". Er läuft Gefahr, zu einer Gefängnisstrafe und 1.000 Dollar Strafe verurteilt zu werden. Gemeinsam mit dem Anwalt von Luke Skyywalker kümmert sich die American Civil Liberties Union um seine Verteidigung.

10. Juni '90: Zwei Mitglieder von 2 Live Crew werden verhaftet. Die Begründung ist, sie hätten auf der Bühne des Club Futura, Hollywood (Florida), den Inhalt des Albums "As Nasty As They Wanna Be" gespielt. Detektive in Zivil filmen die Vorstellung und rufen Sheriff Navarro an, dem sie erzählen, ein Titel sei eindeutig obszön. Letzterer ordnet die Verhaftung der Personen an, die an diesem Titel mitgewirkt haben. Luther Campbell und Chris Wongwon (Fresh Kid Ice) werden festgenommen. (Die von Richter Gonzales als obszön bewerteten Songs zu spielen, ist ein Delikt). Die beiden Musiker werden ohne Kaution wieder freigelassen. Gegen David Hobbs & Mark Ross, die aus dem Club fliehen konnten, werden Haftbefehle erlassen.

12. Juni '90: San Antonio, Texas. Die Sittenpolizei sucht ca. 30 Geschäfte auf und zwingt die Besitzer, eine Erklärung zu unterschreiben, die besagt, daß sie über die "Obszönität" dieser Platte informiert sind, die auch vom texanischen Gesetz bestraft werden könne. Der Geschäftsführer von dem kalifornischen Label Priority Rds, Brian Turner, ist einer der ersten aus der Plattenindustrie, der sich öffentlich zu diesen Unruhen äußert: "Ich habe Angst, was uns die Zukunft noch bringen wird, uns und der Plattenindustrie" (128), während zwei Journalisten des Billboard der Meinung sind, daß "diese ganze Aufregung um 2 Live Crew auch eine komische Seite hat. Campbell sagt, daß am Tag seiner Verhaftung die Verkäufe von "Nasty" sprunghaft gestiegen seien. Auch die Verkäufer bemerken den Anstieg, den diese merkwürdige Werbung gefördert hat" (129). Von dem Album werden 1,5 Millionen Platten verkauft, und man muß noch 200.000 saubere Fassungen hinzurechnen.

Juli '90: Jack Thompson, einer der Anführer dieses Kreuzzuges, droht damit, mit "The American Family Association" und "The Focus On The Family" beim Erscheinen der nächsten Platte von 2 Live Crew, die für den 4. Juli vorgesehen ist ("Banned In The USA"), vor allen Geschäften zu demonstrieren, die es wagen, sie zu verkaufen. Jack Thompson hatte seinerzeit Janet Reno - Staatsanwältin von Dade County, gegen die er antrat - einen Fragebogen geschickt: "Ich, Janet Reno, bin: A) Homosexuell b) Bisexuell c) Heterosexuell". Der Brief enthielt noch folgenden Satz: "Wenn Sie nicht antworten, werde ich Sie den beiden ersten Kategorien zurechnen". Soviel zum Charakter von Jack Thompson...

Wenn es um die Doppel-LP von 2LC geht, warnt Jack Thompson: "Ich kriege Angst, wenn Leute die Vergewaltigung rühmen und dann so davonkommen sollen. Bevor ich die Sache in die Hand nahm, wurde die Platte an Kinder aller Altersgruppen verkauft. Dieses Album steht nicht für die freie Meinungsäußerung, sondern sein Ziel ist es, Leute aufzuhetzen, Frauen zu verhöhnen und die Vergewaltigung zu glorifizieren. Gott gab mir die Gabe, ein Mann des Gesetzes zu sein und ich werde diese Gabe nutzen, um solche Sauereien zu bekämpfen" (167). Heute erhält Jack Thompson für jede Sitzung zum Thema 2 Live Crew 2.000 Dollar...

Auch die Konzertorganisatoren, die keine Show absagen

wollten (wenn auch 2LC je nach Ort die saubere oder schmutzige Version bringen...), werden bedroht. Der Staatsanwalt von Los Angeles, Michael Guarino, der vor einigen Jahren "Jello Biafra" von den Dead Kennedys vor Gericht gebracht hatte, zeigt sich verwundert: "Ich verstehe nicht, warum sie sich alle auf 2 Live Crew stürzen. Sie beschreiben das Sexualverhalten auf keine laszive Art und Weise" (130).

13.-17. Juli: Ice-T spricht während des New Musical Seminars in New York und regt an, daß alle Rapper der Top 20 1000 Dollar geben und eine Delegation von Rappern und Anwälten zur Verhandlung von 2 Live Crew entsenden sollten. Auf eine Einladung von Fishbone hin spielen 2LC bei diesem Seminar und Luke Skyywalker gibt eine Pressekonferenz.

30. Juli '90: Diese Ausgabe von Newsweek setzt die Musik von 2LC einer kollektiven Vergewaltigung gleich: "Woher stammt die Idee, daß sexuelle Gewalt gegen Frauen amüsant sein könnte? Aus einem Plattengeschäft, aus den Hörern eines Walkman, von Schwangeren, die die Parolen von 2LC rufen (...) Keinerlei Moral: Hier wird jeder Dreck zugunsten von Profit verkauft, die Liberalen sprechen von Toleranz im "Ideenmarkt", um das Ganze zu rationalisieren. (...) Ein fehlendes Talent an Leute zu verkaufen, denen der Geschmack fehlt, ist nichts Neues. Hier geht es um die Verbindung von extrem Infantilem mit der drohenden Degeneration, die vom Profit der Volksbelustigungsindustrie herrührt" (131). Wenn die Presse mal in die Regionen des Unverständlichen abrutscht...

9. Oktober 1990: Prozeß wegen des Konzertes im Club Futura. Man kann zu Recht um 2LC besorgt sein; Michel Fabre erklärt, "Im Süden ist nicht nur die Politik brutal, sondern die Schwarzen haben weniger Chancen, gerecht beurteilt zu werden. Diese Ungleichheit wird von den Institutionen noch unterstützt: Der Brauch die Angestellten des Staates zu wählen (anstatt sie zu ernennen) gibt ihnen eine größere Bedeutung in einer Gemeinde, die starken Druck ausübt und sie damit in der Ausübung ihres Amtes beeinflußt. Diese Abhängigkeit von Richtern, Staatsanwälten, Gerichtsangestellten und Sheriffs etc. macht aus ihnen oft leicht zu manipulierende Werkzeuge der lokalen Mehrheit. Da er weit von den Wahlurnen entfernt ist, also durch seine Stimme keinen Druck ausüben kann, ist der Schwarze ohne jeden juristischen Schutz" (01). Laut der Zeitung Libération setzt sich die Jury hauptsächlich aus Liberalen zusammen: "Nach einigen Stunden Beratung hatte sich die Jury zur Meinungsfreiheit

bekannt" (138). 2LC wird also nicht als "obszön" abgestempelt. Häßliches Detail: Das Tonband der Films, der von der Polizei im Club Futura aufgenommen wurde, enthält u.a. Teile eines Gesprächs zwischen zwei Polizisten: "Ich glaube, eins der Mädchen (auf der Bühne) hat gerade seinen Slip ausgezogen!" - "Welche?" (138). Der "Skandal 2 Live Crew" wird sowohl von der amerikanischen als auch der französischen Presse aufmerksam verfolgt. In Wahrheit werden alle künstlerischen Bereiche in den USA (Kino, Malerei, Photographie und Skulpturen etc.) sehr stark zensiert. Hunderte von Menschen (aus allen Milieus und allen Nationalitäten) stehen gegen diese Ungeheuerlichkeit auf. Ist deshalb das Urteil zugunsten von 2 Live Crew ausgefallen? Vielleicht. Man nimmt auch an, daß der Erfolg und der Bekanntheitsgrad von 2 Live Crew (2 Live Crew werden schon von 2 Live Jew mit "As Kocher As We Wanna Be" parodiert!) die Geschworenen umgestimmt haben. Laurie Anderson (weiße US Künstlerin, die mehrmals für 2LC eingetreten ist) ruft uns folgendes in Erinnerung: "Natürlich können sie ihre Platten jedem verkaufen, aber es wäre heuchlerisch, von Freiheit in der Plattenindustrie zu sprechen, die korrupt und korrumpiert ist und mehr oder weniger von der Mafia kontrolliert wird. Ich bin sehr zynisch geworden, als Atlantic Rds, die wohl merkten, daß Geld zu holen ist, mit 2 Live Crew eine Vereinbarung über den Plattenvertrieb abgeschlossen haben. Nicht das Publikum, sondern das Geld kontrolliert die Situation" (139).

Banned in USA

Man muß sich wirklich vor dem Album "Banned In The USA" verneigen, das im August '90 erscheint (Die Single erschien bereits am Nationalfeiertag, dem 4. Juli!!), sprich vor dem Prozeß. Mit verneigen meine ich, daß man eine Menge Mut braucht, um dieses Cover herauszubringen. Luke steht vor dem Sternenbanner und legt die Hand auf seine Unterhose. Seine Hose ist offen. Zu seiner Rechten kann man die erste Klausel der amerikanischen Verfassung sehen, die die Freiheit zur Meinungsäußerung behandelt. Sie ist gut leserlich aufgedruckt. Im der Mitte. Strahlt Luke und macht ein Fuck Off-Zeichen mit den Worten: "An alle, die nicht an diese Klausel glauben".

Vom musikalischen Niveau her ähnelt diese Platte sehr "As Nasty As They Wanna Be". Fünfundzwanzig Stücke (das kürzeste ist 9 Sekunden, das längste 6 Minuten 42 Sekunden lang), darunter "Banned In The USA", Ableger Parodie des (patriotischen) "Born In The USA" von Bruce Springsteen: "In den USA geboren" wird zu "In den USA verbannt", dafür haben sie sogar die Erlaubnis vom Boss eingeholt (wenn auch Jack Thompson alles versuchte, sie davon abzubringen...). Luke (Skyywalker ist Vergangenheit und 2 Live Crew treten nur noch als Backing-Band in Erscheinung: "The Luke LP Featuring 2 Live Crew" ist auf dem Cover zu lesen) verteidigt sein Recht auf freie Meinungsäußerung. "F##K Martinez" ist eindeutig (ja, es ist der Staatsanwalt

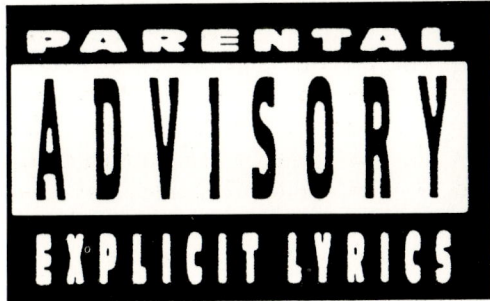

von Florida gemeint und auch Navarro hat Anrecht auf einige saftige Zeilen...). "Arrest In Effect" beschreibt die Verhaftung im Club Futura, zur Musik von "It's A Man Man Man's World" von James Brown. "Mamolapenga" stellt eine junge Spanierin vor, die einige Quietscher losläßt: "Soy una puta", "mas rapido". (Ich bin eine Nutte, schneller. A.d. Ü.). Die Sprüche sind immer noch herb, und das ist auch gut so. Es gab nie wirklich gefährlich Obszönes in Pornos oder bei griechischen Statuen. Das versteckt sich mitten in der Hauptstadt, in der Abtreibungsdiskussion, im Geschäft mit dem Crack, was geduldet wird und im KKK, im Fragebogen von Herrn Jack Thompson etc. Kurz, bei all denen, die 2 Live Crew ans Leder wollen... Abschließend noch folgendes zum Album: Die Titel sind zum Teil mit anderen zusammengeschnitten (eine Spezialität der Gruppe, jede LP vermischt alte mit neuen Titeln). "This Is To Luke From The Posse" wurde in Zusammenarbeit mit Prof Griff geschrieben, da dieser zwischenzeitlich zu Luke Rds gestoßen ist (s. Public Enemy). In Erwartung eventueller Restriktionen genießt Luke seinen Sieg über die Zensur und freut sich über seinen Umsatz.

Rap und Zensur

Jeden Tag trifft die Zensur den Rap härter. Diese Zensur ist deshalb so unglaublich, weil sie auch rassistische Ursachen hat. Ein bezeichnendes Beispiel hat der "New Musical Express" über den Deputierten Tory Terry Rimmer in petto. Er sprach über die Geschichte von Sophie White (einem fünfjährigen Mädchen, das mit einer AK 47 bewaffnet, fünf Stunden lang auf die Einwohner von Rochdale schoß) und sagte dann, sie sei "total verrückt" geworden, nachdem sie N.W.A. gehört hätte: "Wenn wir unsere kleinen weißen Schätzchen eine solche Dschungelmusik hören lassen, werden sie, schneller als wir denken, einen Joint rauchen und mit schwarzen Schwänzen spielen. Ich weiß das, ich habe das schon in Kenia gesehen" (190).
Brian Turner, der Geschäftsführer von Priority Rds (dem Label von N.W.A.) sagt uns: "Ich denke, daß da sicher ein Stück Rassismus hintersteckt. In den Anfängen des Rap kauften nur Schwarze diese Platten und alles ging gut. Jetzt aber, wo auch die weißen Jugendlichen diese Musik gut finden und sie sich immer weiter ausbreitet, geht gar nichts mehr. Es ist wie mit der Kriminalität, denn Schwarze, die Schwarze angreifen, werden geduldet, sobald aber ein Schwarzer einen Weißen angreift, wird etwas unternommen" (191).
Chuck D und Harry Allen gehen noch weiter: "Die vier Geißeln: Arbeitslosigkeit, fehlende Wohnungen, schlechte sanitäre Zustände und ein mittelprächtiges Erziehungssystem. Dagegen sind sie machtlos, also machen sie sich wegen anderer Dinge Sorgen, sie versuchen zu vertuschen, was die richtigen Ziele sein sollten. 'Wir haben einen Feind gefunden und das seid ihr'. Genauso war es, als sie entdeckten, daß die Russen nicht ihr wahrer Feind sind, also mußte ein anderer her. Also zerstört 2 Live Crew die traditionellen amerikanischen Werte, von denen jeder Neger, der auf die Zeit der Sklaverei zurückblickt, weiß, daß sie nicht existieren" (121).

THEMA

Die Rapper haben sehr schnell reagiert. Das Cover von "The Iceberg/Freedom Of Speech" (Ice-T) symbolisiert es:" Sag, was Du willst (Freedom of Speech) und auf einmal spürst Du den ganzen Druck (das Gewehr und die beiden Revolver). Ich meine, wer hat schon wirklich Meinungsfreiheit, wenn er seinen Job oder was auch immer behalten will? Ich bin in einer Lage, wo ich auch nicht immer sagen kann, was ich will, weil mich die Plattenfirma oder die Elternverbände nerven (...) Entweder hat man das Recht auf freie Meinungsäußerung oder man hat es nicht. Niemand wird gezwungen, meine Platten zu kaufen, niemand wird gezwungen, sie zu hören. Du kannst die Platte ausmachen, aber mein Recht zu reden, sollte geschützt sein, das ist der erste Punkt der Verfassung, der erste!" (14).

Die Elternverbände, die Ice-T erwähnt, sind in den USA sehr zahlreich und vier von ihnen greifen immer wieder in den Anti-Rap-Kreuzzug ein: Der P.T.A (Verband der Lehrer) und der P.M.R.C. (Parents Music Ressource Center), die 1983 eine ernsthafte Offensive gegen den "schmutzigen Rock" beginnen, sowie die American Family Association und der Focus of The Family. Chuck D fragt sich, was sie wohl anrichten können, wenn es keine leichten Zielscheiben wie Obszönitäten bei 2 Live Crew oder Antipolizeilieder bei N.W.A. gibt: "Sie werden versuchen, mich zu kriegen, aber meine Lieder bieten keine Angriffsfläche. Was wollen sie machen? Einen Sticker machen mit den Worten: 'Schwarze nationalistische Parolen' (68)".

Chuck D spielt den Naiven, obwohl er weiß, daß die Zensur in verschiedenen Formen auftreten kann und auch Druck auf die Konzertorganisatoren ausübt. Ice-T erinnert sich: Wir waren in Colombus, Georgia, und die Bullen kamen und haben mir folgendes Gesetz vorgelesen: 'Wenn ihr auf der Bühne flucht, wie Elvis tanzt oder wenn ihr euch an den Schwanz faßt, dann stecken wir euch ins Gefängnis, ihr Scheißneger' (...) Ich bin dann auf die Bühne gegangen und habe "Colors" gespielt, da ist kein einziger Fluch drin. Dann habe ich gefragt: 'Wollt ihr das Konzert sehen?', und 15.000 Kids haben 'Ja' geantwortet. Danach habe ich Ihnen gesagt: 'Wollt ihr alle das Konzert X sehen?', und sie haben wieder Ja geantwortet. Also sagte ich: 'Gut, man hat mir gesagt, ich dürfe das nicht machen, also müßt ihr zu mir an einen zivilisierteren Ort kommen', und dann: 'Ihr müßt jeden Dollar sparen und diese Scheiße hier hinter Euch lassen, denn so ist die Welt nicht. Anderswo gibt es Leute, die betroffen sind' (142)".

Während eines Konzerts im Pontiac Stadium von Chicago spielten N.W.A. "Fuck Tha Police". Zwanzig Zivilbullen tauchen auf und schieben jeden beiseite, der ihnen im Weg steht. "Ich dachte Scheiße, jetzt haben

wir eine Keilerei im Stadion ausgelöst", sagt Ice-Cube. "Es war das erste Mal, daß wir das Lied vor Publikum spielten und wir sagten uns 'So ein Mist'. Auf einmal stand ein Typ vor mir und zeigte mir seine Dienstmarke. Ich dachte, ich glaub's nicht, ein Bulle hat den ganzen Aufruhr verursacht. Dann hörten wir Schüsse und dachten, die schießen auf uns. (Es handelte sich nur um Knaller). Also sind Ren und ich an der Seite runter, haben uns umgezogen und den Ausgang gesucht. Später im Hotel sagten sie uns, daß die Bullen uns auf der Bühne verhaften wollten, um zu beweisen, daß man nicht 'Ich ficke die Polizei' in Detroit sagen kann. Sie wollten uns vor allen Leuten verhaften" (147).

Ein anderes Beispiel: Public Enemy sollten einmal in einer Sporthalle von Highland Park (Vorort von Detroit) anläßlich der "Zweiten wohltätigen Basketballspiele" eine Rede halten (10. Juni '90). Kurz vorher gab der Direktor der Highland Park School der Ortspolizei den Befehl, Public Enemy nicht ans Mikro zu lassen und sie zu bitten, nicht zu spielen (die anderen Gäste und Offiziellen haben dagegen keinerlei Einschränkung erfahren). Dennoch durfte Public Enemy dank dem Druck einer Anti-Zensur-Gruppe doch auftreten (192).

Auch Frankreich bleibt von dieser Zensur mit dem rassistischen Hintergrund leider nicht verschont. Die Zeitung France Soir hat nicht gezögert, anläßlich der Pariser Show von Public Enemy am 11. April '90 zu schreiben: "Der Skandal der Anti-Weißen-Konzerte" und im Untertitel stand: "Die acht amerikanischen Musiker haben eine Rapgruppe gegründet, die die Segregation, den Antisemitismus und die Provokation pflegt. Die Polizei befürchtet Zwischenfälle". Im Artikel heißt es weiter: "Die acht Schwarzen stürmen das Zenith (...) für sie bedeutet Musik ein Manipulationsmittel, ein Zuckerbonbon, mit dem sie sensible Menschen dazu bringen wollen, so zu denken wie sie (...) Terminator X, der DJ, der das Publikum an den Rand der Panik bringt und sich nie auf Photos zeigt, ohne die Faust zu heben". Jay Remi und Franck Brignaudy berichten später in Best, daß "manche es sicher gerne gehabt hätten, daß die Sportgeschäftkette Go Sport, die die Konzertkarten verkaufte, eine Liste der Käufer erstellt und diese weitergegeben hätte, aber die Kette hat sich geweigert, mitzumachen" (193).

Die Zensur reicht manchmal bis in die höheren politischen Ebenen, wie in den USA, wo der FBI dem Kongreß im Juni 1990 eine Studie zum "Rap und seine Auswirkungen auf die nationale Sicherheit" (Ice-T, Donald-D, Public Enemy, Sir Mix-A-Lot sollen

Zielscheiben gewesen sein) überreichen mußte, wie die Zeitung "Emerge" (Seattle) berichtet.

Eine Umfrage aus dem Jahr 1989 zeigt jedoch, daß nur 16% der Amerikaner Regierungsmaßnahmen gegen jede Art von Obszönität wünschen. Nixon hat die Marinesoldaten während des Vietnamkriegs auch nie gebeten, nicht mehr zu singen: "Fahrt zur Hölle/ Kommunisten, Vereinte Nationen, und die anderen/ Diese Soldaten mit den Schlitzaugen/Geschlagen Hagaru-Ri/Und wißt ihr, was US Marines Corps heißt/Mut, Freunde, wir ficken sie alle ins Knie". Zwei Dinge, zweierlei Maß?

Reaktionen

Die Plattenindustrie, deren Aufgabe es eigentlich wäre, ihren Schützlingen zu helfen, hat erst sehr spät reagiert. Einige Antizensurgruppierungen hatten allerdings schon länger die Alarmglocken geläutet. Darunter ist der No More Censorhip Fund (Box 11458, San Francisco, CA 94101-USA), ein Pionier. Er wurde gegründet, um den Alternative Tentacles (Label der Hardcore Gruppe Dead Kennedys) zu helfen und hat sich auch weiterhin zur Aufgabe gemacht, den Labels beizustehen. Eines seiner Mitglieder präzisiert: "Wir widersetzen uns der Ungerechtigkeit in dieser Bewertung, die sich ausschließlich auf Rock und Rap konzentriert. Um den Rest, wie z.B. die Oper, kümmern sie sich nicht. Dabei

sind dort auch unmoralische Dinge zu sehen und zu hören. So zum Beispiel Inzest, Mord und all so etwas. Das wird aber nicht verurteilt. Die Country Music ist für ihren Konsum an Alkoholika bekannt, auch daran stört sich niemand in diesem absurden System" (194).

Vor kurzem wurde die Parents For Rock & Rap Bewegung gegründet (Box 53, Libertyville, IL 60048 - USA), die sich zum Ziel gemacht hat, "sich der Polizei und den Elternverbänden entgegenzustellen, die Künstler daran hindern wollen, auf der Bühne zu spielen und ihre Platten zu verkaufen".

Einer der Gründe für die langsame Reaktion der Plattenindustrie ist folgender: Bis vor kurzem traf die Zensur nur unabhängige Labels (die weniger Möglichkeiten hatten, sich zu verteidigen) und unabhängige Plattenhändler (kleinen Geschäften in Einkaufszentren wurde mit Aufkündigung des Mietvertrages gedroht). Ermutigend ist allerdings, daß einige der großen Geschäftsketten (die 75% des Plattenverkaufs in den USA machen) zögerten, etikettierte Platten zu verkaufen (s. später) und die unabhängigen kleinen Geschäfte dadurch ihren Umsatz im Jahr '90 um 20% steigern konnten.

Die Blindheit der Zensoren ist nur mit ihrer Dummheit gleichzusetzen, denn sie haben folgende Gleichung noch nicht begriffen: Zensur = Werbung = gesteigertes Publikumsinteresse = Verkäufe.

Sobald aber die großen Firmen von der Zensur betroffen wurden, gingen die Dinge schneller voran. Sie gingen auf das Spiel der Zensoren ein, und die Recording In-

dustry Association of America (Vereinigung aller bedeutenden Labels) akzeptierte '85, die Platten, die eventuellen Protest und weiteren Druck der Elternverbände hervorrufen könnten, mit Etiketten zu versehen. Diese Übereinkunft ist mündlich und absolut nicht legal. 1990 untersuchen 12 Staaten einen Gesetzesvorschlag, der eine solche Kennzeichnung zur Pflicht machen soll. Die R.I.A.A. entscheidet sich für einen Plan zur einheitlichen Etikettierung: "Explicit Lyrics Parental Advisory" wäre sofort zu erkennen. Die Gesetzesvorschläge gehen unter, was einige Gruppen oder Labels jedoch nicht daran hindert - nicht ohne Humor - diese Etiketten zu verändern: De La Soul ("diese Platte enthält keine explizite Aussage, aber die Gedanken sind erotisch"), Ruthless Rap Assassins ("Achtung: diese Platte enthält Sätze, die intolerante Menschen verärgern könnten"), Virgin USA (ein Aufkleber, der "die Zuhörer auffordert, an ihren Abgeordneten zu schreiben"), TVT (unabhängiges Label: "Vorsicht! Diese Platte enthält einen künstlerischen Ausdruck" mit dem Hinweis, daß ein Teil des Verkaufserlöses an eine Gesellschaft für die Meinungsfreiheit gehe). Andere ziehen es vor, das Logo völlig zu verändern (wie Rhino mit "Stop Censorship") oder geben bekannt, daß sie sich das nicht gefallenlassen werden ("Capitol wehrt sich gegen jede Art von Zensur und wird das Recht verteidigen, diese CD zu verkaufen"; "Def American ist gegen Zensur. Dennoch ist unser Fabrikant und Verteiler mit dem Inhalt unserer Platte nicht einverstanden, den er brutal, sexistisch, rassistisch und obszön findet". Letzte Meldung: Im Juni fand eine Konferenz mit Def Jam, Island und Arista statt, die öffentlich ihre Gegnerschaft zur Zensur bekanntgaben.

VANILLA ICE

Ich rappe wie ein Vandale

Vanilla Ice wurde 1968 in Miami Lakes, Florida geboren. Durch seine Mutter, eine Musiklehrerin, kommt seine musikalische Ader. Am College hört er durch seine Kumpel das erste Mal Hip Hop; Vanilla Ice ist weiß und das "ist sicher ein Grund für seinen außerordentlichen Erfolg" unterstreicht der mysteriöse Orlus Carton (214). Später geht er auf dasselbe Gymnasium wie Luke Skyywalker. Mit 14 ist er erstmals MC bei Partys, seine Leidenschaft ist allerdings etwas anderes: "Ich fuhr seit meinem vierten Lebensjahr Motocross. Ich dachte, daß wäre meine Bestimmung. Ich ging auf die Strecke und wußte, ich würde gewinnen. Wo bleibt da die Herausforderung?" (Er gewann dreimal die Meisterschaft mit Honda). Wenn jeder so denken würde, wäre das sicher sehr komisch...

Vanilla Ice entschließt sich, sich voll in den Rap zu stürzen. 1988 fährt er nach Dallas und macht einen Vertrag bei Ultrax Rds, nachdem er einen Rapwettbewerb im City Lights gewonnen hat. Im Jahr darauf bringt Ultrax seine erste Single mit "Ice Ice Baby" und "Play That Funky Music" heraus. Ein DJ spielt die B-Seite im Radio und binnen kurzem wird sie 40.000 mal verkauft. Ultrax fehlen bald die nötigen Mittel, um sich richtig um den Erfolg ihres weißen Homeboys zu kümmern (der amerikanische Typ: eckiges Gesicht, Figur von Dolph Lindgren, der geborene Surfer...). SBK, eine Firma des EMI-Konzerns, mischt die Platte neu und bringt ein Video heraus, daß sich eine Million mal verkaufen wird. Dieses Lied hat etwas Magisches, denn alles ist elektronisch und die klare Stimme von Vanilla Ice ist sehr gefühlvoll und es gibt einen wunderbaren Satz in dem Lied: "To The Extreme, I Rock In The Mic Like A Vandal" (Bis zum Äußersten, rocke ich wie ein Vandale ins Mikro).

To The Extreme

V.I.P. (Vanilla Ice Posse, aber auch Very Important Persons...) setzt sich aus Earthquake (Toningenieur), DJ D/ Dope Deshay und den High-Tech-Tänzern Juice und E-

Rock zusammen. Seine Plattenfirma, die ihn gern als Elvis Presley des Rap (!) darstellt ("die gleiche Austrahlung latenter Gefährlichkeit, die gleiche Sinnlichkeit"), nimmt schnell eine LP mit ihm auf: "To The Extreme" (dreimal Platin in den USA). Bis auf das zuckersüße "I Love You" ("Du bist meine Königin/Ich werde Dir alles kaufen/Ja, sogar Diamantringe"), ist die Platte wirklich gut. Ein Hauch von Reggae ("Stop The Train", "Rasta Man"), etwas Horror-Rap ("Life Is A Fantasy") etwas Dance ("Dancin", "Play That Funky Music"), auch ein wenig Saxophon ("Ice Is Workin' It", "Hooked"), ein Löffelchen James Brown ("Go Ill", "Juice To Get Loose Boy") und ein wenig Human Beat Box (Vanilla Ice selbst in "Havin' A Roni"), das ganze zehn Minuten ruhen lassen und heiß servieren. Brennend heiß wie die Sonne von Dallas und Miami, zwischen denen Vanilla hin und herpendelt.

GETO BOYS

Ohne Rick Rubin wären die Ghettojungs auch da geblieben. Ihre erste LP kam sehr früh, 1990 (unter einem anderen Namen: "Grib It! On That Other Level"), bei dem kleinen Label Rap-A-Lot aus Houston heraus. Rubin, im Exil in Los Angeles, entdeckt sie und schlägt ihnen vor, die Platte erneut auf seinem neuen Label zu pressen: Def American, unter der Bedingung, drei neue Lieder aufzunehmen (das Album heißt seither ganz einfach "The Geto Boys"). Sie müssen dieses Angebot einfach annehmen.

DJ Ready Red, Akshen, Bushwick und Willie Dee wissen, daß sie mit Rubin in die Legende des Rap Einzug halten werden. Die vier finsteren Gestalten auf dem Cover sind gar nichts gegen die Gewalt im Text von "Mind Of A Lunatic" (eine Erzählung in der ersten Person eines mörderischen Vergewaltigers: "Another Innocent Victim Of A Sex Maniac"), F#a* 'Em (ein rächendes Fuck alle drei Sekunden), "Assassins", "Scarface", "Size Ain't Shit" (Zwerg Bushwick erklärt, daß es nicht schlimm sei, klein zu sein, wenn man einen großen Schwanz hat...) oder noch "Gangster Of Love" (Die Steve Miller Band muß über diese Abwandlung entsetzt sein!).

Aber die Geto Boys geben sich nicht damit zufrieden, schreckliche Texte zu schreiben und zu rappen. Sie unterlegen das ganze mit rasend schneller Musik, keineswegs harmlosen Samples und viel Gitarrengeheul. Die Zensur hatte sie schnell in den Klauen, viele Plattengeschäfte verkaufen sie nicht mehr, sie dürfen in manchen Städten keine Konzerte mehr geben und mörderische Artikel werden über sie geschrieben. Wie sie schreien: F#a* 'Em!

Vanilla Ice, ein echter/falscher Rapper?

9. KALIFORNIEN

DONALD-D

Donald-D ist in der Bronx geboren. Er ist einer der wenigen noch aktiven Pioniere. Wenn auch seine erste LP erst 1989 erschien, ist er doch schon seit 12 Jahren dabei. Er fing mit Afrika Islam (spätere Funk Machine und Mitbegründer der Zulu Nation) und Chuck Chillout an, mit dem er unter dem einfachen Namen B-Boys eine Single aufnimmt. Man hat ihn auch an der Seite von Red Alert und in der Sendung Zulu Beat schon gesehen. Er sagt, er habe nach Los Angeles gehen müssen, um noch einmal sein spätes Glück zu versuchen: "Viele Leute sagen, meine Musik ähnelt nicht der der anderen kalifornischen Rapper, und dann sage ich immer, das ist normal, ich komme ja nicht von hier. Ice-T forderte mich auf, nach LA zu kommen, um mit ihm zu arbeiten. Ich kam 1988 hin und machte nur einen Titel auf dem Sammelalbum "Rhyme Syndicate Comin' Through". Dann fuhr ich wieder nach New York, aber schon zwei Wochen später war ich wieder da, um mich hier niederzulasssen" (92).

Der Titel, um den es geht, ist "Name Of The Game" (mit Bronx Style Bob). Donald-D wird der Protégé von Ice-T und arbeitet bei zwei Tourneen als sein MC (eine führt sie 1989 nach Paris). Ice-T gibt ihm eine Chance, indem er ihn auffordert, ein Album bei seinem eigenen Label aufzunehmen (Rhyme Syndicate): die geniale, aber verkannte Platte "Notorious". Sein alter Freund Afrika Islam, ebenfalls aus New York und in LA gelandet, produzierte sie. Sein Alter, das höher ist als das der meisten Rapper, und vielleicht auch die Frustration darüber, daß er so lange hat warten müssen, verleihen ihm außergewöhnliche Qualitäten. "F.B.I.: Free Base Institute", über Crack in den USA. "Car Chase", ein

Mini-Actionfilm (92); "Another Night In The Bronx", Souvenirs aus N.Y.; "On Tour" und seine Reminiszenzen an die 60er; "The Letter I'll Never Send", eine Rapballade, die reine Emotion ausstrahlt oder "Just Suck": subtile Pornographie, mit Stöhnen und Schreien eines Mädchens. Dahinter der Alarm eines Weckers! Ein Titel, der an Ice-T in seinen guten Momenten erinnert. Hoffentlich kommt bald eine zweite LP heraus.

DEF JEF

Zwischen Jeffrey Forston alias Def Jef und Donald-D gibt es einige Ähnlichkeiten. Er wuchs ebenfalls in der Bronx auf und fing sehr früh (79/80) mit Grandmaster Flash, Cold Crush Bros., Kurtis Blow und Trouble Funk an. Mitte der 80er Jahre beschließt er, nach Los Angeles umzuziehen, wo er soeben einen Vertrag bei dem relativ neuen Label Delicious Vinyl unterschrieben hat, das 1987 von zwei genialen weißen Produzenten gegründet wurde, Matt Dike und Mike Ross, die früher einen Club besaßen. Ihre erste Unterschrift, nämlich die von Tone Loc, bringt ihnen ein Vermögen. Seine Single war die meistverkaufte in den USA seit "We're The World"!
Seine erste LP bringt Def Jef also bei dieser Firma heraus: "Just A Poet With Soul", der Titelsong wurde von den Dust Bros mit Etta James im Duo produziert.
1988 lernt Def Jef Dzire (geboren in N.Y.) und Almight T (geboren in Chicago), besser bekannt unter dem Namen Body & Soul, kennen und produziert ihre erste Maxi: "Highpowered/We Can Do This". Zuletzt wurde er mit der Creme der Anti-Gang- Bewegung an der Westküste angetroffen "We're All In The Same Gang" (s. Rap und Humanitäre Aktionen), und bei der Filmmusik zu "Return Of Superfly" mit dem Titel "On The Real Tip" war er ebenfalls zu hören.

DIVINE STYLER

Divine Styler ist durch Adoption Kalifornier. Er ist wesentlich jünger als die beiden anderen; er wurde 1972 geboren. Er lernt Gitarre spielen, später Saxophon und Synthesizer. Diese Musikkenntnisse werden ihm Jahre später sehr nützlich sein. 1986 zieht er mit seinen Eltern nach L.A. und ist erstmals auf der Bühne zu hören. Im Saal beobachtet ihn ein gewisser Ice-T. Er bringt ihn dazu, weiterzumachen und später wird daraus ein Vertrag

bei Rhythm Syndicate (1989).
"Word Power" ist das brillante Resultat von Divine Styler: "Die zwölf Stücke werden allesamt von der Realität geprägt. Alles stimmt haarklein. Die Leute wundern sich vielleicht, warum ich so hart bezüglich der Rassenprobleme bin, aber dies ist das große Problem unserer Gesellschaft. Und solange wir uns wie Idioten und Heuchler verhalten, werden sich diese Probleme nicht lösen lassen" (133). Wie üblich hat sich Ice-T nicht in diesem phantasievollen B-Boy getäuscht. Seine LP ist ein Mosaik vieler verschiedener Musikstile. "Free Styler" (heftig und lebhaft); "Play It For Divine" (eine Collage aus verschiedenen Musikauszügen, die dem Rap neue Horizonte eröffnet); "Ain't Sayin' Nothin" (Funk Rap); "Black House" (House Rap); "In Divine Style" (sehr schneller Reggae-Rap); "Tongue Of Labyrinth" (ein Horrorfilm: eine Entbindung und dann der Ruf: It's A Boy! Es ist aber eigentlich kein Junge, denn das Neugeborene rennt durchs ganze Krankenhaus und versetzt alle in Aufregung. Am Ende kommt ein Helikopter und das Stück beginnt wieder. Toll oder grauenhaft.); "Divinity Stalistics" (ein Rap-Gebet, das an "Egg Man" von den Beastie Boys erinnert) oder "Rain" (traurige Melodie, von "Ring The Alarm" von Toaster Tenor Saw geklaut, der kürzlich verstarb) zeugen von der Vielseitigkeit des Sängers. Wir erwarten mit Ungeduld die Folge. Aber wir werden wohl etwas länger warten müssen, und es bleibt nur zu hoffen, daß sich Divine nicht von der spärlichen Resonanz des ersten (gelungenen) Versuchs entmutigen läßt.

DIGITAL UNDERGROUND

Digital ist gar nicht mehr so im Untergrund. Im Gegenteil, sie sind sehr kosmopolitisch, denn die Mitglieder der Gruppe kommen aus N.Y., Oakland, Berkeley, Philadelphia, Florida, Syracuse. Shock G gründete die Gruppe 1988 zusammen mit Chopmaster. Danach wurde Digital Underground noch von Money B, DJ Goldfinger, Kenny K. Bulldog, Sleuth, Fuse, MC Blowfish, Humpty Hump (der Mann mit der gräßlich nasalen Stimme) Schmoovy Schmoove und MC Dazzlin' Doc P verstärkt. Money B hat eine ganz andere Version über die Gründung der Gruppe und läßt uns gleich in das verrückte Universum der Digital Underground eintauchen:

Duwatchyoolike

"Wir haben uns während des zweiten Weltkriegs kennengelernt. Und da wollten wir schon die Gruppe gründen. Aber die meisten Leute, die wir samplen wollten, waren noch gar nicht geboren. Wir waren des Krieges müde und beschlossen, uns umzubringen und dann in einem späteren Leben wiederzutreffen. Wir sind in ein Flugzeug gestiegen. Shock G war der Pilot, er träumte total" und dann sind sie tot (134)! Er ist so selten ernst, daß man dann immer die Situation ausnützen muß.

Money B. erinnert daran, daß er bei Raw Fusion spielte "mit meinem Kumpel DJ Fuze zusammen. Wir haben uns mit den Mitgliedern von Digital Underground zusammengetan, die eigentlich eine große Familie sind. Ich rappe, seit ich 13 Jahre alt bin.. Shock-G und Humpty Hump haben in New York schon lange vor mir gerappt (...) Ich habe mein Abitur gemacht und dann später die Universität verlassen, um Musik zu machen, aber ich will dort meine Diplome noch machen. Ich will lernen, zur Schule zurückgehen" (135). Digital Underground sind im wahresten Sinne des Wortes eine große Familie, Shock Gs Bruder z.B., Rackadelic, macht die schreiend komischen Comics, die auf ihren Covern zu sehen sind.

Ihre erste Platte bringen Digital Underground 1988 bei TNT Rds heraus, "Underwater Rimes/Your Life's A Cartoon" (Ach nee!), bevor sie zu Tommy Rds wechseln. Außer den Beastie Boys, die gesamplet werden (sie müssen eine Vorliebe für sie haben, denn ihr Video "Duwatchyoolike" ist eine Parodie von "Fight For Your Right To Party" von den Beasties), sind noch andere Einflüsse vorhanden. Ganz oben steht dabei der P-Funk von George Clinton. Über ihre sagt Shock G: "Das geht von Texte politischen Bewußtsein bis zu Spaß, ohne dabei ins Extrem abzugleiten" (136). Dennoch gehen sie manchmal ins Extrem, nämlich in das des Blödsinns.

Sex Packet

1989 füllt Tommy Boy die Regale mit deren neuer Single "Humpty Dance". Fünf Wochen später ist es eine Platinschallplatte. Kurze Zeit später erscheint ihre Debüt-LP mit dem provozierenden Titel: "Sex Packet". Auf die Frage, was denn dieses "Sexpaket" sei, antwortet Digital Underground, daß sie auf eine geheime Untersuchung der Regierung gestoßen seien, die sich mit der Produktivität der Astronauten befasse... Ein mysteriöser Dr. Edward Earl Cook von Lockhead Future Science Dev. Projekt wird zu diesem Thema sogar interviewt: "Die Sexpakete wurden für Reisen ins Weltall erfunden, um den Astronauten Erleichterung und Entspannung zu verschaffen. Der eigentliche Name ist 'Gegenmittel für die genetische Erregung'. Heute versuchen aber Leute mit unehrenhaften Absichten, diese Sexpakete für den Massenkonsum zu produzieren. Ich habe sie aber nicht erfunden, um dadurch eine nationale Epedemie zu verursachen" (137)... Die Innenseite des Albums zeigt Shock G während er träumt. In einer Sprechblase sieht man zwei Mädchen und einen Typen in "Aktion". "Ich habe eins genommen, bevor ich schlafen ging, und dann hatte ich einen nassen Traum" sagt Shock G in "Yo! MTV Raps!" Es gibt natürlich wieder einige Proteste, so auch von den Friends Of The United Catholic Clergy und ich kann nicht widerstehen, Ihnen deren Initialen vorzuführen: F.U.C.C!

Was die Musik betrifft sind die Samples sorgfältig ausgewählt: Clinton, Hendrix, Bootsy Coolins. Die Bässe grunzen und schnarchen und auch einige Jazz-Einflüsse sind spürbar. Die Hits jagen einander und zwar mit viel Humor: "Humpty Dance", "Duwatchyoolike" und "Sex Packets". "Street Scene" beschreibt einen Deal an der Straßenecke, der live aufgenommen wurde, aber dann beeilen sich Digital Underground, mit "The Danger

Zone" ein Anti-Drogenlied zu machen. Sie sind sicher witzig, wissen aber dennoch um ihre Verantwortung. Ich möchte mit "Freaks Of The Industrie" enden, einer witzigen Karikatur des Showbusiness mit Samples von Donna Summer und Rhythmen, die von Diana Ross stammen (ihre Herausgeber fanden das nicht gut...). Digital hat die Welt zum Lachen gebracht, zumindest die der B-Boys. Können sie das auch für die Zukunft garantieren? Ihr Konzept ist so solide, daß sie in Zukunft noch stärker werden müssen. Vertrauen wir darauf.

MC HAMMER

Stan Kirk Burrell wurde vor 27 Jahren in einer kinderreichen Familie (8 Geschwister) in East Oakland, Kalifornien, geboren. Mit zehn Jahren macht er die Tanzschritte von James Brown auf dem Parkplatz des Oakland Coliseum nach! Diese frühreife Begabung macht ihn dann zum besten Tänzer der endenden 80er/ beginnenden 90er Jahre (er tritt mit dreißig Tänzern auf der Bühne auf und hat den Chinese-Typewriter-Step erfunden, den man in seinem Video "U Can't Touch This" bewundern kann). Dieser Ruf hat aber auch seine Nachteile, weil einige B-Boys ihn eher als Tänzer und nicht als Rapper sehen. Sicher ist sein Rap antiseptisch, sehr tragende Stimme, leichte, aber tiefe Bässe. Nach einer ersten LP '89 zieht MC Hammer das große Los; "Please Don't Hurt 'Em" ist bis heute das bestverkaufte Rapalbum in den USA: 5 Millionen Dollar gegen eine Investition von 10.000 Dollar. Um im Geschäft zu bleiben, wird mit 15 Künstlern Bustin' Prod gegründet, darunter sind B Angie B, Too Big MC, 2nd Emotion. Er gründete ebenfalls ein Tanzstudio und eine Kleiderboutique. Er schreibt und produziert aber auch für andere, so für die Oaktowns 357 mit "Juicy Gotcha Krazy". Die Musikzeitschrift Rolling Stone (USA) hat ihn gar aufs Titelblatt gesetzt mit der Überschrift: "It's Hammer Time". Tanzsongs ("U Can't Touch This", "Yo! Sweetness", "Here Comes The Hammer", "Dancin' Machine", "Let's Go Deeper') wechseln sich mit Slows ab ("Help The Children", "Have You Seen Her"). Zu diesen Stücken muß man ebenfalls "Black Is Black" oder "Crime Story" zählen, da sie sehr gut die Kluft zwischen dem freundlichen und dem betroffenen MC Hammer aufzeigen. Wenn er seine LP beschreibt, sagt Hammer: "Die Schwarzen fahren fort, die Stereotypen über den schwarzen Menschen zu bestätigen. Ich will Eurer Gewalt mit Frieden begegnen. Eurer Ignoranz mit Intelligenz. Eurem Haß mit Liebe. Ihr nehmt und ich gebe. Ich bin stolz, daß ich einer Rasse angehöre, die die physische, geistige und wirschaftliche Versklavung überlebt hat, die Institutionierung, die Segregation und die Integration. Dieses Album ist all denen gewidmet, die für das Leben, die Liebe, den Frieden und die Gleichheit kämpfen" (177). Die Leute, die in diesen Worten die Suche nach Anerkennung sehen, irren sich. Das ist längst geschehen und er meint, was er sagt.

ICE-T

Ice-T hat viel zur kalifornischen Rapszene beigetragen. Er gilt als oberster Führer, und die Kraft seiner Texte, das Gangsterimage oder der Hardcoreklang sind aus dem Plan dieses Hip Hop-Architekten entstanden. "Als ich 13 Jahre alt war, verschwanden meine Eltern und ich wurde zu meiner Tante nach Los Angeles geschickt. Damals wohnte sie in einer hübschen Gegend. Ich war gegen meinen Umzug, weil ich dadurch all meine Freunde verlor. Ich wollte nur einen Sommer bleiben, aber dann wurden meine Sachen nachgeschickt und die Sache hatte sich erledigt (...) Ich kannte noch keine Gangster, weil ich mit dem Bus zur Junior High School fuhr, die in einer von Weißen bewohnten Gegend lag. Aber später, als ich auf die High School ging, wohnte ich mitten in South Central, wo alle Gangs sind. Die ganze Schule war von den Gangs besetzt" (140). Ice-T (Ice = kalt, hart: "Ich weiß, das klingt lächerlich, aber nur so schaffst Du es, nicht zu heulen" (141)) soll zu Crenshaw High gehört haben (einer Untergruppe der Bloods, Rivalen von den Crips, mit denen sie sich einige Viertel von Los Angeles teilen), aber er schwört, nie Drogen verkauft oder geschossen zu haben. Während einer Schießerei "wurde ein Mädchen an der Kehle verletzt und starb. Ich wurde an der Brust getroffen und die Kugel ging unter dem Arm durch und ist in meinem Rücken steckengeblieben (sie ist heute noch dort, A.d.Ü.). Ich konnte nicht einmal ins Krankenhaus gehen, weil ich immer in der Scheiße steckte. Es gab Haftbefehle gegen mich, also habe ich mich die ganze Nacht hingesetzt und darauf gewartet, zu sterben" (142).

6 Uhr morgens

"Die Gangs waren nur dafür da, auf Partys zu gehen und die Mädchen zu beeindrucken. Das war blöd. Aber es gab eigentlich auch nichts anderes zu tun. Ich bin auch mit anderen Kumpels, die gute Diebe waren, losgezogen, und wir haben bis zu 100 Dollar am Tag gemacht. Ich gab alles aus, sparte nichts und das hat mir erlaubt, alles hinter mir zu lassen und in die Armee einzutreten. Da habe ich gemerkt, was für ein Dreck Du in der Armee bist und daß sich die Regierung kein Stück um Dich kümmert. Da habe ich gelernt, das Establishment zu hassen. Als ich zurückkam, fuhren meine Kumpels schon Mercedes oder Corvette. Ich dachte, ich würde das mein ganzes Leben lang machen, weil wir damit viel Geld verdienten. Damals kam ich aber auch an die DJ-Ausrüstung und habe rappen gelernt, indem ich Dolomite (Rudy Ray Moore) und Redd Foxx gehört habe. Eines Abends waren wir in einem Klub und ich war am Mikrophon. Der Film Breakdance wurde gerade gemacht und der Produzent war im Klub. Er hat auf mich gezeigt und gesagt: 'Dich will ich als Rapper, hier ist mein DJ und das sind meine Tänzer'. Ich machte eigentlich genug

118

Geld und fuhr schon einen Porsche, aber meine Kumpels sagten: 'Yo, Ice, versuch Dein Glück, Du wirst wie Eddie Murphy bezahlt werden'. Mein Glück? Ich dachte, ich würde es bereits machen! So bin ich mir darüber klar geworden, daß ich nicht so weitermachen konnte" (140). "Breakdance" ist der Beginn einer langen Geschichte von Ice-T und der Leinwand. Er wird später die Songs für Colors ('88), Dick Tracy ('90) und Return of Superfly ('90) schreiben oder interpretieren.
Aber 1984 (die Breakdance-Epoche) war Ice-T noch nicht so weit. Er nimmt jede Menge Songs bis 1986 auf, darunter "Ya Don't Quit" bei Macola/Techno-Kut. Seine Mischung aus Heavy Metal und Rap sprüht Funken. Die ganze Aggressivität der Straße ist in seiner Stimme. Macola schlägt ihm vor, sofort mit "6 In The Morning" weiterzumachen, das von den Lebensbedingungen der Gangster handelt. "6 Uhr morgens, die Polizei steht vor meiner Tür/Meine neuen Adidas quietschen auf dem Boden des Badezimmers/Durch das hintere Fenster haue ich ab".

Das Syndikat

Die Firma Sire Rds, die zu Warner gehört, fängt an, sich für Ice-T zu interessieren. Zwei Singles, zwei Hits. Dieser Typ ist ein wirklich geschwätziger Rapper. Er hat Dinge zu sagen. Persönliche Dinge, die Millionen von Menschen betroffen machen. Vorsichtig, wie er ist (von Natur aus oder weil er es gelernt hat?), verlangt Ice-T von Sire die Garantie, daß er völlig freie Hand hat und machen kann, was und wie er es will.
Er kennt das Business und beschreibt es folgendermaßen: "In der Plattenindustrie hat niemand Zeit, jedem ist alles egal. Dieses ganze Geschäft ist ein großer Schwindel. Und sie lassen Dich arbeiten, bis Du nicht mehr kannst. Wenn ich das Plattengeschäft den Leuten auf der Straße zeige, würde sie das ärgern. Das erste, was ein Typ macht, der eine Prostituierte trifft, ist, daß er ihr Geld gibt und sagt: 'Hier, kauf dir einen Kaninchenmantel und einen Badeanzug. Mach Dich zurecht, frisier Dich'. Im Plattengeschäft ist das Dein Budget! Sie sagen Dir: 'Hier Ice-T, Dein Budget, ich mag Dich gern. Und jetzt schauen wir mal, kannst Du Dich ein bißchen zurechtmachen? O.K., jetzt geh an die Arbeit'. Wenn Du auf der Bühne stehst, sagt die Plattenfirma zu Dir: 'Los Baby, geh raus, verdien mir dieses Geld'. Und wenn Du kein Geld mehr bringst, suchen sie sich ein anderes Mädchen. Und die Leute sind auch noch so blöd zu glauben, ihre

Darlene...

119

POWER

Plattenfirma würde sie lieben. 'Ich habe einen Vertrag'. Du hast nur einen Gangster gefunden, der Dich sponsert. Und je eher die Leute das kapieren, um so besser kommen sie im Geschäft klar" (14). Der Unterschied zwischen den Indie-Labels und den Etablierten sei nur die Größe. Nichts anderes. Ice-T hat es daher vorgezogen, dem Motto "Help Yourself" zu folgen und hat seine eigene Plattenfirma gegründet (Rhyme Syndicate), zusammen mit seinem Freund Jorge Minosoja (Produzent, Manager und Verteidiger des Rap bei den Radios: Rhyme Syndicat wird oft Stellung gegen Zensur und Drogen beziehen).

"Rhyme Syndicate sind alle meine Freunde, mit denen ich vor meinem ersten Vertrag gerappt habe. Also haben wir, wenn wir Plattenfirmen getroffen haben, gesagt, wir können ihnen zehn Gruppen für den Preis von einer bieten" (140).

Die erste Produktion von Rhyme Syndicate ist ein Sammelalbum, eine Visitenkarte, die Low Profile, Spinmasters, TDF, Bango With Mixmaster Quick, Toddy Tee, Nat The Cat, Donald D & Bronx Style Bob, Everlast und Hijack (der Engländer) präsentiert. Auch den überall präsenten Afrika Islam darf man bei dieser Aufzählung nicht vergessen, denn er überwacht das Ganze mit eiserner Gewalt.

120

Rhyme Pays

Die erste LP von Ice-T kommt 1987 heraus: "Rhyme Pays" heißt sie, (interessante Unterscheidung zwischen "Verbrechen zahlt sich nicht aus" und "der Reim zahlt sich aus"). Ice-T hat dasselbe Konzept wie auch B.D.P. in New York und macht das Gangsterspiel mit (Mädchen, Geld, dicke Wagen, etc.), um sie zu bezaubern und ihre eigenen Klischees dann gegen sie zu verwenden.

Zum Beispiel ist im "T" von Ice-T eine Uzi eingezeichnet; das Logo von Rhyme Syndicate zeigt zwei Typen in einem Kreis, einer trägt ein Maschinengewehr, der andere einen Ghetto Blaster. Man ist nicht sehr weit von dem Spruch entfernt, den sich Woodie Guthrie (Folksänger der 50er) auf seine Gitarre geklebt hatte: "Diese Maschine bringt Faschisten um".

Die Platte ist mittlerweile drei Jahre alt und hat Platin bekommen. Ihre zehn Titel zeigen wirklich alle Seiten der Szene, später wird das mit NWA noch weiter gehen. Unter den besten Stücken ist "409", bei dem alle Flüche und Schimpfwörter durch lautes Pfeifen "zensiert" werden: "Suck my ouiiiinnn/Go On Homeboy And Grab Her ouiiiinnn". Die Zeiten haben sich geändert. Das Stück ist ziemlich verrückt (tausend Geräusche, Chöre, die verschiedensten Instrumente); "Sex" (über die sexuellen Phantasien von Ice-T) oder "Squeeze The Trigger" ("Spann den Hahn": Der Rap, weniger gewaltverherrlichend als das Fernsehen).

Colors

1988 macht Ice-T mit seiner zweiten LP "Power" Furore. Der Klang ist besser und die Stimme hat sich entwickelt (der Wortschatz ist auch größer geworden). Auf dem Cover sind Ice-T, Afrika Islam und Darlene in Badeanzug und mit Gewehr abgelichtet. ("My Girl On The Cover" präzisiert Ice-T im Innenteil. Er hat sie 1985 geheiratet). Er regt außerdem die Gangs an, ihre Waffen niederzulegen. "Peace to all L.A. Gangs. Wir können alle zusammen leben. Der Tod ist keine Antwort. Please, Chill!".

Durch den Film Colors und den Todesfall einer Weißen aus einem reichen Viertel stehen die Gangs im Visier der Nachrichten. Das Ganze nimmt dramatische Ausmaße an. Ice-T ist sich darüber bewußt (s. sein Meisterwerk "Colors", wo er rappt "Gangs never die, just multiply"), und er weiß auch, daß er bescheidene

Möglichkeiten hat, dieser Gewaltwelle entgegenzutreten. In "Drama" beschreibt Ice-T sehr gut die schwere und aggressive Atmosphäre, die in einigen Vierteln Los Angeles herrscht: Ein Drama spielt sich ab. Ice-T erzählt davon. Die Geschichte des Gangsters, der verhaftet wird. Die Denunziation, die Verhaftung, das Gefängnis und schließlich der Tod in diesem Gefängnis... "Power" ist voller Gegebenheiten aus dem Leben eines Gangsters. Ice hält aber nie einen moralischen Vortrag. Er beschreibt die Gangs, ohne sie jedoch zu verurteilen oder zu glorifizieren. Er konfrontiert seine Zuhörerschaft mit ihrer Verantwortung, und es zieht selber seine Schlüsse daraus. Dies bringt ihm in einem anderen Bereich große Probleme: Er erhält Morddrohungen von weißen Extremisten und von schwarzen Seperatisten, weil er keine radikalen rassistischen Parolen verbreitet. Auch andere Titel beziehen sich auf das "Gangster Way Of Life" wie das Lied "Personal": Zwei Gitarrensolis kreuzen sich, während Ice-T spricht: "Sie wollen etwas über mich hören? Dann gehen sie zur Polizei und schauen in die Akten!"; das Antidrogenlied "I'm Your Pusher" mit Samples aus "Pusher Man" von Curtis Mansfield oder "High Rollers" (das ganze Talent von Ice-T wird in seinem Reim deutlich: "When I Say High Rollers, I Mean The best/Forget The Half Steppers, Eject the Rest"); "Radio Suckers" (mit Samples von Public Enemy) ist das erste Lied, daß sich gegen die DJs richtet, die sich weigern, Rap im Radio auszustrahlen...

The Iceberg/Freedom Of Speech

Mit jeder Platte verbessert Ice-T seinen Stil, ohne jedoch dabei seinen Biß zu verlieren. Seine dritte LP hat einen Doppeltitel: "The Iceberg/Freedom Of Speech". Iceberg steht für Iceberg Slim (ein Schriftsteller, dem auf dem Cover gedankt wird) und "Freedom Of Speech", weil Ice-T einer der größten Verteidiger der freien Meinungsäußerung ist (s. Rap und Zensur und seine Stellungnahme zugunsten Public Enemy und 2 Live Crew). Die Presse ignoriert leider allzu häufig diese Stellungnahmen gegen die Zensur, obwohl diese mehr als einmal auf der Platte angesprochen werden. Ice-T legt bei "Shut Up, Be Happy" sogar von einer recht offenen Einstellung zu diesem Thema Zeugnis ab: "Ich war in Australien und hörte die Platte von "No More Cocoons"; ich sagte mir dann, daß das Marshallgesetz mich weitestgehend betrifft: 'Yo man, so wird die Welt einmal werden, wenn sich die Menschen nicht einigen, dann passieren solche idiotischen Dinge'. Also haben wir Jello Biafra angerufen und es war so interessant zu sehen, was jemand von den Dead Kennedys für impertinente Sachen sagt, dagegen bin ich harmlos und ich mache Rap! Das Stück von Black Sabbath ist von ihrer ersten Platte, sie sind eine unverstandene Gruppe: 'Ah ja, das sind die Teufelsanhänger'. Ich habe ihre Stücke mein ganzes Leben lang gehört und hatte trotzdem nie Lust dazu, einem Huhn den Hals umzudrehen. Ich fand das sehr wichtig, denn wenn man die Leute so hört, könnte man meinen, daß wir nicht alle im selben Boot sitzen, aber eben doch: eines Tages fällt ein Zensor über mich her und über Dich auch" (14).

Ice-T hat bei manchen Stücken einen Gitarristen, einen Bassisten und einen Schlagzeuger dabei und sagt über seine LP: "Die Leute haben mir geschrieben, und ich habe mit Rap geantwortet. "Power" hat sich besser verkauft als "Rhyme Pays", also dachte ich mir, ich sollte vielleicht weniger in die Pop-Richtung gehen, sondern sagen, was mir am Herzen liegt" (14).

Er hat Recht, denn Iceberg verkauft sich besser als alle seine Vorgänger und die Zahlen steigen weiter. Er wird oft zu Unrecht als Phallokrat beschimpft. (s. Rap & Sexismus) und gibt daher seinen Kritikern noch mehr Nahrung mit "This Girl Tried To Kill Me" (Provokation, Provokation...). Er sieht sich gezwungen, auf einige Sprüche seiner ehemaligen Fans zu antworten, die der Meinung sind, er sei für die neue Gangster-Hip-Hop-Szene überholt, und sagt im Intro: "This is album three/ We're still in effect". Und natürlich gibt es wieder zahllose Geschichten über Gangster wie in "Peel Their Caps Back" (Zieh ihnen die Haut ab): "Das sagen sie im Gefängnis. Eine hinterhältige Art und Weise zu sagen: 'Ich werde dich töten'. Sie könnten das auch mit einer Kugel machen. Das ist hyperbrutal" (14). "Lethal Weapon": "unabhängig von meinen brutalen Texten oder den Waffen auf dem Cover ist die tödliche Waffe der Geist (...) Gefährlich ist nicht, was Du siehst, sondern was Du denkst. Ein Revolver ist nicht halb so gefährlich wie eine Person mit gefährlichen Gedanken. Hitler hat nie einen Schuß abgegeben, war aber einer der gefährlichsten Menschen der Welt (...) Das sage ich auch den Kids: 'Ihr glaubt, Ihr wärt hart, aber wenn ihr eine wirklich gute Waffe haben wollt, dann geht zur Schule und gewinnt an Intelligenz' (14). "The Haunted Child": "Ich halte mich für ein Kid, das rauskommt und schießt. Ich versetze dann die Jugendlichen in meine Lage und sage: 'Yo! Was würdest Du jetzt machen?' Es kann einem komisch vorkommen, aus dem Haus zu kommen und

Rap und Gewalt

Dem Rap werden alle möglichen Übel angehängt, unter anderem dies, gewalttätig zu sein und zu kriminellen Handlungen anzustiften (man sollte sich an den Tod eines Zuschauers bei einem Konzert von Run DMC und LL Cool J erinnern oder an die Schlägerei in der Long Beach Arena 1986, bei der 41 Menschen verletzt wurden). Ted Devoux und Boo Yaa Tribe erinnern daran, daß diese Anschuldigungen nichts Neues sind: "Man fragt, ob Rap die Gewalt verkörpert und jedesmal, wenn ich so etwas höre, rege ich mich furchtbar auf. Früher war es der Rock/Teufelsmusik, dann der Punk und jetzt ist es der Rap. Und es hat gar nichts miteinander zu tun. Alle Gangster in L.A., die ich kenne, hören nur alte Schnulzen" (170).

Die meisten Rapper sehen sich eher als Journalisten den als Musiker. Der Rap hat in der Tat eine Nachrichtenfunktion: "Wir ermutigen nicht zu Gewalttaten", schwört Ice Cube (Ex N.W.A.)." Ich bin traurig, wenn so etwas vorkommt und darüber, daß so etwas in meinem Viertel vorkommt, aber darüber muß man reden, nicht mehr und nicht weniger" (147). Alle vergleichen den Rap mit anderen Medien und das ist gewagt: "Ich denke, was wir machen ist nur halb so brutal wie so ein Scheißfilm wie Rambo. Es ist vielleicht nur reeller, da liegt das Problem" (185). In "Squeeze The Trigger" rappt Ice-T: "Sie sagen, ich wäre brutal, sie sollten fernsehen/

THEMA

Sie sagen, ich wäre brutal, sie sollten die Polizei beobachten/Ich rappe über das Leben, das die Straße mir gezeigt hat". KRS One findet die Vorwürfe gegen den Rap ungerechtfertigt: "Ich denke, daß N.W.A. eine gute Gruppe ist. Ich halte sie nicht für gewalttätig, man sollte Grenzen zwischen der Realität und der Fiktion ziehen (...) Ich glaube nicht, daß Eazy-E seine Zeit damit verbringt, auf Leute zu schießen oder so. Für mich ist er das musikalische Gegenstück von Eddie Murphy. Sie schauspielern, machen ein Spektakel. Wo ist die Grenze? Du gehst ins Kino und guckst Dir Leute an, die aufeinander schießen und dann hörst Du N.W.A. und man nennt sie gewalttätig" (84). Dennis Hopper

122

hatte während seiner Dreharbeiten zu Colors ähnliche Probleme (s. Rap und Kino): "Das ist ein soziales, politisches und wirtschaftliches Problem. Kein Problem des Films! In unserer Gesellschaft gibt es Leute, die alles unter den Teppich kehren wollen, was Angst macht" (186).

Wenn auch Kool Moe Dee zugibt, "daß die Rapper zu 50% selbst verantwortlich für die schlechten Kritiken sind, denn sie haben ein Image von sich verbreitet, das wenig Substanz hat. Es geht zu oft um Geld. Man muß mehr in die Tiefe gehen" (187). Ice Cube unterstreicht mit Recht, daß er keine Platten mache, nur um zu provozieren: "Was mich schockiert, ist, daß ein junger schwarzer Depp rappt und dann überall auf der Welt eine Presse hat. Das ist schockierend" (162). Chuck-D (Public Enemy) hat das gut verstanden: "Äls ich "Miuzi Weights A Ton" geschrieben habe, wollte ich die Journalisten sagen hören: 'Hey! Die reden über Uzis!' und daß sie darüber nachdenken, daß es Typen gibt, die mit echten Uzis rumrennen. Das haben die Medien dann auch gemacht" (50). Das Lied "Black & Decker" von Ice-T verfolgt dasselbe Ziel: "Das ist ein Schlag gegen die P.M.R.C. (die einflußreiche Liga der Eltern von Schülern). Es ist bescheuert, daß Rap jemanden dazu bringen könnte, jemand anderen zu verletzen. Also sagen wir uns, wir spinnen etwas rum und hauen jemandem den Schädel ein, um ihnen zu zeigen, daß sie darüber lachen sollen. Das ist ein bißchen schwarzer Humor. Wir machen das, damit die Leute, die behaupten, wir wären gewalttätig, etwas haben, worauf sie mit dem Finger zeigen können" (14). Diese Strategie findet man auch bei Leuten wie KRS One wieder, die ihre Cover mit gewalttätigen Bildern versehen. Wenn man von "By All Means Necessary" spricht, ist Kris Parker kategorisch: "Meine Cover sind so wegen der Leute, über die ich rede und nicht wegen denen, an die die Worte gerichtet sind" (89). Er fährt fort: "Wir haben an einem Stück gearbeitet, als Scott La Rock ermordet wurde. Die Medien sprechen die ganze Zeit über Gewalt, aber sie sollten mal über die Verbrechen und die Polizei nachdenken. Wenn ein Mord geschieht, muß die Polizei sich darum kümmern, nicht der Rapper" (87). Und er schließt: "Das unorganisierte Verbrechen ist der Dealer an der Straßenecke, der von einem seiner Brüder ermordet wird. Das organisierte Verbrechen heißt Coca Cola, IBM, Xerox und Mobil Oil" (82). Wenn der Rap gewalttätig ist, dann weil er etwas zu sagen hat. Viel.

einen Typen umzulegen, aber wenn Du das einmal getan hast, dann hast Du keine Freunde mehr und sitzt in der Scheiße" (14). Oder in "You Played Yourself": "Das ist ein Lied über Leute, die sich selber in Schwierigkeiten bringen und sich am Ende immer beklagen. Dabei sind die Rapper, die jedem erzählen, wie stark sie sind, die ersten. Sie haben die Schule verlassen und sind voll Scheiße, nicht einmal fähig, eine Unterhaltung zu führen (...) Dann meine ich die Männer, die mit Frauen ausgehen und ihr ganzes Geld rauswerfen, und wenn die Frauen sie dann sitzenlassen, heißt es, sie wären Schlampen gewesen. Aber niemand hat sie gezwungen, all ihr Geld für das Mädchen auszugeben. Und der Typ, der sein ganzes Geld für Crack ausgibt, läßt seine Freunde fallen und endet auf dem Todesweg. Er hat sich selbst in diese Situation gebracht" (14).

Ice-T vergißt jedoch nicht, daß Rap auch eine Tanzmusik ("Hit The Deck"), Partymusik ist ("What Ya Wanna Do?"): "Das ist ein Stück zum Feiern. Ich habe gesagt: 'O.K., ihr Arschlöcher' und dann haben wir nur einen coolen Titel von KC & The Sunshine Band genommen und darauf gemacht, wozu wir Lust hatten. Es ist ein lustiger Titel und die Gelegenheit, den Rest der Rhyme Syndicate Rapper zu hören" (14) mit viel Blödsinn, denn "wenn Du auf der Straße anfängst zu rappen, dann so, daß Du nicht an der Straßenecke den Homeboys mit politischen Sachen kommst, sie wollen ekelhafte Sachen hören. Das ist nur eine Fun-Platte, aber sie zeigt Dir den Ursprung, wie ich angefangen habe; durch diese Art Rap bin ich bekannt geworden. Ich habe diese Sprüche von Dolomite und aus meiner Kindheit, als ich Ray Moore und seine verrückten Geschichten anhörte" (14).

1990 hat sich Ice-T - wir haben es gesehen - auf das Kino konzentriert. Er hat den Titelsong von Dick Tracy gesungen (eine lustige Mischung aus leichtem Rap und modernisierter Jazz Music der 30er Jahre). Kurz danach hat Ice-T sich einen seiner Träume erfüllt, nämlich mit Curtis Mayfield für den Titelsong von "Return of Superfly" zu singen. Immer noch beim Film spielt Ice-T eine Rolle in "New Jack City" von Mario Van Peebles (auch Flavour Flav taucht darin kurz auf). Die Musik zu diesem Film stammt von Wally Baradou, Georges Jackson und Quincy Jones (den Ice-T gut kennt, da er bei seinem "Black On The Block" mitgewirkt hat)...

TONE LOC

Antony Terrel Smith kommt aus L.A.. Aus einer lockeren Familie stammend wird er nach seinen Worten schon als Teenager zum Kriminellen: "Ich habe mit 9 Jahren angefangen zu rappen, als einer meiner Freunde aus New Jersey zurückkam. Er rappte und ich hatte noch nie etwas ähnliches gehört. Ich fand das aufregend... Mein Cousin kannte Michael Ross, und der rief mich '87 an, um mir zu sagen daß er ein Label gegründet hätte. Damals hieß es Fast Break Rds und ich änderte den Namen in Delicious Vinyl. Wir haben dann 'I Got It Goin' On' aufgenommen" (144). Zwischenzeitlich änderte er seinen Namen in Tone Loc: Loc ist die Verkürzung von loco, was auf spanisch verrückt heißt.

Seine erste Single kommt '87 heraus, gefolgt von dem Superhit "On Fire", und beide bringen schon den Erfolg für Delicious Vinyl. Sanfte Stimme, perfekte Arrangements, Gitarre. Von der ersten Platte an feilt Tone Loc an seinem Stil. Bei der nächsten Platte "Cheeba, Cheeba" flüstert, murmelt, haucht er seinen Rap. Als einziger Rapper bei der "MTV Tour 89" (u.a. mit Paula Abdul, Milli Vanilli) entwickelt er sich vor den weißen, weiblichen Teenagern zum Sex-Symbol.

Und 1988 serviert ihm Young MC, der andere Star bei Delicious Vinyl, das phantastische "Wild Thing", das in der ganzen Welt Erfolg hat und sämtliche Verkaufsrekorde brach. Die elektrische Guitarre, sein schweres Atmen, das Rollen des Schlagzeugs, die laszive Stimme von Tone Loc, all das betont die Erotik seiner Machosprüche: "Ich habe sie zum Hotel gebracht/Sie sagte 'Du bist der King'/Also, sei meine Queen/ Wenn du verstehst, was ich meine/Und wir machten das wild thing". Nichts ist explizit

RAP UND SEXISMUS

Ist der Rap sexistischer als andere Musikrichtungen? Manche Gruppen, wie Two Live Crew, gehen sehr weit in der realistischen Beschreibung, andere, wie N.W.A., sind fast frauenfeindlich. Die Argumente der Rechtfertigung dieser beiden Gruppen sind fast identisch: So sagt Luke Skyywalker, Chef von 2 Live Crew: "Die Leute sagen, wir respektierten keine Frauen. Ich sage, ein Schuh ist zum Gehen da. (Ups! A.d.A.) Wenn Du eine Nutte bist, und Du hast Dein ganzes Leben an Schwänzen gelutscht, dann kannst Du das persönlich nehmen. Aber wenn Du eine Frau bist, die sich darin nicht wiedererkennt, nimmst Du es als Spaß. So einfach ist das" (70).

Und Ice Cube (ex-N.W.A.), der Autor von "A Bitch Iz A Bitch": "Das ist nur ein gewisser Typ von Frauen, den ich beschreibe. Heute kann eine Frau mit einem Typen machen, was sie will. Manche Frauen benutzen das, um

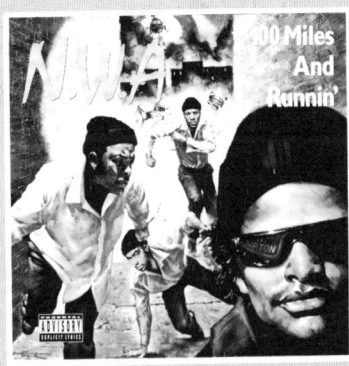

sich ein neues Auto kaufen zu lassen usw. Ich finde das Scheiße ... Mit 'A Bitch Iz A Bitch' wollte ich nicht ausdrücken, daß wir meinen, alle Frauen seien Schlampen, aber daß ein wenig davon in allen steckt. Und ich denke, die meisten Männer haben das noch nicht kapiert. Vielleicht ist es auch besser so" (62).

Mit dem Rap zerbricht die Heuchlerei. Seit der Geburt des Rock & Roll, und man kann sogar bis zum Blues zurückgehen, haben die Künstler um den heißen Brei geredet. Die Rapper behindert aber keinerlei Moral. Sie bekennen sich zu Ihrer Frustration und Ihren Phantasien. Um nichts mehr handelt es sich dabei meiner Meinung nach.

Der nächste Zeuge, Ice-T, zeigt, daß diese 'schmutzigen' Lieder auch manchmal in unerwarteten Situationen gefragt werden: "Ich habe soviele Probleme mit Frauen wegen der Sex-Songs gehabt... Dazu auch eine Anekdote: Ich ging auf eine Party von Aaron Spelling, dem Produzenten von Denver. Er fand, es wäre gut, HipHop auf seiner Party zu haben, also habe ich gerappt. Da kommt eine ältere, weiße Dame mit Ihren Freunden zu mir und sagt: 'Ice, was ist aus Deinen Sex-Sprüchen geworden? Meine Tochter geht jede Woche in den Club und erzählt, daß Du die besten Sex-Songs machst. Meine Freunde zählen auf Dich'. Und ich stand da, in einem

THEMA

Raum voll von Nerzmänteln und soll ordinäre Sprüche loslassen, und diese weiße Frau von etwa 55 Jahren amüsiert sich darüber. Da bin ich mir bewußt geworden, daß das ein Teil von mir geworden ist. Aber warte mal: Ice-T ist nicht nur mit einem Song zu verstehen. Ich bin mehr. Ich habe eine ernsthafte, eine dramatische und auch eine pornographische Seite. Also sagte ich mir: Machen wir mal ein Stück, wo ich von einer Frau vergewaltigt werde" (14).

Auch die Jungle Bros, die zu den "bewußten" Rappern zählen, können nicht der Versuchung des Sex-Rap widersehen und sei es auch mehr in Form einer Parodie: "Ich ließ meine Reime raus und sie wurde zu meiner Hündin" (aus Braggin & Boastin).

Auch Queen Latifah, die charmante Repräsentantin des Feminismus, rechtfertigt die Machosprüche und unterstützt Ice Cube und Konsorten: "Ich sehe diese Sex-Sprüche aus einer anderen Sicht. Ich denke, daß die Frauen, über die in diesen Songs gesprochen wird, sich selbst erniedrigen. Sie denken zu materiell, sie sehen nur das Auto, das Geld, das Gold, und dafür müüssen sie diese Sprüche einstecken. Das ist der Preis, den sie zahlen müssen. Sie haben keinen Respekt vor sich selbst und so haben die Rapper auch keinen Respekt vor Ihnen. Und die behandeln ja ihre Mütter und Schwestern nicht in dieser Art. Keiner kommt zu mir und sagt, 'Latifah, Schlampe' weil, ich sie repektiere und sie mich. Wenn sie in der Art sprechen, handelt es sich nicht um normale Frauen, sondern um Nutten" (183).

Um vorläufig abzuschließen noch ein Zitat der schwarzen, feministischen Autorin, Michele Wallace: "Der Sexismus, der im Rap durchkommt, ist ein notwendiges Übel. In einer Gesellschaft, die von Armut und Analphabetismus verwildert ist, wo es leichter ist, Schwarze im Gefängnis als an der Uni zu treffen, erlaubt der Rap, die ökonomischen und sozialen Frustationen auszudrücken" (184).

benannt, und so können die Radios und Fernsehstationen diesen heißen Song und das nicht minder heiße Video ausstrahlen, und Jahre später findet sich "Wild Thing" immer noch auf allen möglichen Samplern.

Mit "Loc'ed After Dark" ('88) geht Tone Loc noch weiter in seiner Intimität. Seine Stimme wird noch rauher, noch erotischer. Er scheint uns wirklich ins Ohr flüstern zu wollen. 1989 stellt Deliciouis Vinyl alle seine Singles mit neuem Material zu der LP "Loc'ed after Dark" zusammen, die die Dust Bros abmischen. Neu sind "Funky Cold Medina" (von Young MC geschrieben), "Next Episodes" (mit Soul-Samples), "Loc On The Shaw" (nur instrumental) und "The Homies" (einer der lustigsten Titel auf der LP, der live im Studio aufgenommen wurde). Neben den üblichen Danksagungen tauchen die Namen von Tracy Lords (ein großer Pornostar in den USA) und von den Guns & Roses auf, die mit rassistischen Äußerungen, wie der nachstehenden aus einem Rolling Stone-Interview, aufgefallen sind: Axl Rose sagt: "Hey, Ihr Anderen, Ihr Asozialen und Neger – ja Ihr – kommt mir nicht in den Weg. Ich brauche eine von Euren Goldketten. Die Immigranten und das Gesocks, für was sind sie gut? Nur um in unser Land zu kommen und sich vorzustellen, wie sie es ummodeln können, damit es Ihnen hier gefällt, ein Mini-Iran zu gründen und Krankheiten zu verbreiten?" (188) Im Gegensatz zu der Affäre Prof Griff regt sich darüber keiner auf...

Heute genießt Tone Loc seinen Reichtum in seinem prunkvollen Wohnsitz in Bel-Air, dem Luxusviertel von L.A., geht aber noch einmal pro Woche in die Schulen, um seine Fans vor den Gefahren der Gangs zu warnen. Daher nimmt er auch bei der Aktion "We Are All In The Same Gang" teil. Und man sieht ihn in dem Streifen "Ford Fairlane".

YOUNG MC

Martin Young. Mit einem solchen Namen ist man für die Musik prädestiniert. Geboren in Londres, aufgewachsen in Queens, studiert Young MC, wie er sich in der Szene nun nennt, Betriebswirtschaft, Fachbereich Informatik. Grandmaster Flesh, Melle Mel, The Treacherous 3 und Fearless 4 sind seine Offenbarung Anfang der 80er. Zwischen zwei Semestern nimmt er ein Mikro und beginnt zu rappen: "Mike Ross von Deli-

cious Vinyl rief mich im Dezember '87 an, und ich rappte ihm einiges vor. Und er hat mir sofort einen Vertrag angeboten" (145). Diesen unterschreibt er und bringt gleich sein munteres "I Let'em Know" heraus, abgemischt von Dike & Ross, was auch einigen Erfolg an der Westküste hatte. Seine Autorenkünste bietet er auch dem anderen Star bei Delicious Vinyl an, Tone Loc für "Wild Thing" und "Funky Cold Medina". Klasse Hits, gestärktes Selbstbewußtsein. Young MC weiß, wozu er fähig ist.

WEST FASTEST RAPPER

"Bust A Move" ist sein 3. Meisterstück. Dieses Mal mischt er auch selbst. Volltreffer. Er verdrängt Madonna für den Pepsi-Spot und nimmt seine erste LP auf: "Stone Cold Rhymin'". Man findet darauf seine ersten Titel und einige neue Glanzlichter. The Dust Bros und Quincey Jones jr produzieren je einen Song und das Duo Dike/Ross machen alle anderen. "Know Know" und noch mehr "Fastest Rhyme" (eine 53 Sekunden lange Explosion von hyperschnellen Reimen ohne Musik) zeigen, daß Young MC zu recht sich "der schnellste Rapper des Westens" nennt. Aber er kann auch gefühlvoll sein und zu Tränen rühren (bei "Non Stop") oder einen zum Lachen bringen wie bei "Principal's Office", wo er von den Mißgeschicken eines Schülers erzählt.

Leider werfen die letzten Nachrichten von ihm kein gutes Licht auf das Musikgeschäft. Anläßlich der Veröffentlichung seiner LP äußert er: "Die Produzenten wollen nichts Schweres auf dem Album. Die Texte werden geändert, abgeschwächt, denn sie wollen sicher sein, daß sie ein großes Publikum erreichen können. Meine nächste LP wird nicht so. Entweder kontrolliere ich alles oder ich nehme einen anderen Weg und werde Anwalt, wie das meine Mutter sich immer gewünscht hat" (146).

Einige Wochen später hört man, daß Young MC einen Rechtstreit mit Delicious Vinyl gewonnen hat: Dike und Rosse hatten "vergessen", ihm die Autorenlizenzen für "Wild Thing" und Funky Cold Medina" vollständig zu überweisen...

Trotzdem läßt sich Young MC nicht abhalten mit anderen Musikern zu arbeiten. So schreibt er "Under Arrest" und "Living A Lie", das er auch singt, für die LP "Silent Assasins" von Sly und Robbie: Der Reggae ist eh ein wenig seine zweite Musik. Young hat wiederholt gesagt, daß er von Yellowman, Peter Maestro und Sister Carrol beenflusst ist.

Und er schreibt mehr sozialkritische Texte. Auch ist er

sehr gegen harte Drogen und Gewalt (so benutzt er den Stop the Violence-Sticker, was selten für die Westküste ist).

Hoffen wir, daß der Streit mit Delicious Vinyl beigelegt ist, denn Young MC hat soviel zur Begeisterung für den Rap beigetragen, ohne in die kommerzielle Falle zu gehen, daß ihm ein Platz in der "Hall of Fame" des Rap schon jetzt sicher ist.

7A3

Bretty B und die beiden Partner (7A3 steht für 7 wie die Sterne: A für Allah und 3, weil sie drei sind) sorgen 1988 für eine tolle LP: "Coolin' In Cali" (rein zufällig beim selben Label wie Guns & Roses, Geffen...). Sicher verdankt dieses Album seine Größe auch der ansehnlichen Palette von Produzenten (Joe "The Butcher" Nicolo, Hank & Keith Shocklee & Eric Sadler und Daddy-O), den Gästen (Cash Money, Jazzy Jay und Schooly D), sowie einigen Musikern (Bass, Gitarre, Schlagzeuger, Saxophon). Die großen Titel sind "Coolin' In Cali" (laut und recht brutal), "A Man's Gotta Do What A Man's Gotta Do" (schönes Saxophon, die ganze Zeit) und "Freestyle".

NIGGERS WITH ATTITUDE (N.W.A)

L.A Is The Place

Im Gegensatz zu Tone Loc und Young MC hatten N.W.A. viel später Erfolg. Ihre Vergangenheit scheint weit weniger glorreich als die der anderen. MC Ren (Lorenzo Patterson) soll am Bein getroffen worden sein, als noch die Gangs seine einzige Familie waren. Eazy-E (Eric Wright) rühmt sich seiner Einbrüche, er soll Autos geknackt und gedealt haben, bis dann sein Cousin erschossen wurde. Er behauptete sogar, daß das Label mit Hilfe der Erlöse aus dem Verkauf von Crack gegründet wurde; er dementierte dies, als das FBI verkündete, alle mit Drogengeld aufgebauten Unternehmen würden beschlagnahmt... Dr DRE (Andre Young) gibt sogar einige Lektionen im Autoklauen: "Man muß nur wissen, was sich hinter einem abspielt. Sie haben einen Trick, der heißt Jacking, weißt Du. Du hälst an einer roten Ampel, jemand hält die einen Kanone an die Backe und sagt Dir, daß Du aussteigen sollst. Meinem Mercedes ist das passiert, mit Michel am Steuer" (148). Ice Cube behauptet, wie alle anderen aus South Central zu stammen: "Ein konkretes Vietnam, so kann man LA definieren. Einmal hat jemand auf mein Haus geschossen. Die Kugeln durchschlugen das Fenster, die haben mindestens zwölfmal geschossen. Ich war mit meinem Vater drinnen, das war echt Scheiße" (147). Er gab jedoch nach Verlassen von N.W.A. zu, nie einer Gang angehört zu haben (hervorragendes Studium der Wirtschaft und Architektur). Im Juli '90 ist Dr DRE so entnervt über die Fragen zu ihrer Herkunft, daß er sagt: "Wir haben nie mit den Gangs zu tun gehabt" (149).

Dennoch bleibt die Gründung der Gruppe ein

Geheimnis. Es gibt dazu unterschiedliche Versionen von Eazy-E und Ice Cube.

Eazy-E hält sich für die Basis der Gruppe. Er bringt im April '86 seine erste Maxi "Boyz-N-The Hood" mit Dr DRE heraus, der damals noch hinter der Studioscheibe saß. Seiner Aussage nach wurden die N.W.A offiziell im September '87 mit der Maxi "Dope Man" geboren. Ice Cube behauptet, die Gruppe wäre schon '86 gegründet worden, und zwar von ihm und Dr DRE. Er denkt sofort an einen harten Titel, das wird dann "Fuck Tha Police". Er beginnt, für die Gruppe von Dr DRE zu schreiben World Class Wreckin' Cru ("Cabbage Patch", '87) und nimmt seinerseits "My Posse" und "Ill-Legal" auf. Dr DRE rappt bei einem dieser Songs. Eazy-E kommt später dazu. Dr DRE schlägt ihm vor, eine Platte zu machen und er antwortet, daß er es vorzöge, Manager zu sein (er war es damals schon). Ice Cube hatte damals schon "Boyz-N-The Hood" geschrieben und bietet es Eazy-E an. Die Gruppe, um die letzterer sich kümmert, will es spielen, aber Dr DRE besteht darauf, daß Eazy-E selbst rappt, auch wenn er noch Anfänger ist. Das Ergebnis ist sehr befriedigend. Danach beginnt Eazy-E mit seinem Label und die drei beschließen, N.W.A zu gründen. DJ Yella (Antoine Carraby) und MC Ren vervollständigen das Ganze. Niggers With Attitude sind gegründet und es geht los...

Dope Man

Wer hat Recht? Ist eigentlich egal. Dr DRE, Ice Cube, Eazy-E, DJ Yella und MC Ren bringen zum ersten Mal eine Platte mit dem provozierenden Titel "N.W.A" heraus. Manche Journalisten wie Laurent Chalumeau, haben behauptet, der Name sei das stärkste, was die Gruppe überhaupt bringen konnte: Eine Bombe mit neunzehn Buchstaben... Wenn auch Niggers With Attitude auf den Covern nie ausgeschrieben wurde...
Eine Platte von ihnen heißt "Dope Man". Das Lied handelt von einer Hure, die mit einem Dealer befreundet ist: "Wenn Du aufsteigen willst, mußt Du Dir die Knie schmutzig machen". Ice Cube argumentiert: "Mit Boyz-N-The Hood wollten wir einen neuen Stil ausprobieren, nämlich von der Realität zu sprechen. Viele Leute taten nur als ob, wir wollten einfach nur etwas Realität erreichen. So etwas wie "Dope Man" hatte vorher noch nie jemand auf einer Platte gehört" (150). Der Klang ist anders, als er später sein wird. "8 Ball" (Samples von Public Enemy und Run DMC) und "Panic Zone"

(Roboterstimmen, hat sich verbraucht) sind auch auf der Maxi. 1988 wird "Gangsta, Gangsta" die Hymne der Gangster (und Nicht-Gangster von LA!). N.W.A. haben immer mehr Erfolg.
Während ihre Musik besser wird (die Stimmen von Eazy-E und Ice Cube ergänzen sich sehr gut) werden die Texte immer deutlicher. Sie wollen aber weder mit Ice-T, den sie völlig "out" finden, noch mit Public Enemy verglichen werden: "Public Enemy gab es noch gar nicht, als wir angefangen haben. Wir haben uns also nicht von ihnen inspirieren lassen" (150).

Straight Outta Compton

Im Februar 1989 geht die Bombe hoch: "Straight Outta Compton" (Compton war das heißeste Viertel von LA). Auf dem Cover stehen N.W.A. auf der Straße. Der Photograph hat sie so aufgenommen, daß sie selbst von dem Revolver bedroht werden, den einer von ihnen in der Hand hat. Der Spaß ist vorbei. Auf dem Album sind also "Dope Man" (mit Samples von "Dance To The Drummer Beat" von Herman Kelly & Life, wie es auch schon Run DMC in "I'm Not Goin' Out Like That" gemacht hatte) und "Gangsta Gangsta". Das ganze Album handelt von Gangstern wie in den Meisterstücken "Straight Outta Compton" oder "Fuck Tha Police": "Hier ist der Wilde Westen. Die Polizei soll uns schützen, aber wer schützt uns vor der Polizei?" fragt Ice Cube (150). Laut Steven Wells von New Musical Express enthält das Album mehr als zweihundert mal Fuck und Motherfuck... Der Klang ist sehr viel besser geworden, es kamen einige Geräusche hinzu (Hupen, Sirenen, Schießgeräusche etc.) und ein gewisses Soulfeeling ("If It Ain't Ruff", "Express Yourself", "I Ain't Tha 1", "Parental Discretion Iz Advised").
Trotz der Zensur durch MTV (das Video von "Straight Outta Compton" wird nicht gezeigt, und das Stück läuft auch selten im Radio), wird das Album schon nach sechs Wochen zur Goldenen Schallplatte, weil es in den USA mehr als zwei Millionen Mal verkauft wird. Die Geschäfte erhalten Petitionen, damit sie das Album aus den Regalen zurückziehen. Priority Rds bringt eine entschärfte Version heraus, die 200.000 Mal verkauft wird. In manchen Staaten darf die Gruppe nur ein Konzert geben, wenn sie versichern, daß sie "Fuck Tha Police" (und manchmal "Gangsta, Gangsta") nicht spielen werden. Trotz ihres Widerstands mußten N.W.A. dem Druck nachgeben und spielen diese beiden Stücke fast nicht mehr. Das brachte

einige ihrer Kollegen dazu, zu sagen: "N.W.A. sind doch nicht so hart, wie sie immer tun..."

Zum Skandal kommt es erst, als das FBI wegen des Liedes "Fuck Tha Police" Druck auf N.W.A. ausübt. Als Jerry Heller, der Manager der Gruppe (während der 70er hat er für Elton John, Pink Floyd etc. gearbeitet) den Brief veröffentlicht, der N.W.A.

Fuck Tha Police

anklagt, ist die Hölle los. Die "Village Voice" schreibt wenig später als Schlagzeile: "Das FBI haßt diese Gruppe" in roten Lettern über das Photo der Gruppe. In dem Artikel werden Mitglieder der American Civil Liberties Union und des Kongresses zitiert, die Praktiken des FBI denunzieren, die gegen das 1. Amendment der amerikanischen Verfassung verstoßen. Das alles ist eine gute Werbung für N.W.A.. Dr DRE: "Das war alles kein Problem und wir haben mehr Platten verkauft" (189). Eazy-E macht sich über das FBI lustig: "Wenn sie Rap schreiben wollen, der "Fuck N.W.A." heißen soll, werde ich ihn herausbringen" (152). Darauf antwortet das FBI mit "niet" und schlägt N.W.A. vor, einen Teil ihres Erlöses der Stifung zur Drogenbekämpfung zu spenden. Aber die Journalisten unterstreichen, daß es sich hier schon um rassistische Zensur handelt: "Als Bruce Springsteen sein "Ploinc, ploinc/Wenn ich gewußt hätte, wäre ich nicht gekommen/Es ist nicht lustig, arbeitslos zu sein/ouin ouin, ouin" gemacht hat, wußte jeder, daß er seine Stimme einer Persönlichkeit leiht. Aber wenn fünf Neger "Fuck Tha Police" singen, wird alles gegen sie verwendet" (153). Ice Cube beklagt das ebenfalls: "Alles, was wir schreiben, wird als politisch beurteilt. Wir können von einem Auto reden, und sie werden es wieder politisch finden" (147). Chuck D, der sich nach wie vor treu bleibt, ironisiert: "Das Schlimmste, was sich ein weißer Familienvater vorstellen kann, ist, daß sein Sohn mit dem Walkman heimkommt und sagt: 'Ich will wie Eazy-E werden'" (154).

Trotzdem finden manche Rapper die Texte von N.W.A. nicht sauber, vor allem wegen der vielen Flüche. Overlord X meint, daß man durchaus Flüche einbauen kann, aber nicht drei pro Zeile. Er nennt Dr DRE sogar einen Heuchler: Man könne zum Teil sogar denken, für N.W.A. wäre jedes Mädchen unausweichlich eine Hure. Andere werfen ihnen vor, die Vorurteile gegen Schwarze noch zu verstärken. Dennoch wiederholt Ice Cube: "Wir werden nur härter, weil auch die Straße härter wird" (156),

bevor er eingesteht: "Ich bin dafür da, Geld zu verdienen und diese Platten zu vermarkten. Ich will niemanden aufstacheln. Ich will kein Modell sein, um wie eine Marionette zu enden" (150).

N.W.A. kultiviert mit Erfolg ihren Sinn fürs Widersprüchliche, fürs Paradoxe und für die Provokation. Sie gehen so weit, einen totalen Nihilismus zu verbreiten, als sie der Presse antworten: "Was ist mit Ice Cube passiert?" (er hatte gerade die Gruppe verlassen) - "Er soll zur Hölle fahren!" "Was denken Sie über die Lage in Südafrika" - "Soll zur Hölle fahren!" (157).

Meinen sie das ernst? Nehmen sie sich ernst? Ist das alles Berechnung oder sind sie wirklich so blöd, wie man sie beschreibt? Eine Sache ist sicher, sie amüsieren sich und stecken dicke Schecks ein. Da auch ihre Musik manchmal sogar recht gut ist, geht das Rezept auf. Und da sage ich den Journalisten, die versuchen zu verstehen oder runterzumachen, sie sollen doch besser bei den Rolling Stones oder Cure bleiben. Die sind freundlich, alt und inoffensiv. Es gibt zwei Eigenschaften bei MC Ren und seinen Kumpels: Sie haben keinen Respekt und sie ordnen sich nicht unter. Zwei Qualitäten, die in den Top 50 nicht gut angesehen sind. Vergessen wir nie das "With Attitude" dieser "Niggers".

We Want Eazy

Parallel zur Gruppe verfolgt Eazy-E eine Solokarriere und bringt 1988 das Album "Eazy-Duz-It" heraus. Einer der Titel heißt "We Want Eazy", der später auch als Maxi erscheint. Trotz seiner geballten Fäuste auf dem Cover schafft es Eazy nicht, uns viel Angst zu machen. Von Anbeginn werden Worte wie Fuck und Bitch ausgesprochen. Wird er sich denn nie beruhigen? Die Platte hat einige megalomane Aspekte ("We Want Eazy": Die Musik stammt von George Clinton. Applaus, ein Mädchen sagt: "Wir wollen Eazy." Ein Typ fordert die Menge zum Klatschen auf. Chöre rufen: "Eazy"...) Das Album ist mittelprächtig, mit Ausnahme des Liedes "Still Talkin" (sehr soulig) und "2 Hard Mutha's" (mit MC Ren, einem Schlagzeug und einer Gitarre im Hintergrund. Gut, um den amerikanischen Slang zu erlernen). Der Rest hat einen eher verwaschenen Klang, viele wah-wah pedals und das für Dr DRE typische Arrangement: Die Stimme, die verstummt, ein Schuß, das Saxophon, das sich empor schwingt und die Stimme, die zurückkommt. Die Mischung von N.W.A. ist hier nicht zu finden, obwohl die Mehrheit der Leute auch an dieser Platte beteiligt war. Vielleicht wird Eazy-E bei seiner zweiten Platte "Temporary Insanity" besser werden? Die Musik zum Film "Return Of Superfly" gibt einen guten Vorgeschmack: "Eazy Street" (schlicht und einfach!) Eazy-E führt indessen in aller Ruhe sein Label, das er '87 mit Jerry Heller und Dr. DRE gegründet hat: Ruthless Rds. Der erste Hit ist von JJ Fad ("Supersonic"), den sie gemeinsam mit Dream Beat herausbringen: "Heller erzählt, wie er damals den sechsstelligen Scheck empfing - von Atlantic, die die Rechte an dem Song hatten - und mit Eazy-E zur Bank ging, um ihm beizubringen, wie man ein Konto eröffnet" (158). Dank einer Vereinbarung mit Bryan Turner und Priority Rds kommen alle Platten von Eazy-E (auch die von N.W.A.) bei Ruthless/Priority heraus.

Drei Jahre später ist die Liste der Gruppen lang und erlesen: JJ Fad (bei dem DJ Yella der zweiten LP den letzten Schliff geben wird), Bobby Jimmy & The Critters, Big Lady K (ein 16-jähriges Mädchen aus Riverside, Kalifornien), Hardcore (Amityville, NY), D.O.C. (Dallas, Texas. LP "No One Can Do Better" wird von Dr DRE produziert), Above The Law (s. später), Tairrie B (italienischen Ursprungs - sie ist weiß, Vamp-Look und definiert sich selbst als "ruthless bitch you love to hate". LP "Power Of A Woman" 1990 bei Ruthless, mit Begleitung von Eazy-E, Schoolly D und Boo-Yaa), etc.

Die Politik von Ruthless wird gut in einer Werbung beschrieben, die sie im Billboard Special Rap vom 16. Dezember 1989 veröffentlichen. Diese zeigt eine Mutter, schwarze und weiße Polizisten in Zivil und in Uniform, einen Priester und einen Abgeordneten mit dem Text: "Einige hassen uns. Aber Millionen haben uns 1989 geliebt!"...

Michael Conception bringt 1990 die Creme der Westküste unter dem Namen "West Coast Rap All-Stars" für sein Project "We're All In The Same Gang" zusammen. N.W.A. sind auch mit von der Partie, wenn sie auch Kritik an der New Yorker Parallelbewegung "Stop The Violence Mouvement" geübt hatten. Für die Komplizen von Eazy-E ist es ein wirkliches Dilemma: Wird die Teilnahme an dieser Hymne ihr Gangsterimage zerstören? Nicht teilnehmen würde heißen, unverantwortlich und desinteressiert zu wirken (s. Rap & Humanitäre Aktionen). MC Ren erläutert ihre Strategie: "Die Teile, wo wir singen, handeln von Gangs und unser erster Satz ist: 'Wir sind nicht hier, um zu predigen, denn wir sind keine Priester'" (159). Und es ist Dr DRE, der diesen Aufmarsch der Stars produzieren wird.

Der Abgang

"An dem Spektakel von Jesse Jackson nicht teilzunehmen, nur weil es kein Geld gab. Jackson wollte N.W.A. für seine neue Sendung Voices Of America interviewen. Thema der Sendung war die Musik, die die jungen Leute heute hören. Es gab keinen Grund, warum N.W.A. nicht bei dieser Sendung mitmachen sollte (...) Wenn Du so etwas ablehnst, dann denkt derjenige nicht an die Gruppe. Er will nur kurz dabei sein, um so viel Geld wie möglich zu verdienen" (160).

Sie haben sicher verstanden, Ice Cube wirft Eazy-E seine Geldgier vor. Er verläßt N.W.A. Ende '89. Die Gründe? Differenzen zwischen Jerry Heller (weißer Manager) und Ice Cube (schwarz) oder Geldprobleme, wenn man dem Anwalt von Ice Cube Glauben schenkt: "Wir haben versucht, eine finanzielle Lösung zu finden, die für beide Seiten annehmbar ist. Ich war über ihre Gleichgültigkeit

bei der Lösung dieses Problems überrascht. Jerry Heller war es scheißegal, ob Ice Cube, der viel zur Gruppe beigetragen hat, bleibt oder geht. Wenn unsere finanziellen Forderungen, die angemessen waren, erfüllt worden wären, dann wäre Ice Cube noch heute bei N.W.A. Man hat uns ein Papier gezeigt, auf dem stand, Ice Cube hätte 32.000 Dollar Vorschuß erhalten. Bis heute schulden sie ihm mindestens 120.000 Dollar plus der Rechte an seinen Texten, für die er nie einen Cent gesehen hat. Ice Cube wollte mit N.W.A. weitermachen, aber sie zahlten ihn nicht" (161).

Dann sind da noch die Kämpfe mit dem Ego. Hat nicht Pat Charbonet (Publizist von N.W.A.) zu Ice Cube gesagt, er solle die Gruppe verlassen, da er als Solist besser wäre? (Ice Cube sagt später, daß Charbonet ihm lediglich geraten hätte, einen Anwalt zu nehmen). Eazy-E läßt verlauten, Ice Cube wäre neidisch. Der schlägt zurück: "Dr DRE und ich haben Eazy-E erfunden. Wir haben seinen Namen erfunden und Dr DRE hat die Musik auf Vordermann gebracht, ich schrieb die Texte, mit denen alles anfing. Wie könnte ich neidisch auf ihn sein? (...) Ich bereue nichts von dem, was ich gesagt habe. Ich trage mein Herz auf der Zunge" (162).

MC Ren ebenso: "Wenn Du unsere Musik kennst, weißt Du, wer was geschrieben hat. Bei den ersten Sachen war Ice Cube für viele Dinge verantwortlich, aber wenn Du unsere neuen Sachen hörst, merkst Du, daß wir dieses Arschloch nicht brauchen" (159). Später liefern sich Ice Cube und N.W.A. eine erbitterte Musikschlacht. Wenn Ice Cube eine LP herausbringt, dann kommt gleichzeitig eine Maxi von N.W.A. auf den Markt. Sie kennen die gegenseitigen Daten, da Ice Cube merkwürdigerweise bei Priority blieb...

100 Miles & Running

Dies ist der Name der berühmten Maxi von N.W.A. 5 themenreiche Titel (sogar in England weigern sich Händler, die Platte zu verkaufen. Schade, denn bisher kannte Europa diese Art der Zensur noch nicht). Über Sex bringt N.W.A. "Don't Bite It" (Beiß nicht rein, der Untertitel lautet: "The Art Of Sucking Dick." Beispiele, Geräusche Lärm und Lektionen über die Praktik der Fellatio, sehr anwenderfreundlich!). Über das FBI machen sie "SA Prize (Part II)", eine Revision von "Fuck Tha Police". Dr DRE tritt hier als großer Klangexperte auf (ein Gitarrist und ein Bassist und ein Tamburinspieler sind zusätzlich dabei).

Auch die zweite LP von N.W.A. müßte auf dieser Linie liegen, wenn man ihren Ankündigungen Glauben schenken darf: "Siehst Du, diese Fernsehshows (Arsenio Hall, Grammies) passen nicht zu uns. Wir wollen ein niedriges Profil behalten. Nächstes Jahr machen wir ein neues Album und wir werden keine Interviews geben, nur in den ersten beiden Monaten. Da können sich dann alle den Kopf kratzen. Unser nächstes Ding wird nämlich eine Bombe. Sie werden nicht wissen, was sie tun sollen" (147). "Diesmal nehmen wir uns mehr Zeit. Wir gehen zur Straße zurück, wir nehmen diesmal keine Abkürzung" (152).

Es wird Eazy-E schwerfallen, von seinem schönen Haus im Edelviertel von LA, das er Anfang '90 bezog, wieder zu den Ursprüngen zurückzukehren: "Auf dem Rasen sind Enten aus Marmor, damit jeder sehen kann, daß ich Erfolg habe. Irgendjemand hat die Enten mit dem Wagen plattgefahren" (163). Aber die Phantasie oder die Erinnerungen werden es schon machen...

ICE CUBE

The Most Wanted of America

Ice Cube hat ein unglaubliches Charisma. Er verkörpert den Bad Boy. Er hat eine wunderbare Stimme und ein großes Talent. Nach seiner Trennung von N.W.A. spielt er den Maulwurf und denkt, die ungerechtfertigten Gerüchte über ihn könnten ihm werbetechnisch von Nutzen sein. Aber er nimmt sich vor allem Zeit zum Schreiben, umgibt sich mit dem Lench Mob (Sir Jinx, T-Bone, Yo-Yo, Chill, J Dee, Del & KD) und bittet Bomb Squad, ihn zu produzieren. Seine Wahl ist gut und sein sich in Frage stellen sollte unterstrichen werden. Ice Cube nimmt an der Aufnahme von "Fear Of A Black Planet" von Public Enemy und an "Ain't Nothing But A Word To Me" von Too Short bei dessen dritte LP "Short Dogs In The House" teil (da versucht Ice Cube, seinen Sexismus zu entschärfen. Grob gesagt: Nur die Frauen sind Schlampen, die sich von seinen Sprüchen getroffen fühlen... Er hat sogar Ärger mit der Revolutionary Communist Party bekommen: "Wenn Sie die Schwestern nicht respektieren, dann kämpfen Sie nicht gegen das System". Er verteidigt sich, indem er die Frauen aufzählt, die ihn umgeben: seine Mutter, mit der er lebt, seine Managerin und Yo Yo-Hardcore Girl, die er produziert

RAP UND DIE MEDIEN

Da der Rap von Schwarzen gemacht wird und sich an junge Leute richtet, steht er in einem ständigen Clinch mit den Medien in den USA und im kleineren Maße auch mit denen in Frankreich. Die Radios zensieren die Rapper aus den USA ganz besonders: "Die schwarzen Sender mögen den Rap nicht, aber wie kann man schwärzer sein als mit Rap?" fragt Dr DRE (209). Tatsächlich wird Rap nur selten und dann abends oder am Wochenende gespielt. KDAY (LA) und WBLS (NY) sind die Ausnahme, die die Regel bestätigen. Das National Black Network und das Sheridan Broadcasting Network, zwei große schwarze Radiosendenetze jenseits des Atlantik, setzen noch nicht auf den Rap, da er ihrer Meinung nach zu viele junge Leute anzieht, aber das ältere Publikum vertreiben würde... Die Raphits kommen daher mehr durch die Top 40 u.ä. zustande als durch die Unterstützung schwarzer Radios.

Ice-T greift diese "Radio Suckers" an, sobald er dazu Gelegenheit hat, so auch in "This One's For You": "Ihr wollt Public Enemy nicht spielen/Ihr spielt BDP nicht/ Ihr versucht nicht, die schwarze Gemeinde zu vertreten/ Ihr paßt nur auf euren kleinen R & B auf, den Ihr Tag und Nacht spielt".

Laut Billboard hat der Mix aus Rap/R & B-Künstlern (Beispiel: Jody Watley/Eric B; Levert/Heavy D; The O'Jay's/Jaz; 3rd World/Daddy O) dem Rap in den Jahren 88 und 89 bei den Radios mächtig Auftrieb verschafft und die Stationen gezwungen, sich dem Hip Hop zu öffnen. KRS One, obwohl selber ein Opfer dieser Ängstlichkeit, versteht die Radios ein wenig: "Selbst in New York spielen die DJs "Illegal Business" nicht, weil es ihnen viel Angst macht. Versetzen Sie sich mal in die Lage eines DJs im Radio. Sie haben einen Boss, der an Public Enemy oder an LL Cool J denkt, wenn er das Wort Rap hört. Spielen Sie dann bei einer großen Radiostation: 'Das illegale Business kontrolliert Amerika, Das Geschäft mit Kokain kontrolliert Amerika', da kriegen die sofort Angst. Auf einmal klingeln alle Telefone, die Jugendlichen wollen den Song noch einmal hören. Also, bevor sie riskieren, daß so ein Lied zum Hit wird, lassen sie es lieber gleich. Mit Public Enemy wird sich das noch dieses Jahr ändern, und vielleicht können sie in einem Jahr Songs wie "Illegal Business" spielen (83).

Ganz aktuelles Gegenbeispiel: Nick Franklin, DJ bei Triple J (australischer Radiosender) wurde vom Dienst suspendiert, weil er einen kurzen Auszug aus "Fuck Tha Police" von N.W.A. ausgestrahlt hatte.

Ice-T wird dagegen zahmer in seinem Urteil: "Wenn man seine erste Platte herausbringt und nicht versteht, warum sie sich gut verkauft, ohne von den Radios gespielt zu werden, dann schaut man sich die Charts an und sieht, daß die gar nichts mit den Verkäufen zu tun haben. Je mehr Du Dich im Geschäft auskennst, um so weniger läßt Du Dir von den Radios das Leben schwermachen. Wenn sie Eure Platten spielen, umso besser. Wenn sie es nicht tun, macht Ihr trotzdem Eure Musik weiter" (210). Dr DRE zieht den Schluß: "Wir verkaufen Tausende von Platten ohne ihre Hilfe. Wir brauchen sie nicht" (209).

THEMA

Der Rap hatte anfänglich noch mehr Schwierigkeiten mit dem Fernsehen. "Yo! MTV Raps" wurde Opfer seines Erfolges: Ursprünglich war eine Spezialausgabe für den Sommer '88 vorgesehen, aber bald kam die Sendung zwei Mal pro Woche (von Fab Five Freddy moderiert) und mit einer Langversion am Samstag (mit Dr. DRE). Aber im Winter '89 wird "Yo! MTV Raps" um eine halbe Stunde gekürzt. Rufen wir uns einmal in Erinnerung, daß ein weltweiter Triumph von Michael Jackson nötig war, damit ein Schwarzer bei MTV überhaupt auftreten durfte. Der Grund ist simpel: "MTV ist ein Vorstadtsender", erklärt der Sprecher von Rush Managment, "viele Innenstädte sind noch nicht verkabelt. In den 70er Jahren nannte George Clinton das Schokoladen-Innenstädte und Vanille-Vorstädte. Diese Demographie ist dieselbe geblieben" (211). MTV wird also in der Hauptsache von Weißen empfangen, und die zensierten Videos kann man schon gar nicht mehr zählen.

Ice Cube scheint dies jedoch nicht zu stören: "Es gibt keine schlechte Werbung. Als sie unser Video vom Bildschirm verbannt haben, hat uns das geholfen. Wir wollen nicht unseren Eltern, den Medien oder der Polizei eine Freude machen, wir wollen lediglich den Leuten eine Freude machen, die Platten kaufen und verstehen, daß Rap besser als alles andere ist. Die kannten Rap schon, bevor sich die Medien darauf stürzten" (182). Es kam auch kein Fernsehsender auf die Idee, die Verleihung des ersten Grammy Award für Rapper (25. Februar 1989) in Los Angeles zu zeigen... Dabei wären die Rapper darauf angewiesen, da schon die Radiostationen so ängstlich sind, und dabei spielt "Yo! MTV Raps" eine Hauptrolle. Tone Loc verdankt dieser Sendung zum Beispiel sehr viel. Auch andere Sender haben zum Aufstieg einiger Rap-Gruppen beigetragen, so z.B. Ralph Mc Danields mit seiner Sendung "Video Music Box" auf Channel 31, der X-Clan großgemacht hat. Heute hat der Rap bereits einen solchen Erfolg, daß viele amerikanische Sender ihn ausstrahlen, zur Freude der B-Boys. Black Entertainment Television bietet sogar ein Videosystem à la Carte an: Ein Anruf, 2 Dollar und Ihr Lieblingsvideo ist programmiert. Einige Stars (wie Fresh Prince Kid & Play etc) werden sogar gerne für Fernsehserien oder Comics angesprochen...

Im Vergleich mit einigen amerikanischen Sendern wirkt das französische Fernsehen recht ärmlich. Dennoch hat sich der Rap seit 1984 eine gewisse Stellung erobert. 1984 präsentiere Sydney "Hip Hop" (franz. TV-Musiksendung, A.d.Ü.) am Sonntag auf TF 1 (erstes Programm). Der Tanz (Break, Smurf) wurde immer vorangestellt und seine zwingenden Ticks "Du kannst es"/"Alle Brüder und Schwesten" hatten die Fähigkeit, alle Nichttänzer zu verärgern.

"Hip Hop" versuchte immer, den Rap dem breiten Publikum nahezubringen, im Gegensatz zu den USA, wo die Sänger das alleine geschafft haben. Ein Jahr später verschwand die Sendung von den Bildschirmen, und der Rap verschwand in der Versenkung. Sechs Jahre später nimmt Olivier Cachin das Thema wieder auf und moderiert "Rapline" auf M6. Im Gegensatz zu früher versucht er nicht, das soziale Anliegen des Rap zu verschleiern. Ein großes Minus ist die Sendezeit, der Samstagabend. Ein wirklicher Unsinn. Andere Sendungen strahlen ebenfalls von Zeit zu Zeit ein Rapstück aus, während sich die Zeitungen mit der Mischung Vorstadt/Banden/Gewalt/Tags/Rap befassen. Der Rap kann auch hier den Klichees und den Vorurteilen nicht ausweichen. Eine Auswahl: "Le Nouvel Observateur" ("Von unserem Korrespondenten aus den neuen Städten", 25.3.1988), "Femme Actuelle" ("Vandalismus: der Besenkrieg", Untertitel: "Femme Actuelle hat einen Sonderkorrespondenten an den Schauplatz der Straßenkriege entsandt", 1989), "France Soir" (die Zulus werden wie Terroristen angesehen: "3 Angriffe pro Tag, eine paramilitärische Organisation, 16 Verhaftungen etc." 25. Juni '90), "Minute" (die am 15. Juli 1990 folgende Schlagzeile hat: "Diese schwarzen Rassisten, die Zulus"). Don't believe the Hype.

Leider hat der Rap in Frankreich noch nicht die Fanzeitschriften erobern können, vielleicht, weil sich die große Presse sofort auf ihn gestürzt hat oder weil der Rap in Frankreich noch in in den Windeln steckt. Sicherlich. Aber in den Fanzins, die normalerweise kämpferisch, leidenschaftlich und finanziell ungebunden sind, steckt eine ansehnliche Gegenmacht und Informationsquelle, die man sonst nirgends findet (abgesehen von einigen Lokalradios).

M.C. Hammer

134

hat und zu seiner Platte einlud). Man wird ihn auch an der Seite des kalifornischen Pioniers King Tee auf der LP "At Your Own Risk" hören. Er sieht sich selbst in der Schwebe zwischen den beiden Rap-Metropolen New York und Los Angeles.

Der Neger, den Du gerne haßt

Anstatt so egozentrisch wie Eazy-E zu werden, wird Ice Cube radikaler: "Ich bringe die Leute gerne zum Nachdenken. Einige sagen, ich wäre negativ, aber wenn ich jemandem etwas beibringe, ist das das Positivste, was ich tun kann" (151). Er bringt ein Beispiel: "Wie oft sind Sie in eine Bank gegangen und haben gedacht: Mein

Gott, wenn ich die jetzt überfalle, habe ich all das Geld." Das ist ein Gedanke, der einem kommt, den man aber nicht weiterspinnt. Aber wenn ich das auf einer Platte mache, ist das ein Problem" (162).
Ice hat noch nicht die Lust an der Provokation verloren, aber die nimmt oft die Gestalt von Elektroschocks an wie bei "Better Off Dead" (der Todesflur, als Intro auf dem Album, simuliert eine Hinrichtung auf dem elektrischen Stuhl), "The Drive By" (zwei Typen, die in ein Auto steigen, das Radio anschalten und mit ihren Waffen Schwarze niederschießen...), "The Nigga Ya Love To Hate" oder "Amerikkka's Most Wanted" (nehmen Sie sich zwei Sekunden Zeit, um über diese beiden Titel nachzudenken, unglaublich, oder?) Diese Songs, die auf der LP "Amerikkka's Most Wanted" (1990) sind, sind so realistisch, daß Ice Cube nicht wie ein Journalist, sondern wie ein Regisseur wirkt. Selbst eine Leinwand könnte es nicht deutlicher machen. Bomb Squad und Chuck D, Flavor Flav Yo-Yo im Chor, die wilden Kompositionen und die rächende Stimme von Ice Cube

machen aus dem Ganzen ein Muß des Rap. Das reicht bis zum Cover: Ice Cube, mit gerunzelter Stirn, reibt sich die Hände. Hm. Hinter ihm steht die aufmerksame Menge, die B-Boys. Hm, hm.
Ice Cube spricht auch andere Themen an, zum Beispiel die Jugendlichen, die er auf die Liste der "gefährdeten Arten" ("Endangered Species") setzt oder, Radios, die man besser erst gar nicht einschaltet ("Turn Off That Radio") oder noch über seinen alten Spleen: die Huren mit "Get Off my Dick & Tell Yo Bitch To Come Here" und "You Can't Fade Me", der Gipfel der Brutalität und des Horrors (er wird von der Nachbarschaft angeklagt, der Vater des Kindes eines schwangeren Mädchens zu sein und denkt: "Was wird mich das kosten/Eigentlich sollte ich ihr einen Tritt in den Bauch geben". Seine Gene stimmen jedoch nicht überein und er gewinnt den Vaterschaftsprozeß. Das Mädchen hat gelogen. Sehr einfach). In "It's A Mans World" hält sich Ice Cube Gottseidank ein wenig zurück: "Die Rapperin Yo-Yo wird rabiat und beschimpft ihn wegen seiner machistischen Äußerungen und am Ende des Liedes gibt er zu, daß sie ja nun auch ganz o.k. ist und ihm eigentlich gut gefällt" (164).
Von dieser Platte werden eine Million Stück in den USA verkauft und die Eltern verbringen sicher unruhige Nächte. Oder doch nicht? Hier ein Auszug aus einem Artikel von Ice Cube, der sehr beruhigend klingt und der im Winter '90 in der Los Angeles Times erschien: "Der Rap ermöglicht den weißen Jugendlichen, ein besseres Verständnis für die schwarze Kultur zu erlangen. Der Rap hat nichts anderes getan, als Menschen zusammenzubringen".

ABOVE THE LAW

Zu Anfang ihrer Karriere lassen Above The Law verlauten: "N.W.A. sind kleine, dumme, hoffnungslose, bürgerliche Spießer". Als Eazy-E ihnen dann einen Vertrag und einen Scheck anbot, mußten sie ihre Meinung revidieren. Mr. Ruthless Rds gibt sogar zu, daß Above The Law echte Gangster seien, während N.W.A. nur kleine Betrüger wären. Die Geschichte der Gruppe ist ziemlich banal. Above The Law bildet sich Ende der 80er um die beiden DJs Go-Mack (Arthur Goodman) und Total K-OSS (Anthony Stewart). Rasch kommen die beiden MCs, Cold 187um (Gregory Hutchinson) und KM.G The Illustrator (Kevin Dulley) dazu. Die Stimmen der beiden Sänger passen hervorragend zusammen und ihr Gangsterimage (ihr Schlagwort: "Wir verbinden uns nicht die Augen. Das Schlimmste ist, nicht zu wissen, was passiert. Wir sind dazu da, es laut herauszuschreien" (168) reizt die Leader dieser Gangsterszene. Eazy-E und Dr DRE machen ihnen sofort den Vorschlag, bei ihrer Firma aufzunehmen. Above The Law akzeptiert und getreu den Gewohnheiten bei Ruthless produziert Dr DRE und macht damit eine der 5 besten LPs der Westküste 1990. Mit guter Gitarrenmusik und schönen Bässen beginnt das Album mit "Murder Rap" (interessante Sirene, ruhige Stimmen über ein hartes Thema). "Untouchable" (das

die Melodie der "Unbestechlichen" und die anschwellenden Akkorde der Doors verwendet) kommt direkt danach. Auch dabei fallen einem sofort die beiden Stimmen auf und der Klang ist ein wahres Wunder. "Livin' Like Hustlers" beginn mit Weckergeläut und der Typ will und will nicht aufstehen. Quincy Jones und Bill Cosby werden als Komponisten dieses Stücks genannt. Der Text stammt 100%ig von Above The Law. Von den zehn Titeln auf dieser Platte ist keiner schlecht. Die Musik ist meistens von bekannten Namen komponiert worden (Quincy Jones, Isaac Hayes, Larry Blackmon, James Brown), und die Texte sind sehr "gangstermäßig" wie in dem Song "Another Execution": Die Indifferenz, die zum Tod führen kann; "Cold 187um": "Die Gewalt entsteht in einer Gesellschaft, die schlecht lebt/Die nicht weiß,

wohin/Der Frieden? Ich denke, jeder will ihn/Aber es ist so schwer, ihn zu erreichen"; "Menace To Society": Die Vierte Welt und die Polizei; "Freedom": Das Wort Freiheit wird in Frage gestellt. "The Last Song": handelt von der freien Meinungsäußerung in den USA, mit dabei sind N.W.A., Dr. DRE, Eazy-E und MC Ren. Auf dem Cover sind eine Reihe sehr eleganter Fotos von Above The Law vor dem Justizpalast, von zwei Polizisten bewacht und von einer Journalistenhorde umgeben...
Als 1990 die Maxi "Murder Rap" herauskommt, verdrängt sie alle anderen Platten und setzt sich wochenlang auf den ersten Platz der Charts.
Im Videoclip tauchen Dr DRE, Eazy-E, MC Ren und D.O.C. auf. Diese Annäherung an N.W.A. geht soweit, daß auf dem New Music Seminar die Mitglieder von Above The Law von Freunden von Ice Cube, The Lench Mob, mit Stühlen verdroschen werden. Ob das wohl eine Imagefrage ist? Vielleicht. Wenn Zwiespältigkeit so gut verwaltet wird, ist sie ja doch vielleicht zu etwas nütze...

BOO YAA TRIBE

"Ich bin 27 Jahre alt und habe schon so viele Morde gesehen, daß ich beim Rappen auch nichts durch die Blume sage" (169). Ted Devoux hat gesprochen. Erstaunlicherweise ist Boo Yaa Tribe eine der glaubwürdigsten Gangstergruppen. Man glaubt, was sie singen. Sie sprechen ohne Lächeln, denn die Gewalt in LA ist nicht lustig. Ted scheint über all diese Gewalt verzweifelt zu sein. Er spielt keinen Gangster, er ist einer.

Sechs Schlechte Brüder

Godfather Rock TE (Ted Devoux, Rapleader, 27 Jahre alt) und seine Brüder Full Metal Jacket (wird auch King Roscoe genannt, Wächter des Clans), Don L (oder King Of Drag, Choreograph und Chorsänger), E.K.A. "The Attitude" (Komponist, Schlagzeuger, Bassist), O Mobsta Bass (Bassist) und Lyrical Criminal (wird Gangsta R?DD genannt, Rapper, der jüngste der ganzen Familie, zu der noch zwei Brüder gehören) kommen ursprünglich aus Samoa, einer Insel im Pazifik. Ihre Eltern kommen in den 50ern nach Los Angeles, der Vater ist Priester (vorher war er in der Marine und wurde wegen Gewalttätigkeit gefeuert, dann war er bei den Hells Angels), und er verbat

ihnen auszugehen, zu trinken, zu rauchen und sogar, Radio zu hören! Gleichzeitig brachte er ihnen bei, sich zu verteidigen. Als er stirbt, wird Ted als der Älteste das Familienoberhaupt: "Ich mußte Klamotten und Essen klauen. Ich habe den letzten Scheiß gemacht. Ich habe sie aufgezogen, und was sie heute sind, ist das Ergebnis meiner Erziehung" (170). Diese Erziehung bringt sie in Besserungsanstalten (Gangsta R?DD) oder ins Gefängnis (Roscoe, Mitglied der Crips, verbringt dort mit 15 Jahren 5 Monate wegen Mordverdacht) und hat auch tragische Folgen: Robert wurde bei einem Bandenkrieg getötet. Die Familie, die sich damals in San Francisco versteckt hielt, zieht mit 50 Dollar nach Japan um, wo Don L einen Job gefunden hat. Die "Six Bad Brothers" rappen und tanzen damals das erste Mal auf der Bühne. Madonna und Michael Jackson machen ihnen Komplimente. Ted und seine Brüder kehren nach Carson (LA) zurück und gründen dort ihr eigenes Label, und Boo Yaa Tribe nimmt "Comin' Hard To America" (1988) auf.

Die Gruppe/Gang kontrolliert Carson und funktioniert wie die Mafia. Ted, in der Rolle des Paten, erklärt: "Jeden Morgen stehen wir um sechs Uhr auf, um Kung Fu zu machen. Bei uns herrschen jeden Tag Alarmbedingungen. Unser Onkel ist Grandmaster im Kung Fu und wir nennen ihn Quickdeath" (schneller Tod) (169). Zwei Leibwächter bewachen das Haus der Familie, weil "wir so vielen Leuten etwas angetan haben, daß wir bezahlen müssen. Selbst mir ist mulmig, wenn ich im Fernsehen auftrete, weil irgendein Gangster mich erkennen und sagen könnte: Das ist Er! Dann werden sie herausfinden, wer ich bin, was ich mache und beim nächsten Konzert werden sie da sein. Das macht mir Angst (...) Diese Narbe wird uns unser ganzes Leben lang begleiten" (170).

Boo Yaa Tribe (sie nennen sich so, weil Boo Yaa das Geräusch ist, das eine Kugel macht, die aus einem abgesägten Gewehrlauf abgegeben wird und Tribe heißt Stamm) erobern 1990 mit ihrer Debüt - LP die Welt: "New Funky Nation". Diese Platte setzt jeden durch ihre Frische und den Riesenerfolg in Erstaunen. Sie ist die ideale Mischung aus Funk und Rap. Auf dieser Platte spielen außer Boo Yaa noch zwölf andere Musiker (Bässe, Gitarren, Kongas etc.). Von diesen Instrumenten machen sie auch auf der Bühne heftigst Gebrauch, und manche halten dies für die Zukunft des Rap. In den Texten beschreiben Boo Yaa Tribe viele ihrer Gangstererlebnisse ("Six Bad Brothers", "Once Upon A Drive-By", "Walk The Line", "R.A.I.D", "Riot Pump") ohne es zu

verherrlichen ("Drogen zu verkaufen ist eine Frage des Überlebens/Drogen zu nehmen eine Frage des Sterbens"). Die zweite LP ist für 1991 vorgesehen, mit Bomb Squad als Produzent! Boo-yaaaaa.....

L.A. Gangsters Hip Hop im Überblick

Viele andere Gruppen versuchen sich seit zwei oder drei Jahren in dieser Branche, ohne jedoch allzuviel Persönlichkeit oder neue Ideen einzubringen. CPO ist eine der besseren Gruppen.

Mit seinen 1 Meter 90 ragt Lil'Nation hervor und erzählt sein Leben. Er stammt aus Compton, tritt mit zwölf Jahren in eine Gang ein und sechs Jahre später wieder aus. "Meine Lieder haben die Form eines zwölf mm Kalibergewehrs, meine Worte sind hart, aber CPO ist es auch" (171). CPO sind die Initialen von Capital Punishment Organization. Die erste LP ist von der städtischen Hölle beeinflußt. "Ballad Of A Menace" hat wenig von einem Spaziergang (Musik von Isaac Hayes). Das gleiche gilt für" Gangsta Melody". "Homicide" gleicht einem Albtraum.

Die Uzi Bros (Will "Rock" Griffin, Bob "Dog" Robertson & Kenny Strong) sind mit "Nothing but A Gangster" in

King Tee, der Freund von Ice-T und Ice Cube

138

die Top 20 gelangt. Sie haben die Vision eines anderen Gangsterlebens in "There's A Riot Jumpin' Off" vorgestellt (Auszug aus der Filmmusik von Return Of The Superfly): "Dieses Lied dramatisiert die Rache und warnt die jungen Leute, um sie vor diesem Lebensstil und dem Gefängnis zu bewahren" (172).

Mitte der 80er Jahre kommt King Tee nach L.A., nachdem er DJ war (bei KTSU und KYOK in Houston, Texas) und arbeitet mit Ice-T (King Tee it noch immer bei Rhyme Syndicate Management). Seit 1987 nahm er für Techno-Hop einige Singles mit sehr deutlichen Worten auf: "Ich gehe nicht auf die Straße/Ohne mein Gewehr/Alles, bloß das nicht" aus "Better Bring A Gun" oder "Payback A Mutha" mit Keith Cooley.

1988 nimmt ungerechtfertigterweise niemand von seinem Album "Act A Fool" Notiz und King Tee wechselt daraufhin seinen DJ (aus für Kooley) und macht ein zweites Album "At Your Own Risk" (1990). Ice Cube und Breeze von L.A. Posse sind mit von der Partie. Die Platte enthält viele verschiedene Musikstile (Rap, Soul, R & B, Funk, R & R) und bringt die Stimme mit den vielen verschiedenen Tonarten von King Tee gut zur Geltung. Man sollte ihn im Auge behalten.

L.A. Latin Hip Hop

MELLOW MAN ACE

Mellow Man Ace kam am 12. April 1967 in Havanna/Kuba zur Welt. "Als ich geboren wurde, war gerade der Ausreiseantrag meiner Eltern genehmigt worden, darauf warteten sie schon seit vier Jahren. Wir zogen nach Miami, dann nach New Jersey für zwei Jahre und schließlich nach Southgate, einem Vorort von Los Angeles" (173). Seine Eltern bringen ihm Salsa und einige andere lateinamerikanische Musikarten bei (seine Mutter wird auf einer seiner Platte singen...) während er durch seine Schwester die US-Musik kennenlernte.

Die erste Rapgruppe, die er kennenlernt, sind Run DMC, aber erst durch English Mean Machine und ihr "Disco Dream" (85) wird er zum Rap animiert. Ihre Single ist die erste, die Rap und die spanische Sprache einsetzt. Mellow Man Ace (Mellow = Ruhig, Man = Mann, Ace = Basketballausdruck, hat er früher gespielt) hat seinen Stil gefunden, denn er rappt auf englisch und auf spanisch. "Der spanische Rap erweitert das Feld des Rap erheblich. Wenn ich spanische Jams mache, kann ich alte Hip Hop Breaks verwenden oder etwas von Santana und kubanische Platten der 50er. Sogar Leute wie Queen Latifah oder BDP haben südamerikanische Rhythmen gesamplet" (175). Leider kommt der Erfolg für ihn nur mühsam, da die englischsprachigen Rapper ihn noch nicht ernst nehmen, noch weniger die Plattenstudios. Aber Spanisch wird sicher bald in Kaliforni als offizielle Sprache wegen der großen und weiter wachsenden Zahl von 'Chicanos' anerkannt werden.

Außerdem lehnt Mellow Man Ace das Gangsterimage ab, das sie meisten kalifornischen Rapper pflegen. "Compton ist ein Nichts. Das ist wirklich die größte Scheiße, die ich kenne. Die Typen haben zwar Waffen, aber auch nicht mehr als anderswo. Ich denke, dieses Image ist nicht gut für den Rap und auch nicht für die Schwarzen. Wir brauchen diese Gangsterhaltung im Rap nicht" (174).

1987 bringt Delicious Vinyl "Mas Pingon" heraus. Dieser Flop zwingt Mellow Man Ace dazu, sich selber bei den Plattenhändlern zu vermarkten. Die Dürreperiode dauert zwei Jahre, bis er bei Capitol unterschreibt. Aus diesem Vertrag resultiert "Mentirosa", die Maxi. Joe "The Butcher" Nicolo ist an den Knöpfen. "Evil Ways" von Santana wird gesamplet. Das Ganze ist ruhig und hat viel Charme. Goldene Platte. Danach stürzen sich die Plattenfirmen auf alles, was spanisch rappt. Mellow Man Ace wird der Führer der hispanischen Rapszene und bringt die LP "Escape From Havanna" heraus, die sich zigtausendmal verkauft. Die allzeit bereiten kalifornischen Produzenten (Matt Dike & Michael Ross, Joe "The Butcher" Nicolo, Dust Bros) legen überall mit Hand an. Tony Gonzales (ehemaliger DJ von Young MC und heute DJ bei KDAYAM in L.A.) ist Coproduzent der meisten Songs. Die Samples (War, James Brown, Sierra Cruz, Santana) werden mit Sorgfalt ausgewählt. Das Album enthält 12 Titel, von denen mindestens fünf wahre Meisterwerke sind. "Rap Guanco" (südame-

Mellow Man Ace

rikanische Rhythmen, abrupte Stimmen), "Hip Hop
Creature", "Mas Pingon" (rauh und aggressiv, wie es das
Spanische ermöglicht), "Rhyme Fighter" und "River
Cubano". Der Rest liegt zwischen Ballade und Slow.
Im Moment vergrößert Mellow Man Ace seine
Hutsammlung, die sein ganzer Stolz ist, und ist in
Südamerika mit wachsendem Erfolg auf Tournee.

KID FROST

Kid Frost ist der zweite, der mit spanischem Rap Erfolg
hat, und zwar bei Virgin. Er stammt aus Mexico, und es
gibt nur wenige Informationen über ihn. Artura Molina
Jr kommt aus San Jose, lebt in L.A. und seine Musik ist
ein Genuß. Obwohl er mit Stevie Wonder, den Temptations und R & B aufwuchs, erklärt Kid: "Der Rap ist
keine schwarze Musikrichtung, sondern er ist eine Musik
der Stadt. Er kommt von der Straße. Die Puerto Ricaner
haben ebensoviel zu seiner Entwicklung beigetragen wie
die Schwarzen" (208).
Er ist ein Freund von Ice-T (der ihm den Namen Kid
Frost gab) und von N.W.A. (beiden wird auf seiner ersten
LP gedankt), und er arbeitet seit langem mit Tony G
(dem von Mellow Man Ace), der bei einer ganzem Reihe
von Titeln der LP "Hispanic Causing Panic" (!) eine
wichtige Rolle spielt. Die Samples auf der LP sind sehr
klassisch (James Brown, Public Enemy etc.) aber den
Kompositionen von Kid Frost sehr dienlich: "Ya Estuvo"
(sehr rhythmisch, ein aggressives zweisprachiges Rapping:
"I bet you, I bet you, you can say it in English", "Homicide" (der Name des Stücks spricht für sich), "In The
City" (die laute Hölle von L.A.) und die unsterbliche
Ballade "La Raza". Beinahe bittet Kid Frost um die
Verbrüderung der Gangs: "Die Stereotypen haben schnell
über uns geurteilt, uns in Kategorien aufgeteilt: Die Neger,
die Mexikaner...Man muß sich bewußt machen, daß vor
dem Film Colors, vor den Bloods, vor den Crips die
Chicanos hier in Frieden (!) mit ihren Banden lebten,
und zwar schon seit 1940/1950(...) Die Medien haben
uns bestohlen. Deshalb habe ich "La Raza" geschrieben,
damit die Leute wissen, wo ich herkomme..." (208).
Kid ist stolz auf seine südamerikanischen Ursprünge und
stellt heute bei Virgin das Projekt "Latin Alliance" auf
die Beine: Rapper aus Bolivien, Spanien, Puerto Rico,
Mexico und den USA sind da mit von der Partie.

Overlord X, My Lyric is my weapon

10. ENGLAND

1980 begann der Rap in England. Einige MCs versuchten mehr schlecht als recht, die Wilden aus der Bronx zu kopieren. Die Radios haben aber wenig Rap ausgestrahlt, da sie keine spezialisierten DJs hatten. Der Rap hatte es jenseits des Kanals nicht leicht. Die erste Rap-Welle kam gleichzeitig mit dem Aufkommen der Piratensender 1986.

Derek B (Derek Boland) ist einer der Vorläufer, denn er war als erster bei einer amerikanischen Plattenfirma unter Vertrag und brachte die LP "Like A Bullet" heraus. Dieses Album enthält viele intensive und wütende Texte ("Bullet From A Gun", "Bad Young Brother", "Human Time Bomb") mit klarem Klang und vielen elektronischen Scratches. Es gab den englischen Rappern Vertrauen und wurde auch von den Amerikanern anerkannt (trotz des "Amerika, You're Under Attack" im Intro von "Bullet From A Gun"). Zuletzt produzierte Derek D "Trigger Happy" von Thrashpack.

Diese erste britische Welle bringt noch 3 Wize Men, Cookie Crew (Londoner Ladies, die man zuerst bei "Rock Da House" von den Beatmasters hört, die aber zu Daddy-O nach New York gehen - ihre neue LP ist zum Teil von Stetsasonic produziert worden), Faze One (mit dem tollen "Pleasure Seekers" von '87, gefolgt von "Layin' Down A Beat", "Get Busy" in '88), MC Mell'O (sehr politische Texte, er ist der Leader von Dett Inc. Posse und ihre Devise ist "Entschlossenheit, Anstrengung & Totaler Triumph". Die ersten Singles sind "Open Up Your Mind" und "Coming Correct". Der amerikanische Akzent wird immer mehr zugunsten des englischen vernachlässigt und mit jamaikanischer Umgangssprache aufgemischt. MC Mell'O hat seine erste LP "Thoughts Releases" bei Republic herausgebracht) und MC Crazy Noddy, der aus dem Londoner Westen kommt und mit MC Mell'O groß wurde (eine sehr karibische Single, "Live The Life" bei Virgin).

MONIE LOVE

In England gibt es einige profilierte Rapperinnen, (Beispiel: Cookie Crew, die She-Rockers und ihr impulsives On Stage von 1988) aber Monie Love ist sicher eine der interessantesten. Sie fängt im Jahr 1987 an der Seite von MC Mell'O an und setzt gleichzeitig ihr Studium fort. Jedes Jahr gönnt sie sich eine Reise nach New York und trifft dort Queen Latifah (die sie sehr beeinflußt) und die Jungle Bros. Diese bringen die junge Monie dazu, eigene Texte zu schreiben. Kurz darauf verläßt sie London: "Ich bin wegen der Produzenten meines ersten Albums nach Brooklyn gegangen (...) Ich wollte auch machen und sagen können, was ich will, und dabei auch noch Geld verdienen. Ich glaube den Leuten nicht, die behaupten, Geld wäre nicht wichtig. In England gibt es zu wenige Rapfans, um zu überleben" (178).

Nach einem Deal mit Chrysalis nimmt Monie Love "I Can Do This" auf, das nur mäßig beim Publikum ankommt. Mit Danny D macht sie dann "Respect"; dieser Song hat bereits etwas mehr Erfolg. Aber erst unter der Leitung von David Steele und Andy Cox (Fine Young Cannibals, sie ist bei deren Remix von "She drives me crazy" dabei) kann sie wirklich ihr Talent unter Beweis stellen. Sie macht die Maxi "Monie in The Middle" (1989), wo Rap und Raggamuffin' gemischt werden. 1990 kam die erste LP ("Down To Hearth" mit einigen Größen als Texter wie Bootsy Collins und Afrika Baby Bambaataa) und ein wachsender Ruhm.

STEREO MC'S

Die Stereo MC's sind weiß. Sie sind 3rd Bass näher als den Beastie Boys und dieses Trio (Rob B, The Head, Owen If aus Nottingham) hat souverän die ersten Kritiken überstanden (so sind sie auch einmal an der Briston Academy ausgebuht worden) und weitergemacht. Und sie haben es durch ihren großen musikalischen Einfallsreichtum geschafft.

Sie werden schnell von Island unter Vertrag genommen und bringen 1989 ihre erste LP heraus: "33-45-78" enthält jede Menge Hits, der beste ist sicherlich "On 33" (Rhythm Box und Rapping, Piano und Gitarre). DJ 45 King hat ihn neu gemischt - für eine Maxi - und ihn dadurch etwas rauher gemacht. Bei den eher bizarren Stücken

fallen "Back To The Future" und "Part II" auf (ein Slow auf italienisch, sicher von DJ Cesare gerappt). Die ganze Platte ist ein Juwel und die Technik dient hier den erzeugten Gefühlen.

Die nächste LP ist noch besser: "Supernatural". Diese zweite Platte fließt über vor Liebe, Frieden, Schlichtheit. Afriká Baby Bambaataa (Jungle Brothers) kam extra, um beim Klang ("Watcha Gonna Go?"). und am Mikro ("Smokin' With The Notherman") behilflich zu sein. Die Stereo MC's sind nah an der Perfektion, der Rhythmus und die Melodie ("Scene Of The Crime") und das Saxophon ("I Am A Believer"), der Wahnsinn ("Declaration") und die Wut ("Relentless"), die verlorene Liebe ("Ain't Got Nobody"), der urbane Dschungel ("Two Horse Town") und Dschungel-Dschungel ("Goin' Back To The Wild"). Ein Meisterstück, wie ein Monument, läßt sich nicht beschreiben. Man muß es bewundern.

Raggamuffin'

DADDY FREDDY

Da es viele Jamaikaner in England gibt, hat sich der Raggamuffin besonders stark durchgesetzt. An der Spitze dieser Bewegung steht Daddy Freddy und sein Schatten Asher D. Dieser Mann ist fähig, alles mögliche zu machen und dabei immer siegreich zu bleiben. "Raggamuffin' Hip Hop" (von Marley Marl konzipiert) oder "Ragga House/All Night Long" sind dafür ein hieb- und stichfester Beweis. "Ragga House" ist eine Maxi, die 1990 erschien und das Treffen zweier Großen aus der Szene mit sich bringt: Simmon Harris (für House Music, weibliche Chöre und ein schrilles Piano) und Daddy Freddy (für Ragga und die Reime).

DEMON BOYZ & LONDON POSSE

Die Demon Boyz sind, auch bevor sie von N.W.A. für ihre Englandtourneen als Mitstreiter ausgewählt wurden, die beliebteste Ragga-Gruppe in Großbritanien. Nach ihrer LP "Recognition" (bei Music of Live mit dem Hammer "Vibes") will die Gruppe aus dem Norden Londons ihr nächstes Album bei Mano Street herausbringen. Wenn dies dem ersten ähnelt, dann haben die Demon Boyz keinerlei Probleme, sich auch weiterhin auf dem Markt durchzusetzen, wenn auch die Konkurrenz mit den zahlreichen anderen Raggagruppen, darunter auch London Posse, sehr hart ist.

Hardcore

Hardcore ist eine andere Version des englischen Rap. Dieser harte Stil ist dabei, der wüsteste der Welt zu werden. Eindringliche Texte, kurzatmige Rappings und Lokomotivrhythmen.

OVERLORD X

Overlord X hat dem englischen Hardcore durch seine X-Posse Tor und Tür geöffnet: MC Smart, Supreme T, Misty D, Debonair, Sam FM, JJ KDR, The Sing, Theme Convention, 2000 AD, Freski Danes, Midrange (der sich auch The Mad Psycho Of Rap nennt und von dem Overlord X meint, er sei wirklich verrückt). Es sind auch Photographen, Designer etc. dabei. Overlord X hat seine eigene Firma - Sledgehammer - die das ganze verwaltet (er hat auch ein Filmprojekt zum Thema Hip Hop).
Overlord X kommt aus dem Osten Londons und war schon in Holland, Italien, Deutschland und Paris auf Tour. Seine ersten Titel "Rough In Hackney", "2 Bad" und "The Earth Is Moving" haben ihn in der Bewegung recht schnell bekannt werden lassen (er war sogar mehrmals Produzent, so bei Switzch Rap Crew 1988 für deren "The Don").
Seine erste LP "Weapon Is My Lyric", auf der diese Titel auftauchen, wurde 1989 bei Island herausgegeben. Mit klanglicher Unterstützung von Samples von Public Enemy bis zu Es-war-einmal-im-Westen-Scratches legt Overlord X seine rauhe Stimme auf elf Titel, von denen mindestens fünf nicht wegzudenken sind: "Rough In Hackney", "Kick Bag", "Go! It's Like World War 3" (allein des Titel wegen), "Weapon Is My Lyric", "14 Days In Hell".
Overlord X ist ziemlich politisch und sehr um die Zukunft besorgt (er befaßt sich aber auch mit der Vergangenheit); vor allem beschäftigt er sich mit der Beziehung zwischen

Schwarzen und Weißen und dem Einfluß des Rap auf die Gesellschaft. Overlord X verspricht für seine nächste LP: "Sie wird alle schocken, weil manche Stücke sehr gemein sind. Das Album ist hart, Hardcore, das ist immer sehr roh, aber auf eine andere Art und Weise. Ich bin viel musikalischer als früher, wenn Du es hörst, wirst Du viele Passagen für Sampling halten, aber ich bin es, der spielt" (67).

HIJACK

Sind DJ Supremes, Undercover und Kamanchy Sly die Hardcore Band, die am härtesten ist? Ja, von denen, die bisher Platten gemacht haben, schon. Hijack, die Rapterroristen, (ihr Logo zeigt das Ying und das Yang. Verirrung?) lehnen auch jeden Kontakt mit den Medien ab. Sie geben fast keine Interviews.
Sie wurden 1989 durch ihr Lied "Style Wars" (von Simmon Harris gemischt und 1990 in gelifteter Form erneut erschienen) entdeckt und unterschrieben noch im selben Jahr bei Rhyme Syndicate. Die Handschrift

Ice-Ts auf diesem Label ist mehr als eine gute Empfehlung. Das Ergebnis ist eine tolle Maxi "The Badman is Robin", verschiedene Variationen zum Thema Batman (drei Gitarrenklänge, Sirenen, eine heftige Violine). "Hold No Hostage" und "Doomsday Of Rap" sind beide von Ice-T gemixt und ergänzen das Ganze aufs beste (Ihre Nachbarn werden vielleicht nicht der gleichen Meinung sein).

Inzwischen hat Hijack die Single "Beyond The 16th Parallel" von B.R.O.T.H.E.R. (Rapgruppe die gegen Apartheid kämpft, s. Rap und Humanitäre Aktionen) produziert. Die Wortwahl von Hijack ist sehr passend, und die Texte passen hervorragend zu dem Trio und dem Thema. Heute ist Hijack, der anscheinend Rhyme Syndicate verlassen hat, dabei, eine neue Platte zu machen: "Daddy Rich".

GUNSHOT

"Zur Zeit ist mit dem Hip Hop nicht viel los", beklagt DJ Whie-Child Rix. "Es scheint so, als würden die Leute für eine Platte, die man eigentlich in zehn Minuten machen könnte, wahnsinnig viel Zeit brauchen. Unsere Platten sind die Frucht von Recherchen und Studien" (180). "Battle Creek Brawl" ist bis heute ihre einzige Platte (kam bei Vinyl Solution heraus, vorher war das eher ein Punk-Label). Für einige Leute war die Platte *die* Entdeckung des Hardcore Rap in England. Die Stimme ist so hell und schnell, daß man den Eindruck hat, das Band befände sich im Schnellvorlauf. Beethoven wird (brutal) aufs Korn genommen, Sirenen, Schüsse, apokalyptische Bässe. DJ White-Child Rix, Alkaline, Mercury und Q-Roc sind Genies. Eine zweite, dritte etc. Platte wäre sehr wünschenswert.

SILVER BULLET

Silver Bullet (Richard Brown, 18 Jahre) ist ein anderer Londoner, der den selben Titel gebraucht und mißbraucht (aber was für einen!): "Bring Forth The Guillotine" mit zwei Maxis, die bei Savage herauskamen. Tatsächlich haben Ben Chapman (rotes Cover) und Norman Cook (blaues Cover) beide ihre Mixes gemacht (die von Ben Chapman sind denen von Norman Cook an Wildheit überlegen, letzterer macht eher auf Tanzmusik). Die Musik ist super, die Instrumentalität perfekt und die Sprache außergewöhnlich (die "r" werden gerollt, die Stimme wird gehoben, die Reime sind mitreißend und die Texte ebenfalls).
Seine zweite Maxi, "20 Seconds To Comply" hat das gleiche Kaliber, dazu kommt noch der autobiografische Aspekt: "20 Sekunden, um sich dem Gesetz zu beugen" ist eine wahre Geschichte, die Silver Bullet und seine Bande bei einem Polizeieinsatz während des Karnevals

von Notting Hill erlebten (für 1990 war eine LP mit dem Titel "Hung Drawn & Quatered" angesagt, jedoch hat EMI die LP "Undercover Anarchist No Limit Squad Returns" angekündigt).

RUTHLESS RAP ASSASSINS

Ruthless Rap Assassins (Dangerous Hinds, MC Kermit Le Freak und DJ Dangerous C) haben die Versprechungen ihrer PR gehalten. Ihre Debüt-LP "The Killer Album" (EMI, 1990) war lange angekündigt. Das Plattencover entspricht ihrer Musik, eine Collage von

Ruthless Rap Assasins

RAP UND VIDEO

Seit das Fernsehen in unsere Wohnungen eindrang, ist es völlig logisch, daß Videoclips eine der besten werblichen Möglichkeiten darstellen. Daher spielt auch das Fernsehen eine wichtige Rolle bei der Rap - Revolution.

Das konnte man schon zu Beginn der Sendungen wie "Yo! MTV Rap" in den USA oder bei "Rapline", die sogar heimlich gesendet wurde und auch heute noch zu unmöglichen Zeiten in Frankreich läuft, beobachten. Man weiß, daß Michael Jackson und Prince auch wegen ihrer Beherrschung des Videoclips einen so großen Erfolg haben. Die Rapper haben diese Lektion auch gelernt und auf diesem Gebiet ihr Revier erobert. In diesem Spiel um Virtuosität und Überbewertung ist auch MC Hammer ein Meister; er hat zwar hart dafür gearbeitet, aber es hat sich gelohnt. Seine Choreographie ist Balsam für die Augen, und es ist nicht erstaunlich, daß er sich heute in ernsthafter Konkurrenz zu Michael Jackson und Prince befindet.

THEMA

Wie der Rap das Recht der verbalen Ausdrucksweise anerkannt hat, so hat er auch die körperliche Ausdrucksform anerkannt. Er zeigt viel von seiner Sinnlichkeit durch freie Bewegungen, durch Spannung, durch muskulöse Anstrengung, manche Gesten drücken Sexualität aus etc.

Natürlich hat sich 2 Live Crew ein Stück der Exibitionstorte ergattert; "Move Somethin" oder "Me So Horny" sind heiß, sehr heiß. Aber auch Digital Underground ist mit "The Humpty Dance" nicht weit davon entfernt. Die Bonhomie von Tone Loc kann sich bei "Wild Thing" auslassen, er parodiert gleichzeitig Robert Palmer. "Bust A Move" von Young MC besticht durch ihre Frische und ihren Charme, der jugendlich sexy wirkt. Die Videokassette "Machine Gun Poetry" (Island) bringt einige Stücke dieser Art, aber auch einige andere Versuche, die später noch näher beschrieben werden.

Ganz wie die Werbung zögert auch der Videoclip nicht, zu recyceln, zu borgen und verweist auch gerne auf konkrete Kinofilme, z.B. auf Horror, Comic oder den schwarzen Film der 40er, moderne Thriller...

Kool Moe D bemächtigt sich eines James Bond Films ("I Go To Work") oder der Science Fiction-Spinnereien der Serie B oder Z ("All Night Long"), DJ Jazzy Jeff & The Fresh Price bedienen sich bei einigen Cartoons ("Girls Ain't Nothing But Trouble"), Tairrie B beschwört den Geist der 40er und LL Cool J spielt Bruce Lee in "Operation Dragon" ("I'm That Type Of Guy")...

Public Enemy, die Meister in der Kunst der Wortbeherrschung bedienen sich auch der Bilder, um die Kraft der Aussage noch zu verstärken. "Night Of The Living Baseheads" und seine gelungene Montage eines Nachrichtenmagazins, falscher Reportagen und falscher Werbespots sind dafür der Beweis.

Es wundert einen gar nicht, daß Public Enemy auch Spike Lee kennenlernen.

Die besten Ergebnisse wurden mit Montagen aus Thrillern erzielt. Die äußere Form ist sehr ästhetisch, wenn auch der Inhalt noch so ernst ist. Kool G. Rap hat mit "Streets Of New York" die ganze Gewalt illustriert. Ice-T hat mit seinem Clip etwas für die Antidrogenbewegung getan, mehr als alle Nancy Reagans der Welt. Ice Cube und sein "Who's The Mack" geben eine Lektion über Streetlife. Bei all diesen erzieherischen Videoclips scheint KRS One der Leader zu sein. Sein Clip "Boogie Down Productions Live" (BMG) spiegelt die Atmosphäre bei einer Konferenz, bei einem Konzert in einem New York Club und Backstage sehr geschickt wider.

Die beste Show in der Videoclipszene bleibt aber nach wie vor die der West Coast All Stars, die die Stars unter den Rappern vereinte. Deren Qualität gekoppelt mit der Message "Were All In The Same Gang" ist so hoch, daß dadurch der Rap wieder an seinen rechten Platz gerückt wird. Mit der Dialektik Rap können endlich Brücken gebaut werden!

allem. ("Der Krach? Das ist natürlich", rappen sie auf der Rückseite; daher auch der Samples-Eintopf von De Niro aus Taxi Driver bis "Yaketi Yak" der Coasters, Radio International Berlin, Ice-T und viele andere). Auf dem Gebiet der Technik, also dem DJing und dem Rapping bringen sie nicht allzuviel, aber ihre Freude an der Musik ist so kommunikativ, daß die englische Szene ernsthaft mit ihnen rechnen muß.

Rapper aus England im Überblick

Caveman ist eine der neuen englischen Gruppen, die auch in den USA Interesse wecken. Ihre Maxis "Victory" und "Introduction To A Caveman" sind bei Profile erschienen.

Die Black Radical MK2 sind radikale Schwarze, die bereits eine Single produziert haben. Merlin hat mit den Beatmasters gearbeitet. Er konnte nur leider nicht in die USA fähren, weil er sechs Monate im Gefängnis saß, als "Who's In The House" die Charts stürmte.

MC Drew hat das auch erlebt, hat sich aber gefangen und mit Mighty Ethnicz eine von Tackhead produzierte Platte herausgebracht: "Harmony Hall". Die Maxi "Take A Fix Of Funk" von Kash Da Masta erinnert sehr an Silver Bullet.

MC Duke ("Miracles" und "I'm Riffin" sowie zwei LPs "Organised Rhyme" und "Royale Male") und Rebel MC zählen zu den besten Rappern unter der englischen Krone. Vor allem der letztere, dessen Platte "Rebel Mix" die Ehre erfuhr, von De La Soul remixt zu werden. "Street Tuff" ist die meistverkaufte englische Single. "Canada Dry Rap" wäre angebrachter. Rebel MC verteidigt sich auch nicht gegen solche Angriffe wie steriler Rap, kommerziell etc. Er ist einfach der Meinung, daß der Erfolg ihm die Freiheit einräumen wird zu machen, was er will. Zwischenzeitlich fallen seine Aktionen gegen die Poll-Tax ins Auge (eine von Margret Thatcher eingeführte Steuer, die die Ärmsten der Armen trifft...)

Die Liste wäre endlos, da der Rap sich auch in England - wie überall - wachsender Begeisterung erfreut. Man kann höchstens bedauern, daß die House Music zu sehr die englischen Produktionen dominiert. House ist nicht schlecht, hat aber nur ein Ziel, nämlich die Leute zum Tanzen zu bringen. Rap hat dagegen weitaus mehr zu sagen.

11. Frankreich

1982-83 trat der Rap zum ersten Mal in Frankreich in Erscheinung. Überraschend ist, daß die erste frankophone Rapplatte aus New York kam und von einer Rapperin stammt, nicht von einem Rapper. B-Side (die Amerikanerin, die in französisch rappt) war in der Tat auf einer B-Seite der Maxi von Fab Five Freddy zu hören mit dem Titel "Chande de Beat". Sie brachte ebenfalls eine Solomaxi, "Je Descends A Odeon" heraus, die damals einen gewissen Erfolg in Frankreich hatte. Hinterher hat man nichts mehr von ihr gehört.

Kommen wir schnell zur Anekdote Chagrin D'Amour und ihrem "Chacun Fait Ce Qui Lui Plait", die man aber nicht wirklich als eine Rapplatte bezeichnen kann. Die Autoren haben darin eher einen Gimmick à la mode gesehen, um den großen Coup zu landen. Der Rap fing in Wirklichkeit mit dem Auftreten all der Hip Hop Arten an, und das Medium, das am meisten zu seiner Verbreitung beigetragen hat, ist das Radio. Es gab drei Radiosendungen, eine bei Radio 7, die von Sydney und Gangsterbeat moderiert wurde und die hauptsächlich auf englisch rappten, eine auf Carbone 14 mit Barney (ja, ja, derselbe, den man heute in den Top 50 wiederfindet mit Schmuseliedchen für junge Mädels) und, last but not least, die Radiostation RDH, bei der Ben und Dee-Nasty (er hieß damals noch Speedy-Dan-One) bei der Benny-Show auftraten. Sie waren sehr von Melle Mel beeinflußt und rappten auf französisch, aber ebenfalls auf spanisch oder in englisch; dazu muß man bemerken, daß aus der Benny-Show Zeit auch Lionel D. kommt.

Ein Medien boom und...Funkstille

Trotz dieser Sendungen waren die Rapper noch eine kleine Minderheit. Die Explosion gab es erst 1984 mit der Sendung von Sydney auf TF 1, "Hip-Hop". Zum ersten Mal konnte man dort lebende Rapper sehen, die sich in französisch ausdrückten. Gleichzeitig zu dieser Sendung sahen sich zwei Treffpunkte regelmäßig von französischen Rappern frequentiert, die sehr viel improvisierten (ohne Originalinstrumente, da diese selten waren und sehr teuer, sie bedienten sich oft einer Human Beat Box beim Rappen). Damals wurden Johny-Go, Ritchie (später Mitglied von Nec + Ultra) und Donny-Rapper-T geboren.

Selbst wenn die Rapper Talent hatten, waren sie durch den Mangel an technischen Mitteln oft zu gehandikapt, um ein ausgefeiltes, medienwirksames Endprodukt zu präsentieren; sie hatten also nicht die gleichen Chancen wie die Tänzer, die damals ganz oben standen. Der Rap entwickelte sich erst 1986 nach dem Ende der Sendung auf TF 1 und während der Flaute der Medienflut. Vor allem anläßlich der Sendung "Fetes et Forts", wo man u.a. Johny Go und Destroy Man sehen konnte, die live den bei der Bewegung immer mehr ins Kreuzfeuer der Kritik geratenen Sydney auseinandernahmen, dem sie vorwarfen (noch heute), zu opportunistisch zu sein.

Dann tritt RTL Plus die Nachfolge von Sydney auf Radio 8 an und ermöglicht der Bewegung ihren Auftritt bei einem Sender, dies vor allem Dank der monatlichen Sendung von Dee-Nasty. Seit 1987 ist Sydney wieder am Samstagnachmittag bei Radio 7 mit einer Rap-Stunde dabei; da haben viele von ihnen ihren ersten Auftritt: Iron und Shoe, IZB, MC, New Generation MCs, Saxo... Im Mai/Juni 1987 eröffnet "Globo", ein Saal, der jeden Freitag abend in eine Disco umgewandelt wird. Diese ermöglicht vielen MCs den ersten Auftritt oder, ihren Bekanntheitsgrad noch zu steigern: die Assassins (Solo und Squat), Doudou und Joel (die späteren Timide & Sans Complexe), die M.I.C traten dort das erste Mal auf, aber auch die Virtuosen unter den Human Beat Box wie Fat und Sheek erhalten dort eine Chance.

Der Globo und die Sonntagsabend-Sendung von Dee-
Nasty bei Radio Nova waren die wirklichen Sprungbretter
für den französischen Rap. Sie haben die Verbreitung
der Texte und der Stimmen der französischen MCs erst
möglich gemacht.

Damals tauchen die ersten Samplers und menschliche
Stimmboxen auf. Die MCs können ihre eigenen
Instrumentarien aufbauen und deren typischen Stil
entwickeln. Es gibt immer mehr Gruppen, und das
amerikanische Modell wird zugunsten eines französischen
aufgegeben. Eine eigene Spielart mit eigenem Vokabular
bildet sich heraus. Unter der Vielzahl von Rappern kann
man Nec + Ultra erwähnen (Single: "Je Rap"), Clan MC,
Hamere Posse, Little MC (erste vinylische Produktion ist
in Arbeit), M.I.C, Smitty, Criminal Posse, Poptronix,
MC Solaar (Single: "Bouge De La"), Timide und Sans
Complexe.

93 NTM, Banlieue Nord et Rap Hardcore

Nique Ta Mére

Der Rap hat bereits an Erfahrung, Reife, Publikum und
Originalität gewonnen. Jetzt blieb ihm nur noch, die
Anerkennung der Plattenfirmen zu erlangen. Tatsächlich
interessierten sich die Großen bis auf einige zaghafte
Versuche ohne jede Werbung (s. Johny Go und Destroy
Man mit "Egioste", Nec + Ultra, Rapsonic mit "Vas-Y
Mets La Dose") ebenso wie die unabhängigen Labels
nur von weitem für Rap. Außerdem akzeptierten sie eher
noch völlig abgedrehte Versionen, die mehr einem
französisiertem House ohne jede Originalität ähnelten.
Sie hatten jedoch nicht mit der Wut und der Leidenschaft
der Bewegung gerechnet, und nur wenige haben auch
wirklich immer daran geglaubt: Chignol, der zwei große
französische Rapfestivals organisiert hat (ohne Sponsoren
oder finanzielle Unterstützung), die "homeboys" Madj
und Mil, die die Basis von Labelle Noire sind, Dee-Nasty,
lobenswerterweise immer dabei und allzeit mit Lionel D
bereit, einen guten Ratschlag zu geben, ohne je eine
Gegenleistung zu erwarten. Viele wären ohne ihn heute
nicht da, wo sie sind.

Aber die Vielzahl der Rapgruppen darf in dieser
Erfolgswelle nicht vergessen werden Wenn auch manche
wie I.A.M. und N.T.M. (von den Rappern KoolShen &
Joey Starr und DJ Detonator S Anfang 1988 in Saint
Denis gegründet und im Herbst '90 mit einer
erstaunlichen und fantastischen Maxi bei Epic

herausgekommen: "Le Monde de Demain") es schaffen,
ihren Weg zu machen, müssen doch alle anderen folgen
(D-Rock in Lyon, MC Abuz in Paris oder Soul Swing &
Radical in Marseile) und die Bewegung weiter bringen
(Dezentralisation und mehr Produktionen). Dieses

Ergebnis wird aber nur durch Professionalität erreicht werden können. Der Rap in Frankreich ist an einem Wendepunkt angelangt, mit dem er vorsichtig umgehen muß, denn seine Zukunft hängt davon ab...

LABELLE NOIRE

(FRANZÖSISCHES RAP-LABEL)

Grundlagen:

Labelle Noire war zu Beginn eine freundschaftliche Beziehung zwischen einigen Personen. Aber wir haben sehr schnell gemerkt, daß, um die Resultate zu erreichen, die wir uns wünschten und um die Musiker, die uns vertrauten, nicht zu enttäuschen, eine professionelle Struktur von Nöten war. Und dem hat die Freundschaft nicht standgehalten. 1989 hat in Frankreich niemand, von der "Extremen Linken" bis zur "Extremen Rechten" einen Pfennig auf den Rap verwettet. Kein Label wollte die Rapgruppen haben. Ein Typ wie Pablo Master macht schon seit fünf oder sechs Jahren gute Platten. Er hat einen offiziellen Titel für "France Connection", der ersten auf französisch erschienen Raggamuffin' Platte gemacht, die 1987 herauskam. Das einzige Lied, was daraus angekoppelt und eine Single wurde, war "Trop de blabla" von Princess Erika. Einzig die Raggamufin' machten seit langer Zeit eigene Produktionen. Sie gingen nach England und hatten Ahnung von Studios und Klangtechnik.

Produktion

Das war aus verschiedenen Gründen ein täglicher Kampf, weil wir keine Fazilitäten hatten, weil die meisten Gruppen noch nie Platten aufgenommen hatten, weil es keine professionelle Struktur gab, die Studios waren stark umkämpft, und wir hatten keine Gelegenheit, sie zu nutzen, wann wir wollten, etc... Manche Gruppen haben uns und unsere gemeinsamen Ziele auch nicht verstanden. Sie haben uns nicht anerkannt, weil wir klein waren, über keine Mittel verfügten und im Show-Biz nicht anerkannt wurden, etc. Gleichzeitig aber erwarteten sie von uns die gleichen Bedingungen, die sie bei einem großen Label angetroffen hätten. Das macht einen echt verrückt. Zum Beispiel haben wir für eine Gruppe einen Mixer aus London kommen lassen und haben der Gruppe gesagt: "Achtung, ihr habt 24 Stunden Zeit", sie haben getrödelt, der Mixer ist wieder abgereist, und im Endeffekt landete der Mix im Mülleimer und keiner konnte seine Arbeit weitermachen.

Vertrag:

Wir hatten mit jeder Gruppe ganz einfache Verträge: Die Exklusivität an dem Titel ohne Optionen. Die zehn Gruppen teilten sich 7% der Einnahmen mit Ausnahme von Dee Nasty, der selbst produziert hatte und daher

etwas mehr bekam. Sobald die Platte herauskam, wurden die Gruppen von allen Seiten umworben.

Ruf:

Ich verstehe nicht, daß wir als Haie gelten, wo doch alle Leute, die für uns gearbeitet haben, bezahlt wurden: Mod2, der das Logo unseres Covers gemacht hat, alle, die an der Produktion beteiligt waren, die Studios wie Mix-IT, die uns vertraut haben, die Ingenieure, der Regisseur des Clips, alle halt, im Underground ist das sonst nicht üblich.

Mondino (Photo):

Den Titel "Rapattitude" hat nicht Mondino erfunden. Wir mit einer anderen Personengruppe waren das. Aber er hörte davon, wir haben uns beim Verleger kennengelernt, er hat die Kassette angehört und in seinem Büro getanzt und da es ihm gefiel, ist es halt so gelaufen.

Haltung der Rockmedien:

Wenn Du die August-Nummer von "Rock & Folk" anschaust mit seinem Index, der alle erwähnen, sollte, die es gibt und Du schaust unter dem Buchstaben F für Frenchies nach, redet Olivier Cachin nur von Lionel D und Dee Nasty. Beim Buchstaben L steht gar nichts über Labelle Noire, dem einzigen französischen Rap-Label. Das ist, als spräche jemand über alternativen Rock, ohne dabei Bondage zu nennen...
In derselben Nummer ist ein Artikel von Phil Ox, der mehrmals das Sammelalbum erwähnt, ohne Labelle Noire beim Namen zu nennen. Er tut so, als hätte Virgin es produziert. Warum? Weil ein paar Leute Sachen über Labelle Noire erzählt haben? Dann soll er es doch schreiben: "Labelle Noire sind sehr kontroverse Leute". Als Yves Bigot aus Freude ein Rapspecial im "Rapido" mit Public Enemy und Rapattitude brachte, sollte es nur sieben Minuten lang sein, er machte es aber 11 Minuten lang. Wir wissen, daß es Proteste von CBS gab, weil nicht Lionel D und Dee Nasty diese Sendung machten. Der Artikel von Libé über I.A.M. erwähnt ebenfalls nur Virgin, obwohl diese bei Labelle Noire unter Vertrag sind. Die Journalisten sind wie Huren, Kurtisanen. Labelle Noire könnte nie den Journalisten eine Reise zu einem Konzert von I.A.M. nach London bezahlen. Die Großen zahlen für die Promotion einer Gruppe Reisen dahin und dorthin. Ich verstehe, daß es Olivier Cachin mehr interessiert, sich eine Reise nach Los Angeles zu einem Konzert von Boo Ya Tribe zahlen zu lassen, als mit dem Zug zu New Generation MC in den Yvelines zu fahren.
Klar machen die Typen Artikel für die Leute, die die Tickets zahlen, das erstaunt mich nicht. Aber meiner Meinung nach machen sie redaktionelle Werbung. Wir können uns keine große Anzeigen leisten. Könnten wir es, bekämen wir tolle Kritiken und viele Artikel. So sind die Spielregeln, aber man muß es sagen, und der Leser und Konsument muß es wissen.

Die Presse im Allgemeinen:

Wir weigern uns, Interviews zu machen, die Rap mit Banden etc. in Verbindung bringen... Wir sind Musikproduzenten, wenn auch Rap, wie jede Musik, ein Katalysator einer sozialen Bewegung ist. Wir sind als Musikproduzenten aber nicht qualifiziert, über ein soziales Phänomen zu sprechen.
In keinem Artikel wird jedoch das Wort Sampling erklärt. Uns interessierte aber, wie Leute, die eigentlich keine Musiker waren, Musik machen können. Du nimmst eine Maschine, ein vierspuriges Tonbandgerät, Du programmierst Stücke aus irgendwelchen Musikstücken, diese Stücke nimmst Du in einem von Dir gewünschten Tempo auf und wenn Du das machst, ändert sich die ganze Musik. Das ist toll, Du kannst aus ganz vielen Teilen ein Lied machen. Wenn sich die grauen Zellen und die Elektronik begegnen, gibt das Tausenden Menschen die Möglichkeit, Musik zu machen. Das ist wegen der unbegrenzten Möglichkeiten sehr aufregend. Nur wenige sprechen von der Musik und der tollen Stimme von Chuck D, wenn sie über Public Enemy sprechen etc...

Texte:

Viele Leute, die diese Musik machen, sprechen von ihrem Milieu, ihrer Umgebung. Sie können nur schwer von anderen Dingen sprechen, die sie distanzierter sehen würden, poetischer.
Nur manche, wie z.B. Tonton David, schaffen es, mit diesen Themen behutsam umzugehen. Dies ist auf der B-Seite seiner Single der Fall, auf der er den schrecklichen Tag eines jungen Schwarzen beschreibt, dem alle nur möglichen Unglücke zustoßen: Bullen, Kontrolleure, Skinheads. Er schafft es jedesmal, sich durch Flucht aus der Affäre zu ziehen.

Aber alle sind noch nicht so weit. Sie sind auch weit von Politik entfernt. Wenn sie die Gesellschaft und die Regierung angreifen, drücken sie die Ungerechtigkeit ihrer Situation aus, aber streben keine revolutionäre Änderung oder einen Umsturz der bestehenden Ordnung an. Das war bei den amerikanischen Rappern wie Public Enemy und KRS One anders, die unter dem Einfluß der großen schwarzen Führer der 70er Jahre stehen und das schwarze Volk der USA aufriefen, sich zu erheben. Auch den Verhungernden der Dritten Welt riefen sie diese Nachricht zu. Bei einigen französischen Gruppen könnte man meinen, daß die Radikalität ihrer Worte eher ein Stilmittel als der Ausdruck revolutionärer Ideen ist. Man sieht dies auch an ihrem Lebensstil und ihrem Umgang. Andere schaffen es nicht, ihren Ego-Trip beim Rap zu überwinden.

I.A.M. = Imperial Asiatic Man

Sie suchen etwas und stellen sich Fragen. Sie befinden sich im empirischen Stadium. Auch dies ist eine Gedankenkategorie: Ich glaube, was ich sehe, ich sehe, was ich anfasse etc... Es ist sehr schwer, seinen Weg zu finden.
Auch ihr Bezug auf Ägypten ist eine Art mystischer Suche. Für uns unterscheiden sie sich damit aber von anderen, sie erzählen Geschichten auf der ersten Ebene. Sie propagieren keine neuen Sekten, haben keine gegründet, auch keine neue Religionsrichtung, die sie anpreisen möchten.

Politik:

In England gibt es eine Beziehung zwischen der Politik und dem Rap, Rock, Reggae und Raggamuffin'. Es gibt eine Verkopplung zwischen der jugendlichen Revolte und den musikalischen Bewegungen, die eine politische Kultur haben. Es ist eine andere Tradition. In Frankreich hat es nie große Gruppen wie Clash gegeben, die einer sozialen Bewegung angehörten. Selbst die Schwarzen, die für einige Jugendliche das Symbol der Revolte waren, haben als Gruppe nie nationale Bedeutung erlangt. Das hat nichts mit Qualität oder Nicht-Qualität zu tun, sondern mit der Gründung einer Bewegung der Jugend in England.
In Frankreich hast Du kein demokratisches Leben mehr. Wenn SOS Rassismus eine Demo organisiert, ist das eine Pro-Regierungs-Bewegung. Du hast eine Chance von 1:2, eine Nachricht von Mitterrand zu hören, also stellst Du Dich unter den Schirm des Präsidenten der Republik. Wenn in England ein Konzert stattfinden, sendet Margret

Thatcher den Typen keine Grüße: Beim Karneval von London waren 4000 Bullen vor Ort, selbst wenn ein Teil der Organisatoren von Thatcher bestimmt worden waren.

Schlußfolgerungen:

Als wir dieses Label gründeten, wollten wir nie einen politischen Akt begehen, auch wenn es vielleicht so ausgesehen hat.
Wir wissen nicht, was die Zukunft dieser Musik bringen wird. Die unabhängige Rockbewegung hat sich immer erneuert, seit fünfzehn Jahren findet man dort Gruppen, die etwas ausdrücken wollen, was nichts mit dem Showbusiness zu tun hat, und das geht so weiter.
Heute läuft das, aber diese Phase kann schon morgen zu Ende gehen...

MADJ
(Radiomoderator & Drehscheibe des Pariser Rap)

Radio Beur

Die Sendung "Fusion Dissidente" gibt es seit November '87, jeden Samstagabend. Am Anfang gab es Druck von einem Direktor, als dieser behauptete, das Programm entspräche nicht den Hörern von Radio Beur, etc. Aber ich habe ihm bewiesen, daß diese Sendung wirklich gehört wird (press-book, die vielen Telefonanrufe etc.). Sicher stört unsere direkte Art zu sprechen einige der Leiter der Radiostation. Wir dürfen wegen dem Intro "Supreme naik oumouc" (heißt soviel wie "Fick deine Mutter" auf arabisch) das Lied "C'est Clair" von Supreme N.T.M. nicht spielen: Sie sind von "Nique ta Mere" schockiert, denn sie wissen nicht, was auf den Straßen passiert. Mich interessiert das Publikum. O.K., "C'est Clair" werde ich nicht spielen, weil sich doch einige Leute daran stoßen könnten, aber dennoch glaube ich nicht, daß wir uns einschüchtern lassen: Wir laden weiterhin die Supremes N.T.M. ins Radio ein. Wir haben uns nicht geändert: Ich gebe immer noch Nachrichten an die Leute, die in den Gefängnissen sitzen, bringe authentische Musik für sie. Das ist sehr wichtig. Wir profitieren auch davon, daß wir die einzige Undergroundsendung sind, so sehr ich das auch bedaure, die Hip Hop und Reggae spielen. Die anderen Sendungen gibt es leider nicht mehr. Radio Beur hat eine solide Position bei dem Publikum, allein bei der algerischen Gemeinde ist die Zuhörerschaft enorm. "Fusion Dissidente" ist ein Bindeglied zwischen den jungen Immigranten, die kulturell gesehen zwischen zwei Stühlen sitzen, und den Franzosen und Schwarzen.

Das wird durch die Widmungen deutlich. Wir haben also Radio Beur einer anderen Hörerschaft nahe gebracht.

INTERVIEW

Nicht nur Rap und Reggae werden bei uns gespielt. Wenn ich diese Sendung im Untertitel "Freie Tribüne der städtischen Kultur" genannt habe, dann auch, um zu zeigen, daß im Rock und in anderen Ausdrucksmitteln interessante Dinge stecken. Und ich glaube sogar, daß man wissen muß, was in der Vergangenheit beim Rock los war, um das Phänomen Rap besser zu verstehen. (Seitdem wurde Madj unter merkwürdigen Umständen und wegen der üblichen finanziellen Interessen gefeuert, A.d.Ä.).

Labelle Noire

Béni (s. sein Interview) machte seinen Film "Paris Black Night", während Mil und ich eine Radiosendung machten. Ich kannte Béni auch von anderen Dingen her, nicht nur von der Musik. Wir begegneten uns oft bei den Sound-Systems, bei Rap-Partys, er wegen seines Films und wir wegen unserer Radiosendung. Wir begannen zu diskutieren. Eines Tages bat er mich, mit zu ihm zu kommen, um Daddy Yod bei ihm zu filmen. Béni wollte eine Maxi oder eine LP von Daddy Yod herausbringen und dazu eine Struktur aufbauen. Nach einer Woche habe ich zu ihm gesagt: "Das wird sich nicht verkaufen, das ist eine ganz neue Bewegung in Frankreich. Es wäre besser, wenn wir eine Rap/Ragga — Sammlung herausbrächten". Die Idee war, die ganze Bewegung bekanntzumachen. Béni hat auch gleich die Bedeutung dieser Arbeit begriffen, und seit August '89 haben wir daran gearbeitet. Ich kümmerte mich nachts um die Gruppen im Studio. Die Musik war meine Sache,

da Béni davon überhaupt nichts verstand, dafür kümmerte er sich um die geschäftliche Seite, von der ich keine Ahnung hatte. Alles lief bis Dezember gut, damals gab es dann ein Konzert mit fünf Pariser Gruppen. Danach gab es hinsichtlich der Studioarbeit und der Finanzen eine kleine Dürreperiode. Einen Monat vor dem Sammelalbum "Rapattitude" sind wir uns darüber klar geworden, daß das Ganze eine recht unsichere Sache ist. Über seinen Deal mit Virgin hat er uns nichts sagen wollen. Trotz Bénis Versicherungen haben manche Leute ihr Geld nicht bekommen. Er hat seine Vorgehensweise bei den unabhängigen Labels kopiert, die aus Liebe Musik produzieren: "Wir haben keine Mittel, wir können dir dies und das nicht geben. Aber wenn die Platte läuft, bekommst Du das". Nur haben wir leider nach 40.000 verkauften Platten nichts zu sehen bekommen. Er war nicht ehrlich und hat mit unserer Freundschaft gespielt. Achtung, ich sage nicht, daß ich ebensoviel Verantwortung und Aufgaben hatte wie er. Die Tatsache, daß er alles an sich gerissen hat, hatte zur Folge, daß er auch mehr Arbeit hatte als wir. Ich setze uns nicht gleich. Ich lasse ihm sein Geschäft, aber ich will, daß er mir bezahlt, was er mir schuldet. Aber auch ohne diese Probleme hätten wir nicht gemeinsam weiterarbeiten können: Sie haben die Show-Biz Richtung eingeschlagen, die mich nicht interessiert. Es war indiskutabel, daß ich bei Sendungen wie der von Sabatier (franz. Showmaster, A.d.Ü.) oder bei "Succès Fous", wie Tonton David es tat, mitmachte. Es gab da logischerweise Einfluß der Produktion (Virgin) und vom Managment, das in dem Fall Béni hieß. Ich bin im Prinzip nicht dagegen, bei solchen Sendungen aufzutreten, aber gegen die Art und Weise, wie sich so etwas abspielt. Wenn ich Produzent oder Künstler wäre, würde ich 1) in Betracht ziehen, ob es Liveausstrahlung ist und 2) würde ich mich bemühen, irgendetwas zu machen, irgendwie zu provozieren. Man muß den Leuten die Wahrheit sagen: Diese Sendungen sind Scheiße, die Kunst wird versaut. Ich habe nichts gegen Tonton David, aber als der sein Playback machte, ist er ebensotief gesunken wie die ganze andere Scheiße. Wenn Du Sabatier oder Julien Clerc über Raggamuffin' sprechen hörst, tut das weh. Béni hat mir auch vorgeworfen, meine Haltung sei zu sehr Underground. Ich wollte den Hip Hop so promoten, wie er ist. Béni wollte ihn für alle Schichten der französischen Jugend mundgerecht machen. Bei diesem Punkt konnten wir uns nicht einigen. Ich wollte mich an der Geschichte des alternativen Rock orientieren: die Bekanntheit erhöhen, aber die Ehrlichkeit behalten. Ich wollte dem

Rap seine Kultur, seine Geschichte und seine soziale Aufgabe bewahren.

Französischer Rap

Es ist wichtig, daß die französischen Gruppen ihre eigene Identität finden, nämlich auf französisch rappen etc. Für mich sind daher die Gruppen Supreme N.T.M. und Assassin die interessantesten, weil ihre Haltung sehr pariserisch ist. Der Rap hängt sehr viel von den Texten ab, die Musik unterstützt ihn wenig, die Message ist das wichtigste. Damit der Rap groß wird, müssen die jungen Leute aus den Vorstädten davon angezogen werden. Ich kenne die Jugendlichen, die in der Soul Musik oder in der Funky-Music sind, und ich weiß, daß sie mit amerikanischen Sachen gar nichts am Hut haben, "Je me la joue Bronx", etc. Sie brauchen sich nicht erst eine Identität zu schaffen, sie haben bereits eine. Da muß man nicht in die USA fahren.

Andererseits darf man die Anregungen, die man dort bekommt, auch nicht leugnen (Musik, Klamotten etc.).

Projekte

Wir versuchen, uns aus der alternativen Rockszene inspirieren lassen: Weniger Illusionen und mehr Erfahrungen (lacht): ein Label, eine Managmentfirma oder eine Konzertorganisation, um die Sache richtig in Gang zu bringen. Wir wissen noch nicht genau was. Wir wollen dem Einfluß der Großen auf die französische Rapszene von 90/91 die Stirn bieten. Im Moment läuft noch alles ganz gut, sie geben den Gruppen Geld, damit sie unter guten Bedingungen Platten aufnehmen können, und die Gruppen werden im Augenblick sehr gut behandelt. Aber die Großen werden die Zitrone so lange ausquetschen, bis der Rap sie eines Tages nicht mehr interessiert, oder sie werden etwas finden, was sie mehr interessiert und woran sie mehr verdienen. Was wird dann aus den Rappern? Von den zusammengestückelten "Ersatz-Gruppen" mal gar nicht zu reden. Es fehlt eine gesunde, von B-Boys oder von Leuten, die wirklich die Ästhetik des Hip Hop mögen, gegründete Struktur, Leute, die ein Ohr haben und den Rappern nahe stehen: Wir leben in den gleichen Verhältnissen wie sie.

Im Moment gibt es einige Radiosendungen, ein oder zwei Zeitschriften und I.Z.B., die die Konzerte kontrollieren; die Dinge organisieren sich langsam. Wir sind so wenige, daß es besser ist, sich zusammenzutun oder zumindest Ideen auszutauschen. Aber der Aufbau einer Struktur ist mit vielen Problemen verbunden, wir haben wenig Mittel und nicht genug Gruppen ohne Vertrag, die wirklich etwas bringen. Die Gruppen, die viel Erfolg haben könnten, wie I.A.M., Supreme N.T.M., Assassin, Little MC's sind schon unter Vertrag oder unterschreiben gerade einen.

Subversion durch Rap/Situation der Schwarzen in den USA

Furchtbar, die Situation der jungen Schwarzen ist verrückt! Die Verbindung mit dem Hip Hop ist die Wiedergeburt einer schwarzen Jugend, die Ende der 70 er erstickt wurde. Es gab eine starke Zeit zwischen '65 und '72-'73 mit der Explosion der Soul Music: Shaft zeigt das Ende dieser Zeit auf. Alles hatte einen Sinn und sie kämpften für ihre Rechte.

Die amerikanische Regierung darf sich Sorgen machen, denn die jungen Schwarzen haben nichts zu verlieren. Wenn es heute jemanden wie Malcolm X gäbe, der eine unabhängige politische Linie hätte, könnte sich die Regierung die Kugel geben.

Dagegen sind die Reden von Farrakhan nichts, nur demagogisch, wie die von Le Pen auch. Das ist der amerikanischen Regierung dienlich, die ihn daher "unterstützt". Wenn Du Dir anschaust, was er und was die amerikanische extreme Rechte propagieren, findest Du immer dieselben Sachen: Die getrennte Entwicklung der Rassen. Beide haben "gemeinsame Interessen...".

Ich glaube, daß Farrakhan mit der Regierung und sogar mit der Polizei zusammenarbeitet. Wenn er so revolutionär und so politisch unabhängig wäre, wie er tut, hätte er schon lange Ärger. Vergleicht man ihn mit den Black Panthers und Malcolm X und dem Ärger, die hatten, ist das ja wohl etwas anderes...

Selbst Public Enemy, die als umstürzlerisch gelten, spielen bei ihrem Video "Fight The Power Live" im Gefängnis. In Frankreich könnte eine Gruppe, die man für gefährlich hält, nie in einem Gefängnis spielen. Und in den Staaten schon gar nicht! Sobald man Dich für gefährlich hält, hast Du doch das FBI auf den Fersen. Wenn Du weitermachst, wirst Du ein Hindernis, Du wirst erschossen und man spricht nicht mehr davon. Wenn sie also im Gefängnis spielen, können sie so gefährlich nicht sein...

Halt, ich sage nicht, daß sie von der Regierung bestochen wurden, aber ihre politische Richtung oder ihre Ideologie sind objektiv gesehen überhaupt nicht schädlich für die Regierung, denn es ist bloße Provokation. Aber sie sagen die Wahrheit: Die Verstrickung der Regierung in den Drogenhandel, die Leiden der Afro-Amerikaner etc.

Umsturz durch Rap/politische Auswirkungen

Die Erklärungen und die Photos von Jack Lang ("Diese Rap-Kultur, daran glaube ich") kamen im richtigen Augenblick. Man darf nicht zu schnell etwas sagen, denn diese Leute haben ideologische Waffen, die Medien sind auf ihrer Seite, sie haben Geld etc. Wenn Du Theorien in Verbindung mit revolutionären Bewegungen liest, wirst Du Dir über die Verbindung zwischen der Kunst und der Revolte klar. Immer spielt auch die Kunst eine Rolle bei der Entstehung einer Revolte: In den 60er Jahren, die übrigens sehr interessant waren durch die Tatsache, daß sich Schwarze und Weiße in der Revolte befanden, stand ein Label wie Tamala-Motown und der Beginn der Soul Music in historischer Beziehung mit der Schwarzenbewegung in den USA. Bobby Seale ging sogar soweit, Bod Dylan als "Bruder" zu behandeln! Auch der Rap von heute entsteht aus einer echten Revolte.

Also hat der Staat Interesse daran, sich in die Bewegung einzuschleichen, um von ihr akzeptiert zu werden, da er sonst früher oder später zur Zielscheibe würde: "Ich glaube an Euch, etc." und die Schlüsselpositionen der Bewegung mit gleichgeschalteten B-Boys besetzen.

Es darf keinerlei Kompromiß mit ihnen geben: Die Arbeitslosigkeit, die manipulierte Börse, die Ausweisung der Immigranten etc. die Politiker sind dafür verantwortlich.

12. GRAFFITIS: DIE KUNST DES VANDALISMUS

"Gebt ihnen eine Mauer, und sie werden keine Meisterwerke malen, sondern einen neuen Stil schaffen". (Andrè Malraux, 1937).

Graffitis als Ausdrucksform sind so alt wie die Menschheit, man hat sogar bei Ausgrabungen Spuren davon in etruskischen Wohnungen gefunden. Grafitti war die bevorzugte Ausdrucksform der Menschen, denen man nicht das Wort erteilte, von Ausgeschlossenen und Idealisten. Die Fresken auf den Mauern, auf den Metros und entlang der Bahnlinien sind ein schlagendes Beispiel an Wildheit.

Man muß wissen, daß dies nicht plötzlich kam, sondern die Frucht jahrelanger Entwicklung ist; der "Tag"(5. Glosse im Anhang), der die Bank verschmutzt, auf der sitzen, wurde sicher vom Künstler oftmals vorher auf Papier gezeichnet, bevor er endgültig Form annahm. Und selbst wenn Sie das alles Quatsch finden, gibt es dennoch Dutzende von verschiedenen Stilen und der "patentierte" Tagger wird sicher in der Lage sein, seine Unterschrift mit fünfzehn oder zwanzig verschiedenen Schriftarten zu machen. Sie müssen auch wissen, daß die vielfarbigen Fresken, die die Mauern Ihrer Metrolinie zieren, viele

Stunden Vorbereitung voraussetzen, und die Ausführung dauert oft Tage. Und nicht zuletzt haben die Franzosen, obwohl diese Kunst ursprünglich aus den USA stammt, verstanden, ihr eine eigene Form und einen individuellen Stil zu verleihen, der auch bei der internationalen "Aerosol Artists" (s. Anhang) anerkannt ist.

Am Anfang war der "Tag": Er trat Anfang der 70er Jahre in den USA auf. Die Jugendlichen nahmen das mehr als Spiel und malten, wo sie gingen und standen, ihre Namen und Straßennummern an die Hauswände. Am besten beherrschten die Zeitungsausträger und Kuriere diese Disziplin, da sie von früh bis spät auf den Straßen unterwegs waren. Taki von der 183. Straße machte als erstes auf sich aufmerksam, sein TAG TAKI 183 war in allen Ecken von New York vertreten, von Manhattan bis zur Bronx über Brooklyn. Seine Berühmtheit verdankt er auch einigen Zeitungsartikeln, die sich mit dem damals noch völlig neuen Phänomen beschäftigten.

Langsam wird das Spiel zum Wettbewerb, den der gewinnt, der sich zum Tagging in die unzugänglichsten, gefährlichsten und dunkelsten Gegenden traut. Ein Muß ist es zum Beispiel, einen Polizeiwagen zu "taggen". An diesem Punkt beginnt sich die zuvor amüsierte Öffentlichkeit von dem Phänomen bedroht zu fühlen, da die Tags immer zahlreicher werden. Also beginnt die Jagd auf Graffittimaler, die noch heute nicht beendet ist.

Die Maßnahmen veranlaßten unsere Tagger, vorsichtiger zu werden und sich an neuen Orten zu betätigen. Damals wurde die Metro, die vorher noch verschont worden war, dann ihr bevorzugtes Ziel, denn durch sie können noch mehr Menschen die Kunstwerke bewundern, die mit Spraydosen und Markern auf die Züge gebracht werden, die durch die ganze Stadt fahren.

Zweite bedeutsame Tatsache war neues und billigeres Material, sowohl die Aerosolspraydosen als auch Marker. Dieses neue Material erlaubte eine Verfeinerung des Stils und die Entstehung eines neuen Genre: die Brulure (s. Glossar). Anfänglich war dies eine Vergrößerung des Tag durch kalligrafische Buchstaben, die zum Teil mit anderen Farben ausgemalt werden. Dieser neue Stil bringt mehr junge Leute aus allen Gesellschafts-Schichten dazu, ebenfalls diese Kunst auszuüben, die zuvor den Jugendlichen aus den Stadtghettos vorbehalten war. Man trifft sogar auf Crews (s. Glossar) von jungen Schwarzen aus der Upper Class.

Die Mitgliedschaft in einer Crew ist delikat. Anfänglich bildeten sich diese Gruppen aus den "Homeboys", später änderten sich die Aufnahmekriterien und die Anwärter mußten zum Teil Mutproben bestehen. Im allgemeinen gab es eine Art Probezeit, die es den Mitgliedern erlaubte, den Anwärter auf seine Befähigungen hin zu überprüfen. Diese "Rookies" (s. Glossar) waren mit der Beschaffung

der Spraydosen "by any means necessary" betraut und mußten bei Operationen die Gegend überwachen. Im Austausch dazu half der Pate jedes Anwärters diesem dabei, seinen Stil zu vervollkommnen, ihm Vorlagen zu machen und ihn zu Ausflügen in die "Yards" mitzunehmen. Man mußte die verschiedenen U-Bahnlinien sehr gut kennen, ebenso die Zugänge zu den Hangars, in denen die Waggons standen, alle Wagentypen, den Verlauf jeder U-Bahn-Strecke... Man hat selbst Gruppen gesehen, die mehr Schlüssel zu den Hangars besaßen als die Beamten der Metropolitan Tansportation Authority.

Dieses Spiel wurde in wenigen Jahren zu einem Lebensstil, die "Writers", wie sie sich selbst nennen, haben ihren Look, ihr Vokabular, ihre Treffpunkte, ihre Musik (Rap), ihre Helden, ihre Feinde und später ihre Kultfilme.

Der Wettkampf zwischen den einzelnen Gruppen ist Teil des Spiels (manchmal auch innerhalb einer Gruppe), all dies dient dazu, bekannt zu werden und eines Tages den Titel "King Of The Line" zu erringen. So hart die Konkurrenz auch ist, gibt es doch unumstößliche Regeln. Die wichtigste ist die, niemals das Graffiti eines Konkurrenten zu übermalen. Dies kann harte Strafen nach sich ziehen, wie z.B. ein Toy (s. Glossar) auf dem Graffiti des Angreifers oder die Beschmutzung seiner schönsten Kunstwerke. Dennoch machen ab und zu Writer so etwas, um jemanden zu beleidigen oder herauszufordern. Die Herausforderung ist ebenfalls sehr wichtig, sie trägt dazu bei, Streits zwischen zwei Konkurrenten auszutragen.

Die Brulure stellen sich mehr und mehr als neue Graffiti heraus, sie werden immer schöner und ausgefeiler. Alle großen Städte sind inzwischen von Graffitti "befallen". Teilweise werden sehr eigene Stile entwickelt.

Der Wettkampf unter den Gruppen hat die Entwicklung des Graffiti beschleunigt (qualitativ und quantitativ), und es gibt schon einige Writer, die sich herauskristallisiert haben: Seen, Lee, Krash, Futura 2000 waren einige davon. Die Künster, die über die Grenzen ihres Bereiches hinaus bekannt wurden, werden von den anderen "Aerosol Artists" als Helden ihrer Sache gefeiert.

Dieser Ruhm war jedoch sehr vergänglich, da der Stil sich zu schnell weiterentwickelte, die Anzahl der Writers stieg enorm schnell, und die freien Flächen auf den Waggon wurde immer seltener. Man mußte sich voll einbringen, um ganz oben zu bleiben; den ganzen Tag seine Werke vorbereiten, Flächen und Spraydosen besorgen, um dann in der Nacht ans Werk zu gehen.

Der "Turn-Over" der Graffitiberühmtheiten war daher beeindruckend, sie schufen immer neue und immer schönere Kreationen. Manche Sprayer nahmen unüberlegte Risiken auf sich, wie z.B. Seen, der seinen Namen in riesigen Blockbuchstaben auf die Buchstaben schrieb, die den Hügel von Hollywood dominieren. Man hat schon Züge gesehen, deren Wagen komplett bemalt waren.

Die Charaktere, die diese Zeichnungen dominierten, stammten vorwiegend aus der Welt der Comics oder Modeillustrierten der B-Boys, die die Writers häufig kopierten. Neue Spraytechniken traten auf, die es erlaubten, die Details und den Stil sowie den Realismus der Werke noch zu verstärken und zu verfeinern. Die Organisation von Wettbewerben (mehr oder weniger

offiziell) brachte eine Vielfalt von Farben und immer kompliziertere Gemälde ans Licht. Seit den Anfängen des Bubble-Style waren verschiedene neue Stile aufgetaucht: Block Letters, Top to Bottom, Wild Style, Semi Wild Style (alle s. Glossar) und viele andere.

Es wurde immer schwieriger, zu den Zügen zu gelangen, und neue Reinigungstechniken löschten die Werke immer schneller aus. Die Graffitis blieben immer weniger lang auf den Zügen und immer mußten neue freie Flächen gesucht werden. Außenmauern wurden das begehrteste Ziel der Graffitis. Wenn vorher die Fresken auf den Zügen vor allem die Passagiere beeindrucken sollten und es die Züge durch ihre Geschwindigkeit selten möglich machten, die Bilder in Ruhe zu betrachten, war das bei den Mauern anders, wo man jede Arbeit in aller Ausführlichkeit betrachten konnte. Nachdem man zuvor vor allem den Schreibstil und die Farben gepflegt hatte, mußte man nun mehr Aufmerksamkeit aufs Detail verwenden: Outline, Schatten und Absetzungen mußten jetzt sauber und präzise ausgeführt werden.

Es gab außerdem neue Inspirationsquellen: Zuvor waren die Farben und Buchstaben ausschlaggebend, jetzt versuchte man, auch Forderungen in den Graffitis auszudrücken, es ging gegen die Drogen, gegen Apartheid oder für die freie Meinungsäußerung. Die Charaktere wurden so lebendig, daß man meinen konnte, sie seien "echt".

Graffiti wurde trotz seiner Beliebtheit bei der Bevölkerung

Ninja Miste South Side Kings von Ninja Miste Longue Posse (Chilly Mazarin, Oktober 1990)

bis dahin noch in keiner Galerie ausgestellt, die ja ein traditioneller Ort für Kunstvertrieb ist. Dann kam aber die Graffiti Hall Of Fame, eine Art Freiluftgalerie, wo die besten Künstler der Stadt (sprich der ganzen Welt) ihre Werke ausstellen konnten.

In der Tat hatten die Sprayer durch die Explosion des Rap die Gelegenheit, ihre Werte den Augen der Welt zu zeigen. Oft waren es die Sprayer, die die Plattencover gestalteten oder bei Filmen der Hip Hop Bewegung mitmachten (Style Wars, Beat Street). Andere, wie Future 2000, wurden von den Gruppen aufgefordert, Graffitis zu gestalten, manchmal sogar live während Konzerten. (z.B. Clash und Futura 2000).

Damals trat der "Tag" auch in Frankreich das erste Mal in Erscheinung. Erst war er sehr diskret, fand aber rasch

viele Anhänger, die dem Beispiel von Solo, Squa Sheek, Boxer und Bando (um nur diese zu nennen) folgten und die ihre Spuren auf Mauern und Zügen hinterließen. Es war leicht, den Polizisten, die einen mit einer Spraydose erwischten, zu erklären, diese diene lediglich dazu, politische Slogans zu übermalen, das reichte völlig aus, damit sie einen in Ruhe ließen.

Es gab die ersten Gruppen von Graffiti Artists, die bekanntesten waren BBC (Bad Boys Crew), COP (Control Of Paris), CTK (Crime Time Kingz), TCA (The Chrome Angelz, die aus Engländern und Franzosen bestanden), 156 (französischer Zweig der 156 aus New York, von JONI gegründet, einem jungen Graffiter, der nach Paris gezogen war), BAC (Buggs Artists Crew), OBF (Orly Breakadelic Fresh). All diese Gruppen realisierten zuerst Gemälde an ihrem Wohnort. Als sie dann soweit waren, gingen sie an die Hauptgraffitistandorte in Paris: die Palisaden der Baustelle am Louvre, im Umland von La Chapelle und einer Baustelle in Alesie (diese Orte sind nicht mehr da). Frankreich lag weit hinter den USA zurück, hatte sie aber schnell eingeholt, zumindest was die Qualität angeht; sie haben einen eigenen wiedererkennbaren Stil gegründet. Die Tatsache, daß es nur sehr wenige Fresken auf den Waggons gab (das lag an der niedrigen Zahl der Künstler und an den effizienten Reinigungstrupps, denn jeder bemalte Wagen wurde sofort aus dem Verkehr gezogen und gereinigt), hat sicher auch etwas damit zu tun. Die Qualität der Zeichnungen sollte von Anbeginn an perfekt sein, und der Perfektionismus der Graffitis wurde auch bald bekannt. All dies blieb jedoch noch sehr Underground. Das Auftauchen der "Tags" in den Jahren '86-'87 öffnete dem Großteil der Bevölkerung die Augen. Die Presse stürzte sich auf das Phänomen und warf Graffiti Artists und wilde Tagger rasch in einen Topf. Die Jagd auf sie wurde eröffnet, und es hagelte Geldstrafen.

Als der Druck größer wurde, gab es eine Spaltung zwischen den beiden Gruppen, denn die erstere wollte mit der zweiten nicht verwechselt werden. Glücklicherweise haben die Autoritäten (wenn auch langsam) begriffen, welchen Vorteil sie aus Graffiti ziehen können. Darco ist ein schlagendes Beispiel: Mitglied des FBI (Fabulous Bomb Inhability, Gruppe mit Deutschen und Franzosen), wurde er nach vielen Beschwerden der SNCF (Französische Bahn) zu mehreren Millionen Centimes Strafe verurteilt, gleichzeitig aber von der SNCF mit der Gestaltung eines Vorstadtbahnhofes im Norden von Paris beauftragt.

So haben die französischen Graffiter immer mehr

Möglichkeiten, für diverse Organisationen Fresken zu machen oder Geschäfte zu schmücken. Aber man darf nicht vergessen, daß es oft eine Möglichkeit ist, zu einer interessanten Dekoration zu kommen (da sich die jungen Leute sehr für diese neue Kunstform interessieren), und dies noch sehr billig ist (die Arbeit wird nur selten bezahlt, manchmal werden nur die Spraydosen gestellt). Es gibt einige Orte, an denen die Fresken erwünscht und toleriert werden.

Manche französischen Künstler schaffen es auch, vom Graffiti zu leben: Mode 2 (Engländer, die in Paris leben, CTK, TCA, NTM) und die BBC sind einige davon. Für die Mehrheit bleiben jedoch die Mauern der Metro die einzige Möglichkeit, ihre Kunstwerke auszustellen.

Unterstreichen sollte man auch den flagranten Unterschied des Stils aus den nördlichen und den südlichen Vorstädten. Im Süden werden vor allem sehr farbige Graffiti im Stil von OBF realisiert. Die STK (Soul Terrific Kids), SSK (South Side Kingsz), TVA (The Vainal Art) zählen zu den repräsentativsten Gruppen. Im Norden kommt man schwerer an die Mauern heran und findet dort vor allem verchromte und vergoldete Graffitis. Auch wenn Mauern sehr selten zu finden sind, gibt es doch sehr schöne Fresken auf den Mauern der R.E.R, der Metrolinie, die den Norden versorgt: nämlich die von NTM (Nique Ta Mere, ein Kollektiv von Rappern, Taggern, Tänzern, und Graffiti Artists).

Die Pariser Gruppen sind ebenfalls zahlreich, haben jedoch das Problem, daß nur wenige graffitiwürdige Flächen vorhanden sind, und deshalb gibt es nur wenige Zeichnungen in der Pariser Innenstadt.

Jeder kann Graffitis machen, und es gibt keine festgesetzten Regeln wie bei der traditionellen Malerei, was den Künstlern eine große Freiheit läßt. Dies erklärt sicher auch die immer neuen Stilarten im Graffiti, dessen Kreativität ihn zu einer der meistuntersuchten Kunstrichtungen der zweiten Hälfte des 20. Jahrhunderts macht.

Sicher ist Graffiti auch eine der wenigen Kunstrichtungen, die auf der Straße geboren wurde und von Künstlern gemacht wird, die nie eine künstlerische Ausbildung genossen haben und die nie versucht haben, Vorteile aus ihren technischen oder grafischen Erfindungen zu ziehen. Dies vor allem stört die künstlerischen Milieus (wie auch der Rap bei den traditionellen Musikern Unbehagen auslöste). Sie sind es gewöhnt, den Ton anzugeben und werden von der Entwicklung des Graffiti überrollt. Sie verstehen auch nicht, daß die jungen Künstler oft Vorschläge, ihre Kunst durch das Fernsehen und die Zeitungen zu vermarkten, ablehnen.

Um dieses Thema abzuschließen kann man sagen, daß das Graffiti ein paralleles künstlerisches Ausdrucksmittel (wenn es auch nicht immer die Anerkennung erlangt, die es verdient) ist, das niemanden kalt läßt und das immer wieder schockiert (durch die Tags), gefällt (durch die Fresken) und neugierig macht (durch die Anonymität der Künstler). All diese gegensätzlichen und sich ergänzenden Elemente machen die Stärke des Graffitis aus; sie ermöglichen eine immer wieder sich erneuernde Kreativität: Die Neuerungen kommen immer schneller und zahlreicher und sind das Markenzeichen des Graffiti. Die Jugend dieser Self-Made-Artists und der schnelle Wechsel, die typisch für die Welt des Graffiti sind, sorgen für ein Phänomen, das der Welt der Erwachsenen oft unverständlich bleibt.

Und wenn es auch eine Problemquelle darstellt, bleibt doch seine Authentizität um so besser garantiert.

COOL-T

Dieses Thema ist denen gewidmet, die mich eines Tages auf die Idee brachten, eine Spraydose in die Hand zu nehmen und die Mauern zu besprühen:
Mode 2, Bando, Boxer, die OBF, Lee, Seen, Hex, die BBC, Futura 2000 und die ganze Alte Schule der Aerosol-Kunst in Frankreich wie auch in den USA, mit einer Extrawidmung an Zone.
An meine Brüder und Schwestern der "Longue Posse": D.D.I.K.C., Koe, Beez, Chaz, Demon-B, Sonic, Salou, Oushane, Edley, Nadine, Kas, Joke, Greg, San-D, Time 2, Ninja, Seker, Dazzle-K, kobs, Malcolm, Rachid, Jef, Karine, Kabanga, Kamer, DJ Racket, Sly, DJ Stofkry, Slim, Djamel, die F.S. Fabe und all die anderen...
an: Shaft, Big P, Rachel, Banane, Moukrit, Martial, Globo, Bear, Miste, Tase, Phixo, den STK, Sean, Sear, die IZB, Reso, die TFB, Deart, Shee 1, Hervë, die GBH< CC Rider, Guy, J.C. Doodoo, die KOP, Shade, Richard, Serce und die "keufs", die es nie geschafft haben, mich zu schnappen...

13 up-date von Günther Jacob*

THE REVOLUTION WILL BE TELEVISED
Hip Hop in den Neunzigern —
das Dschungelabenteuer aus der Pop-Perspektive.

I.   DAS NEUE DING — Ein Trostpreis   S. 165
     — Kunst kommt von Müssen
     — Definition Of A Boombastic Rap
     — Disposable Heroes Of Hiphoprisy

II. SOUTH CENTRAL — Eine ahnungsvolle Lektion   S. 171
     über die Selbstbehauptung unter extremen
     Bedingungen fasziniert das Publikum.
     — Rapsploitation - Hollywoods Most Wanted
     — Malcolm X Goes Hollywood
     — Vidie-Yo!

III. THE NEW POWER GENERATION —   S. 176
     Kapitalismus als Menschenrecht

IV. LET'S TALK ABOUT SEX & VIOLENCE   S. 179
     — Pimp-Style
     — Kings & Queens

V.   FEAR OF A BLACK PLANET   S. 185
     — "Where Are All The Profits From
       The Slavery Holocoust?"
     — Family Is A Man's Best Friend
     — Let's Clean Up The Ghetto

VI. "DADDY CALLS ME A NIGGER" —   S. 193
     Caucasian Rap
     — Living Colours
     — Krauts With Attitude (Stolze Deutsche)

VII. RETROSPEKTIVE   S. 197
     — 1990 : Professor Griff und MC Hammer
     — 1991 : HipHop-Jazz und Bristol Beat
       Doo-Wop HipHop
       New Jack Swing
       Teenie-Rap
       Raggamuffin HipHop
       Freestyle
       Abus Dangereux - HipHop in Frankreich
       200 ausgewählte HipHop- und HipHop-
       Crossover Platten

* Günther Jacob ist freier Musikjournalist und lebt in Hamburg.

I. DAS NEUE DING -

Ein Trostpreis

"Sie kennen alle Serien, die neuesten Hits, den letzten Schrei. Sie gehen ins Reisebüro. Und plötzlich stellen Sie fest, daß Sie das Staunen noch nicht verlernt haben." (Werbung einer Fluggesellschaft).

Kultur ist längst zu einer Unterabteilung des nationalen Gesundheitswesens geworden, zu einer Form flächendeckender Therapie für all jene, die sich unhinterfragt den Vorraussetzungen und Folgen des Konkurrenzkampfes ihrer Nation um die besten Plätze in der Weltmarkthierarchie unterwerfen.

Über diesen Weltmarkt sind heute die Schicksale des größten Teils der Weltbevölkerung miteinander verknüpft. Wer das billigere Auto oder die kostengünstigere Maschine baut, sichert sich einen Anteil am materiellen Reichtum, während er gleichzeitig weniger produktive Produzenten in entlegenen Weltgegenden außer Lohn setzt. Wer in dieser als Überlebenskampf organisierten Ökonomie auf der Gewinnerseite stehen will, braucht mehr als Kapital und Computer - es geht dabei auch um die adäquate psychische Ausstattung der Individuen. Die beständige Abforderung von Leistung, von Konkurrenzwillen, Durchsetzungswillen, von der Fähigkeit, Niederlagen zu verarbeiten und Siege mit Umsicht genießen zu können, die Notwendigkeit einer komplizierten Balance zwischen rigorosem Egoismus und vordergründiger Freundlichkeit, zwischen alltäglicher Selbstkontrolle und dem Anspruch auf eine entwickelte Liebesfähigkeit und Erotik, all das ist ohne psychische Kosten nicht zu haben. Über kurz oder lang sieht sich das derart konkurrierende Individuum mit der Wucht einer nachhaltigen Sinnkrise konfrontiert. Wozu das alles? Doch das Nachdenken ist nicht sonderlich verlockend. Das Leben geht weiter, mit oder ohne Sinn, und so beläßt

es der Philister beim gelegentlichen und folgenlosen Räsonieren über die Schlechtigkeit des Menschen und den Vorzug der kleineren Übel. Was ihm über seine wiederkehrenden Krisen hinweghilft, sind die Lockungen der Warenwelt und die Kurzweil des Kulturbetriebes mit seinem leichtköstigen Sinnangebot. Für ihn hechelt eine Meute miteinander konkurrierender Kulturreporter zu den exotischen Plätzen dieser Erde - dazu kann auch die nähere Umgebung zählen - um den NACHSCHUB an möglichst frischer, möglichst ursprünglich-echter und möglichst ungewöhnlicher Sinnware zu liefern. Es gilt, das NEUE DING ausfindig zu machen und so den Massenhunger nach Unverbrauchtem zu stillen. Es geht auch darum, dem sozialen Habitus Material zur Abgrenzung gegen andere (und darüber zur "Identitätsfindung") zu liefern, was angesichts der realen Uniformierung der Genüsse und Begierden keine leichte Aufgabe ist. Schließlich wird auf diese Weise dem vereinzelten Einzelnen auch noch der Stachel der Angst vor der Selbstausgrenzung gesetzt, die jenen droht, die verpassen, was als wichtig gilt. Ganze 11 Prozent (582 Millionen DM) ihres städtischen Steueraufkommens steckt die boomende Bankenmetropole Frankfurt am Main in ihren Kulturetat, damit hunderttausende mausgraue Angestellte ihr mausgraues Leben durch eine rosafarbene Brille sehen können. Eine Welle von Museumsbauten, Stadtteilfesten, gesponserten Rock- und Dancefloorparties etc. hält fast alle Schichten der Bevölkerung auf Trab. Die Kulturbeilagen der Magazine und Zeitungen werden stetig praller, bunter und diversifizierter. Dichterlesungen und Hardrockkonzerte stehen im offiziellen Sold der Industrieansiedlungspolitik. Der Dancefloor-Jazzclub als Standortvorteil, konzipiert oder gefördert von beamteten Sozialtechnologen. Kultur als Fluchtpunkt oder auch als Droge gegen das lähmende Wissen, daß die eigene Genußfähigkeit längst auf dem Altar des Leistungsprinzips geopfert wurde. Die Kiwis oder die neue Fruchtjoghurtmarke im Supermarkt fungieren dabei ebenso als Trostpreis wie der Erwerb eine neuen World Music-CD. (Wie gezielt Essen, Trinken und Video-Schauen heute als Mittel zur Ruhigstellung eingesetzt werden, zeigt sich am sinnfälligsten auf Flugreisen).

HIP HOP CHARTS MÄRZ 1987
1. Kool Mo Dee "Go See The Doctor"
2. Run DMC "You Be Illin"
3. Steady B "Yo Mutha"
4. T. La Rock "Back To Burn"
5. Schooly D "Saturday Night"
6. MC Shan "Cocain"
7. Wack Attack "Subterranean Homesisch Blues"
8. Sir Mix-A-Lot "Im A Trip"
9. Chubb Rock "Rock N Roll Dude"
10. Full Force "Old Flames Never Die"

HIP HOP CHARTS MÄRZ 1988
1. Robe Base & DJ E-Z Rock "It Takes Two"
2. JVC FORCE "Strong Island"
3. Grandmaster Flash "Gold"
4. Derek B "Good Groove"
5. Jungle Bothers "Because I Got It Like That"
6. MC Lyte "10 % Dis"
7. Rhythm Radicals "Dig The Move"
8. Biz Markie "Goin' Off"
9. Mantronix "Simple Simon"
10. Master Of Ceremony "The Master Love"

HIP HOP CHARTS MÄRZ 1989
1. The Stop The Violence Movement "Self Destruction"
2. Chill Rob G "The Court Is In Session"
3. De La Soul "Jenifa"
4. Demon Boyz "Recognition"
5. Tone-Loc "Wild Thing"
6. Monie Love "I Can Do This"
7. Stetsasonic "Float On"
8. Cookie Crew "Born This Way"
9. Wee Papa Girl Rappers "Soul Mate"
10. MC Brooklyn "Style N Fashion"

HIP HOP CHARTS MÄRZ 1990
1. Above The Law "Murder Rap"

2. Young MC "Shooting The Gift"
3. Lord Finesse "Funky Technican"
4. Donald D "Notorious"
5. Ice-T "What Ya Wanna Do"
6. Boo-Yaa Tribe "Raid"
7. Special Ed "I Am The Magnificent"
8. Tribe Called Quest "I Left My Wallet..."
9. Mantronix "This Should Move Ya"
10. Shelly Thunder "Working Girl"

HIP HOP CHARTS MÄRZ 1991
1. Digital Underground "This Is An EP Release"
2. Gang Starr "Step In The Arena"
3. Three Times Dope "Mr. Sandman"
4. Lifers Group "Recorded In Prison"
5. London Posse "Gangster Chronicle"
6. Young Black Teenagers "Young Black Teenagers"
7. Redhead Kingpin "We Don't Have A Plan B"
8. Lakim Shabazz "Need Some Loving"
9. Brand Nubian "One For All"
10. Dream Warriors "And Now Legacy Begins"

HIP HOP CHARTS MÄRZ 1992
1. Boogie Down Productions "Sex & Violence" (LP)
2. Public Enemy "Shut 'em Down"
3. X-Clan "X-Odus" (LP)
4. Prince Akeem "Coming Down From Babylon"
5. 2 Pac "2Pacalypse Now" (LP)
6. A Tribe Called Quest "Jazz/Remix"
7. Geto Boys "The Good..." (LP)
8. NW1 "The Band Played The Boogie"
9. DJ Jazzy Jeff "Things That U Do"
10. Monie Love "Work It Out"

(Zusammengestellt nach Charts und Schwerpunkten von: "Echoes", "Soul Underground", "HipHop Connection", "Jocks", "MixMag", "HipHop Magazine", "Source")

"Kunst kommt nicht von Können, sondern von MÜSSEN"

(Arnold Schönberg)

Auch der Konsum von HipHop steht nicht außerhalb dieses Kontextes. Dabei muß man heute daran erinnern, daß HipHop in Westdeutschland erst in allerjüngster Zeit zum Thema der Mainstream-Jugend-Kultur wurde (Wie jetzt möglicherweise Raggamuffin Reggae, den soeben "Prinz", die "Superillu" freiwillig gleichgeschalteter Großstadtjugendlicher, als allerneueste Joghurtsorte anbietet). Bis zum Sommer 1986 war Rap selbst in London noch purer Underground, der von der Popwelt als ein nicht ganz ernstzunehmendes Grafitti-Break-Dance-Wildstyle-Ding wahrgenommen wurde. Derek B war 1987/1988 der erste britische Homegrown B-Boy, der den Sprung in die Charts schaffte, gefolgt von Hijack, She Rockers, Einstein, M.C. Duke, Trashpack und anderen.

In westdeutschen Musikzeitschriften wurden Rap und HipHop nach Grandmaster Flash (Anfang der 80er Jahre), mit der Ausnahme Run DMC (1986), erst ab 1987 wieder sporadisch zur Kenntnis genommen (Beastie Boys, LL Cool J, Public Enemy, Salt 'N' Pepa, Public Enemy). Die wenigen Musikjournalisten, die sich dem Thema widmeten, stießen bei den festgefügten Laibach-Nick Cave-Neubauten-REM-Mehrheiten in Redaktionen und Leserschaft auf massive Ablehnung und mußten um jede Zeile kämpfen. Dem damaligen "Spex"-Redakteur Lothar Gorris (der heute opahafte Tekkno-ist-das-NEUE-DING-Erlebnisaufsätze im "stern" schreibt - Kostprobe "Mein Haaransatz zuckt, die Zähne knirschen. Tekkno schleudert meinen Magen durcheinander.") gelang es erstmals im August 1988, ein 15seitiges "HipHop Special" mit den Themen Salt 'N' Pepa, Jazzy Jeff & The Fresh Prince, Eric B., Derek B., B-Boy Records, Afrika Bambaataa und Louis Farrakhan durchzusetzen. Ein verallgemeinertes Wissen um die sozialen und kulturellen Hintergründe des HipHop, etwa über die Black Muslims, existierte zu diesem Zeitpunkt nicht. Die proletarischen Kids, darunter viele jugoslawische und türkische bzw. kurdische Jugendliche, die sich seit 1980 mit Breakdance, Rap und Scratching beschäftigten, hatten mit solchen Zeitschriften und dem dazugehörigen Publikum nicht das geringste zu tun. In den Ex-Punk-

Hardcore-Hafenstraße-Kreisen wurde HipHop noch bis 1989 teilweise aggressiv abgewehrt. Erst von diesem Zeitpunkt an tauchten häufiger Plattenbesprechungen in Stadtzeitungen und Lifestyle-Magazinen auf. Biedere Rockbeamte in Rundfunk- and anderen Häusern absolvierten Crash-Kurse in Sachen Black Music und verkauften - zunächst der eigenen Klientel, dann dem "Zeitmagazin" - die schwarzen "By All Means Necessary"-Parolen als den absolut allerneuesten Fruchtjoghurt. Der Zitate-HipHop von De la Soul, der Jazz-HipHop von den Dream Warriors und Galliano und der Pop-HipHop von PM Dawn bis MC Hammer markieren die nächsten Stufenfolgen einer gegen jeden Inhalt gleichgültigen und nur am Aspekt des NEUEN interessierten "geht gut ab"-Rezeption.

Natürlich sind diese Konsumenten dem Inhalt gegenüber nicht wirklich gleichgültig. Sie sind das nur, solange sie sich sicher sein können, den schwarzen Protest GEFAHRLOS und FOLGENLOS als nur "interessante", aber niemals wirksam werdende, somit unmaßgebliche Meinung abtun zu können. Diese Sicherheit gewinnen sie aus dem absoluten Vertrauen in die Stärke IHRER Nation. Je UNWAHRSCHEINLICHER es erscheint, daß die von Rappern vorgebrachten Argumente HIER etwas praktisch bewirken können, desto weltmännischer die Gelassenheit gegenüber Ice Cube und Co. So tauchten dann auch die ersten offen rassistisch argumentierenden HipHop-Artikel in "Prinz" und diversen Tageszeitungen erst auf, als der Mob von Hoyerswerda bereits offen gewalttätig gegen "Neger" vorgegangen war. Von dieser Kritik muß man allerdings jene Kids (insbesondere die jungen Immigranten) ausnehmen, die zu Konzerten zu Hunderten mit eigener "Zulu Nation" anrücken und in zwar hilfloser, aber absolut gutwilliger Identifikation an den Lippen ihrer schwarzen Stars hängen.

Definition Of A Boombastic Rap

Rap ist DJ-Musik. Break Beats und Sprechgesang, später Noise-Samples, Melodien-Samples, andere Samples. Von Anfang an gab es Angeber-Raps, Beleidigungs-Raps, Klatsch-Raps, Unsinn-Raps, Party-Raps, Sex-Raps und Polit-Raps. Rap bedeutet zudem Lust an Kommunikation, endloses Reden und Argumentieren. So viel Text pro Zeiteinheit hat es nie zuvor gegeben. Eine derartige Worteflut hat nur einen Sinn, wo es ein gesellschaftliches MÜSSEN, ein Bedürfniss nach Selbstaufklärung gibt. Und die Überzeugung, daß Diskurse dabei helfen können. Damit verstieß Rap gegen etliche Grundregeln der jüngeren Pop-Musik, insbesondere gegen den postmodernen Zwang zur Unverbindlichkeit. Während man im zeitgeistigen Kulturjournalismus aus den Artikeln die Argumente herauskürzte, um auf diese Weise Platz für fröhliche, optimistische und coole Highlights von der Konkurrenzfront zu schaffen, wurden die Textbücher der Rapper immer dicker, bleiwüstiger und herausfordernder. Respect for it.

Obwohl hinter HipHop heute der gigantische Apparat der gesamten Musikindustrie steht, liegen die emotionalen Wurzeln, die Rap seit rund 15 Jahren gegenüber den launischen Pop-Konjunkturen stabilisieren, auch heute noch in der Erfahrungswelt der jungen Lower Class Blacks in den schwarzen Reservaten der nordamerikanischen Städte. Während sich jede andere Musikrichtung lediglich auf die hochgradig instabilen Wertemilieus individualisierter Metropolenszenen stützen kann, ist Rap nicht nur hip, sondern auch sozial geerdet in dem vom äußeren Rassismus zusammengehaltenen Sozialmilieu der Black Community. Afrika Bambaataas Definition von 1982 stimmt noch immer: "Rap is about survival, economics and keeping our people moving on."

Die sich um den Rap rankende HipHop-Kultur — Tanzstile, Kleidungsstile, Graffiti, Szenesprache, Gestik — oszillierte von Beginn an zwischen den Polen Black Awareness und Hustler Attitude. Die Linienkämpfe, die

DJ Jazzy Jeff & Fresh Prince

es seither darüber im Rap gab, sind beeindruckend. Längst vergessen sind der Adidas Sneakers Karneval, das "dissing" und die Goldketten. Es folgten KRS-Ones "Stop The Violence"-Aufruf, die spirituelle Afrocentric-Welle, eine neue Welle von Slackness-Texten und New Jack-Hustlern sowie eine weitere Polarisierung zwischen ideologietriefendem Muslim-Fundamentalismus und dem Rap der mehr realanalytisch argumentierenden Söhne von Black Panther-Aktivistinnen, wie Ali vom Tribe Called Quest oder des im Gefängnis geborenen Tupac Amaru Shakur, der sich 2 Pac nennt und eines der wichtigsten Alben von 1992 veröffentlicht hat – mit einer Homage an George und Jonathan Jackson ("Soulja's Story").

Disposable Heroes Of Hiphoprisy

Bevor sich jedoch die Frage stellte, was HipHop IST, was er vor allen für jene bedeutet, die ihn komponieren, produzieren und inszenieren, wurde in den Importländern bereits geprüft, wozu er sich GEBRAUCHEN läßt. Wer sein Geld in den Kauf einer Rap-Platte steckt, hat über deren Nutzen normalerweise eine gewisse Vorstellung. Er hat vielleicht auf "Yo! MTV Raps" ein Video von Public Enemy gesehen und identifiziert sich mit deren rebellischen Attitude. Oder er erinnert sich beim Blick auf das pubertär-pornographische Cover des 2 Live Crew-Albums daran, daß er seine Unsicherheit in Sachen Sexualität auf ähnliche Weise sprücheklopfend überspielt. Der Fall, daß jemand in Deutschland alleine durch das Anhören der Musik dem HipHop verfällt, ist - abgesehen von langjährigen Soul - und Funk-Liebhabern, die einen ganz eigenen Zugang haben - eher selten. Ohne Video oder ohne begleitende und meist sinnstiftende Presseerzeugnisse gelangt heute kaum ein Musiktitel unter die Leute und deshalb sind die mit bestimmten Interpretationen aufgeladenen Bilder immer schon bekannt, wenn die Musik dan Ohr erreicht.

Allerdings sind diese Interpretationen stets uneindeutig und umstritten, somit Gegenstand von Kontroversen, in denen es den Beteiligten um die Durchsetzung ihrer jeweils spezifischen Art und Weise der Aneignung des exotischen Importproduktes geht. Während sich einige Zeitschriften, etwa der "stern" oder "Tempo" das Thema brutal aneignen, indem sie herausstellen, was in ihr Weltbild paßt und das, was sie als unwichtigen Rest verstehen, gnadenlos ausgrenzen oder niedermachen, gibt

es andere, etwa "Spex", die bemüht sind, den Gegenstand ihres Interesses nicht zu überwältigen, sondern ihm sich kritisch-reflektierend anzunähern. Dabei stand eine Musikszene, die sich eigentlich nur gut unterhalten will, plötzlich ziemlich allein vor einem Berg von Fragen. Weder die Tageszeitungen noch der Buchmarkt boten irgendwelche Hilfestellung. Die Wucht des politischen Teils des Rap zwang dazu, längst begrabene Diskussionen über das Verhältnis von Politik und Pop von vorne zu beginnen und relativierte den beliebten, auf Style & Fashion reduzierten Take-It-Easy-Gestus. Immerhin lernten einige tausend Leute in Deutschland durch HipHop – und wohlgemerkt nicht über die üblichen Medien-Namen und Sachverhalte kennen, die in keinem Schulbuch stehen: Malcolm X, Farrakhan, Interracial Relationships, schwarzer Antisemitismus, Früh-Geschichte Afrikas etc.

Wir haben es hier allerdings mit einem Phänomen zu tun, das Ethnologen als "Problem der Hermeneutik" bezeichnen. Gemeint ist die Neigung der Beobachter, dem was sie sehen, ihre eigenen Wertvorstellungen zu unterschieben. Der Übersetzer einer mittelalterlichen Schrift unterschiebt dem Original seine humanistischen Ideale, vor der Phantasie von Erforschern fremder Völker verwandeln sich polygame Gebräuche in Sexorgien und der Ex-Punk hört bei HipHop nur immer "Fight The Power" heraus, weil er das so will.

Wie ist die "Bring The Noize" -Tour zu bewerten, die Public Enemy im Januar 1992 gemeinsam mit der weißen Hardrock Gruppe Anthrax nach Europa führte? War es ein Ausverkauf der Pro-Black Message, wie manche schwarze Fundamentalisten argwöhnten (bei dem Konzert in Brixton stellten die Rock-Fans 80 Prozent des Publikums!)? Oder war es die wohlorganisierte Offensive der führenden Polit-Rapper, um die Fahne der schwarzen Emanzipation auch in den Kinderzimmern der weißen Ignoranten aufzupflanzen und somit die einheitliche Front der Mehrheitsgesellschaft aufzubrechen, indem man ihre Jugend gewinnt? Hatte Bob Marley nicht die Hymne "Punky Reggae Party" geschrieben, weil er an die Sympathie der Punks für Reggae Musik gewisse Hoffnungen knüpfte? Bahnt sich mit der Zusammenarbeit zwischen Public Enemy und Anthrax (auch mit Sisters Of Mercy), R.E.M. und KRS-One, Sonic Youth und Chuck D, Ice-T und Jane's Addiction sowie NWA und Guns N Roses nun, neun Jahre nach den Cold Crush Brothers (Maxi "Punk Rock Rap") und sechs Jahre nach der Run DMC/Aerosmith-Kollaboration ("Walk This Way") endlich eine neue antirassistische Koalition der

Eric B & Rakim

Jugendszenen an? Wird der große Respekt, den viele weiße Jugendliche der aufrührerischen Kompromißlosigkeit mancher Rap-Gruppen entgegenbringen, nun von denen so gewürdigt, wie der Black Panther Führer Eldrige Cleaver das seinerzeit gegenüber der Generation der Beatniks tat? (Die linke Club Soul/Jazz/Rap-Gruppe Pressure Drop zitiert Cleaver auf ihrem Album "Upset" in dem Titel "Back 2Back"). ODER: Ist es nicht so, daß hier die beiden bedeutendsten Märkte der amerikanischen Musikindustrie zusammengekoppelt werden, nachdem sich zeigte, daß die NWA-Platten in den Rock-Megastores der USA weggingen wie Schnittbrot? Bessern Public Enemy mit diesen Konzerten — Live - Konzerte sind die wichtigste Einkommensquelle von Bands — lediglich ihr Einkommen auf — mit dem Taschengeld der freundlichen weißen Middle Class Kids, die, aus relativ sicherer Distanz, nach einer anti-establishment identity suchen? Die mit Dunkelmännerkapuzen an brennenden Ölfässer

sitzen und Dopebeats aus Ghettoblastern hören wollen — wie die hippen Inner City Guerrilleros im Rap-Video auf MTV?

Es ist nicht einfach, diese und ähnliche Fragen eindeutig und abschließend zu beantworten. Doch ist dies ein viel geringeres Problem im Vergleich zu der Tatsache, daß es um eine zutreffende Beurteilung nur sehr selten geht. Die meisten Pop-Konsumenten — und somit auch die von ihnen finanzierten Zeitschriften — haben sich schon für die eine oder andere der oben aufgelisteten alternativen Bewertungen entschieden, OHNE weitere Detailinformationen abzuwarten. Ihr Ausgangspunkt ist ihre HALTUNG, also die Existenz eines orientierungshelfenden Bezugshorizontes, der es erlaubt, die vorgefundenen Gegenstände bedeutungsvoll und im Einklang mit dem eigenen sozialen und kulturellen Milieu zu hierarchisieren. Folglich wird der Ex-Punk die 2 Live Crew oder Snap weiterhin nicht als "echten HipHop" durchgehen lassen und Ice Cubes rassistische Statements in antistaatliche uminterpretieren, werden die Leser von "Max" oder "Tempo" weiterhin den als unterhaltsamer und moderater empfundenen HipHop von De La Soul oder A Tribe Called Quest als authentisch empfinden und wird das freitägliche Club Publikum HipHop weiterhin nur in seiner Dancefloor-Dimension wahrnehmen. Was HipHop IST, erfährt nur, wer sich, angetrieben vom Spaß am guten Groove, mit dieser Musik, ihren Texten und dem kulturellen Umfeld ernsthaft auseinandersetzt, was wiederum nur kann, wer "erklären können" nicht mit "verstehen können" verwechselt, wer also auch die KRITIK wagt, statt sich gönnerhaft-großzügig zu geben (womöglich noch in scheinheiliger Abgrenzung zum Eurozentrismus), wo Rap Gruppen seine Essentiells (zum Beispiel die Ablehnung von Sexismus und Rassismus) unmißverständlich verletzten. Konkret: Wer zu Ice Cubes letztem Album "Death Certificate" tanzt, obwohl er die rassistischen Texte versteht, benutzt HipHop nur noch als Pop und verweigert den Rappern die Auseinandersetzung, weil er sich sicher ist, sich das als Staatsbürger einer aufstrebenden (weißen) Großmacht leisten zu können. Von diesem Standpunkt aus ist es tatsächlich egal, wovon die Texte der "Neger" handeln, Hauptsache es groovt.

II. SOUTH CENTRAL -

Eine ahnungsvolle Lektion über die Selbstbehauptung unter extremen Bedingungen fasziniert das Publikum.

South Central, Los Angeles. Von kaum einem Weißen bewohnt, von der Stadtverwaltung aufgegeben, beherrscht von Elend, Drogen und organisiertem Verbrechen, ist dieses Viertel längst zur Metapher geworden für das Ende des gerne kolportierten amerikanischen Traums, in dem angeblich alle "Rassen" und Klassen zur Großen Amerikanischen Nation verschmolzen. Hollywood, kaum zwanzig Meilen Luftlinie entfernt, gehört einer anderen Galaxis an. South Central gilt als Bürgerkriegsgebiet. Zahllosen ebenso billigen wie blutrünstigen Filmen über die Gewalt der Straße, die allen modischen Thesen von der westlichen "Zivilgesellschaft" Hohn sprechen, diente South Central als Vorbild und Kulisse - meist nachgebaut an sicheren Orten. South Central ist heute weltweit das bekannteste schwarze Ghetto. Das weiße Publikum aber ist davon mehr fasziniert als geschockt. Während ein vergleichbares Viertel in Moskau oder Peking früher jedem TV-Magazin als Beweis für die Verkommenheit des gegnerischen Systems gedient hätte, wird South Central niemals der Ausgangspunkt einer radikalen Kapitalismuskritik. Solch ein Ghetto fasziniert als Ort eines sozialtechnischen Großversuches. Anthropologisch argumentierende reaktionäre Verhaltensforscher, die all das, was die Ökonomie der freien Konkurrenz an Gemeinheiten und Barbarei produziert, gerne in die "Natur" des Menschen verlegen wollen - Aggression, Egoismus, rücksichtsloser Überlebenskampf - mußten früher immer auf konstruierte Fälle zurückgreifen, um

ihr anti-emanzipatorisches Paradigma zu "beweisen": "Stellen sie sich vor, ein Vergnügungsdampfer mit 100 Personen sinkt und in dem einzigen Rettungsboot haben nur 90 Menschen Platz. Wir könnten in diesem Fall beobachten, wie die natürlichen Ur-Instinkte der Menschen über ein mühsam angelerntes Sozialverhalten siegen würden." Solche behavioristischen Ratten-Analogien werden heute an South Central festgemacht. Das ist der Grund, weshalb die Existenz dieses Ghettos nicht zu einem anklagenden Aufschrei, sondern zum Nervenkitzel führt. Das Ghetto ist der Ort, an dem aus Armut Kunst entsteht. Die fotogene und exotische Fußnote im Merian-Heft. Das "Leider" und "Aber" zum beeindruckenden Bericht über Amerikas Größe. Das Ding, das mit dem Reichtum an anderer Stelle nichts zu tun haben soll. Der Pluspunkt für die BRD im internationalen Leistungsvergleich. Noch. Und auch erst, seit die Erinnerung an das Ghetto von Warschau kaum noch vorhanden ist. "Ghettoblaster" ist heute ein Gattungsname für größere Cassettenrekorder. Ghetto ist das Stichwort zum wohligen Schaudern, wenn von Drogen, Mord und Aids die Rede ist. Bestätigung für Strukturpolitiker ("strukturschwaches Gebiet"), Sozialtechniker ("negative soziale Entmischung") und Rassisten ("die wollen ja so leben"). Reagenzglas für empirische Sozialdarwinisten ("Survival Of The Fittest"). Das Ghetto zählt heute zum Unterhaltungssektor. Es ist Western, Science Fiction, Horror, Krimi und

Dschungelabenteuer zugleich. Und es produziert interessante, vermarktungsfähige Sonderfähigkeiten, etwa Blues, Break Dance und Rap. Oder eine Soul-Legende wie Curtis Mayfield, dem besten und scharfsinnigsten singenden Kritiker der amerikanischen Gesellschaft aus der Ghettoperspektive. Oder Schriftsteller wie Chester Himes, Donald Goines, Anthony Haywood, Walter Mosley. Manchmal brennt das Ghetto auch, etwa 1968 in 125 Städten (60.000 Soldaten erschossen 46 Schwarze und machten 15.000 Gefangene), aber auch 1989 in Overtown und Liberty City, den schwarzen Vierteln von Miami.

****
"1968. Martin Luther King ist ermordet worden. Ich stehe auf der Straße, bin hellwach. Noch ist kein Blut geflossen. Alle stellen sich auf. Der Wind trägt uns Gerüchte zu. Die Leute warten. In den Straßen ist ein Rumpeln und Grollen zu hören. Die Panzer kommen. Die Wilden sind unruhig. Die Panzer werden die Wilden schon zur Räson bringen. Die Panzer warten darauf, den Widerstand zu zerschmettern, die Unruhe zu erdrücken."
Assata Shakur "Eine Autobiographie aus dem schwarzen Widerstand", Agipa-Press, Bremen.
****

Die amerikanischen Ghettos sind Großstadtghettos. Noch - es gibt seit zehn Jahren eine neue Rückwanderung in den Süden - leben fast 80 Prozent (20 Millionen) der Afro-Amerikaner in den großstädtischen Ballungszentren und davon 60 Prozent in innerstädtischen Ghettos. In diesen Bezirken — radikale Schwarze sprechen von militärisch kontrollierten "Reservaten" — gibt es nicht nur Slums, sondern auch mittelständische Viertel und Villengegenden. Die reichen Schwarzen bleiben gerne in Sichtweite des eigentlichen Ghettos, denn weiße Rassisten machen zwischen armen und reichen Negern nur selten Unterschiede. Das produziert wiederum auf der Seite der Betroffenen ethnische Gemeinsamkeitsvorstellungen, wie sie sich etwa in der Redewendung vom "schwarzen Volk" ausdrücken. Der positive Bezug auf die zuerst von den Sklavenhaltern behauptete Abstammungsgemeinsamkeit macht aus einer Notgemeinschaft eine Gemeinschaft angeblicher Blutsverwandtschaft, aus der wiederum - das ist die rassistische Falle - die Notwendigkeit politischen Gemeinschaftshandelns abgeleitet wird. Gemeinsame soziokulturelle Merkmale werden biologistisch interpretiert - von beiden Seiten. So hat dann auch der

deutsche HipHop-Fan kein Problem damit, der schwarzen Rasse (ohne Anführungszeichen) alles Gute auf IHREM weiteren Weg zu wünschen. Daß man das gleiche auch der "eigenen Rasse" wünscht, bleibt zwar unausgesprochen, ist aber der Ausgangspunkt aller freundlichen Vorstellungen vom friedlichen Nebeneinander der verschiedenen - biologisch gedachten - "Rassen".

****
RAP GHETTO-OLOGY
Boogie Down Productions "Ghetto Music"
Cash Crew "Ghetto Circumstances"
Cool C "Life In The Ghetto"
De La Soul "Ghetto Thang"
Ed O.G. & The Bulldogs "Life Of A Kind In The Ghetto"
Eric B & Rakim "In The Ghetto"
Fresh Four "Children of The Ghetto"
Galliano "Little Ghetto Boy"
Naughty By Nature "Ghetto Bastard"
Rebel MC "Word Of The Ghetto"
Stetsasonic "Ghetto Is The World"
Too Short "The Ghetto"
****

Das schwarze Ghetto ist also doppelt bestimmt: Als mehrere soziale Schichten umfassender Ort der Vergemeinschaftung zwecks besserer Selbstverteidigung und als Reservat besonders ungeschützter Niedriglohnarbeiter und sozial verelendeter Almosenempfänger. Aber das Ghetto ist auch ein Arbeits- und ein Verbrauchermarkt. Im Ghetto existiert - vor dem Hintergrund von 6 Millionen Obdachlosen, 40 Millionen nicht Krankenversicherten, 25 Millionen Lebensmittelkartenbeziehern und 1,1 Millionen Strafgefangenen (die welthöchste Inhaftierungsquote) in den USA die Schattenwirtschaft mit illegalen Fabriken ("Sweatshops"), 80-Stundenwoche und Kinderarbeit als Ersatz für moderne Maschinen. Der Staat fördert die soziale Polarisierung durch "Small Business Administration"-Programme für "minority firms".

RAPSPLOITATION - Hollywoods Most Wanted

Die meisten Filme über South Central sind an diesen Details nicht interessiert. Gerade deshalb geht es den

Regisseuren jedoch darum, möglichst an "Originalschauplätzen", statt am sicheren Ort vor nachgebauter Kulisse zu drehen. Das verlangt neben einer Menge Mut vor allem die genaue Kenntnis des Machtgefüges und der abgesteckten Territorien der rivalisierenden Gangs, die sich Crisps, Bloods oder Exterminators nennen und L.A.-Raiders-Mützen tragen. Filmteams brauchen diplomatisches Geschick, um Waffenstillstandsabkommen und Schutzgarantien auszuhandeln.

Der Regisseur Charles Burnett, selbst hier aufgewachsen, hat alle seine Filme in South Central gedreht. Doch die Geschichten, die er erzählt, handeln nicht vom Bandenkrieg, spekulieren nicht auf den Schauer, der von bewaffneten Kindern und drogensüchtigen Messerstechern ausgeht. Es sind vielmehr Filme über den schwarzen Mittelstand, über brave Gemeindemitglieder, die am Rande der (nicht allzuviele Straßen umfassenden) Gefechtszonen, oder auch mittendrin, ihr traditionsgebundenes Familienleben führen. "To Sleep With Anger" (in der deutschen Fassung: "Zorniger Schlaf"), Burnetts fünfter Film, wurde 1990 auf dem Sundance Film Festival von Salt Lake City als bester Film ausgezeichnet. Er erzählt die Geschichte einer konservativen, gläubigen Familie, des älteren Ehepaares Gideon und Suzie. Er ist Rentner und züchtet in seinem kleinen Gemüsegarten hinter dem Haus Hühner, während sie Schwangerschaftskurse für junge Paare aus der Nachbarschaft gibt. Babe Brother, der älteste von zwei Söhnen macht den Eltern Sorgen, weil er mit seiner erfolgreichen Frau und einem gemeinsamen Kind, für das beide Eltern selten Zeit haben, in einer modernen Stadtwohnung lebt, fest entschlossen zum sozialen Aufstieg. Burnett möchte in diesem Fall zeigen, wie unterschiedliche Lebensentwürfe zur familiären Entfremdung führen.

Würde man diesen Film unter dem reißerischen Motto "Straight Outta South Central" ankündigen, was ja keine Lüge wäre, das Publikum wäre enttäuscht. Die Vorstellung darüber, wie ein Film aus solchen Gegenden auszufallen hat, werden heute nicht mehr von Regisseuren wie Charles Burnett bestimmt, sondern von Hollywood.

Dort wird seit Februar von Walter Hill (unter anderem: "48 Hours") "Looters" gedreht, ein gemeinsamer Film von Ice-T und Ice-Cube, den beiden Rappern, die mit "New Jack City" und "Boyz 'N The Hood" 1991 ihre großen Filmerfolge hatten. Zur gleichen Zeit hat Peter Bunch die "New Jack City"-Stars Payne und Williams, zusammen mit Maxi Priest, Branford Marsalis und dem Fotomodel Naomi Campbell, für seinen neuen Streifen "The Rhythm Method" engagiert, der von kriminellen DJs und Club-Besitzern in London und New York handeln wird.

Rap hat alles, was Hollywood braucht: ein junges, leicht zu definierendes Publikum, das Potential für lukrative Soundtracks, mediengeile Stars und ein riesiges Reservoir an Stories. Im vergangenen Jahr konnte sich das "Schwarze Kino" einen ständigen Platz neben anderen Durchsetzungswilligen wie Schwarzenegger und den neuen "starken Frauen" (man schaue sich die Typen genau an, die diesen verdächtigen Ehrentitel so wohlfeil im Munde führen) Ellen Birkin, Cher, Susan Sarandon und Linda Hamilton sichern.

Am Anfang des HipHop-Films standen Break Dance-Movies wie "Wild Style" (1982) mit Grand Master Flash, den Cold Crush Brothers und Fab Five Freddy als Produzentem (jetzt Moderator von "Yo! MTV Raps" und Produzent einiger Videos von KRS-One, Stetsasonic und Shabba Ranks), und dem zweiteiligen "Breakin' ". Mehr sozialen Realismus bot dann der 1984 gedrehte Independent-Film "Beat Street", während ein Jahr später "Car Wash" und "Krush Groove" (mit LL Cool J., Fat Boys und Kurtis Blow) wieder nur die Musik zum Gegenstand hatten. Das Wettrennen der erfolgreichen Popstars des Rap nach Hollywood eröffneten 1988 Run DMC - zwei Jahre nachdem der bis dahin völlig unbekannte Spike Lee seinen Debut-Film "She's Gotta Have It" gedreht hatte. Sie waren die ersten, die mit ihren Platten im größeren Umfang das weiße Publikum erreichten und somit den Rap-Markt sprunghaft ausdehnten. Sie waren zudem die ersten rappenden Dauergäste auf MTV, und sie machten als Rap-Gruppe mit "Tougher Than Leather" den ersten professionellen Film. Nachdem zu diesem Zeitpunkt jedoch breakdancing schon wie dirtydancing vermarktet wurde, kam ihr (schlechter) Film zu spät und floppte.

"Hollywoods most wanted", Ice Cube, bewegte sich hingegen mit "Boyz 'N' The Hood" auf dem von Spike Lee bereiteten Terrain und hatte Erfolg. Gleiches gilt für den von Mario van Peebles, einem Sohn des Blaxploitation-Regisseur Melvin van Peebles gedrehten Film "New Jack City" mit Ice-T. (Die schwarzen Low Budget Action Movies der 70er Jahre, etwa "Shaft", "Three The Hard Way", "Bronx-Warriors", "Foxy Brown", "Superfly" oder "Blacula" werden als Bl (ack-) Exploitation-Filme bezeichnet. An dieser Tradition knüpfte 1988 noch einmal die Rambo-Persiflage "I'm Gonna Git Ya Sucka" mit Isaac Hayes an.) Andere Rap-

Szene aus 'New Jack City' mit Ice-T

Filme, etwa "Strictly Business" mit Heavy D, und "House Party Vol. I & II" mit Kid N Play sowie die amerikanische TV-Serie "The Fresh Prince Of Bel Air" mit Jazzy Jeff zeigen statt dem Ghetto die Lebenswelt der schwarzen Mittelklassen.

Im amerikanischen Fernsehen spielen Sprache und Rhythmus der schwarzen Jugendkultur eine zunehmende Rolle. In "In Living Color", der ersten Fernseh-Komödie aus afro-amerikanischer Perspektive, sprechen die jugendlichen Charaktere die Sprache des Rap. "True Colors", eine US-Fernsehserie über eine "interracial family" zeigt zwei schwarze Teenager, die ihre weiße Großmutter auf freundliche Weise mit lautem Rap schockieren. Selbst in der (soeben auslaufenden) Cosby Show werden längst Teenager-Charaktere mit einer

"street-wise attitude" gezeigt. The Revolution Will Be Televised - Gil Scott Heron und die Last Poets hatten Unrecht, oder? Und dort, wo HipHoper nicht direkt auftreten, sind sie heute mit Soundtracks vertreten: Gang Starr ("Mo'Better Blues"), Public Enemy ("Do The Right Thing"), Hammer (in der Horror-Komödie "Addams Family") und Vanilla Ice ("Mutant Ninja Turtle II"). "Cool As Ice", der erste Kino-Film von Vanilla Ice (mit dem Gesangs-Debüt des schwarzen Starfotomodells Naomi Campbell), spielte allerdings trotz des Starts in 392 amerikanischen Kinos noch nicht einmal zehn Prozent der Produktionskosten ein.

Unterwegs in deutsche Kinos ist kurz vor Erscheinen dieses Beitrages die Harlem-Story "Juice" — es geht um Alltag und Lebensphilosophie von vier schwarzen

Homeboys von Ernest R. Dickerson (Kameramann von Spike Lee) mit dem Rapper Tupac Shakur aus dem Digital Underground - Umfeld als Hauptdarsteller. Vorab erschien bereits der von Hank Shocklee & The Bomb Squad geprägte Soundtrack mit neuen Titeln von Naughty By Nature, Eric B & Rakim, Too Short, EPMD u.v.a.

"NO SELL OUT" - Malcolm X goes Hollywood

Spike Lee arbeitet unterdessen an seinem auf Ende 1992 terminierten 40 Millionen-Dollar-Film über Malcolm X nach einem Manuskript von James Baldwin aus dem Jahr 1969 und Denzel Washington als Hauptdarsteller. Malcolms historische Pilgerfahrt nach Mekka drehte Spike mit persönlicher Erlaubnis des saudiarabischen Feudalherrn Fahd direkt im Heiligtum. In New York hingegen hat sich eine 200 Personen umfassende Bewegung schwarzer Community-Aktivisten gebildet, die Spike Lee vorwirft, Malcolm X zu einem einträglichen Warner Brothers Hollywood Spektakel trivialisieren und den radikalen Politiker in eine beliebig besetzbare Integrationsfigur, in einen weiteren Martin Luther King, verwandeln zu wollen. "Wir sind nicht damit einverstanden, daß Lee einen Film macht, der die schwarze Mittelklasse ruhiger schlafen läßt. Das Leben von Malcolm X ist nicht ein weiterer 'Spike Lee Joint', wie er seinen Merchandising-Konzern nennt. Lee ist zu jung für diesen Job. Als Malcolm starb, war Lee gerade acht Jahre alt. Er kennt nicht das Harlem der Nachkriegszeit und kennt kein Gefängnis von innen. Wenn ein Film notwending wäre, gäbe es geeignetere Regisseure, etwa Melvin Van Peebles ("Superfly") oder Charles Burnett. Er sollte Malcolm X in Ruhe lassen. Wir wollen ihn nicht zensieren, wir wollen überhaupt keinen Hollywood-Film über Malcolm X, denn Malcolm gehört auch denen, die nicht mit Millionen im Rücken ihre persönliche Sichtweise durchsetzen können. Wenn ein Film über ihn gedreht wird, dann nur als Gemeinschaftsprojekt der Community." Die Forderung der Demonstranten nach einem Komitee mit Vetorecht hat Lee zurückgewiesen. Nachdem die ersten Szenen bekannt wurden, sehen sich die Kritiker bestätigt: Sie glauben zu wissen, daß Lee dem Vorleben von Malcolm X zu großen Raum gibt, etwa durch allzu aufwendige Tanzszenen (mit dem Jazz-Tänzer Ryan Francois und 400 weiteren Tänzern), in denen Malcolm Little als Fan von Lindyhop (ein dem Charlston verwandter Paartanz) und als der Pimp (Zuhälter) Detroit Red dargestellt wird. Jetzt haben auch Familienangehörige von Malcolm X Einspruch erhoben. Sein Bruder Robert Little meint: "Ich bin dagegen, daß Hollywood über Spike Lee einen Zugriff auf meinen Bruder erhält. Malcolm ist heute populärer als zu seinen Lebzeiten Die Menschen beschäftigen sich mit seinen Texten und beziehen daraus ihre Vorstellungen. Ein Film kann diese Form des Zugangs schlagartig ersetzen und damit beenden. In Hollywood weiß man, daß Ende 1992 Millionen diesen Film sehen werden, daß er hundertprozentig Geld einspielen wird. Sie verdienen an unseren Kontroversen." Attallah Shabazz, die älteste der sechs Töchter von Malcolm X und selbst Regisseurin, verweigerte das Angebot von Spike Lee, als "Assistentin" dabei zu sein und widersprach auch dem von "Ebony" verbreiteten Gerücht, ihre Mutter wäre dort als Beraterin tätig.

Vidie-Yo

Wöchentlich werden heute von den verschiedenen Fernsehstationen bis zu hundert neue Musikvideoclips gestartet. Keine Plattenfirma, die es sich leisten kann, verzichtet heute auf die filmische Umsetzung der Musiktitel, aus denen sie Hits machen will. Videoclips sind eine selbstverständliche Form der Titelpräsentation geworden. HipHop ist das erste Subgenre der Black Music, das fast von Anfang an (und im Unterschied etwa zum Raggamuffin Reggae) massiv über dieses neue Medium vermarktet wurde. Im Gegensatz zu den oft langweiligen beziehungsweise krampfhaft mit "Sinn" aufgeladenen und per Digitalisierung verfremdeten Rockvideos fehlt es im HipHop nicht an Themen. Per Video wurden sowohl die Tanzschritte und die jeweilige Mode popularisiert, als auch die Message ins Bild gesetzt: Ghettoszenen und historische Dokumente aus dem Kampf gegen den Rassismus ebenso wie die schwarzen Schönheiten im Whirl-Pool von Daddy Cool & Co. Einen guten Überblick vermittelt die als III" (BMG).

175

III. THE NEW POWER GENERATION

Kapitalismus als Menschenrecht

Identität und Identifikation sind in der Rockmusik zu Zauberworten aus vergangener Zeit geworden, als man (in der Nachfolge der Greenwich Village-Generation) noch mehr anschlug als Töne. Die kritischen Impulse scheinen seit den frühen 80er Jahren unwiederbringbar verloren. Das Genre agiert mit der Geschäftigkeit von Crack-Dealern. In freien Studiozeiten produziert man - nicht selten anonym - billigen Dancefloor-Trash, um auch an diesem expandierenden Markt zu partizipieren. Die Independend-Labels sind, bis auf wenige Ausnahmen, nun auch offiziell zu Talent-Scouts der Major Compa-

nies geworden - mit Abnahme - und Marketingverträgen im Erfolgsfall. Die Umschlagsgeschwindigkeit der Ware Rockmusik hat sich erheblich beschleunigt und bewegt sich nun synchron mit dem halbjährigen Wechsel der Modebranche.

Obgleich ebenfalls Marktprodukt und nicht minder schnell umgewälzt, ist die schwarze Popularmusik immer noch ein Zwischen-Fall. Sie ist AUCH Zeichen eines dezidiert afroamerikanischen Lebensgefühls, Überlebens-Mittel einer aus historischen und ideologischen Prozessen herausgewachsenen "Community", einem komplexen

176

sozialen Gebilde zwischen den Polen Wertemilieu ("Black is a state of mind") und Sozialmilieu (Merkmal: die objektiv alltägliche Reproduktion). Das hebt die Regeln der Verwertung nicht auf, aber relativiert sie, beziehungsweise setzt ihnen Vorzeichen. Deshalb stehen sich trotz des Erfolges von Michael Jackson und Hammer in der weißen Jugendkultur und trotz der spektakulären gemeinsamen Auftritte von Public Enemy und Anthrax, Rock und Rap nach wie vor schroff gegenüber. Auf der Seite des Rock übersteigt die Zahl der frischgeföhnten, blondgelockten Jünglinge erheblich die der abgerissenen Verweigerer. Eine Entsprechung zu Punk ist auch mit den morbiden Death - Metallern nicht entstanden. Auf der anderen Seite mimen dunkelhäutige Agitatioren und Hustler-Typen mit drohendem Sprachgesang die Abkehr vom schönen Schein und erheben politische Rebellion und religiöses Sektierertum, Hustlerkultur und Zuhälterattribute, Trade Mark-Fetischismus and egozentrischen Körperkult in den Rang neuer jugendlicher Leitbilder. Rap gilt in den gestylten Einkaufspassagen der reichen Länder mittlerweile als der Soundtrack des Ghettos, als dessen musikalische Möglichkeit und soziale Wirklichkeit und nicht zuletzt auch als das Bild von einer Zukunft, die man vermeiden möchte. Die Rapper, die da zur Kasse bitten, sind keine Gentlemen, das Negativ-Image ist einkalkuliert und es deckt sich mit der Verhärtung des Konkurrenzkampfes, die als Tendenz die latente ökonomische Krisenhaftigkeit auch hier begleitet. Eine britische Musikzeitschrift meinte vor einigen Jahren, der mit Geld und Sex protzende jamaikanische Toaster Shabba Ranks liefere den Soundtrack zum Thatcherismus. In diesem Sinne wird auch HipHop von vielen weißen Konsumenten verstanden. "Bereichert Euch" rufen nicht wenige Rap-Stars ihrem Publikum zu, und die deutsche Musikpresse zeigt begeistert die Galerie der Rap-Mobile von Easy-E (BMW 850i, 80.000 Dollar), EPMD (Mercedes 560 SEC, 86.000 Dollar) und Ice-T (Ferrari Mondial, 140.000 Dollar). Schwere Jungens, die sich mit leichten Mädchen und teuren Schlitten umgeben, passen in eine Welt, in der zunehmend ungeschützte Arbeitsverhältnisse, eine zunehmende Zahl von Gelegenheitsjobbern und die allgemeine Unsicherheit der Existenz die Prostitution in allen ihren Facetten zum Grundmuster des Verteilungskampfes machen. Die auf Konsum reduzierte Persönlichkeit der 60er und 70er Jahre, auf die sich die damalige Linke eingeschossen hatte, war ein Denkmal der Langeweile im Vergleich zu dem konsumorientierten Rapper der 90er Jahre. Dessen Haben-Wollen tritt

Salt 'N' Pepa

ideologisch als nur kämpferisch gegen das "System" durchzusetzendes Menschenrecht auf Teilhabe am allgemeinen Reichtum auf. (Bezeichnend in diesem Zusammenhang ist die Firmenbezeichnung von Spike Lee's Produktionsfirma: "40 Acres And A Mule Filmwork" spielt auf ein nie eingelöstes Versprechen gegenüber den ehemaligen Sklaven an, sie nach dem Bürgerkrieg zu entschädigen.) Mit der Warenwelt will sich der aufstrebende Outbound auch allen daran klebenden Sinngehalt aneignen und zwar jetzt und hier, denn morgen könnte es schon zu spät sein. An einer Kritik der marktwirtschaftlichen Konsum- und Produktionsstruktur ist er nicht interessiert. Daß er ihr Opfer ist, macht ihn nicht zu ihrem Gegner, sondern spornt ihn zu größeren affirmativen Anstrengungen an.

Die Annahme der Figur des Pimp in der westlichen Jugendkultur korrespondiert mit deren eigenen geheimen Erwartungen und ist zugleich das Komplement einer zunehmenden Reizbarkeit der Sinne gegenüber der Barbarei, die, Adorno zufolge, in der Gleichmacherei der Zivilisation verborgen ist. Viele weiße Kids identifizieren sich sogar besonders stark mit Bands wie NWA, die von der Mehrheit der Schwarzen abgelehnt werden. Der Schrecken der Verelendung wird zur Genußsache und damit banal und alltäglich. Der nihilistische Pimp-Rap schlachtet aus dieser Sicht die letzten Tabus, indem er das Ghetto als Analogie zu der in Europa zum Symbol gewordenen Schutthalde, als Deponie aller Hoffnungen ästhetisiert. Die Angeber-Halbwelt der Zuhälter, die im Rap neben den politisch engagierten Gruppen und den an Bibel oder Koran orientierten Anti-Dekadenz-

Propheten einen festen Platz hat, hätte noch vor zehn Jahren in Deutschland kein Publikum gefunden. Und mit Lifestyle pur im Sinne von "Tempo" und "Wiener", denen HipHop nur ein weiteres Thema neben Dior und Dioxin war, hat die aktuelle Rezeption auch nichts zu tun. Es geht nicht mehr nur um trendgeilen Bilderrausch, um ästhetische Avantgarde und Videoclip zum Mitspielen. In härteren Zeiten werden die Fegefeuer der Eitelkeiten durch wirkliche Brandherde ersetzt. Härtere Nachrichten sind gefragt. HEUTE können nicht wenige Kids im kulturellen Hinterground des HipHop eine mögliche soziale Zukunft für sich selbst erkennen. Eine wichtige Rolle spielen dabei auch die im HipHop propagierten Stammessolidaritäten. Die Selbstorganisation in Tribes, Clans, Syndicates, Units, Possees, Gangs und Five Percent-Eliteclubs, von der ja die Gruppennamen der chillenden Rap-Troupers berichten, sind Zusammenschlüsse, die von der herkömmlichen Gang bis zum mittelständischen Unternehmensimperium mit Studios, Plattenläden, Clubs, Fashion Shops und auch Drogenhandel reichen. Diese Seilschafts-Ökonomie als neue Durchsetzungsform innerhalb der kapitalistischen Konkurrenz findet längst ihre Entsprechung im Leben westeuropäischer Stadtlandschaften, als Seilschaften von Kommunalpolitikern, als Hype-Bündnis von Musikzeitschriften mit Promoterfirmen, Plattenläden, Plattenfirmen und Werbeagenturen (beispielhaft ist hier die Verquickung der Zeitschrift "Cut" mit solchen "Medienpartnern") und natürlich auch als Jugendgang im Viertel. Es wird immer deutlicher, daß sich die verschiedenen Szenen IHRE Rapper aus dem Gesamtangebot herauspicken: Public Enemy, die für Protest und apokalyptische Szenarien zugleich stehen, für Linke und ökologische Alternative, Ice-T für den Schulabgänger mit schlechten Arbeitsmarktchancen und dem Traum von der schnellen Mark sowie die Integrationsfigur Hammer für die ganze (christliche) Familie.

Im Herkunftsland des Rap ist das übrigens ganz ähnlich. Die wachsende Zahl der ökonomisch erfolgreichen schwarzen Amerikaner vertieft den Riß in der Black Community wie noch nie zuvor. Die Zahl der schwarzen Haushalte, die mehr als 50.000 Dollar pro Jahr verdienen, hat sich seit 1970 mehr als verdoppelt, während gleichzeitig die Zahl der Obdachlosen und Sozialhilfeempfänger drastisch anwächst. William O'Hare, der Autor der Studie "African Americans in the 1990s" sieht in dieser Enwicklung die Gefahr einer Schwächung des Widerstandes gegen die rassistische Diskriminierung.

Das "trading up" der gesamten Black Music in den letzten Jahren hat diesmal nicht nur die weiße Musikindustrie reich gemacht, sondern auch, neben den erfolgreichen Künstlern und Produzenten, die heute weitaus bessere "production deals" abschließen können, schwarze Manager, Labelbesitzer, Filmemacher, etc. Eine irgendwie geartete antikapitalistische Einstellung, die es in den 60er Jahren nicht nur bei den weißen Beatniks und Hippies und nicht nur in der Black Panther Party gab, sondern auch zum Habitus vieler R & B-Künstler zählte, existiert heute nicht mehr. Im Gegenteil: Selbst ein zwielichtiger Ghettofürst kann sich heute im Zweifelsfall auf die populäre These berufen, wonach Reichtum die erste Voraussetzung der schwarzen Emanzipation ist. Wichtig ist nur, daß er "seinen Leuten" ein paar Jobs besorgt und damit beweist, daß er kompromißlos dafür eintritt, daß Schwarze über ihr Geld "die Kontrolle behalten". Der individuelle Wohlstand der Erfolgreichen wird ideologisch als eine Art kollektives Kapital betrachtet. So bauen dann Spike Lee, Hammer, Ice-T und viele andere kleine Imperien auf, zwischen Siebdruckerei und Plattenfirma und ohne zu vergessen, eine - im Volksmund als "black fax" bezeichnete - steuersparende Stiftung zur Förderung von schwarzen Talenten zu finanzieren. Was in den 60er Jahren nur Berry Gordy mit Motown schaffte, gehört heute zu den Selbstverständlichkeiten: Danny D von D-Mob betreibt das "Slam Jam"-Label in Zusammenarbeit mit Warner Brothers, Tony! Toni! Tone! das "Boom Town"-Label, LA & Babyface das sehr erfolgreiche "LaFace"-Label, Bobby Brown nennt seine Firma "Bust It", Full Force verdienen an "Forcefull Records", Andre Harrel in Kooperation mit MCA an "Uptown", Michael Bivins von Bell Biv Devoe gründete "Biv Entertainement", der vom Plattentellerdreher zum Millionär aufgestiegene Jazzie B investierte in Fashion Shops und in das mit Motown verbundene "Funki Dred"-Label, die als jungdynamische Managertypen auftretenden Top-Produzenten Jimmy Jam und Terry Lewis profitieren von ihrem Label "Perspective" und den "Flyte Time"-Studios in Minneapolis, Prince hat seinen "Paisley Park" und Michael Jackson läßt sich von Sony sein eigenes "Nation Records"-Label finanzieren. Doch die Hoffnung auf eine ökonomisch autarke Black Community, die schwarze Nationalisten an diese Herausbildung einer neuen Schicht schwarzer Geschäftsleute knüpfen, wird sich nicht erfüllen. Die da reich wurden, sind schwarze Privatleute, und ihr Kapital ist immer noch zwergenhaft klein im Vergleich zu dem der etablierten Musikindustrie.

IV. LET'S TALK ABOUT SEX AND VIOLENCE

"Glauben wir nicht, daß man zur Macht Nein sagt, wenn man zum Sex Ja sagt" (Michel Foucault "Sexualität und Herrschaft").

Wenn am Wochenende in den privaten Fernsehsendern in breiter Front der SEX ausbricht, stehen Bier, Sekt und "Mon Chërie" auf dem Couchtisch bereit. RTL plus und Sat 1 liefern in Erfüllung des Verfassungsauftrages ein von augenzwinkernden Ansagerinnen vorgestelltes Programm, das die Familie zusammenhält: "Schulmädchen-Report, 9. Teil". Im Mittelpunkt steht der WITZ, der sich etwa in der Kombination der Kameragroßeinstellung eines Verkehrszeichens und des Satzes "Anliegerverkehr frei"

äußert. V-E-R-K-E-H-R! Im Lachen klingt Dankbarkeit an. Im anderen Programm wird eine "Kriminalkomödie aus dem Homosexuellenmilieu" gezeigt. Der offizielle deutsche Homosexuellen-Synchron-Sprecher imitiert eine Tunte. Das ist Sex, Sex, Sex. Zum Beispiel.

Die öffentliche Bestimmung der moralischen Standards einer Gesellschaft findet auf mehreren, miteinander verknüpften Ebenen statt. Die augenscheinlichste und meist auch verhaßteste davon ist zweifellos der staatliche Eingriff, die Verordnung von Regeln durch den Gesetzgeber bis hin zur Zensur von Kunst und Unterhaltung. Weitere Instanzen für die Bestimmung moralischer Grundsätze kommen hinzu: Kirchen,

Ice-T

bewegen, daß deren habituelle Codes auf die eigene Person zurückstrahlen. Der Mensch in der freien Marktwirtschaft erlaubt sich zunächst immer soviel Erotik, wie er sich leisten kann und in diesem Rahmen soviel wie er sich, entsprechend der Bedeutung von Erotik in der Hierarchie seiner Präferenzen, leisten will. Was die erotische Unterhaltung in der Popmusik betrifft, so reicht die Skala von der einladenden Pose über die naturalistische Schilderung und die Dramatisierung von Emotionen und Begierden bis hin zum mehr oder weniger provokativen Bruch gültiger Normen. Der Gestus der erotischen Rebellion fällt jedoch nach Mick Jaggers "I Can't Get No Satisfaction" und James Browns "Sex Machine" zunehmend matter aus, denn er konkurriert hoffnungslos mit der Beförderung der Konsumbereitschaft durch erotische Werbung und der Funktionalisierung von Sexualität zur Ruhigstellung frustrierter Massen. Die nächtliche Leidenschaft sieht sich heute vor den Karren diverser Zwecke gespannt. Wer damit Probleme hat, findet in den Beratungsecken von "Bravo" bis "Stern" umfassende Antwort.

Nachdem sich von Jim Morrison bis Madonna alle Künstler von Rang wenigstens einmal öffentlich zwischen die Beine gefaßt hatten, schien es, als seien die Mittel dieser bescheidenen Symbolik erschöpft.

Pimp-Style

Man hatte nicht mit den Rappern gerechnet. Die derben Reime, die heute zum Markenzeichen vieler HipHop-Gruppen geworden sind, schockieren, weil sie an Gemeinheit noch vieles in den Schatten stellen, was deutsche Sozialarbeiter in ausgewiesenen Problemvierteln kennenlernen:

"Der Unterschied zwischen Ost- und Westküste ist doch, daß sie im Osten sagen, 'Ich habe eine Uzi — aber stop the violence! Follow the leader!' — an der Westküste heißt es dagegen, 'Ich habe eine Uzi, und weil das so ist, wird mir die Schlampe mit den großen Titten einen blasen, denn ich bin der Pimp!" (Die Rapper von 7 A 3 in einem Interview).

HipHop hat die Sprache von Zuhältern und Gangstern erstmals im größeren Maßstab in die Popmusik eingeführt: "Get Off My Dick And Tell Yo Bitch To Come Here" (Ice Cube). Zwar wurde auch im Soul und Funk, in den Blaxploitation-Filmen und auch im Reggae häufig eine ziemlich deutliche Sprache gesprochen, aber dort wurde die Härte der Unmittelbarkeit meistens durch

Parteien, Verbände und die Massenmedien, vom Fernsehen über die Zeitschriften bis hin zur Popmusik. Doch weder der Staat noch die Medien können eine verbindliche öffentliche Sexualmoral durchsetzen. Die Gesellschaft ist in soziale Klassen, Schichten und Subkulturen aufgespalten, die vor dem Hintergrund spezifischer sozialer Lagen und kultureller Orientierungen ihre jeweils eigenen Wertvorstellungen herausbilden. Sexualität und Erotik werden von den alltäglichen Erfahrungen geprägt, von unterschiedlichen Verhältnissen zwischen Arbeitsleben und Privatsphäre, vom Verhältnis zwischen körperlicher und geistiger Tätigkeit, vom Grad der Existenzsicherheit, von den Möglichkeiten, sich in der Berufs- und Warenwelt so zu

Witz und Selbstironie gebrochen. Es ist also nicht so, daß es diese Sprache nicht auch schon früher gegeben hätte. Besonders ungeschminkt konnte man sie vor allem in den Pimp-Style-Krimis und Black Experience Novels der 60er Jahre von Robert Beck und anderen Autoren finden. Im Unterschied etwa zu Easy-E und Big Daddy Kane beschrieben diese Autoren jedoch die Verrohung einer Generation männlicher Schwarzer, die aus der Diskriminierung und Ausbeutung der noch Schwächeren ihr Selbstbewußtsein zogen, in kritischer Absicht. Davon kann bei den meisten Pimp-Rappern keine Rede sein. Und noch etwas ist wichtig: In den 60er Jahren interessierte sich außerhalb der Black Communities kein Mensch für schwarze Regisseure und Autoren, und auch die kritischen Inhalte der Soul-Musik fielen dem Mangel an Interesse zum Opfer. HipHop erreicht heute hingegen weltweit ein Millionenpublikum.

Die Brutalisierung der Sprache im amerikanischen (nicht im britischen) HipHop spiegelt die Brutalisierung des Alltags in den schwarzen Vierteln.

Im europäischen und amerikanischen Rock existierte als verdünnter und oft dümmlicher Nachklang der Studentenbewegungen noch die Vorstellung von der aufklärerischen, antitraditionalistischen Dimension der Provokation. Der rabiate Gestus vieler Rapper hat damit nichts zu tun. Es geht hier nicht darum, durch gezielten Tabu-Bruch die Doppelmoral von Spießern bloßzustellen. In den Bekenntnissen vieler HipHopper schwingt heute ein stillschweigendes Einverständnis mit jenen Hierarchien und Wertevorstellungen mit, deren Kritik im Grunde der Ausgangspunkt jedweder Rebellion sein müßte. Auch die Kritik am Rassismus bleibt letztlich hohl, wenn ihr der individuelle Ausgangspunkt fehlt. Da gibt es den jungen Muslim, der in der Koranschule schwer geprügelt wurde, die Afro-Amerikanerin, die keine Berufsausbildung hat, weil die Eltern sie nur verheiraten wollten, den jungen Mann, der vom angepaßten Vater Schläge bezieht, wenn er sich mit der rassistischen Polizei anlegt. Wo die antiautoritäre Auflehnung gegen reaktionäre Traditionen und das Philistertum ausbleibt und einer abstrakten Solidarität mit der "Community" geopfert wird – die britischen Rapper Hijack zählen zu den wenigen, die diesen Fehler nicht machen – verkommt die politische Parole zum lautstarken Reformismus beziehungsweise zum Einverstanden-Sein mit jenen Strukturen, die den Rassismus hervorbringen. Man kann nun mal nicht erfolgreich gegen rassistisch begründete Ausgrenzung angehen, wenn man selbst andere kleinhält oder kleinhalten möchte. Nicht nur der schwarze Zuhälter reproduziert die Logik eines Systems, das ihn ins Ghetto abdrängte.

Sexualität und Herrschaft fallen in den Slackness-Texten des Rap in der Regel ohne weitere Zwischentöne und ohne den Versuch einer Reflexion zusammen, so wie auf der anderen Seite die Ghettomoral sich immer weiter von den Auseinandersetzungen in anderen Teilen der Gesellschaft entfernt. Während im Ghetto "Nutte" und Frau" zu Synonymen werden, diskutiert man anderswo die feministische Kritik, werden an amerikanischen Universitäten Sexismen in Sprache, Gestik und Lehrbüchern penibel aufgespürt. Die Sprache des Rap polarisiert hemmungslos und ohne jeden aufklärerischen Unterton. "A Bitch Is A Bitch" (Ice-Cube). Der Tonfall von Zuhältern und Pushern ist ja gerade deshalb besonders widerlich, weil er in einem Aktionsfeld gedeiht, wo Macht nicht gefestigt, sondern latent instabil ist. Die Menschenverachtung des Pimps wird von seiner eigenen Gehetztheit auf die Spitze getrieben. Die Ordnung im Zuhältermilieu transformiert die Prinzipien bürgerlicher Herrschaft in unmittelbare Gangsterherrschaft und setzt doch die bürgerliche fort. Die Ankündigung: "Ich habe eine 38er im Ärmel, die in den Krieg ziehen will" (NWA) hat nichts mit antistaatlicher Rebellion zu tun, sondern mit dem Willen zur Durchsetzung in den vorgefundenen Verhältnissen. Es ist wie in der Detroiter Trilogie von Donald Goines, wo sich der schwarze Gangster Prince der Rhetorik des Aufstandes bedient, um seine kriminellen Ziele durchzusetzen.

"Das Ghetto ist zum modernen Äquivalent jener archaischen Gesellschaftsstrukturen geworden, die anthropologisch zur Bildung einer männlichen Kriegerklasse führte. Wie damals wird auch heute die Stellung des einzelnen innerhalb der Kriegerkaste durch physischen Kampf und sexuelle Eroberungen entschieden. Wegen der staatlichen Sozialhilfe für alleinerziehende Mütter muß der Ghettokrieger nicht mehr für den Erhalt der Familie sorgen."

Worte des erzkonservativen Politologie-Professors James Q. Williams von der Universität von Los Angeles.

Williams hat hier in erster Linie einen ideologischen Überbau zu den kommunalen Kostendämpfungsprogrammen formuliert, die sich seit 1980 nicht zuletzt gegen die als "welfare queens" diskriminierten schwarzen Frauen richten.

Die Vorstellungen davon, was ein "richtiger" Mann leisten muß, sind weltweit ziemlich einheitlich und weder auf primitive Urvölker noch auf schwarze Ghettobewohner (für Williams praktisch das gleiche) beschränkt, wie nicht zuletzt die amerikanische Erzählliteratur von Hemmingway bis Robert Stone und jeder beliebige Western-Movie zeigen. Je härter allerdings die Umweltbedingungen sind, um so nachdrücklicher werden Männlichkeitsideale als Inspiration und Ziel betont. Müßten die Ghettokrieger auch noch die von ihnen geschwängerten Frauen unterstützen, so würde demnach der Männlichkeitskult noch aberwitzigere Blüten treiben. Drive-By-Shootings ums Kindergeld sozusagen. Williams will denjenigen, die einen Job entweder nicht kriegen oder zu kaputt sind, um einen auszuüben, in einer Roßkur die Sozialhilfe streichen und dann sehen, was passiert. Die Opfer wären die Kinder und Frauen.

Kings & Queens

Die schwarzen Frauen aber sind in vielen Fällen ihren Männern sozial überlegen. Weil sie für niedrigere Löhne arbeiten müssen und sich nach einer weiblichen Sozialisation bedeutend smarter aufführen, die besseren Schulzeugnisse und höheren Qualifikationen haben, bekommen sie leichter Jobs (1968 hatten in den USA 79% der schwarzen Männer und 66% der schwarzen Frauen einen Job, 1988 67% der Männer und 74% der Frauen) und deshalb ernähren viele von ihnen nicht nur die Kinder, sondern füttern noch so manchen Ghettokrieger mit durch. Die Mütter und Großmütter sind in den schwarzen Communities zwischen London, Kingston und Los Angeles häufig der einzige stabilisierende Faktor. Das Problem vieler Krieger besteht nicht selten gerade darin, daß sie mit ihrem Potenzgehabe andauernd abblitzen. Oder wie Gwen Guthrie sagt: "Wer mich will, muß sich zuerst mal um einen Job kümmern." So mancher Rapper, der das Schimpfwort "bitch" im Munde führt, hat bisher nur mit Prostituierten zu tun gehabt, weil andere Frauen sich nicht auf ihn einlassen: "Pimpin' 'Ain't Easy" klagt selbstironisch der abwechselnd als Zuhälter, Liebhaber und Five Percenter auftretende Big Daddy Kane. Und ein Motiv für die Gegnerschaft von Ice Cube und anderen zu "interracial relationships" beruht auf der Tatsache, daß eine wachsende Zahl schwarzer Frauen auf die Grobschlächtigkeit der vorgeblich superpotenten, ultracoolen Machos mit Beziehungen zu Männern anderer Communties antwortet und dafür als Feministinnen (ein schlimmeres Schimpfwort als Nutte) eingestuft werden. Das "dissen" von schwarzen Frauen

Queen Latifah & The Safari Sisters

durch schwarze Männer geht auf einen Minderwertigkeitskomplex zurück, für den die weißen Sklavenhalter verantwortlich sind. Unterstellt man, daß es auch in den afrikanischen Herkunftsländern der Sklaven zu den traditionellen Aufgaben und dem Selbstbewußtsein von Männern gehörte, sich als effizienter Erzeuger, Beschützer und Versorger hervorzutun, so erlitt ihr Selbstwertgefühl in der Sklaverei einen totalen Zusammenbruch. Vor den Augen ihrer Frauen mußten sie sich täglich als hilflose Knechte demütigen lassen. Die schwarzen Frauen sahen ihre Männer machtlos auf dem Boden liegen, über ihnen der weiße Mann. Was der schwarze Mann an Männlichkeit verlor (weshalb er auch Schwule haßt), gewann der allmächtige weiße Herr dazu. An seiner Seite stand – unerreichbar – die weiße Frau. Nie war sich der

Knecht sicher, ob nicht seine Frau heimlich den weißen Mann — der sich als wirklicher Mann beweisen konnte — begehrte, so wie er selbst in seinen Träumen, die weiße Frau idealisierte, weil sie nicht von den Mühen der Arbeit und dem psychischen Druck gezeichnet war. Vor seiner Lebensgefährtin, die dem von der weißen Frau gesetzten Ideal so wenig entsprach, schämte er sich angesichts seiner entwürdigenden Hilflosigkeit und das kompensierte er, indem er sie beleidigte.

Diese Erklärung stammt von dem früheren Black Panther-Führer Eldrige Cleaver und sie ist die beste die ich kenne. Daß eine Erklärung nicht mit einer Rechtfertigung zu verwechseln ist — das ist das Hobby weißer Liberaler — weiß auch der Rapper KRS-One:

"Ich kann solche Pimp- und Gangster-Gruppen wie NWA, 2 Live Crew, Geto Boys und all die anderen nicht ertragen. Ich würde sie gerne einmal alle in einen Raum stecken und dann mit ihnen ein handfestes Wort reden. Was Eazy-E anläßlich des Nelson Mandela-Konzertes sagte, war schlimm. Er meinte 'Fuck South Africa, ich werde erst ein 'Free South Africa'-T-Shirt anziehen, wenn die da unten ein 'Free Compton'-Shirt tragen.' Der Mann ist so dumm und borniert, daß es nicht zu fassen ist. Als würde er nicht auch in Compton an den sogenannten Errungenschaften der westlichen Kultur teilhaben. Diese Typen sind für eine perverse Umkehrung der Sichtweise junger Schwarzer verantwortlich. Sie haben mehr von der weißen Herrschaftsideologie gegenüber fremden Völkern übernommen als sie wissen. Ich kann es auch nicht verstehen, daß schwarze Frauen zu den Konzerten von NWA gehen, sich dort als Nutten beschimpfen lassen und dann auch noch hysterisch nach 'Zugaben' rufen. Das zeigt nur, wieweit wir uns von der Realität entfernt haben" (Dezember 1990).

Durchaus ähnlich argumentieren übrigens auch Run DMC mit dem Titel "The Ave" von ihrem Album "Back From The Hell".

Wo es zur Norm wird, daß man sich an den noch Schwächeren schadlos hält, kann auch das Phänomen der Sisters With Attitude nicht überraschen. Zuhälter und Gangs, die im Ghetto etwas zu sagen haben, finden unter den gegebenen Bedingungen selbstverständlich ihre weiblichen Entsprechungen. An den Plattenveröffentlichungen haben die Frauen (außer den hier zu Wort kommenden, sind noch erwähnenswert: Betty Boo, Cookie Crew, Kiss AMC, Ms. Melodie, Neneh Cherry, Nikki D, The Real Roxanne, The She Rockers, Sista Souljah, Wee Papa Girl Rappers), aber nur einen 5 Prozent-Anteil und davon wiederum zählt nur eine

Minderheit zur sexistischen Fraktion. In Chicago rappen die "groovy chicks" HWA ("Hoes With Attitude") ihren lokalen Hit "Eat My Pussy" ("Eat" ist der Slang-Ausdruck für "lecken"), während die New Yorker Female Rapper BWP ("Bitches With Problems") sich über Männer mit nervösen Ejakulationen (Maxi "2 Minute Man") lustig machen. Bei der weißen Rapperin Tairrie B aus Kalifornien steht zwar das "B" auch für Bitch, doch das ist in diesem Fall eher ironisch-provokativ gemeint, denn Tairrie disst auch die Machos. Die elegante Rapperin MC Peaches aus Newark, die gerne Queen, Sting und Lovers Rock Reggae zitiert, verwahrt sich noch deutlicher gegen die massiven Beleidigungen von Frauen. Das gilt auch für Shelly Thunder ("Working Girl"), Yo-Yo ("It's A Man's World", eine Answer Version auf Ice-Cube, Yo-Yo gründete auch eine "Intelligent Black Woman's Coalition"), Monie Love ("Just Don't Give A Damm"), Queen Latifah ("Nature Of A Sista"). Die inzwischen

Monie Love

sichtbar im Wohlstand lebenden "role models" Salt 'N' Pepa ("Independent Woman" und "Let's Talk About Sex") argumentieren eher vom Upper Class Standpunkt einer Diana Ross: "Wir sind etwas feministisch orientiert, und deshalb beschäftigen wir uns weniger mit den Fehlern der Männer, sondern raten den Frauen zu mehr Selbstbewußtsein. Die beste Antwort auf den Sexismus ist, eigenes Geld zu verdienen und sich dadurch unabhängig zu machen."

Viele Rapperinnen befürchten, wie die schwarzen Feministinnen als Verräterinnen an der Black Community gebranntmarkt zu werden. Es gehört nämlich zu den Tricks der schwarzen Patriarchen, den aufsässigen Frauen Geheimnisverrat vorzuwerfen. Ihre Kritik an den Verhaltensweisen schwarzer Männer werde vom weißen Feind mitgehört und bestätige dort die rassistischen Bilder vom schwarzen Mann als triebstarkem Tier. Deshalb solle frau über das Thema besser nicht reden. Die Rapperin Roxanne Shante drückt das etwas anders aus: "Verglichen damit, wie schwarze Männer sich gegenseitig fertigmachen, sind die Probleme, die wir mit ihnen haben, gering". Ideologisch voll auf Linie sind die Afrocentricity-Rapperinnen Isis und Queen Mother Rage von der religiös-reaktionären X-Clan Sekte: "Es gibt keine Kings ohne Queens und keine Queens ohne Kings. Es gibt kein Männerproblem und kein Frauenproblem, wir tun zusammen, was wir zusammen tun müssen."

V. FEAR OF A BLACK PLANET

Als der gewöhnliche deutsche Rassismus im September letzten Jahres in der ostdeutschen Stadt Hoyerswerda offen und selbstbewußt sein brutales Gesicht zeigte, machten westdeutsche Journalisten die dortigen Hochhaussiedlungen als "Ursache" aus, um auf diese Weise den "guten Deutschen" im Westen aus dem Hut zaubern zu können, auf dessen Konto in Wirklichkeit zwei Drittel der rassistischen Anschläge gehen. Daß der faschistische Mob es damals (und seither in über tausend weiteren Fällen) wagte, vor laufenden Kameras eine Unterkunft von Asylbewerbern mit Steinen und Brandsätzen anzugreifen, findet erst in der Rückendeckung eine Erklärung, die ihnen eine langjährige staatsoffizielle und öffentliche Kampagne gegen die "Asylantenflut" bot. Innenminister Schäuble empfand damals einerseits "ein ganzes Stück Scham", wollte aber auch "die Sorgen und Ängste der Bürger ernst nehmen, daß unser Land von Flüchtlingen überschwemmt" werde.

Im neuen Deutschland in den Grenzen von 1989 arbeitet man heute mehr denn je an der Beförderung der "nationalen Identität". Der seinen Nachbarn überlegene, arbeitsame, ordentliche Deutsche wird täglich beschworen, die zunehmende Sorge in den Nachbarländern vor dem erstarkten Deutschland umgehend als Neid der Erfolglosen qualifiziert:

"Bewundert, gefürchtet, beneidet die unbeliebten Deutschen" ("Spiegel" - Titel vom 3.2.1992).

Für die Rassisten sind unterdessen Schwarze derart zur bevorzugten Zielscheibe geworden, daß "The Voice", eine Zeitung der britischen Black Community, im Januar dieses Jahres ihren Lesern dringend von einer Reise nach Deutschland abraten mußte.

Schwarze begegnen uns im bundesdeutschen Alltag als US-Soldaten, Studenten, Musiker, Geschäftsleute und als Asylbewerber. 40.000 von ihnen sind übrigens Afro-Germans, also in Deutschland geborene Kinder deutscher und afrikanischer Eltern. Wir erleben sie auch im Fernsehen — als Hungerleider zumeist, die im Kampf mit einer "unerklärlich" anhaltenden "Unterentwicklung" liegen. Aber weil dies ein unerfreuliches Thema ist, schalten wir um und schon sehen wir sie als Popstars, Schauspieler, Entertainer, Undercover Cops, Boxer, neuerdings auch als eingekaufte Fußballspieler, aber praktisch nie als Leute, die Motoren, Biotechnik und Computer entwickeln, also all die Dinge, auf die es in der Konkurrenz der Nationen wirklich ankommt. Verglichen mit den für jeden guten Deutschen (und durchaus auch für viele Schwarze selbst) gültigen Maßstäben, fällt das Urteil also ziemlich eindeutig aus: Unfähig, eine ordentliche Staatsmacht und Industrie auf

Public Enemy

die Beine zu stellen, sind sie doch wenigstens gute Musiker, Tänzer, Sportler und Spaßmacher.

Das so verfertigte Bild, an dem lediglich wahr ist, daß die Show immer wieder die einzige Möglichkeit ausgegrenzter Gruppierungen ist, sich überhaupt sichtbar zu machen, wird ihnen sodann als "natürliches Rassemerkmal" angehängt.

Auf der individuellen Ebene findet ein solcher Rassismus als Übergang statt von einer schlechten Meinung über Menschen, die irgendwelchen Ansprüchen nicht genügen, zu dem Befund, die SEIEN HALT SO – von Natur aus. Doch ohne die Rückendeckung durch eine Gesellschaft, die aus einer Sortierung und Auslese von Menschen Vorteile ziehen kann und will, bliebe jeder Privatrassist schlicht ein Dummkopf, über dessen Vorurteile man lachen könnte.

Doch was ist mit den Zehntausenden, die zu den Konzerten schwarzer Popstars strömen, die die Alben von Prince kaufen und zu den Parolen separatistischer HipHopper tanzen? Sind das die Anti-Rassisten? Es scheint, als konsumiere das Publikum heute, was ihm gefällt. Es scheint, als habe HipHop, der ja auf weiße Empfindlichkeiten bestimmt keine Rücksicht nimmt, die letzten Barrieren plattgewalzt. Unterstellt man, daß die Leute, die Rap-Platten kaufen, auch wissen, wovon die häufig handeln - eben vom weißen Rassismus - dann sieht es so aus, als wäre die Einsicht groß. Oder leistet sich die weiße Mainstream-Jugendkultur hier nur ein ignorantes Darüberhinweghören und läßt Public Enemy und KRS-One mit ihren ziemlich eindeutigen Statements einfach ins Leere laufen? Gelten die von der Black Music transportierten Stimmungen und Empfindungen lediglich als willkommene, die Phantasien aufheizende Alternative zum Rock-Einerlei? Vermutet man hier die "echten Gefühle"? Möchte man lediglich die Leidenschaften konsumieren, die aus Elend und Gewalt entstehen, weil die eigene Funktionalität wirkliche Leidenschaft unmöglich macht?

"Where Are All The Profits From The Slavery Holocoust?"

In der neuen Musikzeitschrift "Zounds", in der ich unter anderem auch HipHop-Platten bespreche, erschien im Februar ein "Report über die Rap-Rebellen". Geschrieben von einem seit vielen Jahren auf Black Music spezialisierten, mir aus vergangenen "Network Press"-Tagen bekannten Kollegen, heißt es dort zusammenfassend: "Wenn auch die Ideologie bitter schmeckt, die daraus (aus der "rebellischen Wut", Anm. G.J.) jeden Tag auf Platten... neu entworfen wird, sollten Weiße den Becher an sich vorübergehen lassen. Diese Sache ist nicht ihre Sache. Genausowenig wie die Emanzipationsbewegung der Frauen eine Sache der Männer ist."

Wenn also Chuck D fragt: "Where are all the profits from the slavery holocoust?", antwortet ein westdeutscher Musikjournalist ignorant: "Da ich kein Schwarzer bin, so werde ich diese Texte in ihrer Intensität ohnehin nie nachempfinden, geschweige denn bewerten können." So stand es schon einmal, von einem anderen Autoren hingeschrieben, in der im Sommer 1991 eingestellten Black Music- und Dancefloor-Zeitschrift "Network Press" (Heft 84/90).

Die von Public Enemy diagnostizierte "Angst vor einem

schwarzen Planeten" hat viele Gesichter. Es gibt den offenen Rassismus und die Taktik des systematischen "Nicht-Verstehen-Wollens". Lassen wir den bitteren Kelch an uns vorübergehen! Bestreiten wir lieber nichts, verschweigen wir lieber unsere Einwände und sagen den Jungs einfach: "Eure Musik ist voll geil, wir kaufen Eure Platten und demonstrieren damit unser Verständnis. Auch wenn Ihr angesichts unserer Ignoranz immer schrillere Töne anschlagt, auch wenn Ihr darüber selbst zu rassistischen Konsequezen gelangt, von uns braucht Ihr weder ein Einsehen noch eine Kritik an Eurer Adaption der rassistischen Logik zu befürchten. So gehen wir übrigens auch mit der Kritik der Frauenbewegung bei uns um. Wir sagen nicht (jedenfalls nicht öffentlich), wie Ihr, einfach "Nutte" zu jeder Frau, wir ignorieren ihre Bemühungen einfach so lange, bis sie sich als keifende Weiber aufführen und lachen sie dann aus oder

nennen sie lobend "starke Frauen". Schließlich geht es ja um deren Emanzipation und nicht um unsere."

In Europa steht die Wiege des modernen Kapitalismus. Die Sklaverei, darüber gibt es heute keinen Zweifel mehr, war Teil der sogenannten ursprünglichen Akkumulation von Kapital. Vereinfacht ausgedrückt: Der Aufbau großer Industrien funktionierte nicht so, daß die früh-kapitalistischen Kaufleute ihre Sparbücher plünderten, um von diesem dann als Kapital fungierenden Geld Stahlwerke und Textilmanufakturen bauen zu lassen. Um in relativ kurzer Zeit riesige Mengen Kapital anhäufen zu können, brauchte das damalige England ungewöhnlich lukrative Einkommensquellen und eine derartige war der kreislaufförmige Dreieckshandel: Sklaven in die Karibik und nach Amerika, Baumwolle, Zucker und Edelmetalle von dort nach Europa und Industriewarenexport in die Kolonien und Siedlerstaaten. Die Gewinne, die aus

X-Clan

diesem Dreieckshandel gezogen wurden, sind in ihren Dimensionen unvorstellbar. Fest steht jedenfalls, daß die aus diesem Völkermord gezogenen Profite die industrielle Revolution finanzierten (in Deutschland war zum Beispiel Hamburg 1750 das größte Raffinationszentrum für Rohrzucker und zugleich wichtiger Umschlagsplatz für Manufakturwaren und Schiffsneubauten) und gleichzeitig große Teile Afrikas entvölkerten (die Zahl der abtransportierten Sklaven wird auf 15-30 Millionen geschätzt) und es damit zur relativen ökonomischen Stagnation verurteilten.

Solche Wahrheiten stehen heute durchaus in liberaleren Schulbüchern. Als gewesene Geschichte begriffen, läßt sich das Thema mit einem verständnisvollen Schulterzucken abhaken. Tatsächlich aber speist sich nicht nur das europäische Überlegenheitsgefühl bis heute aus dem Anblick eines hungernden und leidenden Afrikas. Liegt es nicht doch an den natürlichen Eigenschaften der Afrikaner, daß sie — so viele Jahre nach diesen "Ereignissen" — auf keinen grünen Zweig kommen? Hätten sie den Abstand zu Europa nicht zwischenzeitlich verringern können? Man kann aber auch anders fragen: Sorgen die Konkurrenzgesetze nicht dafür, daß die

Die Asylanten verlassen Hoyerswerda

ökonomisch und militärisch führenden Nationen ihren Vorsprung ausbauen können? Oder pointierter: Ist das unkritische Einverstandensein mit dem olympiareifen Lebensrhythmus hier, mit den allgegenwärtigen und alleine gültigen Kriterien von Funktionalität und Effektivität, nicht die Fortsetzung eines alten Krieges mit modernen Mitteln? Jalal, der Mitbegründer der vielfach als "erste Rapper" apostrophierten Last Poets beschrieb einmal, wie sich die Logik marktwirtschaftlicher Konkurrenz in die Psyche der sie tragenden Menschen eingräbt: "Aus Situationen Gewinn schlagen, das ist der Imperativ der kapitalistischen Gesellschaft. Aus einer Situation Gewinn schlagen ist: wenn ein Mann auf der Straße stürzt, ihm die Brieftasche zu stehlen. Ob es sich nun um alltägliche, ökonomische oder politische Situationen handelt, immer geht es darum Gewinn aus ihnen zu schlagen." Folgt daraus nicht auch, daß wer nicht gegen die ökonomische und politische Überlegenheit ist, die sich aus der professionellen Anwendung dieses "aus Situationen Gewinn schlagen"-Prinzips HIER ergibt, keine gemeinsame Ebene mit den dagegen anrennenden Rappern finden kann? Wer zwischen dem Anliegen dieser Kritiker und dem seinen keinen Zusammenhang erkennen kann, für den bleiben die Rapper vor allem SCHWARZE, nicht aber Leute, die etwas ändern wollen, was auch er ändern will, zumal es dabei um Dinge geht, die nicht zuletzt HIER geändert werden müssen. Weil er in den politisierenden Rappern nur Schwarze sehen kann, die IHRE Sache vertreten und nicht ein allgemeines, gemeinsames Problem, kann und will er auch nicht mit ihnen gleichberechtigt über Wege und Ziele streiten. "Deren Sache ist NICHT unsere Sache" heißt es daher, "genausowenig wie die Emanzipationsbewegung der Frauen eine Sache der Männer sein kann."

Family Is A Man's Best Friend

Die Auffassung, wonach man sich ein Urteil nicht erlauben könne, weil man in ANDEREN Verhältnissen lebe (als wären es nicht die selben, nur eben von der Gewinnerseite her betrachtet), tritt auch bei kritischeren Geistern zu Tage — häufig verpackt in eine allzu taktische Distanzierung vom Eurozentrismus. So schreibt etwa Diedrich Diederichsen in "Konkret" 1/92, daß es "ein Luxus wäre, die in 'Boyz 'N The Hood' angepriesenen Familienstrukturen von hier aus mit Begriffen zu kritisieren, die nach 200 Jahren Kleinfamilienterror entstanden sind, während es dort doch buchstäblich weder eine Schule noch eine Familie noch irgendwas... gibt, das sich um Young Black America kümmert. So sind Familien Minimalforderungen..."

Diese Lässigkeit im Umgang mit anderer Leute Irrtümer – denn als solche werden sie ja durchaus gekennzeichnet – hat zwei Quellen: Zum einen die beabsichtigte instrumentelle Einordnung von unpassender Realität in das eigene Weltbild. Ein anderer mag das Gegenteil von dem wollen, was ich will – wenn ich seinen Willen als Noch-Nicht-Können herabstufe, kann ich ihn in meiner Phantasie dennoch zu meinen Bataillionen zählen. Seine von mir im Grunde nicht geteilte Äußerung wird als "Minimalforderung" in meinem Weltbildkatalog abgelegt, also vereinnahmt. Auf diese Weise sehe ich auf der Welt, wohin ich auch schaue, Fortschritt.

Ähnlich auch Hans Nieswandt, HipHop-erfahrener Redakteur bei "Spex": Er hält die Mitgliedschaft bei den "Five Percentern", einer rassistisch-elitären Abspaltung von der Nation Of Islam, "für eine rein taktisch durchaus angebrachte Art, in Amerika Oppositionen zu ziehen" (3/92). Er reiht sie in SEIN Weltbild ein und dadurch "gewinnt Five-Percenter-Sein eine ähnliche Qualität wie etwa in Europa das Anarchist-Sein..."

Selbstverständlich gibt es paradoxe Ebenen und versteckte Voraussetzungen im politischen Geschehen. Nicht alle dreadlockigen schwarzen Jugendlichen im London der 70er Jahre waren Rastas. Viele ließen sich die Haare wachsen, um einen Generationenkonflikt mit den angepassten Eltern auszutragen. In einer Übergangszeit bezeichneten sich viele den Eltern oder Lehrern gegenüber sogar als "Rastas". Doch dann setzte eine ziemlich hart geführte Auseinandersetzung darum ein, wer ein "echter" Rasta sei und wer nicht. Die wirklich Überzeugten sammelten sich in festgefügten Sekten, die anderen mußten ihren Anspruch auf eine modische Geste zurückstufen. "Rasta" war von nun an klar definiert.

Eine ähnliche "unsichtbare Inszenierung" kann man bei schwarzen amerikanischen Intellektuellen und Künstlern beobachten, wenn es um Farrakhan geht. Unter schwarzen Studenten und Buppies galt es lange Zeit als schick, Cassetten mit Farrakhan-Reden zu besitzen. Unzählbar auch die älteren HipHop-Alben mit Credits für den großen Führer ("Farrakhan is a prophet so I think you ought to listen to what he can say to you", Public Enemy in "Bring The Noise"). Auf Warrior Records erschien im Dezember 1990 eine Break Beat-Platte mit einem angehängten Redebeitrag des Black Muslim-Leaders. Auffällig blieb jedoch, daß diese ganze

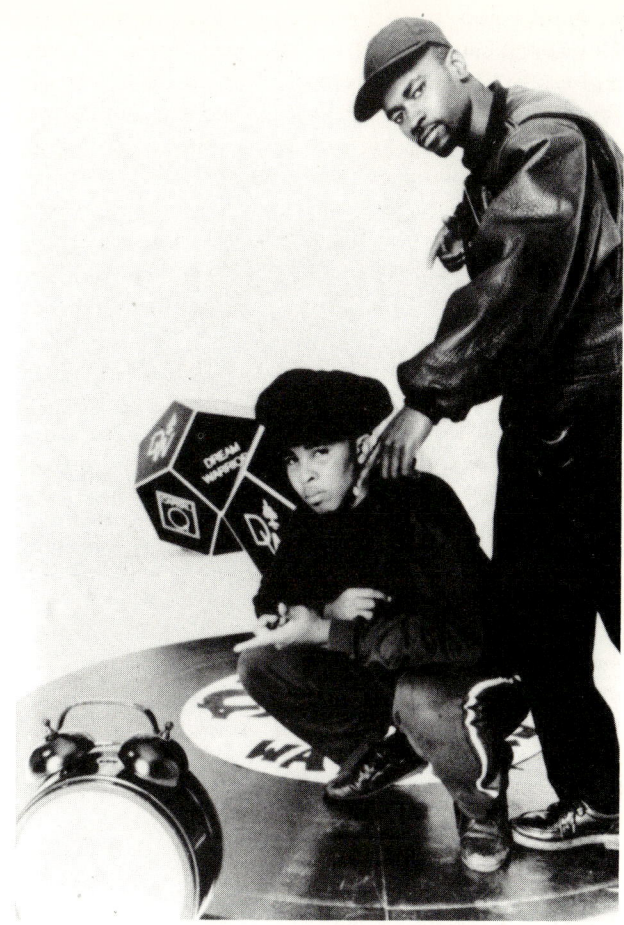

Dream Warriors

Popularität der Nation Of Islam mitgliedermäßig nicht viel einbrachte. Das Problem des ehemaligen Calypso-Sängers Walcott ist nämlich, daß die meisten amerikanischen Schwarzen ihn nur als Druckmittel instrumentalisieren, um ihre reformistischen Ziele durchzusetzen. Wenn Farrakhan dabei stört, etwa 1984 im Wahlkampf von Jesse Jackson, läßt man ihn sofort fallen. Man droht der Gegenseite also mit einem extremistischen Programm (ökonomische und politische Autarkie der Schwarzen), das man selber für völlig unrealistisch hält. Auf Dauer kann diese Inszenierung aber nicht funktionieren: Nicht nur weil das weiße Amerika längst bemerkt hat, daß Farrkhan vorerst verloren hat. Auch die Muslims sind enttäuscht, werden immer schriller, fordern von den "trendy people" endlich Taten und beginnen, sie zu vergraulen. So polemisiert zum Beispiel "The Final Call", die Zeitung der Nation Of Islam, mittlerweile gegen Spike Lee, weil dessen Filme zu unmoralisch seien. Der Artikel befindet sich übrigens in der Ausgabe, die Ice Cube auf dem Coverfoto seines letzten Albums in der Hand hält. Mit der Gruppe Poor Righteous Teachers, die Hans Nieswandt behandelt, ist es ähnlich. Anfangs wurden sie als eine weitere scharfe Stimme begrüßt - jetzt nerven sie nur noch, weil sie ihre Sache ernst nehmen und von ihrer Umwelt lautstark Konsequenzen fordern. (Das bekam auch der Mitbegründer IQ zu spüren, als er sich in eine Frau aus Hamburg verliebte. IQ zog es vor, mit seiner Freundin nach Deutschland zu gehen). Daß die Bewegung der Five Percenter kurzzeitig auch antiautoritär gesinnte Kids faszinierte, denen die Wischiwaschi-Haltung ihrer Eltern zu lau war, heißt ja nicht, daß der aktive Kern nicht auf Klarheit drängt. Nach demselben Muster spaltete sich bei uns die Studentenbewegung der 60er Jahre in abdriftende Mitläufer und gut organisierte K-Gruppen. Nicht alles auf dieser Welt ist POP. Nicht jede jugendliche politische Willensäußerung ist einfach eine "Haltung", ein "Jugend-Ding". Junge Enthusiasten haben politische Revolutionen und religiöse Konterrevolutionen an vorderster Front durchgekämpft. Die Wahrheit ist konkret: Warum schocken junge Schwarze ihre Eltern denn nicht mit einem Black-Panther-Revival, sondern mit dem opiumhaften Zirkel Islam contra Christentum? Warum nimmt Protest heute bevorzugt religiöse und nationalistische Gestalten an?

Es gab und gibt genügend Schwarze, die die konservativen Rezepte - religiöser Wahn, Antisemitismus, Drohungen gegen koreanische Geschäftsleute, gegen Frauen gerichtete Beschwörung von Familienideologien - leidenschaftlich zurückweisen und als gefährliche Sackgassen qualifizieren. Auch für die schwarze Bewegung gibt es keine vorgeschriebenen Irrtums-Etappen, die man gesetzmäßig durchlaufen muß. Dieses Bild erinnert fatal an bestimmte traditionslinke Phasenmodelle, wo die Menschheit auch nicht anders konnte, als sich durch vorgeschriebene Irrtümer zum Lichte aufzuschwingen. Wenn niemand, auch nicht Diedrich Diederichsen, der ja offensichtlich von einer Beurteilung der bürgerlichen Familie als repressive Veranstaltung ausgeht, die nach Auswegen und Erklärungen suchenden Rapper auf ihren Irrtum aufmerksam macht, dann bleibt ihnen nur die zeitraubende und nicht mal erfolgversprechende "Trial & Error"-Methode. Es ist, als seien "die Schwarzen" eine gleichförmige Masse, die ihre Lektionen nur durch regelmäßiges Auf-die-Schnauze-fallen lernen kann — und nicht etwa durch intellektuelle Vorwegnahme und Voraussicht. Was interessiert da schon die Polemik des schwarzen Historikers DuBois gegen den Demagogen

Marcus Garvey, was die Kritik des Black Panther-Führers H.P. Newton an der Gruppe "Republic Of New Africa", was der Unterschied zwischen dem gegen "Rassenvermischung" agitierenden Ice Cube ("Horny Lil'Devil") und seinem Cousin Del ("Dark Skin Girl") einerseits und den neuen Sympathien von Chuck D für den kritischen Ansatz der schwarzen Linken andererseits? Wozu überhaupt Diskussion, wenn man die Familienpropaganda verschiedener Rapper nicht kritisieren darf, die in den USA als Teil einer von Professor Wilson bis zum Bundesrichter Thomas reichenden wertkonservativen Einheitsfront daherkommt? Was sagen wir zu der Auffassung von John Singleton, eine Frau könne und dürfe nicht für die Erziehung eines Jungen verantwortlich sein? Oder zur Doppelmoral des Rappers Ed O.G. aus Boston, der alle Frauen für Nutten hält und deshalb die Väter auffordert, sich mehr um ihre Kinder zu kümmern? Warum distanzieren sich die Last Poets mit den Worten "Wir dachten wirklich mit den jungen Brüdern arbeiten zu können, aber es scheint, wir haben unterschiedliche Ziele" von der Mehrheit der jungen Rapper? Wozu überhaupt die Wahrnehmung von UNTERSCHIEDLICHEN Auffassungen zwischen den einzelnen Rappern? Was sagen uns die schwarzen Frauen, die momentan einen aufreibenden Kampf gegen Leute wie Tyson und den Richter Thomas führen, weil sie eine andere Auffasung vom schwarzen Emanzipationskampf und männlicher Familienidealisierung haben? Diederichsen meint schließlich, eine Kritik an dem Rassismus und Antisemitismus (er nennt das "latenten" Antisemitismus) des demagogischen, mit weißen Rassisten paktierenden Black Muslim-Führers Louis Farrakhans — beide fordern nach "Rassen" getrennte "Divided States of America" —"hieße zu vielen die Hoffnung nehmen". Ist das nicht eurozentristischer Zynismus in Gestalt einer Herabsetzung all jener schwarzen Aktivisten (auch von Malcolm X, dessen Tod Farrakhan seinerzeit in "The Final Call" forderte), die den dramatischen Zirkel erkennen, in dem sich die schwarze Bewegung momentan festgelaufen hat? Die massenhafte Resignation zeichnet sich bereits ab, nicht zuletzt in dem verzweifelten Aufschaukeln zu immer absurderen Verschwörungstheorien. Der Konspirationswahn, die Volksausgabe der Kausalitätsphilosophie, macht in schwarzen Sekten momentan die antisemitischen "Protokolle der Weisen von Zion" zum Bestseller. An diesem Wahn sind nicht wenige schwarze Intellektuelle beteiligt.

Let's Clean Up The Ghetto

Wo kluge und linke Leute wie Diederichsen beim Interpretieren der von der Black Community ausgesandten Rauchzeichen scheitern, hat die Mainstream-Jugendkultur ganz andere Probleme. Die überall ventilierte Information, Rap wäre "Musik aus dem Ghetto", macht bei den Jungs und Mädels mit den aufgeräumten Jugendzimmern zunächst mal mächtig Eindruck. Der Begriff "Ghetto" erinnert die ökologisch geschulten Ohren irgendwie an "Biotop", wo es ja auch ziemlich "authentisch" sozialdarwinistisch zugehen soll. Die Rapper bedienen diesen Markt mit Verve. Sie wissen, daß ein "Strictly Outta Compton" auf dem Plattencover ungefähr die gleiche Wirkung hat, wie ein "Garantiert ohne Konservierungsstoffe"-Sticker auf der Schulmilch ihres europäischen Publikums. Mit Rap, so das Lob, wird man nicht betrogen wie beim satten Rock, wenn hier "Elend" draufsteht, ist auch wirklich welches drin. Der Konsument ist heute verwöhnt und zeigt sich empört, wenn die Darstellerin im Billigporno die Ekstase nur mimt, also nicht bereit ist, neben dem Körper auch ihre Gefühle zu verkaufen. (Glücklicherweise mimen längst auch die meisten Ghetto- und Gangster-Rapper, vor allem jene, deren Alben von den Plattenfirmen in den Rang eines Weltmarktproduktes gehoben wurden.)

Die Faszination, die heute die verschiedenen Spielarten des HipHop auf die sozial und kulturell heterogenen westdeutschen Jugendszenen ausüben und die von der Pimp-Begeisterung über ein nur am Hardcore Groove interessiertes Publikum bis zum Hausbesetzer mit Public Enemy-Tape im Ghettoblaster reicht, wird unter bestimmten Umständen vom latenten Rassismus empfindlich gestört. Was soeben noch die ästhetisch vermittelte Antizipation einer MÖGLICHEN Zukunft war, vielleicht aber auch nur die Folie, vor deren Hintergrund man sich heimlich dazu gratulieren konnte, ein besseres Los gezogen zu habe, wird zu einer ernsten Sache, wenn die idealisierte Figur näher rückt oder in der eigenen Lebenswelt realer wird. In der Ferne eignen sie sich als Objekt des Romantisierens oder als Bestandteil des üblichen Bilderrausches. Für Zeitgeistjournalisten und slicke Inner City People-Cliquen war HipHop nie mehr als ein greller, paradoxer Videoclip, dessen Kode zu knacken schon mal eine intellektuelle Anstrengung wert war. Als unermüdliche Schrittmacher des schönen Scheins ständig auf der Suche nach "interessanten und unverbrauchten Positionen" und somit dem NEUEN

Digital Underground

KICK für ein wachsendes Kollektiv von Individualisten, war ihnen Rap nichts anderes als eine ästhetische Geste mehr. Ein Artikel über die krude Ideenwelt der Five Percenter unter den rappenden Black Muslims paßte hervorragend zu der Serie über den "Trend zum Adel" oder den Report über die RAF. Auch farblich. Die Welt ist hier so bunt und zusammenhangslos wie das postmoderne Macintosh-Layout. Diese Medien behalten sich immer vor, ein Thema zum gegeben Zeitpunkt auch wieder abzusetzten. Sie rücken Minderheitenpositionen heute ins Licht und knipsen sie morgen wieder aus.

Wie dünn die schicke Decke von "Toleranz und Weltoffenheit" bei den schreibenden City Slickers ist, bewies unlängst die überregionale Billig-Stadtzeitschrift "Prinz" (2/92) mit einer Filmbesprechung von "Boyz 'N The Hood". Dort heißt es: "Schade, daß der Film unfreiwillig von der ersten bis zur letzten Minute signalisiert: Die Ausländerhasser in Hoyerswerda und anderswo haben völlig recht. Denn sämtliche Filmprotagonisten haben die kriminelle Energie buchstäblich in den Genen, wollen nur randalieren. Singleton, selbst schwarz, hat den reißerischen Effekten zuliebe seine eigene Rasse diskriminiert. Und im

Hintergrund groovt der Rap. Schlimm!"
Ein Artikel in der Tageszeitung "Hamburger Abendblatt" (Axel Springer-Verlag), zur gleichen Zeit erschienen, schlug übrigens in die gleiche Kerbe: "Dieser Film produziert Rassenvorurteile und ist deshalb überflüssig wie ein Kropf."
Da ist sie also wieder, die Position von Schäuble. Wie ihr Minister, so distanzieren sich das Springer-Blatt und der "Prinz"-Autor Gernot Gricksch vorsichtig von den offen militanten "Ausländerhassern", wie Schäuble, können auch diese Journalisten ein gewisses Verständnis für die völkischen Aversionen gegenüber den Schwarzen nicht verbergen. Wenn die Neger sich schon selbst als Menschen mit einer "Veranlagung" zum kriminellen Tun darstellen, dann liegen die Ausländerhasser mit ihren Argumenten ja gar nicht so falsch. Die scheinheilige Logik: Gegen freundliche Neger hätten weder die Ausländerhasser noch wohlmeinende Schreiberlinge etwas einzuwenden. Als würde sich der dumpfe Haß gegen "Fremde" auf Argumente begründen! Als würde die Geschichte des Rassismus nicht zeigen, daß, wenn der WILLE zur Verfolgung einmal vorhanden ist, JEDES "Argument" recht ist. Der durch die Ghettoisierung erzeugte Haß und Selbsthaß, wird in diesem überraschend ruhigen, völlig ohne reißerische Effekte auskommenden Film, überzeugend vorgeführt. Von dem "Prinz"-Autor wird die zerstörerische Wirkung, die die kapitalistischen Wolfsgesetze unter den BESONDEREN Bedingungen einer "ethnisch" nicht homogenen Gesellschaft anrichten (Deutschland wurde in Auschwitz "ethnisch" homogen gemacht), einfach in die NATUR der Schwarzen verlegt - in die Gene. Dem Autor ist die Vorstellung von einem Kampf zwischen den "Rassen" derart selbstverständlich, daß er Singleton vorwirft, die Ehre SEINER "Rasse" nicht mit demselben Schwung zu verteidigen, wie Gricksch

die der seinen. (Erleben wir demnächst eine Kampagne gegen Action-Filme, in denen Weiße sich gegenseitig totschießen?) Dabei entgeht dem Autor die Tatsache, daß es sich bei den Afro-Amerikanern nicht um eine "Rasse" im biologischen Sinn handelt – ihre Vorfahren wurden aus den verschiedensten Gegenden Afrikas verschleppt, und dort gibt es, nach den Erkenntnissen der wissenschaftlichen Anthropologie, ganz unterschiedliche Subvarietäten – sondern um eine Gruppe von Menschen, die von einer grundsätzlich an Aussortierung und Auslese interessierten Gesellschaft WIE eine "Rasse" behandelt wird, "rassifiziert" wird. (Auch wenn die schwarzen Amerikaner tatsächlich eine homogene Rasse wären, müssten sie erst von anderen "rassifiziert" werden, um auf die Idee zu kommen, das "Blut" zur Grundlage gemeinsamer Handlungen zu machen. Eine auf Blut und "Rasse" begründete Politik hat immer reaktionäre Konsequenzen). Genausogut könnte man alle Linkshänder, Rothaarigen, Obdachlosen oder Sitzenbleiber "rassifizieren", also ausgrenzen, was ja nicht selten auch geschieht. So aber erscheint der soziale Verteilungskampf als ein "Rassenkampf" und daran glauben auch der "Prinz"-Autor und seine Redaktion. Von diesem Standpunkt aus haben die Schläger von Hoyerswerda und anderswo irgendwie recht. Im Unterschied zu Singleton lassen sie auf ihre "Rasse" nichts kommen. Und im Hintergrund scheppert dumpf und dumm der Deutschrock, während "Prinz" sich - wie lange noch? - den schicken Opportunismus erlaubt, HipHop gut zu finden, zu dem man eleganter tanzen kann, was wieder daher kommt, daß die Neger den Groove irgendwie in den Genen haben, so wie die deutsche Rasse den BMW, die Wiedervereinigung und den gemeinen Journalismus in den Genen hat, die Dinge halt, aus denen ihr Erfolg gemacht ist.

VI. "DADDY CALLS ME A NIGGER"

Caucasian Rap

"There was a time when they wouldn't play anything like black Music on the radio" (Little Richard).

"Ice Ice Baby" vom Retorten-Rapper Vanilla Ice aus Florida war ein ausgeprochener Megaseller (5 Millionen verkaufte Singles). Mißbilligend, aber auch staunend standen seinerzeit die schwarzen Rapper nebendran und fragten sich: "Was haben wir falsch gemacht? Rap is black, aber eine der bestverkauften Singles kommt von einem weißen Arschloch mit blasiertem Gesichtsausdruck. Wiederholt sich nun, was schon Chuck Berry passierte, als man ihm Elvis vor die Nase setzte?"

Zuerst waren es die Beasty Boys, später 3rd Bass, danach machten sich die Chicanos (Kid Frost aus Los Angeles) mit ihren Mexiko-Medallions breit und schließlich griff die blonde Schönheit Tairrie B mit der Hilfe von Eazy-E und daher mit einem schwer kritisierbaren Album nach dem Erfolg. Vergessen wir nicht den vom Rhyme Syndicate geförderten weißen Rapper Everlast aus Long Island mit seinem Debut-Album "Forever Everlasting" und die vom Public Enemy-Partner Bill Stephney (S.O.U.L.-Label) aufgebauten Young Black Teenagers, bei denen es sich bekanntlich ebenfalls um vier weiße Kids handelt. Während tonangebende Rapper, wie Ice-T, Eazy E und Public Enemy weißen Acts auf die Beine helfen, bleiben viele schwarze Fans dem Phänomen gegenüber mißtrauisch. Zwar sei, so argumentieren sie, HipHop seit langer Zeit die erste "echte" Black Music, zwar hätten diesmal die schwarzen Künstler weitgehende Kontrolle über ihr Produkt und die Vermarktungstrategien, aber nach wie vor existiere ein spürbarer Druck, sich in Richtung Crossover zu bewegen. Möglichst helle Haut und möglichst weiße Bandmitglieder erhöhten die Chancen. Wie sind dann aber schwarze Rock Stars wie Jimi Hendrix oder Living Colour zu beurteilen? Ist HipHop "schwarz" und Rock "weiß"?

Living Colours

Die endgültige begriffliche Bindung einer bestimmten Musikrichtung an eine Hautfarbe ist glatter Rassismus. Gospel und Blues wurden in den USA bis in die fünfziger Jahre in der Musikpresse als "Race Music" bezeichnet und dann erst durch den vom damaligen "Billboard"-Chefredakteur Paul Ackermann geprägen Terminus "Rhythm & Blues" ersetzt, der auch heute noch übergreifend für schwarze Popmusik verwendet wird. Nur wenn man die Termini "Black Music" oder "White Music" historisch entwickelt, erhalten sie eine gewisse Berechtigung.

Wenn Musik gewaltsam ausgegrenzter Afrikaner von vornherein zur "Negermusik" ernannt wurde - was immer sie auch gespielt oder gesungen haben mögen - dann entstehen in einem solchen Ghetto tatsächlich eigene, besondere Stile, verdichten sich Mitbringsel aus der Vergangenheit (Afrika), die sich unter anderen Umständen in die Gesellschaft aufgelöst hätten, zu einer "Identität". Mit der Zeit sammelte sich ein gewisser BESTAND an "Negermusik" an. Sie bekam eine eigene Geschichte, ausgeprägte Sondermerkmale (etwa der Beat, die Rufe etc.) und schließlich einen eigenen Eintrag in den Fachbüchern. Irgendwann, und weil die Ausgrenzung weiterging, fingen Schwarze an, sich BEWUSST in die nunmehr existierende TRADITION schwarzer Musik zu stellen. So befestigte sich die Ausgrenzung auch von dieser Seite her.

Trotzdem haben Schwarze - mit oder ohne Rückgriff auf die Tradition - immer wieder versucht, aus dem Ghetto auszubrechen, haben Crossover oder gleich "weiße" Musik gespielt. Und immer wieder wurden sie mal wieder abgewiesen, zurückgeschickt. Chuck Berry, der R & B mit Country & Western zum Rock N Roll fusionierte, hatte sich mit "Sweet Little Sixteen" und "School Days" (1958) an ALLE Kids und Teens seiner Zeit gewandt. Die Gefühle, die er ansprach, lagen jenseits "ethnischer" Zugehörigkeiten, weil ALLE Jugendlichen Liebeskummer oder Probleme mit der Schule haben, wenn auch jeweils in anderer "Färbung". Tatsächlich wird man, musiktheoretisch/musikgeschichtlich gesehen, in der Popmusik nichts wirklich "Schwarzes" oder "Weißes" entdecken. Schon in die erste "Negermusik" gingen nicht nur und vielleicht nicht mal überwiegend afrikanische Elemente ein. Kirchenmusik und andere Importe weißer Siedler und Sklavenhalter kamen von Anfang an in den Topf, in dem dann tatsächlich eine eigene Suppe gekocht wurde. Und daß "weiße" Musik wiederum seit dem Kontakt mit dem "Orient" ein wahrer Eintopf ist, das ist ja fast schon ein Gemeinplatz.

Wenn der rassistische Außendruck endlich aufhört, wird es Black Music nur noch als innermusikalische Stilbezeichnung geben - ohne unmittelbaren politischen Bezug (mittelbar, also als Wissen über ihre Enstehungsgeschichte, bleibt der Bezug politisch)-in einem ähnlichen Sinne, wie man heute von "Klassik" spricht. Black Music ist dann ein Genre, das wirklich

Stereo MC's

jedem Musiker/Hörer offensteht, der es mag. Wie es dann auch umgekehrt die "Black Rock Coalition", vor sieben Jahren von Living Colour und den JJ Jumpers initiiert, nicht mehr nötig haben wird, sich vor den "eigenen Leuten" rechtfertigen zu müssen. Klar, dann fehlen vielleicht ein paar stilprägende Leidenschaften (der Soul und der Blues), wie sie heute der Erfahrung der Diskriminierung entspringen, aber warum sollen sie nicht durch angenehmere Leidenschaften ersetzt werden können?

Black Music als schlichte Stilbezeichnung - davon sind wir weit entfernt.

Das schwarze Mißtrauen gegenüber weißen Rappern ist vor dem geschichtlichen und aktuellen Hintergrund erklärbar. HipHop ist als Musik der schwarzen Jugendsubkultur entstanden und lebt bis heute von seiner sozialen Verankerung in der Black Community. Aber im HipHop sind auch Elemente inkorporiert, die, ähnlich wie damals bei Chuck Berry, an gemeinsamer Kultur anknüpfen. HipHop ist auch Popmusik, ist Clubkultur, ist Cut & Mix Technik, ist Collage, ist Dichtung. HipHop

194

handelt AUCH von Emotionen, Erfahrungen und Bewertungen, die auch außerhalb der Ghettos gelten und etwas bedeuten: Glück, Einsamkeit, Liebe, Opportunismus, Aneignung fremder Arbeitskraft, Emanzipation, Widerstand, Talent, Alter etc. Viele Elemente des HipHop sind übertragbar in eine andere kulturelle Umgebung. Selbst die rebellisch-subversive Haltung, wie sie noch in jedem Dope Beat und auch in der Form des Sprechgesangs steckt, läßt sich nach dem Import mit anderen Erfahrungswelten kombinieren. Die Sprechchöre der deutschen Revolutionszeit, wie sie etwa von Ernst Toller und Kurt Eisner entwickelt und später von Brecht aufgegriffen wurden, standen dem Rap durchaus nahe. Rap ist die musikalische Form von Leuten, die etwas zu sagen haben.

Weiße Rapper müssen also nicht grundsätzlich eine komische Figur machen. Wie ja auch weiße Musiker, die Jazz, Blues, Soul, Funk oder Reggae spielen, ihrem Gegenstand gerecht werden können. Wenn HipHop um die Welt geht, und daran sind die Musiker ja interessiert, dann prägt er eben auch seine Konsumenten. Auch Vanilla Ice kann für sich beanspruchen, mit HipHop groß geworden zu sein: "Als ich 13 Jahre alt war, gab es niemanden in meiner Schule, der nicht zuhause Rap-Texte verfasste, um sie dann den Freunden vorzutragen."

MC Serch und Prime Minister Pete Nice von 3rd Bass, die in einer schwarzen Nachbarschaft aufwuchsen, zählen, wie selbst ihre Kritiker respektvoll zugeben müssen, zu den besten amerikanischen Rappern. Chuck D urteilt über die weiße Rap-Gruppe Young Black Teenagers mit dem Album-Track"Daddy Calls Me A Nigga": "Diese Kids sind beispielhaft für eine neue Generation von großstädtischen weißen Jugendlichen, die nicht von der schwarzen Kultur ferngehalten wurden. Sie wuchsen mit schwarzer Dance Music auf und verbringen ihre freie Zeit mit schwarzen Freunden."

Man muß nicht unbedingt einen schwarzen Schulfreund gehabt haben, wenn man sich mit Rap befassen will. Das zeigen die Stereo MSc, Galliano, Sole E, MC D-Koy von 2 The Top (alle London), Lucas (Dänemark), Gotcha (Holland), PC Keyo und Papa Dee (Schweden), Saliha (Frankreich) und die vielen anderen, die mir gerade nicht mehr namentlich einfallen.

Krauts With Attitude (Stolze Deutsche)

Und Deutschland? Beginnen wir mit "Die Fantastischen Vier" aus Stuttgart. Ihr Debut-Album "Jetzt geht's ab"

(Sony) ist ganz schrecklich, und das ist durchaus schade. Wer HipHop/Rap ernst nimmt, muß auch an deutschsprachigen Raps interessiert sein, weil Rap "Word" ist und "Message" (und nicht nur der Groove) und weil beides verstanden gehört. Das Problem ist nun, daß die Fantastischen Vier diese Idee zwar aufgreifen, aber... nichts zu sagen haben. Wenn aber Deutsche, die nichts im Kopf haben, "Negermusik" imitieren, und sei es noch so perfekt, dann verfallen sie gerne in Rosenmontagslaune, in den Stil von Frank Zander (Rap-Single "Absolut gut", Intercord). Diese krampfhafte Albernheit ist dann nicht weit entfernt von Helmut Albrechts Türkenwitzesprechplatte "Allo Chefe".

****

"Wie wird man Superstar/Nummer Eins in Amerika/Mit Video im Marmorklo/Das geht so/A Bum Shak/Do The Bass/Und schon hasten wir zum Kasten mit den Tasten/A HipHop, A Hippe Hop Hop - wird's ein Hit oder wird's ein Flop/Wer nicht samplet oder scratcht wird von der Konkurrenz zerquetscht/..."
ERSTE ALLGEMEINE VERUNSICHERUNG, "Hip Hop" Electrola, März 1992.

****

Wie sehr es die Deutschen nötig haben, sich Einflüsse, denen sie ausgesetzt sind, die sie aber nicht verstehen können und wollen, auf barbarische Weise einzuverleiben, zeigt die folgende kleine Auswahl an volkstümlich- "witzigen" Rap-Titeln: ERSTE ALLGEMEINE VERUNSICHERUNG "Hip Hop" (Electrola), MC EUGSTER "Zillertaler Hochzeitsmarsch/ HipHop Remix" (ZYX), THE HOMEBOYS "No Way" (Black Flame/Stuttgart), WERNER GRISSMANN "Schi-Wax-Rap" (Virgin), DRD "Trabi Rap" (Dance Street), YARINISTAN "Ali Rap" (Phonogram), KOHL & THE GANG "Möllemann Rap" (Polydor). Obwohl kein Rap, ist hier auch an den "witzig"-rassistischen Dancetitel "10 kleine Negerlein" von Time To Time (EMI) zu erinnern. Was die Fantastischen Vier von dieses Blüten deutscher Volksmusik unterscheidet, ist nur ihre Musik. Die Stuttgarter verstehen sich auf Breakbeats und Grooves, sie machen richtigen (!) funky HipHop. Auch einige ihre Persiflagen, etwa der Sticker "Elterliche Vorsicht GEBOTEN - Deutliche Texte" oder die Anspielungen auf die Macho-Attitüde amerikanischer Vorbilder, würden voll in Ordnung gehen, stünden sie in einem klügeren

Kontext. Doch die Fantastischen Vier kommen in keiner Textzeile übers Blödeln hinaus, und damit ist der ganze Witz dahin. Textbeispiele: "Schönen guten abend, meine damen und herren, wir machen rap-musik und wir hören sie gern/he leute, hoch die tassen, oder schnuft ne'prise/ geb dir kurz die dröhnung oder rauch mal an der zise/ ringel, reihe, rosen, schöne aprikosen/jetzt gehts ab, wir hauen euch aus den hosen."

Die Fantastischen Vier sind, neben vierzehn weiteren Gruppen, auch auf einem deutschen HipHop-Sampler mit dem ätzenden, in den Nationalfarben gehaltenen Titel "Krauts With Attitude - German HipHop Vol. 1", den sich die Redakteure der Zeitschrift "Spex" in einem wenig lichten Moment für eine länger zurückliegende Titelstory (3/90) ausdachten und den Michael Reinboth, der den Sampler für das Marlboro-Label "Boombastic" kompilierte, übernahm. Nachdem "Spex" das Album bereits als Geschenk für neue Abonnenten ausgelobt hatte, kamen dann doch noch Zweifel.

Das locker-flockig geschriebene Booklet zeugt nämlich von einem recht rüden, deutschtümelnden Zugriff auf das begehrte fremde Kulturgut: "Es ist jetzt an der Zeit, dem Selbstbewußtsein der Engländer oder Amerikaner irgendwie entgegenzutreten." Dieser Satz, der, wahrscheinlich unbewußt (das macht die Sache nicht besser) die aktuelle Generalline deutscher Außenpolitik ausplaudert, bezeugt zumindest ein untergründiges, nicht bewußtes "imperialistisches" Gefühl gegenüber der HipHop-Kultur, die zu imitieren oder gar zu übernehmen nicht recht gelingen will. (Im negativen Sinn scheint das in München zu funktionieren, wo 1991 als "Rapper" auftretende Jugendbanden mittelständischer Herkunft von sich reden machten.) Allen jahrelangen Bemühungen zum Trotz sind die Erfolge dürftig - der endlose Strom hervorragender Importplatten macht alle Bemühungen zunichte, solange man nur imitiert. Aber für etwas Eigenständiges bräuchte man eine gute politische Idee, eine Haltung, vergleichbar vielleicht dem Punk. Die einzige Gruppe auf diesem Sampler, die in dieser Hinsicht überzeugt und auch bereits mehrere gelungene Titel veröffentlichte, ist N-Faktor aus Bielefeld. Wahrscheinlich haben die hier versammelten Acts die Liner Notes zum Sampler vorher nicht gekannt, und vielleicht hätten einige von ihnen ansonsten dagegen prostestiert. Eine überzeugende Entschuldigung ist das allerdings nicht. So wie früher jede Punk-Band genau wissen wollte, wie und zu welchen Bedingungen man sie vermarkten will - das ging machmal bis zum "Bezahle für diese Single nicht mehr als 2 Mark" - Sticker - so achten heute auch viele amerikanische HipHopper genau auf die Einzelheiten und verweigern sich etwa dem Walt Disney Label "Hollywood Basic". Eine vergleichbare Reserviertheit gegenüber den Vermarktungsstrategien von Marlboros "Boombastic Records" und anderen fehlt hingegen in großen Teilen der Szene, die jetzt unter der deutschen Flagge antritt. Man hat lange gedarbt, jetzt war man zu vielem bereit. Mit "Krauts With Attitude" haben HipHop-Gruppen (darunter "multikulturelle" wie die nigerianisch-jugoslawisch-deutsche Ethno-Hop-Crew Exponential Enjoyment), die zufällig zwischen Hamburg und München leben, den unverzeihlichen Fehler gemacht, sich unter dem schwarz-rot-goldenen Label "deutschern HipHop" vorführen zu lassen. Das widerspricht total dem internationalistischen Ansatz, der noch 1989 für die zahlreichen, aus jungen Türken, Jugoslawen, Afrikanern sowie schwarzen und weißen Deutschen bestehenden Rap-Gruppen, wie etwa Easy Business, Cora E., Unique Rockers, Rock Da Most, Islamic Force, The Def Stars, Da Criminal Sisters, Two Fresh Fly, Partners Of Crime, Possibility Troopers, Electronic Force etc. verbindlich war. Die meisten von ihnen, soweit noch existent, haben die voreiligen und naiven Träume vom lukrativen Plattenvertrag begraben und belassen es bei lokalen Auftritten, die ihnen und ihren Fans Spaß bringen. Nur das in Nürnberg lebende türkisch-peruanische Rap-Duo King Size Terror hat mit "The Word Is Subversion" ein ungewöhnlich militantes und auch gelungenes Album veröffentlicht. Andere, wie IQ und Easy Business aus Hamburg setzen auf Kooperation mit Indie-Labels. Es geht um Singles, die nur kleine Szenen erreichen. Einen Star hat diese Szene immerhin hervorgebracht: den Hamburger David Fascher, zweimaliger Sieger bei den DMC World Championships in London. Zu den vielen in Deutschland lebenden, rappenden Ex-GI's (P.M. Sampson, Deskee, P. Smurf, Turbo B. etc.) sind auch The Criminals zu zählen. Diese ungwöhnliche, 15-köpfige Posse aus der Nähe von Mainz, besteht je zur Hälfte aus aktiven GIs und Veteranen, die aus dem Vietnamkrieg als radikale Kritiker der USA zurückkamen. Während des Golfkriegs produzierten sie die Rap-Single "Just Say No" und verschickten 1000 Exemplare als Underground-Tape an die Front, mit der Bitte, möglichst viele Kopien zu ziehen. Trotz eines Berichtes im "Stern" und in lokalen Tageszeitungen wurden The Criminals von keiner einzigen Musikzeitung erwähnt. Eine geile Story über die rappenden Lebenslänglichen von der Lifers Group ließ sich hingegen keine Zeitung entgehen. Das ist Pop.

VII. RETROSPEKTIVE

1990: Professor Griff und MC Hammer

Während 1989 Ice-T, De La Soul und NWA in aller Munde waren, ging es 1990 vor allem um Digital Underground (chaplinesker P-Funk), Boo-Yaa Tribe (Fatback meets NWA), X-Clan (Grace Jones-Disco plus Agitprop im Tonfall der Last Poets), Jungle Brothers (Zitat-Funk), A Tribe Called Quest (Aufgeklärte Gelassenheit), Poor Righteous Teachers (Reggae, Slow Rap und Fundamentalismus), The Afros (Rückkehr in die Siebziger, aber ohne Dee-Lite-Pop) und Above The Law (Hustler-Rapper, benannt nach dem Film von Andrew Davis aus dem Jahr 1988). Der amerikanische HipHop wurde zunehmend geschmeidiger, smoother, souliger und jazziger. Afrocentric war das zentrale Ereignis an der ideolgischen Front. Bei Public Enemy kam es zum langwierigen Konflikt um die antisemitischen Statements von Professor Griff. Am Ende flog Griff raus (Flavour Flav: "I can't do nuthin' for you man") und gründete mit seinen letzten Jüngern einen eigenen Verein.

Derweilen avancierte der wohl bedeutendste HipHop-Produzent Hank Shoklee (Public Enemy, Slick Rick, 3rd Bass, aber auch Janet Jackson und Paula Abdul) zum Eigner des Labels S.O.U.L. ("Sound Of Urban Listeners"). "Nobody Knows Kelli" von der weißen Rap-Gruppe Young Black Teenagers, das erste Produkt aus dem neuen Haus, war eines des bemerkenswertesten Phänomene dieses Jahres. Als das schiere Gegenteil der Bewußtseinsrapper präsentierte sich der Mainstream Rapper Hammer, der damals noch ein MC sein wollte. Der Groove seines Hits "U Can't Touch This" war bei Rick James ausgeliehen, der dafür eine Million Dollar kassierte. Im Jahr 1990 wollten bigotte amerikanische Richter die Platten der mittelmäßigen Slackness Rapper 2 Live Crew aus der Welt schaffen. Der Labeleigner und Produzent Luke machte daraus ein gutes Geschäft, und deshalb hat ihn sein spätpubertärer Kindergarten jetzt seinerseits vor Gericht gebracht.

Die mit den Sex Pistols und Bob Marley aufgewachsenen britischen Rapper bevorzugten auch 1990 Hardcore. Overlord X und The Ruthless Rap Assassins zitierten Beatles, Doors, Hendrix und Raggamuffin Reggae. Ein neues Kapitel in der Geschichte des Brit Rap eröffneten MC Mell 'O und die Stereo MCs mit feinzisellierten und teilweise jazzigen Alben.

1991: HipHop-Jazz und Bristol Beat

Zunächst einmal war 1991 das Jahr der HipHop/Jazz-Fusion. In diesem Jahr hatten Gang Starr, Dream Warriors, Young Disciples, Skatemaster Tate, Galliano, K-Creative, Material, A Tribe Called Quest, Jungle Brothers, Caveman, Eric B & Rakim, Beats International und viele andere Jazz von Louis Armstrong, Charlie Parker, Donald Byrd, Dizzy Gillespie, Roy Ayers, Gerald Albright und John Coltrane gesamplet oder gleich - wie bei A Tribe Called Quest - von Ron Carter einspielen lassen. Auf der anderen Seite verfielen immer mehr Jazzer dem HipHop, etwa Working Week, Steps Ahead, Herb Alpert, Robin Eubanks, Steve Coleman, Brandford Marsalis, Cassandra Wilson, Gary Thomas, Manu Dibango (mit MC Mell'O), das James Taylor Quartet und noch einige mehr. In diesem Jahr war offensichtlich die Zeit dafür reif, daß aus vereinzelten Versuchen mit Jazz-Samples eine ganze Welle werden konnte.

Im HipHop ist ein Prozeß zu beobachten, den man auch aus anderen Bereichen kennt. Zum Beispiel Einkaufszentren: In den 60er Jahren ziemlich brutal im Waschbeton-Design gebaut, werden sie seither Jahr für Jahr teurer ausgestattet, bis schließlich satter Marmor, edle Metalle und aufwendige Gewächse "Ambiente" ausstrahlten. Ganz ähnlich im HipHop: Begonnen als Turntable-Kunst, wurde er jährlich differenzierter, ausgefeilter, raffinierter. Besser ausgestattetere Studios, Ausweichen bei der Sample-Suche auf immer entlegenere Raritäten, die lange nicht mehr jedem einfachen B-Boy zugänglich waren, systematisches Durchforsten der gesamten Musikgeschichte, die finanzielle Möglichkeit den Sampler bei Bedarf durch teure Studiomusiker zu ersetzen etc. Mit anderen Worten: Der Rückgriff auf Jazz geschah, als HipHop in das Stadium des Wohlstandes eingetreten war. Zweifellos war das eine der wichtigsten Innovationen der letzten Jahre. Die Soul- und Funk-Grooves waren längst zur Beschränkung geworden, das Ausweichen auf Pop und Rock (Doug E. Fresh bis PM Dawn) versprach nur kurzlebige Highlights. Die jazzigen Improvisationen, mal als simple Standard-Breaks, mal aufwendiger produziert, lockerten das HipHop-Schema vorzüglich auf, passten zudem zum Rap, der dem Jazz-Talk ja nicht unähnlich ist. Von der anderen Seite kam der Dancefloor Jazz und so konnte eine interessante Club-Jazz-Bewegung daraus werden. Richtige Kultur, könnte man sagen, denn das kulturelle Niveau mancher HipHop-Live-Shows wirkte doch wie ein Rückfall in die Barbarei,

jedenfalls im Vergleich zu den Höhen, die Black Music in Gestalt von R & B, Soul und Jazz bereits erreicht hatte. Für eine Punk-Laune war das gut, aber wer will nicht auch mal Zwischentöne hören? Geradezu unvermeidlich war es da aber auch, daß Heerscharen von kultivierten Menschen, Zeitgeistblättern und Wochenendbeilagen seriöser Tageszeitungen plötzlich den "anspruchsvollen" HipHop entdeckten und darüber Public Enemy oder Silver Bullet aus dem Spiel drängen wollten.

Gang Starr

Ein fast ebenso wichtiges Ereignis war 1991 der erstaunliche Aufstieg des Bristol Beats von Smith & Mighty, Fresh 4, Sweet Energy, Family Connection und vor allem von Massive Attack aus dem Underground in die Playlists von Mainstreamradios.

Der Bristol Sound ist klar von anderen Stilen, auch von Soul II Soul, abgegrenzt: Street Soul statt Club Soul, ein Baß für die ganz großen Speakers wie im Reggae, deutlicher Einfluß des Lovers Rock Reggaes, hier jedoch im Dub Soul Stil, Cool Tempo Rap, leicht discohafter Old School HipHop, große Bedeutung der gesungenen und souligen Melodie, kombiniert mit entrückt flüsterndem Rap. Daydreaming der Street Kids. Als das Album "Blue Lines" veröffentlicht werden sollte, bombte die US-Air-Force gerade am Golf. Eine Hälfte der schwarzen Amerikaner wollte diesen Krieg nicht als den ihren verstanden wissen, die andere war dafür. Ein Riß tat sich dabei auch in der Rap-Welt auf. Die "toughen" B-Boys von Gang Starr ängstigten sich vor Antikriegsdemonstrationen und sagten deshalb ihre Konzerte ab, A Tribe Called Quest forderten mutig zur Kriegsdienstverweigerung auf und Massive Attack kürzten vorübergehend den kriegerischen Schlußteil ihres Gruppennamens weg, um nicht mit der US-Armee verwechselt zu werden.

Und sonst? 1991 war auch das Jahr der Jeep Beats und Boom Car-Cruiser, der bekehrten Gangster (The Intelligent Hoodlum) und bekehrten B-Boys (Mantronix), von Rap-Terroristen (HiJack), Hartnäckigkeit (Stetsasonic, Run DMC) und Entertainement (De La Soul, Digital Underground), von Doo-Wop Rap, New Jack Swing, HipHop/Metal-Fusion, HipHop/Pop-Fusion und Rap Reggae. Zusammengefaßt war es das Jahr, in dem HipHop endgültig seine Anerkennung als Pop fand: In meinem

Caveman

Supermarkt begrüßte mich am Eingang ein lebensgroßer Papp-Rapper und warb für coffein-haltige Limonade. HipHop wurde Teil des dynamischen Dreiecks Pop-Black Music-Dancefloor. KRS-One rappte mit R.E.M., PM Dawn chartete mit Monkees- und Spandau Ballet-Adaptionen, Definition Of Sound kooperierten mit Kirsty MacColl und Public Enemy mit Anthrax.

Und während der nun frömmelnde Gangster Rapper Ice Cube unter persönlicher Anleitung des Black Muslim-Vizechefs Dr. Khallid Abdul Muhammad (der auch bei Public Enemys "Fight The Power" mitwirkte) mit "Death Certificate" eines der rassistischsten und sexistischsten Alben der Rap-Geschichte vorstellte, veröffentlichten Biz Markie, A Tribe Called Quest und Chubb Rock mit "I Need A Haircut", "The Low End Theory" und "The One" drei Klassiker, einer ruhiger und jazziger als der andere. HipHop hat inzwischen so viele Substile entwickelt, daß - wie im Rock - fast für jeden etwas dabei ist.

DOO-WOP HIP HOP

Das Quartett Color Me Badd zählte zu den überraschenden und zugleich umstrittenen Newcomern des Jahres 1991. Ihr als Soundtrack von "New Jack City" populär gewordener Sommerhit "I Wanna Sex You Up" spaltete in Londoner Clubs das Publikum in Begeisterte und Genervte. Seit Marvin Gaye's "Sexual Healing" zelebrierte kein anderer Black Music Titel derart unverbrämt die Auffassung, daß eine Frau weder in der Karriere noch in der Versorgungsehe, sondern nur im Bett eines ganz im Dienste der Erotik stehenden Lovers ihre natürliche Bestimmung erfahren kann. Doch gerade dieses alberne Bild vom Liebhaber, der den seidenen Pyjama als Berufskluft trägt, schien an Color Me Badd zu faszinieren. Das andere Geheimnis ihres Erfolges heißt Doo-Wop.

Die vier smarten Sänger aus Oklahoma City hatten diese Musik im Kirchenchor kennengelernt und ihre A Capella-Fähigkeiten im Chor ihrer High School jahrelang praktiziert. Ihr Vorbild war der Vortragsstil der schwarzen Gesangsgruppen der 50er Jahre, die zu sparsamer Musikbegleitung komplexe Harmonien sangen und dabei gerne die Phrasierungen "doo" und "wop" gebrauchten. The Stylistics mit ihrer verrückten Neigung zum Falsetto-Overkill retteten den Doo-Wop-Sound in die 70er Jahre hinüber, wo er dann im Harmonie-orientierten Soul weiterlebte. Doch abgesehen von wenigen zaghaften Versuchen, zum Beispiel von LL Cool J, galt dieser Stil bis dahin nicht viel in Rapper-Kreisen. Als jedoch im August 1990 der Bell Biv Devo-Produzent Dr. Freeze die Color Me Badd-Debutsingle mit dem Feel-Good Flair und den Evergreen-Qualitäten produzierte, waren auch schon andere im Studio aktiv: Crystal Waters und die Basement Boys arbeiteten an "Gypsy Woman" und die Gruppe Rappin' Is Fundamental an einem Funk-freien Album, das sie programmatisch "The Doo-Hop Legacy" nannten, um auf ihre Fusion von Soul, Gospel, Doo-Wop und HipHop aufmerksam zu machen. Ein traditionsreiches Genre der Black Music wurde in die 90er Jahre gerettet.

NEW JACK SWING

Das Prestige im Ghetto hängt von der Fähigkeit ab, Überlegenheit zu demonstrieren. Das Mittel hierzu ist für die Armen zunächst einmal die physische, wenn nötig die bewaffnete Gewalt. Wenn sich der Erfolg einstellt, dann geht es irgendwann darum, den errungenen Respekt in legitime Autorität zu verwandeln. An die Stelle roher Gewalt tritt dann die Anhäufung und Zurschaustellung von Reichtum. Wer das geschafft hat, kann nun zwischen zwei Alternativen wählen: Ein "New Jack" zu werden, also ein Ghettofürst mit Jungmanager-Attitüde oder ein Lobbyist des Volkes. Ein solcher Volkstribun ist zum Beispiel KRS-One. Seine Musik ist Hardcore Rap und Reggae. Er ist reich, aber er haßt die New Jacks. Er wollte reich werden, um aus dieser überlegenen Position heraus dem brutalen Konkurrenzkampf Einhalt zu gebieten, der Aktionen gegen den Rassismus unmöglich macht. Den New Jack, der in den Romanen von Donald Goines mal Kenyatta, mal Prince und mal Daddy Cool heißt, interessiert so etwas nicht. Er lebt vom Elend und der Lähmung anderer. Seine Musik ist New Jack Swing. Wir reden hier von Sterotypen.

Als "Swing" bezeichnet man sowohl den Jazzstil der

Damien Hall   Teddy Riley   Aaron Hall

Chub Rock & Domino

dreißiger Jahre als auch eine, durch absichtlich eingebaute rhythmische und melodische Ungenauigkeiten erzielte Irritationstechnik in der Black Music. Die seit einigen Jahren populäre Verbindung von HipHop-Beats und Soulgesang bzw. die Kombination von Rap mit dramatisch gospelnden Vocals Groups und komplexen Harmoniestrukturen wird gerne als "New Jack Swing" oder auch "Swingbeat" bezeichnet. Bei einigen liegt der Schwerpunkt eher auf Soulbeats und Soulharmonien, etwa bei Basis Black, Today, Black Flames und The Winans. Bei anderen stehen Rap und HipHop verwandte Drumbeats im Vordergrund. Die Spannbreite umfaßt Guy mit Teddy Riley (die Stars der Szene stoppten im

März vorerst ihre Zusammenarbeit), Wrecks N Effect, Redhead Kingpin, Heavy D, Father MC, Teddy Riley, Gerardo (Swingbeat/Latin Crossover), MC Shan, gelegentlich auch Run DMC ("Faces"), aber auch die HipHop-Ausflüge von Bell Biv Devoe (auch das Ralph Tresvant-Album) und Cameo. Selbst beim Titel "Eenie, Meenie, Minie, Moe" auf dem letzten Temptations-Album "Milestone" und bei Michael Jacksons "Remember The Time" handelt es sich um Swingbeat bzw. Swingbeat-Pop. Uptown Records in New York ist seit 1982 eines der aktivsten New Jack Swing/Swingbeat Label. Die Platten von Guy, Heavy D, Father MC und vielen anderen Romantic-Swingern sind dort erschienen. Der Label Chef

201

Andre Harrel hat neben der Musik auch gezielt an einem New Jack-Kodex gearbeitet, der neben einer gangstercoolen Sprache und Gestik auch die Mode einschließt: Wildlederjacken, teure Ledermäntel, Nadelstreifenanzug, Krokodilledderhalbschuhe, Seidenhemden, getunte Boom Cars, Goldschmuck, schöne Frauen. Die Macho-Accessoires, die zuerst von den reichen Drug Dealern vorgezeigt wurden, sollen jetzt das "street image" der B-Boy-Outlaws aufpolieren. Die Musiker von Guy, Whodini, Bell Biv Devoe oder auch Ex-B-Boy Curtis Mantronik sehen sich in der Tradition der Black Dandys, Hipster und Superflys der 30er, 50er und 70er Jahre und demonstrieren den aufstiegsorientierten und vom sozialen Durchsetzungswillen zeugenden "dressed to kill"-Stil auf den Frontcovern ihrer Alben. "Viele von den B-Boys der ersten Stunde", erklärte mir Curtis Mantronik in einem Interview, "hängen jetzt in Greenwich Village ab und tragen bauschige Jeans und schicke Hemden. Damit hätten sie sich früher unmöglich gemacht". New Jack Swing ist zunächst einmal ein amerikanisches Phänomen. In England und auch hier stößt dieses Genre auf nachhaltige Ablehnung. Ohne es auszusprechen, weiß man, daß diese Musik mit der Spaltung der amerikanischen Black Community in Arm und Reich zusammenhängt. Da HipHop hier als Ghettomusik rezipiert wird, würde Swing ein geliebtes Bild in Frage stellen. Doch diese Musik reflektiert einen Aspekt schwarzer Realität: Den Ghetto-Fürsten mit der goldenen Kreditkarte, der seit vier Jahren (nach einem Artikel des "Village Voice" - Autoren Barry M. Cooper) "New Jack" genannt wird, die Jugendlichen aus dem schwarzen Klein- und Großbürgertum und schließlich die Träume all jener Lower Class People, die aus dem Ghetto heraus wollen.

Teenie-Rap

The Jackson Five verbrachten mehr Zeit auf der Bühne als im Klassenraum. New Edition, die mit Bobby Brown einen der bedeutensten Soul-Sänger hervorbrachten, begannen ebenfalls als Teenie-Stars. In den letzten Jahren nun eröffneten die New Kids On The Block, deren Rap- und HipHop-Anteil eher bescheiden und musikalisch unbedeutend ist, vielen zwölfjährigen Jungen und Mädchen den Zugang zu aktuellen Grooves. In den USA sind sie häufig der gemeinsame Bezugspunkt schwarzer und weißer Schüler, die, soweit sie gemeinsame Bildungseinrichtungen besuchen, noch Freundschaften

pflegen, wo Erwachsene sich längst mit der rassistischen Separation abgefunden haben. Allerdings sind die NKOTB auch das Eingeständnis, daß eine SCHWARZE Teenie-Popgruppe als "rule model" DER amerikanischen Jugend nicht funktionieren kann. Der schwarze NKOTB-Manager hatte ursprünglich an eine Neuauflage der Jackson Five gedacht, diesen Plan dann aber resignierend verworfen. Einige haben es trotzdem versucht, und so sind dann von Motown 1990 Another Bad Creation ("Coolin' At The Playground Ya'Know") im wahrsten Sinn des Wortes aus der Taufe gehoben worden. Es gibt noch einige andere, etwa 2XDEF aus London ("Listen To My Melody"), 3 Grand (Album "3 The Hard Way") oder die smarten, u.a. von Teddy Riley produzierten Pop-Soul-Rapper Hi-Five im NKOTB-Alter ("Just Another Girlfriend"), aber ABC sind als Nachwuchs-Rapper mit Abstand die besten.

RAGGAMUFFIN HIPHOP

Seit mehr als zehn Jahren wird Jamaika - wieder - von der Musik der Deejays beherrscht. Ob man es nun "DJ Dub Style" nennt, wie viele Jamaikaner, oder "Fast Style Toasting" oder einfach "Dancehall Reggae" - gemeint ist immer das gleiche: Der MC (Mike Chanter) rappt oder singt (macht er beides, nennt man ihn "Singjay"), über einen minimalistischen oder vollpegeligen, computerisierten Dub-"Riddim". Entwickelt von den mobilen Sound Systems der späten 50er Jahre, erlaubt es der "DJ Style" seinen Performern, ohne Zeitverzug zu den aktuellen gesellschaftlichen Themen Stellung zu nehmen, sei es nun ernsthaft oder sarkastisch.

Was in den 60er Jahren die Rude Boys waren, sind heute die Raggamuffins: Junge Lower Class Blacks, vorwiegend männlich, die sich im ihnen aufgezwungenen Ghetto mit STIL und CLEVERNESS durchschlagen und sich in dieser Rolle GROSS fühlen. Einerseits angepaßt gegenüber den gängigen Normen, andererseits vernarrt in Style & Fashion, und daher rund um die Uhr mit dem Problem beschäftigt, wie man möglichst illegal und möglichst ohne für andere den Laufburschen zu machen, zu dem nötigen Kleingeld kommt. Die Leitfiguren der Raggamuffins sind in der Regel und anders als in HipHop nicht die Gangster und Zuhälter. Vielmehr verstehen sie sich, soweit sie nicht mit den professionell krimminellen "Rankins" kooperieren, als "Hustler", als kleine, clevere, individualistisch-antiautoritäre wie auch opportunistische Glücksritter, die mit diesem und jenem dealen, meistens aber abgebrannt sind und deshalb vor allem eines haben - Zeit zum Abhängen bei einem der unzähligen Sound Systems. Der authentische Raggamuffin ist immerzu "rough and ready" für spontane Aktivitären und er ist davon überzeugt, jede Situation meistern zu können. Raggamuffin ist nicht alleine mit der Armut und schon garnicht mit Lohnarbeitslosigkeit zu erklären; Raggamuffin ist eine HALTUNG, die Antithese zu dem schwarzen Yuppie ("Buppie") mit dem Portable Phone und darin wieder den dreadlockigen Rastas und Reggae Boys der Roots Reggae-Zeit ähnlich. Die Losung "beating back the buppies" eint die verschiedenen Rebellen-Generationen ebenso, wie die Warnung vor dem Ozonloch und chemischen Konservierungsstoffen. Es sind dies die Stichworte, die von "Bewußtsein" zeugen, vom Festhalten an "Roots & Culture". Diese sonderbare Verquickung von Kleinstkriminalität und Widerstandsgestus haben die Raggamuffins noch um einen Programmpunkt ergänzt, der sie ähnlich fasziniert wie das Geld - die Slackness Lyrics. Obwohl weitaus weniger gemein als die vergleichbaren HipHop-Texte, nahm die Angeberei mit dem (angeblichen) Erfolg bei den Frauen in den letzten Jahren ziemlich aggressive Formen an. Zwar werden die Frauen nicht wie in New York oder Los Angeles fortwährend als "bitches" beschimpft, aber die Reduktion des Begehrens auf einen "I want some pussy"-Juckreiz hat raffiniertere Bedürfnisse und damit die Tradition jamaikanischer Love Songs deutlich verdrängt. Es waren Horace Andy und Tapper Zukie, die 1981 erstmals mit der Single "Raggamuffin" einer bereits existierenden Szene den Namen gaben. Der junge Sänger Half Pint schrieb dann 1985 die wunderbare Hymne "Greetings To All Raggamuffins", von der es inzwischen etwa 132 Versionen mit verschiedenen Texten gibt.

Talk Over Reggae - in den frühen 80er Jahren noch im relativ langsamen (momentan wieder aktuellen) "Cultural Style" von Peter Metro, Josey Wales und anderen - ist Deejay-Musik. HipHop basiert nicht zuletzt auf der Cut & Mix-Technik des DJ-Reggae. Diese Produktionstechnik wurde von Jamaikanern nach New York gebracht und ging in die dortige, am Funk orientierte Club- und Sound System-Szene ein, wie später wiederum HipHop zur Herausforderung für die Fast Style Toaster in Kingston, New York und London wurde. In den Worten des New Yorker Reggae-Produzenten Glen Adams: "Das Rap-Business hier ist das gleiche wie auf Jamaica, nur der Beat ist anders, zum Teil auch die Inhalte, aber das Konzept ist das gleiche. HipHop ist lediglich ein take-off

dessen, was wir in den Sixties und Seventies machten. Viele Westinder, vor allem jene, die hier sozusagen bikulturell mit Pop, Soul und Rock aufwachsen, finden die amerikanische Soul-Kultur bedeutend glamouröser als das karibische Leben und tendieren deshalb zum Rap. Dort nerven sie dann doch mit ihren Roots, bis es zum Crossover kommt."

DJ Kool Herc, der 1967 mit seinem Sound System von Kingston nach New York übersiedelte und dort zum Vorbild von Afrika Baambaataa und Grandmaster Flash wurde, spielte von den gängigen Funk-Hits nur die Percussion Breaks, mixte über einen zweiten Plattenspieler Melodielinien ein und ließ über diese Collage seine MCs toasten und singen. Diese Break Beat-Methode ist das zentrale Strukturelement des HipHop, nur daß man sich heute dazu des Samplers bedient.

Eine der ersten Verbindungen zwischen Rap und Reggae auf Vinyl versuchte 1979 Joe Gibbs mit einer Coverversion von "Rappers Delight" (Sugar Hill Gang). 1982 erschienen "Rock The House" von Pressure Drop (nicht zu verwechseln mit dem Londoner Projekt, das im Januar 1992 das Jazz/Soul/Reggae/HipHop-Crossover-Album "Upset" veröffentlichte) und "Love Is Strange" von The World, beides Reggae-beeinflußte Rap-Singles. Anfang 1986 betrat Shinehead mit seinem Album "Rough & Rugged" die Szene. Bei dem LP-Track "Who The Cap Fit" - einem Bob Marley-Cover - handelte es sich um frischen HipHop Reggae. Allerdings wurde der Titel erst im April 1988 in New York zum großen Hit. Dann aber enterten Leute wie KRS-One und Just-Ice, beide Söhne jamaikanischer Einwanderer, die Rap Reggae Szene. Es folgten Masters Of Ceremony, der geniale "DJ-Imitator" Don Baron, Soul Dimension, Boyz Next Door u.v.a.

Aus London meldeten sich Longsy D & Cut Master MC ("HipHop Reggae"/1987) und Asher D & Daddy Freddy (Raggamuffin HipHop"/1988) mit eigenständigen Stilen. Seither ist die Verbindung von HipHop und Reggae in unzähligen Variationen (Dancehall Reggae plus Rap, Raggamuffin, Übergänge zu Ragga House, etc. zum festen Bestandteil des Plattenoutputs beider Genres geworden. Wichtigster Propagandist dieses Crossovers aus der HipHop-Szene ist heute KRS-One. Sein letztes Album "Sex & Violence" (3/92) ist musikalisch ganz diesem Thema gewidmet. Auf der anderen Seite agieren Ragga Toaster wie Cobra, Chuka Demus, Dirts mun, Ganja Ash, Tiger, Shabba Ranks, Home T., Ninjaman, Ragga Twins, Rebel MC, Apachi Indian und Daddy Yod zum HipHop-Breakbeat.

AUSGEWÄHLTE HIPHOP REGGAE PLATTEN

A Tribe Called Quest "I Left My Wallet..."/Remix (12")
Apachi Indian "Movie Over India" (12")
Beats International "Echo Chamber" (12")
Boogie Down Productions "Sex & Violence"
Carlton "The Call Is Strong"
Cash Crew "One Decade" (12")
Chaka Demus "Spirit" (12)
Chipsy "Reggae Rap Attack"
Cobra "Tek Him" (12")
Daddy Freddy "Stress"
Dirtsman "Fever" (12")
Daddy Yod "Redoutable"
Daddy Yod "King Daddy Yod"
Dream Warriors "Ludi" (12")
Earthquake Sound System "Assis Sur Le Rythm"
Flourgon "Follow Me Go Dancehall" (12)
Fu-Schnickens "Don't Take It Personal"
Ganja Ash "The Way You Love Me" (12")
Jamalski "Let's Do It" (12")
Jungle Brothers "Because I Got It Like That/Remix"

Little Lenny "Wicked & Wild"
Michie Mee & L.A.Luv "Jamaican Funk - Canadian Style"
Mighty Ethnicz "Any Riddim"
Nardo Ranks "Burrup" (12")
N-Faktor "It's Like That"
Ninjaman & Flourgon "Zig It Up" (12")
London Posse "Gangster Chronicle"
PC Keyo "In The Trap" (12")
Poor Righteous Teachers "Pure Poverty"
Rebel MC "Black Meaning Good"
Redhead Kingpin "Kilimanjaro" (12")
Shelly Thunder "Fresh Out The Pack"
Shinehead "The Real Rock"
Skatemaster Tate "Justice To The Bass" (12")
Solid Posse "Unity Rap" (12")
Stetsasonic "Afrika" (12")
Sugar Bullet "World Peace" (12")
Tiger "When" (12")
V.A. "Raggamuffin HipHop Vol.1 & 2"
V.A. "Dance hall Reggaespañol"

FREESTYLE

In den Augen vieler, deren musikalische Orientierung von Punk und Gitarrenbands geprägt ist, passen auch heute noch antiautoritäre oder militante Positionen und Dancefloor-Technologie nicht zusammen. Doch Innovatoren wie Mark Stewart & The Mafia zeigten schon früh, daß sich die technologischen Fortschrittmythen durch Verfremdung auch aufbrechen lassen. Die aufwühlendsten Geräusche kommen heute jedoch vom gegenüber dieser Problematik wenig bewußten HipHop. Die erste Band, die das begriff und zwischen Electro Punk und HipHop eine Brücke schlug, waren die Beatnigs aus Kalifornien. Ihre Nachfolgegruppe The Disposable Heroes Of Hiphoprisy hat nun - März 1992 - mit "Hipocrisy Is The Greatest Luxury" (Island) das beste Freestyle HipHop-Album aller Zeiten veröffentlicht. Satanische Verse mit aktueller Kritik an verschiedenen negativen Erscheinungsformen der HipHop-Industrie. Aus derselben Stadt wie die Beatnigs und mit diesen eng befreundet, kommen Consolidated, deren Debut-Album "The Myth Of Rock" zu den Klassikern des Freestyle Rap zählt. Die drei kulturrevolutionären Rotgardisten samplen Public Enemy, Adrian Sherwood und "Television" von den Beatnigs. In diesem Crossover aus Industrial Punk und HipHop, der zuächst einmal das Aufeinanderzugehen von schwarzem und weißen Underground in einigen amerikanischen Städten reflektiert, steckt die Potenz, die positiven Momente des Punk ins digitale Zeitalter hinüber zu retten. Was den Sprechgesang betrifft, so ist zum Beispiel der Agitprop-Vortragsstil von Jello Biafra (Ex-Dead Kennedys), der immerhin schon an einem Ice-T-Album teilhatte, durchaus mit Rap vergleichbar (siehe auch seine Spoken Word-LP "High Priest Of Harmfull Matter"). Damit sind allerdings die musikalischen Gemeinsamkeiten auch schon erschöpft, und genau an diesem Punkt sind zum Beispiel Consolidated und die Beatnigs einen Schritt weitergegangen.

Aus dem blühenden Underground der texanischen Öl-Metropole Dallas kommt der weiße Rapper und Sample-Virtuose Mc 900 Ft. Jesus mit der zwischen Ministry und Public Enemy oszillierenden, totalen Fusion von Industrial House, HipHop, Funk und Jazz. Verzerrte Klangstrukturen und Sample Vocals über Funky Beats korrespondieren mit Fast Raps und zirpenden Sequenzern. Sein neustes Album (Januar 1992) heißt "Welcolm To My Dream" und zeichnet sich durch Miles Davis-Zitate und ungewöhnlich literarische Texte aus.

A Tribe Called Quest

Aus London kennen wir seit Jahren eine andere Verbindung von weißem Left Wing-Lebensgefühl und Black Music: Den Techno Reggae von Adrian Sherwood und seiner On-U-Posse, zu der auch Mark Stewart und Garry Clail mit ihrem bemerkenswerten Funk-Verständnis gehören.

Einen anderen Zugang zum Dancefloor fanden in den frühen 80er Jahren die vom Punk her kommenden deutschen Bands DAF, Krupps und Der Plan. Ihr dadaistischer Electro Punk verstand es allerdings nicht, dem Bedürfnis nach einer Verbindung von Militanz und Hedonismus gerecht zu werden. Dieses Bedürfnis wurde vom HipHop auf seine Weise befriedigt. Als Anfang der 80er Jahre Rap populär wurde, kam es sofort zu Verbrüderungsversuchen zwischen beiden Seiten: Die Rap Crews Fearless Four und Cold Crush Brothers, aber auch The Clash bemühten sich um einen Punk Rock Rap. Doch dann ging HipHop technologisch und vom

Groove her derart in die Offensive, daß der aus ideologischen Gründen technisch rückständige Punk hoffnungslos den Anschluß verlor.

Umso bedeutender für die Aufrechterhaltung einer gemeinsamen Hardcore-Front wurden deshalb die Electro Avantgardisten. In England entstanden neben Stewart, DJ Spike, Tackhead und Sherwood verschiedene Industrial Funk-Projekte wie A2L, 400 Blows und Skinny Puppy. Inzwischen sind neue Ansätze hinzugekommen: Das Album "Listen Up" von Cabaret Voltaire, die "weiße HipHop-Band" Meat Beat Manifesto, Renegade Soundwave mit einem Dub Reggae/Acid/Metal/ HipHop-Crossover, Llwbyr Llaethog aus Wales (HipHop/ Reggae/Techno/Rock), N-Faktor aus Bielefeld (Rap/ Ragga/Rock), Freaky Fukin Weirdoz (Hardcore/Rap/ Reggae), Naomi N'Uru aus Bremen (Electro/Rock/Rap/ Scratching), Urban Dance Squad (Metal Hop), Definition Of Sound (Rap/Pop/Rock), Gotcha (Dance/Funk/Jazz/

Rock/Rap), Red Hot Chilli Peppers (Funk/Rock), The Family Stand (Funk/HipHop/R & B/Rock), schwarze Funk Metal Gruppen mit Malcolm X-Texten wie D-Xtreme und schließlich die Kooperation zwischen Public Enemy und Anthrax.

ABUS DANGEREUX - HipHop in Frankreich

"Haitian - Antilles - African - French Records". Der Plattenladen Discmart in Brooklyn/New York ist auf französisch-sprachige Musik spezialisiert und damit einer der wenigen Spezialläden für French Rap & Reggae. Auf obskuren Labels wie "Flames Records" werden dort HipHop- und Raggamuffin-Platten angeboten, von Rappern, die sich Mama Cherrie oder Bigga Haitian nennen und überhaupt nichts mit Zouk (französische Antillen) oder Cadence (Haiti) zu tun haben. Haiti, die Jamaica am nächsten gelegene Insel, ist seit 300 Jahren unfreiwillig Teil der französischen Geschichte und Kultur und damit erklärt sich auch, daß es Immigranten aus diesen Kleinstaaten nicht nur ins nahegelegene Miami, sondern auch ins entfernte Paris zieht.

In den USA führt French Rap bis heute ein Schattendasein. De La Soul stellten das Genre auf ihrem ersten Album kurz vor, und die Single "This Is The B-Side" von MC Choice machte als Import-Rarität vor ein paar Jahren die Runde. Die kanadische Szene, durch die Dream Warriors und Michie Mee ("Jamaican Funk - Canadian Style") erstmals in den Charts vertreten, bevorzugt die englische Sprache, und die französischen Texte auf dem HipHop Jazz-Album "To Rap My World Around You" kommen von dem dänischen Rapper Lucas. So erreicht uns dann der größte Teil des französischen Sprechgesangs aus den städtischen Ballungszentren der Grande Republique.

Im französischen Parlament wurde im Sommer 1991 ein "Antighettogesetz" verabschiedet, das eine "bessere Mischung der Wohnbevölkerung" durch gezielten sozialen Wohnungsbau in allen größeren Gemeinden herbeiführen soll. Die Absicht der Regierung ist es, eine gleichmäßigere Verteilung der "Immigrés" aus Nord-und Schwarzafrika zu erreichen und damit die "ethnischen Spannungen" in den als "kritisch" geltenden "Banlieues" (Vororten) zu entschärfen. Diese Einwanderer und ihre Nachkommen mit französischer Staatsangehörigkeit

stellen 12 Prozent der über drei Millionen Sozialwohnungsmieter, während ihr Anteil an der Bevölkerung Frankreichs offiziell nur 6,2 Prozent ausmacht. Die Entstehung von Banden jugendlicher "Beurs" (Einwanderern nordafrikanischer Herkunft) sowie moslemischer und propalästinensischer Organisationen junger Maghrebiner hat die Politiker der bürgerlichen Parteien aufgeschreckt und den faschistischen Führer Le Pen zur Verstärkung seiner demagogischen Propaganda veranlaßt. In Marseille und in den Satellitenstädten Les Minguetttes (Lyon), Mantesla-Jolie und Val-Fourrë (Paris) kam es in der letzten Zeit wiederholt zu Straßenkämpfen zwischen der Sicherheitstruppe CRS und jugendlichen Straßengangs. Das Spektrum der Gruppierungen reicht von den nordafrikanischen "Zulus", bei denen die Vergewaltigung eines weißen Mädchens zur Mutprobe zählt, bis zur politisch dem linksliberalen Bündnis "SOS Rassismus" nahestehenden nordafrikanischen autonomen Dachorganisation "Résistance des banlieues". Mehrere junge Marrokaner und Algerier kamen bisher im Polizeigewahrsam unter angeblich ungeklärten Umständen zu Tode. Nachdem jedoch drei Marrokaner bei einem nächtlichen "Rodeo" mit gestohlenen Autos eine Polizistin tödlich verletzt hatten, treiben die Rechtsradikalen mit Erfolg die Ressentiments des Bürgertums auf die rassistische Spitze und versprechen die "Befreiung" der Innenstädte von Arabern und Afrikanern. (Die "Vernegerung Frankreichs" spielte übrigens für Adolf Hitlers Rassenwahn eine nicht zu unterschätzende- Rolle. Frankreich hatte im 1. Weltkrieg farbige Regimenter eingesetzt, die später im Rheinland auch als Besatzungssoldaten auftraten. Die rund hundert Kinder, die sie mit deutschen Frauen zeugten, wurden 1935 als "Rheinland-Bastarde" eingestuft und zwangssterilisiert).

Die Zuspitzung der sozialen Widersprüche in Frankreich, die dort mehr noch als im England der 80er Jahre im rassistischen Gewand auftritt, prägt auch die französische HipHop-Szene. Während die Pariser Mode-Designer die schwarzen Top-Models Naomi und Iman zu X-Clan und Intelligent Hoodlum über den Laufstieg "catwalken" lassen, praktizieren andere das "racking", ein brutales Ritual, bei dem B-Boys in Métrostationen oder vor MacDonalds einzelne Kids und andere Gangs gewaltsam, zum Teil unter Einsatz von Messern und Schußwaffen, zur Herausgabe von Bomberjacken und teuren Lederjackets zwingen. Wer eine "gerackte" Bomberjacke trägt, ist ein kleiner Held in der eigenen Posse.

Wie in den USA zerfällt die Szene in unzählige,

miteinander rivalisierende lokalpatriotische Gruppierungen. Die einzelnen Rapper haben ohne Unterstützung im Viertel keine Chance, und aus dem selben Grund werden sie nur selten überregional anerkannt. Eine Ausnahme sind die "multinationalen" Afrocentricity-Rapper Imperial Asiatic Man aus Marseille, deren vielseitigs Album "De La Planete Mars" mit Titeln wie "Pharaon Revient" und "Kléops E a L'horizon" von einer an X-Clan orientierten Mystifizierung ägyptischer Dynastien zeugt und über Virgin-France vertrieben wird. Weitere Acts mit einem Plattenvertrag bei Major Companies sind: Die Rapperin Saliha (LP "Unique"), MC Solaar (LP "Qui Sémele Vent Récolte le Tempo", beide Polydor/IMS), Lionel D. (LP "Y'a Pas De Probleme"), Supreme NTM (LP "Authentik") und FFF (Rock-Rap Album "Blast Culture", alle Sony Music France). Eine wichtige Rolle spielen auch die Raggamuffin Rapper vom Earthquake Sound System (LP "Assis Sur Le Rythm") und Daddy Yod (LPs "Redutable" und "King Daddy Yod", alle über EfA). Durch die französische Sprache erhalten gerade die harten Dancehall Reggae- und HipHop Reggae-Titel auf angenehme Weise einen ungewöhnlich melodischen Akzent.

Ausgewählte HipHop und HipHop/ Crossover-Alben und -Maxis.

1990 bis März 1992
(Bewertung der Musik: = sehr schlecht.
Besonders deutliche Einflüsse, Stilmerkmale und Inhalte: s = Soul und Funk, sw = Swingbeat/New Jack Swing, go = Gospel, gg = GoGo, dw = Doo Wop, h = House/Disco/Dance, e = Electro, j = Jazz/Scat, rg = Rare Groove, b = Blues, Boogie, l = Latin, p = Pop, r = Reggae, i = Industrial/Experimental, rk = Rock/Metal, hc = Hardcore/Militant/Anti-Macho-Lyrics bei Rapperin/Noise Style/, en = Entertainer, af = Afrocentricity/Religiöser Fundamentalismus, ga = Gangster/Pimp/Hustler Style, sl = besonders langsam, fem = Female Rap, ki = Kinder Rap, ras = rassistischer als andere rassistische Platten, sex = sexistischer als andere sexistische Platten)

Above The Law "Livin' Like Hustlers" ***** ga, s, r
Another Bad Creation "Coolin' At the Playground" **** ki
A.P.G. Crew "On The Rise" **** s, hc

A Tribe Called Quest "Peoples Instinctive..." ***** sl, j
A Tribe Called Quest "The Low End Theory" ***** sl, j
Arabian Prince "Brother Arab" *** s, b, sex
Basis Black "Basis Black" *** sw
Beatmasters "Life & Soul" ***** s, r, rk
Big Daddy Kane "The Prince Of Darkness" **** s, ga, ras, sex
Big Lady K "Bigger Than Life" **** s, h, fem
Biscuit "Biscuit" *** s, p, hc
Bitches With Problems "The Bytches" fem, sex
Biz Markie "I Need A Haircut" ***** sl, en
Black Radikal Mk II "The Undiluted Truth" *** hc
Black Sheep "A Wolf In Sheeps Clothing" ***** s, j
Body Count "Body Count" *** rk, hc, sex, ras
Boogie Down Productions "Sex And Violence" ***** r, hc, en (3/92)
Boo-Yaa Tribe "New Funky Nation" ***** s, ga, en
Brand Nubian "All For One" *** af, sw, r
Carlton "The Call Is Strong" ***** r
Cash Crew "Will It Make My Brown Eyes Blue" **** hc, s, r
Caveman "Positive Reaction" **** s, j, hc, p
Chapter & The Verse "Great Western Street" ***** j
Chi Ali "The Fabulous Chi Ali" **** s
Chubb Rock "The One" ***** sl, s, r, en
Color Me Badd "C.M.B." *** dw, sw, f, p
Compton's Most Wanted "It's A Compton Thang" **** ga
Consolidated "Friendly Fa $ ism" **** i, hc
Cookie Crew "Fade To Black" **** fem, p, j
Cypress Hill "Cypress Hill" ***
Dana Dane "Dana Dane 4 Ever" *** s
Definition Of Sound "Love & Life" *** s, h, rk, p
De La Soul "De La Soul Is Dead" **** s, p, rk, h, en
Del Tha Funky Homosapiens "I Wish..." **** s, ras
Def Jef "Soul Food" ***** s
Depth Charge "Bounty Killers" *** hc
Die Fantastischen Vier "Jetzt geht's ab" * en
Digital Underground "Sex Packets" **** s, en
Digital Underground "Sons Of The P." ***** s, en
D-Nice "To Tha Rescue ** s, r
Disposable Heroes Of Hiphoprisy "Hipocrisy" ***** i, hc
DJ Jazzy Jeff & The Fresh Prince "Homebase" *** sw, h, en
DJ Professor & Francesco Zappala "We Gotta Do It" (12") **** j
DJ Quick "Quick Is The Name" *** s, r
DJ Spike "Invisible" *** i, hc

Dodge City Productions "The Clarity EP" ***** j
Donald D "Let The Horns Blow" *** s, rk
Doug E. Fresh "Innovation..." *** s
Dream Warriors "And Now The Legacy Begins" *****
j, r, en
Duke "Street Life" * hc
Earl The Poet "For Your Listening Pleasure" *** s
Eazy E "Temporary Insanity" ** sex, ras
Ed O.G. & The Bulldogs "Life Of A Kind In The Ghetto"
**** j, s
EPMD "Business As Usual" *****
Eric B & Rakim "Let The Rhythm Hit 'Em" *** s, rk
Face Down "Illegal Drugs Really Hurt" * s
Fat Boys "Mack Daddy" * ki, en
Father Dom "Father Dom" **** s, j, sl
Father MC "Father's Day" **** sw
Fu Schnickens "Don't Take It Personal" ***** r
Future Sounds "The Whole Shabang" **** s
Galliano "In Persuit Of The 13th Note" ***** j, s, r
Gang Starr "Step In The Arena" **** s, j
Gerardo "Mo' Ritmo" *** l, en
Geto Boys "Get Boys" **** ga, sex
Geto Boys "The Good, The Bad & The Ugly" **** ga
Gotcha "Words And Music From Da Lowlands" ****
hc, s, j, i
Grand Daddy I.U "Smooth Assassin" **** sl, p, r, j, ga
Groove B Chill "Starting From Zero" ***** s, sw, r, en
Gunshot "No Sell Out" (12") **** hc
Hard Knocks "School Of Hard Knocks" *** s, j
H.E.A.L. "Civilization Vs, Technology" ***** hc, s, r,
p, rk
Heavy D & The Boyz "Peaceful Journey" **** s, sw, r,
p, en
Hen-Gee & Evil-E "Brothers" **** s (2-92)
Homicide & The J.A.K. Squad "Knockin" Off..." ** p,
rk
Hijack "The Horns Of Jericho" ***** hc
Ice Cube "Amerikkka's Most Wanted" ***** s, ga, hc,
sex, ras
Ice Cube "Death Certificate" *** ras, sex
Ice-T "O.G." ** ga, s, hc
Intelligent Hoodlum "Intelligent Hoodlum" **** s, sw,
af
IQ "Keep The Frequency Clear" (12") **** hc
Isis "Rebel Soul" **** fem, af, s, go, h
Jesse James "Thirty Footer In Your Face" *** s, rk, p
J. Rock "Sreetwise" **** s
Junior Reid "Progress" **** s, r, h
Just-Ice "Masterpiece" * r

J.V.C. Force "Force Field" *** s, h, r
Kid Frost "Hispanic Causing Panic" **** l
Kid N Play "Funhouse" ** p, ki
King Size Terror "The Word Is Subversion" **** hc
King Sun "Righteous But Ruthless" *** ras
KMC "Three Men With The Power Of Ten" **** ga,
hc
Kool Moe Dee "Funke Funke Wisdom" ***** ga, ras
Kool Rock Jay "Tales From The Darkside" *** s, sl
Krispy 3 "Krispy 3" **** j, p
K-Solo "Tell The World My Name" **** s, rg
Lady Levi "Looking For A Dope Beat" ** r
Laquan "Notes Of A Native Son" **** s, j
Lakim Shabazz "The Lost Tribe Of Shabbaz" *** af
L.A. Posse "They Come In All Colors" ***** s, j
L.A. Star "Fade To Black" (12") *** fem/hc
Latin Alliance "Latin Alliance" **** s, l
Leaders Of The New School "A Future Without..." ***
ras
Lifers Group "# 66064" ***
LL Cool J "Mama Said knock You Out" **** s, ga
London Posse "London Posse" **** r
Love & Laughter "The Beginning" **** s,r, sw, af
Lord Finesse "Return Of The Funky Man" *** s
Lucas "To Rap My World Around Me" **** j, s, sl
Luke Solo "I Got Shit On My Mind" *** en, sex
Main Source "Breaking Atoms" **** s
Mantronix "This Should Move Ya" *** s, hc, en
Mantronix "The Incredible Sound Machine" **** s, j,
hc
Marley Marl "In Controll Vol. II" *** s
Marley Marl "For Your Steering Pleasure" *** s
Massive Attack "Blue Lines" ***** s, r, sl
Master Ace "Take A Look Around" *** s
Material "The Third Power" ***** s, j, r
Maxi Jazz "Maxi Jazz" **** j, r
Material "The Third Power" ***** s, r, j, sl
MC 900 ft. Jesus "Welcom To My Dream" ***** i, hc
MC Hammer "Please Hammer Don't Hurt Me" * p
MC Lyte "Eyes On This" ** fem
MC Mell 'O' "Toughts Released" **** s, j, rg
MC Peaches "More Than Just A Pretty Face" s, p, fem/
hc
MC Ren "Kiss May Black Ass" **** s, en
MC Shan "Play It Again, Shan" *** h, gg
Michie Mee & L.A. Luv "Jamaican Funk - Canadian
Style" ***** r
Mod Squad "Peoples Park" *** s
Monie Love "Down To Earth" *** s, fem

Mykrophone "Music 2 Make U Dance" ** s
Naughty By Nature "Naughty By Nature" ***** s,r, sl
Nefateri "So Relaxing" (12") *** p, fem/hc
Nemesis "Munchies For Your Bass" * s, rk
N-Factor "Vibes From No Go Area" **** rk, hc, r
NW1 "The Band Played The Boogie" (12") ***** j
NWA "Efilrofzaggin" **** sex
Organized Konfusion "O.K." **** s, j, go
Outlaw Posse "My Afro's On Fire" *** s
Overlord X "Versus The World" *** hc
Overweight Pooch "Female Preacher" ** s, h, p
Papa Dee "The Chosen One" (12") **** hc
Paris "The Devil Made Me Do It" **** hc, p
P.K.O. "Armed & Dangerous" **** hc, s, ga, sex
PM Dawn "Of The Heart, Of The Soul, Of The Cross" *** p
Poor Righteous Teachers "Holy Intellect" ***** s, r, af, ras
Poor Righteous Teachers "Pure Poverty" ***** r, af, ras
Pressure Drop "Upset" ***** s, j, r, hc
Prince "Get Off" (12") *****
Prince Akeem "Coming Down From Babylon" **** s, r, ras
Professor Griff "Wiz 7 Dome" * ras
Professor X "Professor X" ***** s, ras
Public Enemy "Apocalypse 91" ***** s, r, rk, hc
Queen Latifah "Nature Of A Sista" **** af, fem/s, j, r
Rappin' Is Fundamental "The Doo Hop Legacy" **** dw, go
Raw Fusion "Live From The Styleetron" ***** s, r
Rebel MC "Black Meaning Good" ***** r, s, h, en
Redhead Kingpin "The Album With No Name" ** sw, en
Rhythm Radicals "Tales From The Darkside" **** hc, p
R. Kelly & Public Announcement "Born Into The 90's" **** sw
Rob Base "The Incredible Base" ** s, hc
Roxanne Shanté "Independent Woman" (12") **** fem/hc
Run DMC "Back From Hell" *** hc, sw
Ruthless Rap Assassins "Killer Album" **** hc, rk, p
Salt N Pepa "Black's Magic" *** fem, p, en
Sensi "Lady Raps The Blues" **** fem, s, b, r
Shazzy "Attitude - A HipHop Rhapsody" **** fem, s, r
She Rockers "Rockers From London" ** fem
Shelly Thunder "Backbone Of The Nation" **** fem/hc, r
Shinehead "The Real Rock" *** r, p

Silk Smoov "Silk Smoov" ** s, sex
Silver Bullet "Bring Down The Walls" ***** hc
Sidecut "Changing The Scenery" *** s, r, kr
Sir Mix-A-Lot "Seminar" * p
Sir Mix-A-Lot "Macdaddy" *** r, e
Skatemaster Tate "Do The Skate" ***** j
Snap "The Madman's Return" ** h, p
Son Of Bazerk "Bazerk, Bazerk, Bazerk" *** s, en
Special Ed "Legal" *** s, r
Steady B "Steady B V" *** s, ga
Stereo MCs "Supernatural" ***** s
Stetsasonic "Blood, Sweat & No Tears" ***** s, j
Supreme Nyborn "Style" *** s
Tam Tam "Do It Tam Tam" ** p, rk
Tairrie B "The Power Of A Woman" *** fem/hc
Terminator X "The Valley Of The Jeep Beats" *** s, r, hc, j
The Criminals "Just Say No" (12") **** hc
The Afros "Kickin' Afrolistics" *** s, en
The D.O.C "Portrait Of Masterpiece" (12") **** h
The Hard Corps "Def Before Dishonor" **** rk, i
The Kay LC "Hard 2 Handle" *** s
The Next School "The Next School" ** rk
The UBC "2 All Serious Thinkers" *** s, h
Tim Dog "Penicillin On Wax" *** hc, sex
Tone Loc "Cool Hand Loc" **** s, p, r, en
Tony D "Voice Tone Movement" **** af, s, h, gg, sw, j
Too Short "The Ghetto" (12") ***** ga, s
Two Kings In A Cipher "From The Pyramids..." **** af, s
24-7 Spyz "This Is 24-7 Spyz" *** rk
2 Deep "Honey, That's Show Biz" * s
2 In A Room "Wiggle It" *** ki, p, en
2 Live Crew "Sports Weekend..." * ki
2 Pac "2 Pacalypse Now" ***** hc
3rd Bass "Derelicts Of Dialect" ***** s
3 Grand "3 The Hard Way" ** ki
44 Max "Maxin' With A Full-Clip" * ga, sw
Three Times Dope "Live From The Acknickluous Land" ***** s
Ultramagnetic MC's "Funk Your Head Up" *** hc
UMC's "Fruits Of Nature" *** en
Unity 2 "What Is It, Yo?!" ** s, r
Urban Dance Squad "Life N Perspectives..." *** hc, rk, r, f
V.A. "Rap War" ****
V.A. "Juice" *****
Vanilla Ice "Extremly Live" ** p
Whodini "Bag-A-Trix" * p, sw

Working Week "Working Gold" ***** j
X-Clan "To The East Blackwards" ***** s, af, ras, sex
X-Clan "X-Odus" **** s, af, ras, sex
Young Black Teenagers "Punks, Lies & Video Tape"
(12") **** s
Young Disciples "Get Yourself Together" (12") ***** j
Young MC "Brainstorm" *
Yo-Yo "Make Way For The Motherlode" **** s, fem/
hc
YZ "Sons Of The Father" *** s, rk, af

Glossar

Aerosol Artist: Synonym für Sprayer.

B-Boy : bezeichnete in den 7Oer einen Hardcore-Tänzer nicht einen Bad Boy. Wird zur Bezeichung für Break-Tänzer. Steht heute für aktives Mitglied der HipHop-Bewegung.

Back-Spinning : DJ-Technik, eine Platte rückwärts zu spielen.

Bite : den Stil eines anderen kopieren.

Box oder Blaster : s. Ghetto Blaster.

Breakbeat : Verlängerung eines Instrumentalbreaks mit Hilfe zweier Kopien einer Platte.

Brulure : vergrößerter, farbiger Tag.

Burn : einen Rivalen bei Tanz, Graffiti, Music etc. ausstechen.

Characters : Persönlichkeiten bei Graffitis.

Crew : Gruppe von Freunden, Rapper, DJs etc.

Cut/Cutting : DJ-Technik, die darin besteht, ein Stück einer Platte auseinander zu nehmen und mehrmals vor- und zurücklaufen zu lassen, um einen Wiederholungseffekt zu erzielen. Schwer zu erklären, schwer auszuführen.

Def : Adjektiv, was alles, was cool und klasse ist, bezeichnet.

DJ-Style : Toasting-Art.

Dope : grandios.

Down by Law : Spezialist, Veteran von etwas.

Dub : instrumentale Reggae-Rhythmen.

Dunkey Rope : dicke Goldkette.

Electric Boogie : Tanzart.

Fly Boy : Szenejunge.

Fly Girl : Szenemädchen.

Freeze : Tanzart.

Fesh : Adjektiv, das alle coolen Dinge beschreibt.

Ghetto Blaster : tragbares Radio. Je mehr Bässe, desto besser.

Graffiti : Wandmalerei mit Spraydose.

Grashoppers : neues Synonym für B-Boy.

Head Spin : Tanzart. Mit dem Kopf nach unten dreht man sich um sich selbst.

Hip Hop : Im Slang Hip = Wettbewerb, Hop = tanzen.

Home Boy : Nachbar, Freund. Auch Anhänger des Hip Hop.

Home Girl : s.o.

Homeslice : bester Freund.

Human Beat Box : Schlagzeug und Percussion mit dem Mund nachmachen.

Jazzy : super.

King Of The Line : der, der seine Bahn- oder Buslinie am meisten mit Tags versehen hat.

Nine : 9 mm Pistole.

Outline : Buchstabenkontur.

Phasing : DJ-Technik, zwei gleiche Platten hintereinander zu spielen, um ein schwaches Echo zu erzielen.

Posse : Gruppe von Freunden.

Project Gold : goldene Ohrringe.

Rock Star : Crack-Konsument.

Rookies : Anfänger in der Tag-Sprache.

Sample/Sampling : von einer Platte ein Stück, eine Melodie etc. nehmen und Geschwindigkeit etc ändern.

Scratch/Scratching : Technik der DJs, die darin besteht, manuell, teilweise sogar mit der Nase, dem Mund oder dem Knie Vorwärts- und Rückwärtsbewegungen der Platte an einer bestimmten Stelle durchzuführen.

Smurf : einer der Hip Hop-Tänze

Tag : sehr schnell durchgeführte, oft verkürzte Markierung, kleiner als Graffitis.

Tagger : der, der seine Spur hinterläßt.

Team : Gruppe.

Torche : große Ausführung des Tag.

Toy : Unterschrift unter einem Graffiti.

Treacherous : positives Adjektiv, cool, klasse.

Wild Style : letzte Phase der Graffiti-Schrift.

Writer : Synonym für Taggers.

Yard : Depot von Zügen und Waggons.

Zulu Nation : in den 70er Jahren von Afrika Bambaataa gegründete Bewegung mit pazifistischer Ideologie (s. Kapitel 4).

PRESSE HIP HOP

Deutschland

Bad : Sudermannstraße, 5000 Köln 1
Cut : Schenckendorfstraße 15, 2000 Hamburg 76
Spex : Aachener Straße 40-44, 5000 Köln 1

Großbritanien

Echoes : 15—16 Newman Street, London W1P
Hip Hop Connection : Alexander House, Forehill-Cambs CB7 4AF
Soul Underground : St. John's Lane London EC1M 4BT

USA

Propaganda : Red Alert Productions Int., 231 W 29th#705 New York
Rap Monster : 63 Grand Avenaue, Suite 230, River Edge NJ 07661, USA
Right On : 35 Wilbur Street, Lynbrock, NY 11563

Frankreich

Get Busy : 36 Allee des Ecoles, F-94480 Ablon

INDEX DES CITATIONS

(01) = M. Fabre in Les Noirs Américains, Armand Colin, 1970, France.

(02) = Actuel, Almanach Des Années 80, 1978, France.

(03) = Philippe Roizes in Sub Rock #3, Mai 1990, France.

(04) = David Holland in Amerikkka, Calman Lévy, 1989, France.

(05) = Chiffres donnés par Roger Martin in Amerikkka, Calman Lévy, 1989, France.

(06) = Afrika Bambaataa in Soul Underground #29, Mars 1990, Angleterre.

(07) = Nicole Berheim in Voyage En Amérique Noire Stock, 1986, France.

(08) = Big Daddy Kane in Hip Hop Connection, 198?, Angleterre.

(09) = John Williams in Voyage En Amérique Noire, Nicole Berheim, Stock, 1986, France.

(10) = Nelson George in Hip Hop Connection, 198?, Angleterre.

(11) = Queen Latifah in Best, Mai 1990, France.

(12) = Chuck-D in Rock & Folk #274, Mai 1990, France.

(13) = KRS One in Rock & Folk #275, Juin 1990, France.

(14) = Ice-T in Presse Américaine, 1989, U.S.A.

(15) = Chiffres donnés par le National Urban League, 1988, U.S.A.

(16) = Frank Brignaudy in Best, Juin 1990, France.

(17) = Didier Daeninckx in J'Accuse #5, Juillet/Août 1990, France.

(18) = Chiffres donnés par Nicole Berheim in "Voyage En Amérique Noire", Stock, 1986, France.

(19) = New England Journal Of Medecine, Janvier 1990, U.S.A.

(20) = Chiffres donnés par Joint Center For Political Studies, 1985, U.S.A.

(21) = Georges Lapassade & Philippe Rousselot in "Le Rap ou la fureur de dire", Loris Talmart, 1990, France.

(22) = Nelson George in Newsweek, 19 Mars 1990, U.S.A.

(23) = Brochure "Tradition noire et poèsie au quotidien", Centre Georges Pompidou, 8 Juin 1990, France.

(24) = Kool Herc cité in "Le Rap ou la fureur de dire", Loris Talmart, 1990, France.

(25) = Philippe Bouchey in "Le Guide Du Rock", Syros Alternative, 1990, France.

(26) = Hervé Deplasse in Bulletin des Rotations #12, 22 Mai 1990, France.

(27) = Hank Shocklee in Rolling Stone, Avril 1990, France.

(28) = Grandmaster Flash in Jazz Hot #77, Avril 1983, France.

(29) = Charte Zulu in "Hip Hop", Sidney, Hachette Jeunesse, 1986, France.

(30) = Daddy-O in Hip Hop Connection #18, Juillet 1990, Angleterre.

(31) = Afrika Bambaataa in Music Report, Juillet 1989, U.S.A.

(32) = Jon Pareles in New York Times, 1990, U.S.A.

(33) = Run & DMC in Presse Anglaise, 1988, Angleterre.

(34) = Joseph Simmons in Presse Anglaise, 1988, Angleterre.

(35) = DMC in Presse Anglaise, 1988, Angleterre.

(36) = Jam Master Jay in Presse Anglaise, 1988, Angleterre.

(37) = Joseph Simmons in Best, Fevrier 1988, France.

(38) = Rick Rubin in Rock & Folk #?, 198?, France.

(39) = Russell Simmons in Presse Américaine, 2 Mars 1990, U.S.A.

(40) = LL Cool J in Newsweek, 19 Mars 1990, U.S.A.

(41) = LL Cool J in Q #40, Janvier 1990, Angleterre.

(42) = LL Cool J in "Walkin' With A Panther" pochette, 1989, U.S.A.

(43) = Spike Lee in Cahiers Du Cinéma #421, Juin 1989, France.

(44) = Bill Stephney in New Musical Express, 21 Avril 1990, Angleterre.

(45) = Professor Griff in Hip Hop Connection, 198?, Angleterre.

(46) = Chuck D in Télévision française - inédit, 1989, France.

(47) = Chuck D in Best, Juin 1990, France.

(48) = Chuck D in Black Beat, 1989, U.S.A.

(49) = Chuck D in Presse Américaine 1987, U.S.A.

(50) = Chuck D in Time Out, 7-17 Mars 1990, Angleterre.

(51) = Chuck D in Rock & Folk #274, Mai 1990, France.

(52) = Tyrano in Good Boy, Avril 1990, Suisse.

(53) = Chuck D in Sub Rock #3, Mai 1990, France.

(54) = Chuck D in Spin, Mars 1990, U.S.A.

(55) = Flavor Flav in Sub Rock #3, Mai 1990, France.

(56) = Professor Griff in Melody Maker, 28 mai 1988, Angleterre.

(57) = Chuck D in Rolling Stone, Avril 1990, France.

(58) = David Mills in Rolling Stone, Avril 1990, France.

(59) = Professor Griff in Sounds, 31 Mars 1990, Angleterre.

(60) = Professor Griff & Sonia Poulton in Echoes, 31 Mars 1990, Angleterre.

(61) = Mordechai Levy in Rolling Stone, Avril 1990, France.

(62) = Conférence de presse de Chuck D de juin 89 citée par Rolling Stone, Avril 1990, France.

(63) = Professor Griff in Spin, 1990, U.S.A.

(64) = Pete Nice in New Musical Express, 3 Mars 1990, Angleterre.

(65) = MC Serch in Sounds, 31 Mars 1990, Angleterre.

(66) = Professor Griff cité par le Sounds, 31 Mars 1990, Angeleterre.

(67) = Overlord X in Hip Hop Connection #18, Juillet 1990, Angleterre.

(68) = Chuck D in Sounds, 31 Mars 1990, Angleterre.

(69) = Les Last Asiatic Disciples in Biographie Musidisc, 1990, France.

(70) = Luke Skyywalker in Spin, Février 1990, U.S.A.

(71) = Bérénice Reynaud in Cahiers Du Cinéma #95, Septembre 1989, France.

(72) = Chuck D in Q #40, Janvier 1990, Angleterre.

(73) = Harry Allen in Billboard, 5 Mai 1990, U.S.A.

(74) = Francis Dordor in Best, Mai 1990, France.

(75) = Hervé Deplasse, interview personnelle, Juin 1990, France.

(76) = MC Serch in New Musical Express, 3 Mars 1990, Angleterre.

(77) = 3rd Bass in presse anglaise, 1989, Angleterre.

(78) = MC Serch et Peter in Sounds, 31 Mars 1990, Angeleterre.

(79) = Pete Nice in Melody Maker, 3 Février 1990, Angleterre.

(80) = MC Serch in Record Mirror, 3 Mars 1990, Angleterre.

(81) = KRS One in New York Times, 9 septembre 1989, U.S.A.

(82) = KRS One in Libération, 14 Mars 1990, France.

(83) = KRS One in Hip Hop Connection #?, 1988, Angleterre.

(84) = KRS One in Source, Juillet 1989, U.S.A.

(85) = KRS One in Options #32, Mai/Juin 1990, U.S.A.

(86) = KRS One in Request, Octobre 1989, U.S.A.

(87) = KRS One in New Musical Express, 7 Janvier 1989, Angleterre.

(88) = KRS One in Black Beat #?, 198?, U.S.A.

(89) = KRS One in Los Angeles Times, 13 Août 1989, U.S.A.

(90) = KRS One in Melody Maker, 11 Août 1990, Angleterre.

(91) = KRS One in Echoes, 24 Mars 1990, Angleterre.

(92) = Donald-D in Biographie promo Epic, 1989, France.

(93) = Dave Gates in Newsweek, 19 Mars 1990, U.S.A.

(94) = Play in Rolling Stone, 1990, U.S.A.

(95) = Les Dépêches in Best #268, Novembre 1990, France.

(96) = Positively Black in Biographie promo Musidisc, 1990, France.

(97) = Notes de pochette de l'album "Positively Black", Musidisc, 1990, France.

(98) = Heavy D in Hip Hop Magazine #18, Juillet 90, Angleterre.

(99) = Queen Latifah in biographie Bip Bip Rds, 1990, France.

(100) = Monica Lynch in Billboard #101, 16 septembre 1989, U.S.A.

(101) = Queen Latifah in Options #31, Mars/Avril 1990, U.S.A.

(102) = Queen Latifah in Best, Mai 1990, France.

(103) = Chuck D in Melody Maker, 28 Mai 1988, Angleterre.

(104) = Trugoy in Rock & Folk #269, Décembre 1990, France.

(105) = Mike G. in Presse Anglaise, 1989, Angleterre.

(106) = Trugoy in Presse Américaine, 1990, U.S.A.

(107) = Prince Paul in Rock & Folk #269, Décembre 1990, France.

(108) = Ali Shaheed Muhammad in Soul Underground ≠31, Mai 90, Angleterre.

(109) = Brother J in New Musical Express, 21 Avril 1990, Angleterre.

(110) = Professor X in Soul Undergound, 1990, Angleterre.

(111) = Professor X in New Musical Express, 21 Avril 1990, Angleterre.

(112) = X-Clan in biographie Island, 1990, France.

(113) = Brother J in Soul Undergound, 1990, Angleterre.

(114) = X-Clan in Echoes, 19 Mai 1990, Angleterre.

(115) = Chuck D in Guitares & Claviers, Octobre 1990, France.

(116) = Hank Shocklee in Guitares & Claviers, Octobre 1990, France.

(117) = Russell Simmons in Best #268, Novembre 1990, France.

(118) = S.P XII in Good Boy, Automne 1990, Suisse.

(119) = Daddy O in Hip Hop Connection, 198?, Angleterre.

(120) = Delite in Hip Hop Connection #18, Juillet 1990, Angleterre.

(121) = Chuck D & Harry Allen in Spin, Octobre 1990, U.S.A.

(122) = John Leland in Billboard, 10 Mars 1990, U.S.A.

(123) = King Crush in Spin, Février 1990, U.S.A.

(124) = Luke Skyywalker in L'Affiche, Décembre 1989, France.

(125) = Luke Skyywalker in Billboard #101, 16 septembre 1989, U.S.A.

(126) = Eazy-E in Spin, 1990, U.S.A.

(127) = Luke Skyywalker cité par Backstage, Novembre 1989, France.

(128) = Brian Turner in Billboard, Juin 1990, U.S.A.

(129) = Bruce Haring & Melinda Newman in Billboard, Juin 1990, U.S.A.

(130) = Michael Guarino in Rock & Roll Confidential #80, Juillet 1990, U.S.A.

(131) = George F. Will in Newsweek, 30 juillet 1990, U.S.A.

(132) = Vanilla Ice in Biographie française, EMI, 1990, France.

(133) = Divine Style in Biographie Epic, 1990, France.

(134) = Money B in New Musical Express, 14 Avril 1990, Angleterre.

(135) = Money B in l'Affiche, Juin 1990, France.

(136) = Shock G in Megamix, La 7, 23 Juin 1990, France.

(137) = Dr Edward Earl Cook in Megamix, La 7, 23 Juin 1990, France.

(138) = Bérénice Reynaud in Libération, 23 Octobre 1990, France.

(139) = Laurie Anderson in Libération, 9 Octobre 1990, France.

(140) = Ice-T in Sound Underground, Février 1989, Angleterre.

(141) = Ice-T in l'Affiche #24, Octobre 1990, France.

(142) = Ice-T in Melody Maker, 3 Février 1990, Angleterre.

(143) = Chuck D in Hip Hop Connection, 198?, Angleterre.

(144) = Tone Loc in Télévision française - inédit, 1989, France.

(145) = Young MC in biographie Island, 1989, France.

(146) = Young MC in Q #40, Janvier 1990, Angleterre.

(147) = Ice Cube in Option #30, Janvier 1990, U.S.A.

(148) = Dr DRE in Sounds, 2 Juin 1990, Angleterre.

(149) = Dr DRE in Hip Hop Connection #18, Juillet 1990, Angleterre.

(150) = Ice Cube in Presse Anglaise, 1989, Angleterre.

(151) = Ice Cube in Hip Hop Connection #18, Juillet 1990, Angleterre.

(152) = Eazy-E in Echoes, 9 Juin 1990, Angleterre.

(153) = Laurent Chalumeau in Rock & Folk #269, Décembre 1989, France.

(154) = Chuck D cité par Olivier Cachin in Rock & Folk #277, Août-Septembre 1990, France.

(155) = KRS One in Newsweek, 19 Mars 1990, U.S.A.

(156) = Ice Cube in L.A Weekly, ?, U.S.A.

(157) = NWA cité par Dele Fadele in New Musical Express, 9 Juin 1990, Angleterre.

(158) = Spin, 1990, U.S.A.

(159) = MC Ren in Hip Hop Connection #18, Juillet 1990, Angleterre.

(160) = Ice Cube in Spin, 1990, U.S.A.

(161) = Michael Ashburn in Spin, 1990, U.S.A.

(162) = Ice Cube in Melody Maker, 11 Août 1990, Angleterre.

(163) = Eazy-E in New Musical Express, 2 Juin 1990, Angleterre.

(164) = Mark Blackwell in Spin, Octobre 1990, U.S.A.

(165) = Bill Stephney in Télévision française - inédit, 1989, France.

(166) = Kool Shen in New Waves #6, Novembre 1990, France.

(167) = Jack Thompson cité par Spin, Octobre 1990, U.S.A.

(168) = Cold 187um in Biographie Epic, 1990, France.

(169) = Ted Devoux in l'Affiche #21, Mai 1990, France.

(170) = Ted Devoux in New Musical Express, 17 Mars 1990, Angleterre.

(171) = Lil' Nation in Dossier de presse "Le Retour de Superfly", 1990, France.

(172) = Will Griffin in biographie "Le retour de Superfly", EMI, 1990, France.

(173) = Mellow Man Ace in Biographie française, EMI, 1990, France.

(174) = Mellow Man Ace in Télévision française - inédit, 1989, France.

(175) = Mellow Man Ace in Spin, Octobre 1990, U.S.A.

(176) = "The Real King" publié par la Zulu Nation française, 1990, France.

(177) = Tract signé MC Hammer, Emi France, Septembre 1990, France.

(178) = Monie Love in Biographie Chrysalis, 1990, France.

(179) = Overlord X in Rock & Folk #266, Août 1989, France.

(180) = DJ White-Child Rix in Presse Anglaise, 1990, Angleterre.

(181) = François Dubay in "Nuits Magnétiques", France Culture, 4 Juillet 1990, France.

(182) = Ice Cube in Q #40, janvier 1990, Angleterre.

(183) = Queen Latifah in Ear Magazine, 1990, ?.

(184) = Michele Wallace in New York Times cité par Libération, 9 Octobre 1990, France.

(185) = Dr DRE in New Musical Express, 2 Juin 1990, Angleterre.

(186) = Denis Hopper in Dossier de Presse de "Colors", 20th Century Fox, 1988, France.

(187) = Kool Moe Dee in New York Newsday, 15 Février 1989, U.S.A.

(188) = Axl Rose in Rolling Stone, Juillet 1989, U.S.A.

(189) = Dr DRE in Echoes, 9 Juin 1990, Angleterre.

(190) = Tory Rimmer cité par New Musical Express, 2 Juin 1990, Angleterre.

(191) = Brian Turner cité par 7 A Paris, 21 Mars 1990, France.

(192) = Rapporté par Rock & Roll Confidential #80, Juillet 1990, U.S.A.

(193) = Jay Remi & Franck Brignaudy in Best, Juin 1990, France.

(194) = Dirk Dieksen in Options #34, Septembre/Octobre 1990, U.S.A.

(195) = Reginald Hudlin in Soul Underground ≠31, Mai 1990, Angleterre.

(196) = Dossier de Presse de "Colors", 20th Century Fox, 1988, France.

(197) = Robert Solo in Dossier de Presse de "Colors", 20th Century Fox, 1988, France.

(198) = Spike Lee in Hip Hop Connection, 198?, Angleterre.

(199) = Donald Bogle in Spin, Octobre 1990, U.S.A.

(200) = Nicolas Saada in Cahiers Du Cinéma #421, Juin 1989, France.

(201) = Stanley Crouch cité par Bérénice Reynaud, Cahier Du Cinéma #423, Septembre 1989, France.

(202) = Jean Baptiste Mondino in Les Cahiers Du Cinéma #434, Juillet-Août 90, France.

(203) = Henri Béhar in Le Monde, 6 Septembre 1990, France.

(204) = Nelson George in New Musical Express, 7 Janvier 1989, Angleterre.

(205) = Nelson George in Daily News, 15 Février 1989, U.S.A.

(206) = Kool Moe Dee in Actuel, Décembre 1989, France.

(207) = Notes de "We're All In the Same Gang", Wea, 1990, U.S.A.

(208) = Kid Frost in Télévision française - inédit, 1990, France.

(209) = Dr DRE in Billboard #101, 16 septembre 1989, U.S.A.

(210) = Ice-T in Billboard #101, 16 septembre 1989, U.S.A.

(211) = Publiciste de Rush Management in Q #40, janvier 1990, Angleterre.

(212) = Matt Dike in Billboard #101, 16 septembre 1989, U.S.A.

(213) = Prince Paul in Billboard #101, 16 septembre 1989, U.S.A.

(214) = L'Affiche #26, Janvier 1991, France.

(215) = Mike Tyson in Spin, Janvier 1991, U.S.A.

(216) = Run DMC in New Musical Express, 8 Décembre 1990, Angleterre.

(217) = NTM in Get Busy #0, Printemps 1990, France.

(218) = Quincy Jones, 1989, cité par Olivier Cachin, "Rock & Folk" #277, France, Août-Septembre 1990.

(219) = Quincy Jones in Liberation, 26 & 27 Mai 1990, France.

(220) = René Belletto in Les Cahiers Du Cinéma #434, Juillet-Août 90, France.

Photonachweis/Danksagung

für die franz. Ausgabe:

Stéphane Akoul: p. 18, 19, 21, 23.—B.M.C: p. 84.—B.M.G: p. 9, 57, 61, 62, 66, 82 (haut), 88, 110 (détail), 4ème de couverture. — Capitol: p. 39.—C.B.S/Def Jam: couverture, p.6, 27, 29, 32 (haut), 37, 38, 42, 45, 46, 47, 51, 53, 98.—C.B.S/Def Jam/B.E. Johnson: p. 32 (bas).—C.B.S/Def Jam/J. Beckman: p. 56.—Celluloid: p. 8.—E.M.I: p. 100, 124.—E.M.I/Salomon: p. 125.—E.M.I/I. Tilton: p. 132.—Epic: p. 101, 121, 120.—Alain Garnier: p. 22, 43, 76, 134, 136, 149.—Claude Gassian: p. 16, 26, 80.—Island: p. 82 (bas), 113, 114, 120, 123, 126.—Island/G. Bosse/M. Hartman: p. 31.—Island/C. Carroll: p. 111.—Island/S. Huston: p. 112.—Island/M. Castellamos: p. 117.—Island/L. Watson: p. 128.—Just in/Fnac Rds: p. 103.—Hervé Merliac: p. 133.—Musidisc: p. 68.—Musidic/Select/P.Bodtke: p. 73 (gauche).—Musidic/Profile/C. Carroll: p. 73 (droite).—Musidic/Profile: p. 74.—Musidisc/M. Lavine: p. 25.—Mudisdic/Luke Rds: p. 49, 90/91, 95, 96.—Mudisdic/Luke Rds/M. Hartshorn: p. 92.—Sire/Warner/G.E. Friedman: p. 105, 106, 107.—Tuff City/M. Lavine: p. 89.—Virgin/Labelle Noire: p. 138.—Wotre Music/FNAC Rds: p. 78, 79—X: p. 11, 143, 144, 145, 147.

für die deutsche Ausgabe:

Lakim Shabazz — Tuff City Records
Jazzy Jeff & Fresh Prince — Teldec
Eric B. and Rakim — Ariola/Island
Szene aus New Jack City — Warner Bros.
Salt 'N' Pepa — Metronome
Ice-T — Aaron Rapoport/- WEA
Queen Latifah — Tommy Boy
Public Enemy — Stefan Diekmann
Monie Love — unbekannt
X-Clan — BMG Ariola
Dream Warriors — BMG Ariola/Island
Digital Underground — Intercord
Stereo MCs — David Hicks
MC Hammer — Lori Stoll/Capitol
Gang Star — Bellaphon
Caveman — IRS
               — Schallplatten & Nachrichten
Chubb Rock & Domino — Select
A Tribe Called Quest — BMG Ariola/Jive
E.P.M.D. — Rush Management
Yo Yo — East West Records
De La Soul — BCM Records & Tommy Boy
Digital Underground — Tommy Boy